纪检监察工作
应知应会手册

法律出版社法规中心　编

法律出版社
LAW PRESS · CHINA
北京

图书在版编目（CIP）数据

纪检监察工作应知应会手册 / 法律出版社法规中心编. -- 北京 : 法律出版社, 2025. -- ISBN 978-7-5244-0441-5

Ⅰ. D262.6

中国国家版本馆 CIP 数据核字第 20251EM701 号

纪检监察工作应知应会手册
JIJIAN JIANCHA GONGZUO YINGZHI YINGHUI SHOUCE

法律出版社法规中心 编

责任编辑 翁潇潇 李争春
装帧设计 苏 慰

出版发行 法律出版社
编辑统筹 法规出版分社
责任校对 张红蕊
责任印制 耿润瑜
经　　销 新华书店

开本 A5
印张 15.25　**字数** 403 千
版本 2025 年 6 月第 1 版
印次 2025 年 6 月第 1 次印刷
印刷 保定市中画美凯印刷有限公司

地址:北京市丰台区莲花池西里 7 号(100073)
网址:www.lawpress.com.cn
投稿邮箱:info@lawpress.com.cn
举报盗版邮箱:jbwq@lawpress.com.cn
销售电话:010-83938349
客服电话:010-83938350
咨询电话:010-63939796

书号:ISBN 978-7-5244-0441-5　**定价**:39.00 元

凡购买本社图书,如有印装错误,我社负责退换。电话:010-83938349

目录

上篇　纪检监察实体法规

一、常用知识　3

1."两个确立"　3

2."四个意识"　3

3."四个自信"　4

4."两个维护"　4

5."三个务必"　4

6."四风"问题　5

7.党面临的"四大考验"和"四种危险"　5

8."六个如何始终"　6

9."六个必须坚持"　6

10."七个有之"　6

11."二十四字"办案方针　7

12."八项规定"　7

13.监督执纪"四种形态"　8

14.党的六项纪律　8

15.党的自我革命"九个以"的实践要求　8

二、综合　10

16.国家监察委员会　10

17.地方各级监察委员会　10

18. 监察委员会领导体制 11
19. 监察官制度 11
20. 担任监察官应当具备的条件 12
21. 监察机关的职责 13
22. 监察人员在履行职责中有职务违法和职务犯罪行为的后果 13
23. 监察机关负责调查的职务违法 14
24. 监察范围 14
25. 党的各级纪律检查委员会的性质、主要任务、最高政治原则和根本政治责任 17
26. 党的纪律检查委员会领导体制 17
27. 党的中央纪律检查委员会的产生 18
28. 中央纪律检查委员会委员应当具备的能力和履行的职责 19
29. 党的中央纪律检查委员会的职权 19
30. 党的中央纪律检查委员会全体会议 20
31. 中央纪律检查委员会常务委员会职权 20
32. 中央纪律检查委员会常务委员会会议 21
33. 中央纪律检查委员会办公会议 22
34. 地方各级纪律检查委员会的产生 22
35. 地方各级纪律检查委员会的职权 23
36. 党的基层纪律检查委员会 23
37. 党的各级纪律检查委员会协助同级党的委员会推进全面从严治党 24
38. 党的纪律检查工作 25
39. 党的各级纪律检查委员会如何运用监督执纪“四种形态” 26
40. 党的纪律检查委员会应当重点监督党组织、党员特别是领导干部的情况 27
41. 党的纪律检查委员会的日常监督、专项监督、基层监督 27
42. 地方党委将党的建设与经济社会发展同谋划、同部署、

同推进、同考核的工作 28
43. 党组(党委)坚持党建工作与业务工作同谋划、同部署、同推进、同考核的工作 29
44. 党委(党组)及其领导班子成员落实全面从严治党责任时应当依规依纪追究责任的情形 30
45. 各级纪律检查委员会监察委员会派驻、派出机构 31
46. 派驻机构根据派出机关授权开展的监督执纪问责工作 32
47. 派出机关监督检查部门协助分管领导联系派驻机构日常工作的内容 32
48. 派出机关相关部门应当会同派驻机构联合开展的监督工作 33
49. 派出机关相关部门应当指导、协调派驻机构与地方纪律检查委员会监察委员会协作开展的工作 33
50. 派出机关相关部门应当组织、指导各派驻机构之间协作配合开展的工作 34
51. 派驻机构重点监督检查的情况 34
52. 派驻机构应当重点监督的对象 35
53. 派驻机构负责审查的党组织和党员涉嫌违犯党纪的案件 35
54. 派驻机构负责受理和处置的申诉或者复审申请 36
55. 派驻机构的监督方式 36
56. 派驻机构对驻在单位开展内部巡视巡察提供的协助 37

三、党的纪律 38

(一)政治纪律 38

57. 违反政治纪律行为及政务处分 38
58. 在重大原则问题上不同党中央保持一致且有实际言论、行为或者造成不良后果的纪律处分 39
59. 通过网络等或者利用讲座等方式进行违纪行为的纪律

处分 39
60. 在党内组织、参加秘密集团或者其他分裂党的活动的纪律处分 40
61. 在党内搞团团伙伙等非组织活动或者捞取政治资本的纪律处分 41
62. 结交、充当政治骗子或者被政治骗子利用的纪律处分 41
63. 党员领导干部在本人主政的地方或者分管的部门自行其是，搞山头主义的纪律处分 41
64. 党员领导干部政绩观错位，给党、国家和人民利益造成较大损失的纪律处分 42
65. 对党不忠诚不老实，在政治上造成不良影响的纪律处分 42
66. 制造、散布、传播政治谣言，破坏党的团结统一的纪律处分 42
67. 擅自对应当由党中央决定的重大政策问题作出决定、对外发表主张的纪律处分 43
68. 不按照有关规定向组织请示、报告重大事项的纪律处分 43
69. 干扰巡视巡察工作或者不落实巡视巡察整改要求的纪律处分 43
70. 对抗组织审查的情形及纪律处分 44
71. 组织、参加反对党的基本理论、基本路线、基本方略或者重大方针政策的活动的纪律处分 44
72. 组织、参加旨在反对党的领导、反对社会主义制度或者敌视政府等组织的活动的纪律处分 45
73. 组织、参加会道门或者邪教组织的，对策划者、组织者和骨干分子的纪律处分 45
74. 从事、参与挑拨破坏民族关系制造事端或者参加民族分裂活动的纪律处分 46
75. 组织、利用宗教活动反对党的理论、路线、方针、政策和

决议,破坏民族团结的纪律处分 46
76. 对信仰宗教的党员,经党组织帮助教育仍没有转变的纪律处分 47
77. 组织、参加迷信活动或者个人搞迷信活动的纪律处分 47
78. 组织、利用宗族势力对抗党和政府的纪律处分 47
79. 在国(境)外、外国驻华使(领)馆申请政治避难,在国(境)外公开发表反对党和政府的文章等的纪律处分 48
80. 在涉外活动中,党员的言行在政治上造成恶劣影响的纪律处分 48
81. 不履行全面从严治党主体责任、监督责任或者履行前述责任不力的纪律处分 48
82. 党员领导干部对违反政治纪律和政治规矩等错误思想和行为不报告、不抵制、不斗争的纪律处分 49
83. 违反党的优良传统和工作惯例等党的规矩的纪律处分 49
84. 事业单位人员违反政治纪律行为的情形及纪律处分 49
(二)组织纪律 50
85. 民主集中制原则 50
86. 党的民主集中制的基本原则 51
87. 党支部的性质 52
88. 党支部的设置 52
89. 党支部的基本任务 53
90. 不同领域党支部的重点任务 55
91. 违反民主集中制原则等行为的政务处分 56
92. 违反民主集中制原则行为的纪律处分 56
93. 下级党组织拒不执行或者擅自改变上级党组织决定的纪律处分 57
94. 拒不执行党组织的分配、调动、交流等决定的纪律处分 57
95. 在党组织纪律审查中,负有作证义务的党员拒绝作证

或者故意提供虚假情况的纪律处分 57
96. 不向组织如实报告有关个人事项的纪律处分 58
97. 党员领导干部违反有关规定组织、参加自发成立的老乡会、校友会、战友会等的纪律处分 58
98. 在选举中搞拉票等活动的纪律处分 58
99. 违反干部选拔任用规定行为的纪律处分 59
100. 在推进领导干部能上能下工作中，搞好人主义行为的纪律处分 59
101. 在干部、职工的录用等工作中违规为本人或者其他人谋取利益的纪律处分 60
102. 侵犯或者妨害党员的表决权、选举权和被选举权的纪律处分 60
103. 侵犯党员权利的纪律处分 60
104. 违反有关规定程序发展党员或者为非党员出具党员身份证明的纪律处分 61
105. 违反有关规定取得外国国籍或者获取国(境)外永久居留资格、长期居留许可的纪律处分 61
106. 违反有关规定办理因私出国(境)证件等行为的纪律处分 62
107. 驻外机构或者临时出国(境)团(组)中的党员擅自脱离组织的纪律处分 62
108. 驻外机构或者临时出国(境)团(组)中的党员，脱离组织出走的纪律处分 62
109. 违反干部人事工作等规定的政务处分 63
110. 事业单位人员违反人事纪律的处分 63
(三)廉洁纪律 64
111. 党员廉洁自律规范 64
112. 党员领导干部廉洁自律规范 64

113.《党政机关厉行节约反对浪费条例》中的浪费的含义 65
114. 违规设定、发放薪酬或者津贴、补贴等行为的政务处分 65
115. 利用职权或者职务上的影响为他人谋取利益,本人的特定关系人收受对方财物的纪律处分 65
116. 相互利用职权或者职务上的影响为对方及其特定关系人谋取利益搞权权交易的纪律处分 66
117. 纵容、默许特定关系人利用党员干部本人职权或者职务上的影响谋取私利的纪律处分 66
118. 收受可能影响公正执行公务的财物的纪律处分 66
119. 向从事公务的人员及其特定关系人赠送明显超出正常礼尚往来的财物的纪律处分 67
120. 借用管理和服务对象的钱款、住房、车辆等,可能影响公正执行公务的纪律处分 67
121. 利用职权或者职务上的影响操办婚丧喜庆事宜,造成不良影响的纪律处分 68
122. 接受、提供可能影响公正执行公务的宴请等活动安排的纪律处分 68
123. 违反有关规定取得、持有、实际使用各种消费卡(券)或者出入私人会所的纪律处分 68
124. 违反有关规定从事营利活动的行为及纪律处分 69
125. 利用职权或者职务上的影响,为特定关系人在审批监管等方面谋取利益的纪律处分 69
126. 离职或者退(离)休后违规从业行为的纪律处分 70
127. 离职或者退(离)休后利用原职权或者职务上的影响,为特定关系人从事经营活动谋取利益的纪律处分 70
128. 党员领导干部的配偶、子女及其配偶违反经商办企业禁业规定行为的纪律处分 71
129. 党和国家机关违反有关规定经商办企业的纪律处分 71

130. 党员领导干部违反工作、生活保障制度谋求特殊待遇的纪律处分 71
131. 在分配、购买住房中侵犯国家、集体利益的纪律处分 72
132. 利用职权或者职务上的影响,侵占非本人经管的公私财物的纪律处分 72
133. 利用职权或者职务上的影响,违反有关规定占用公物归个人使用的纪律处分 72
134. 违反有关规定组织、参加用公款支付的宴请等活动的纪律处分 73
135. 违反有关规定自定薪酬或者滥发津贴等行为的纪律处分 73
136. 变相用公款旅游行为的纪律处分 74
137. 违反接待管理规定的纪律处分 74
138. 违反公务交通工具管理规定的纪律处分 74
139. 违反会议活动管理规定的行为及纪律处分 75
140. 违反办公用房管理等规定的行为及纪律处分 75
141. 搞权色交易或者给予财物搞钱色交易的纪律处分 75
142. 事业单位人员违反廉洁从业纪律的行为及处分 76
143. 事业单位人员违反财经纪律的行为及处分 76
(四)群众纪律 77
144. 侵害群众利益的行为及纪律处分 77
145. 干涉生产经营自主权,致使群众财产遭受较大损失的纪律处分 77
146. 在社会保障等事项中优亲厚友、明显有失公平行为的纪律处分 78
147. 利用宗族或者黑恶势力等欺压群众等涉黑行为的纪律处分 78
148. 不作为、乱作为、慢作为、假作为等损害群众利益的行

为及纪律处分 78
149. 遇到国家财产和群众生命财产受到严重威胁时，能救而不救的纪律处分 79
150. 不按照规定公开党务等侵犯群众知情权的纪律处分 79
(五)工作纪律 79
151. 工作中不负责任或者疏于管理的纪律处分 79
152. 工作中不敢斗争、不愿担当的纪律处分 80
153. 工作中形式主义、官僚主义的行为及纪律处分 80
154. 在公务活动用餐、单位食堂用餐管理工作中不履行或者不正确履行宣传教育、监督管理职责的纪律处分 81
155. 违反机构编制管理规定的行为及纪律处分 81
156. 不履行或者不正确履行信访工作职责的行为及纪律处分 81
157. 滥用问责，或者在问责工作中严重不负责任，造成不良影响的纪律处分 82
158. 因工作不负责任致使所管理的人员叛逃、出逃、出走的纪律处分 82
159. 进行统计造假和对统计造假失察的纪律处分 83
160. 对应当报告的事项不报告或者不如实报告的纪律处分 83
161. 违反有关规定干预和插手市场经济活动的纪律处分 83
162. 违反有关规定干预和插手司法活动、执纪执法活动的纪律处分 84
163. 对干预和插手行为负有报告和登记义务的受请托人不按照有关规定进行报告或者登记的纪律处分 84
164. 泄露、扩散或者打探、窃取党组织尚未公开事项或者其他保密内容的纪律处分 85
165. 在考试、录取工作中有违反有关规定行为的纪律处分 85
166. 以不正当方式谋求本人或者其他人用公款出国(境)的纪律处分 85

167. 临时出国(境)团(组)或者人员中的党员擅自延长在国(境)外期限或者擅自变更路线的纪律处分 86
168. 驻外机构或者临时出国(境)团(组)中的党员在驻在国家、地区违法违规的纪律处分 86
(六)生活纪律 86
169. 生活奢靡、铺张浪费、贪图享乐、追求低级趣味的纪律处分 86
170. 与他人发生不正当性关系,造成不良影响的纪律处分 87
171. 党员领导干部对配偶、子女及其配偶失管失教的纪律处分 87
172. 在公共场所、网络空间有不当言行的纪律处分 87
(七)问责规定 88
173. 党的问责工作应当坚持的原则 88
174. 党委(党组)、纪委、党的工作机关履行问责职责 88
175. 问责对象 88
176. 问责应当分清责任 89
177. 党组织、党的领导干部应当被问责的情形 89
178. 对党组织和党的领导干部的问责方式 91
179. 问责调查 92
180. 问责决定 93
181. 终身问责 94
182. 不予问责或者免予问责的情形 94
183. 从轻或者减轻问责的情形 95
184. 从重或者加重问责的情形 95
185. 组织处理 95
186. 组织处理工作坚持的原则 96
187. 领导干部应当受到组织处理的情形 96
188. 可以不予或者免予组织处理的情形 97

189. 组织处理的程序 98
190. 组织处理的后果 99
191. 领导干部对组织处理决定不服的申诉 99
192. 组织处理不当的纠正 100

四、职务犯罪 101

(一)贪污贿赂罪 101

193. 监察机关依法调查涉嫌贪污贿赂犯罪的种类 101
194. 贪污罪及其处罚规定 101
195. 贪污贿赂等行为及政务处分 103
196. 影响公正行使公权力等行为及政务处分 103
197. 挪用公款罪及其处罚规定 103
198. 受贿罪及其处罚规定 104
199. 单位受贿罪及其处罚规定 104
200. 利用影响力受贿罪及其处罚规定 105
201. 行贿罪及其处罚规定 105
202. 对有影响力的人行贿罪及其处罚规定 106
203. 对单位行贿罪及其处罚规定 107
204. 介绍贿赂罪及其处罚规定 107
205. 单位行贿罪及其处罚规定 107
206. 巨额财产来源不明罪和隐瞒境外存款罪及其处罚规定 108
207. 私分国有资产罪和私分罚没财物罪及其处罚规定 108

(二)渎职罪 109

208. 监察机关依法调查公职人员涉嫌滥用职权犯罪的种类 109
209. 监察机关依法调查公职人员涉嫌玩忽职守犯罪的种类 109
210. 监察机关依法调查公职人员涉嫌徇私舞弊犯罪的种类 110
211. 滥用职权罪、玩忽职守罪及其处罚规定 110
212. 故意泄露国家秘密罪、过失泄露国家秘密罪及其处罚

规定 110
213. 枉法仲裁罪及其处罚规定 111
214. 徇私舞弊不移交刑事案件罪及其处罚规定 111
215. 滥用管理公司、证券职权罪及其处罚规定 111
216. 徇私舞弊不征、少征税款罪及其处罚规定 112
217. 徇私舞弊发售发票、抵扣税款、出口退税罪及其处罚规定 112
218. 违法提供出口退税凭证罪及其处罚规定 112
219. 国家机关工作人员签订、履行合同失职被骗罪及其处罚规定 113
220. 违法发放林木采伐许可证罪及其处罚规定 113
221. 环境监管失职罪及其处罚规定 113
222. 食品、药品监管渎职罪及其处罚规定 113
223. 传染病防治失职罪及其处罚规定 114
224. 非法批准征收、征用、占用土地罪，非法低价出让国有土地使用权罪及其处罚规定 114
225. 放纵走私罪及其处罚规定 115
226. 商检徇私舞弊罪及其处罚规定 115
227. 商检失职罪及其处罚规定 115
228. 动植物检疫徇私舞弊罪及其处罚规定 115
229. 动植物检疫失职罪及其处罚规定 116
230. 放纵制售伪劣商品犯罪行为罪及其处罚规定 116
231. 办理偷越国(边)境人员出入境证件罪、放行偷越国(边)境人员罪及其处罚规定 116
232. 不解救被拐卖、绑架妇女、儿童罪及其处罚规定 116
233. 阻碍解救被拐卖、绑架妇女、儿童罪及其处罚规定 117
234. 帮助犯罪分子逃避处罚罪及其处罚规定 117
235. 招收公务员、学生徇私舞弊罪及其处罚规定 117
236. 失职造成珍贵文物损毁、流失罪及其处罚规定 117

237. 滥用职权等行为及政务处分　118
238. 监察机关滥用职权等行为的情形及处理　118
239. 事业单位人员违反工作纪律失职渎职的行为及处分　119

五、处分制度　120

(一)党纪处分　120

240. 党的纪律处分工作遵循的原则　120
241. 党组织和党员的违纪行为　121
242. 对党员的纪律处分种类　121
243. 对违犯党纪的党组织的处罚　121
244. 撤销党内职务处分　122
245. 留党察看处分　123
246. 开除党籍处分　123
247. 从轻处分和减轻处分　123
248. 从重处分和加重处分　124
249. 合并处理违纪行为　125
250. 共同违纪　125
251. 应当给予开除党籍处分的情形　126
252. 对违纪后下落不明的党员的处理　126
253. 违纪行为有关责任人员的区分　126
254. 主动交代　127
255. 计算经济损失　127
256. 对于违纪行为所获得的经济利益的处理　128
257. 履行处分审批程序　128
258. 县级以上各级党委和纪委可以直接决定给予违纪党员党纪处分的情形　129
259. 党组织批准应当在作出党纪处分决定后按照要求予以备案的处分事项　130

260. 中央政治局批准的处分事项 131
261. 党的地方委员会常委会批准的处分事项 131
262. 中央纪委常委会批准的处分事项 132
263. 中央纪委办公会议批准的处分事项 132
264. 党的地方纪律检查委员会常委会批准的处分事项 133
(二)政务处分 134
265. 政务处分主体 134
266. 政务处分原则 134
267. 政务处分种类 135
268. 政务处分期间 135
269. 可以从轻或者减轻给予政务处分的情形 135
270. 应当从重给予政务处分的情形 136
271. 犯罪的公职人员政务处分 136
272. 开除的后果及解除政务处分 137
273. 侵犯管理服务对象利益,造成不良后果或者影响的情形及政务处分 137
274. 严重违反家庭美德、社会公德的行为及政务处分 138
275. 违反请示报告制度、档案管理制度的政务处分 138
276. 监察机关收集证据规定 139
277. 监察机关告知义务及听取陈述申辩 139
278. 调查终结后的案件处理 139
279. 政务处分决定书 140
280. 参与公职人员违法案件调查、处理的人员的回避制度 141
281. 政务处分的前置程序和通报程序 141
282. 政务处分的复核、复审 142
283. 对事业单位工作人员的处分程序 143
284. 事业单位人员处分决定的内容 144

下篇　纪检监察办案程序规定

一、监督检查 147
(一)党内监督 147
285. 党内监督的任务和主要内容 147
286. 党的中央组织的监督 148
287. 党的各级纪律检查委员会承担的任务 149
288. 党的基层组织的监督职责 149
289. 党员的监督义务 150
290. 开展巡视工作的党组织的主要职责 150
291. 中央巡视的对象 151
292. 省、自治区、直辖市党委巡视的对象 151
293. 巡视组了解情况的方式 152
294. 被巡视党组织集中整改 153
295. 巡视工作人员违反巡视工作纪律的情形及处理 153
296. 被巡视党组织及其工作人员不配合或者干扰巡视工作的情形及处理 154
297. 重大事项、请示和报告 154
298. 党组织请示报告主体 155
299. 向党中央请示报告的事项 156
300. 党组织向上级党组织请示的事项 156
301. 党组织向上级党组织报告的事项 157
302. 党组织向上级党组织报备的事项 158
303. 党员向党组织请示报告的事项 158
304. 领导干部向党组织请示报告的事项 159
305. 实行重大事项请示报告责任追究制度被追究责任的情形 160
306. 监督执纪工作领导体制 161

307. 监督执纪工作分级负责制 161
308. 纪检监察机关应当严格执行请示报告制度 162
309. 纪检监察机关建立健全党员领导干部廉政档案 163
310. 对监察机关的监督 163
311. 对监察人员的监督 164
312. 被调查人及其近亲属、利害关系人向监察机关申诉的情形 165
313. 监察机关根据结果依法作出处置 165
314. 有关人员所在单位、主管部门、上级机关或者监察机关责令改正的情形 166
315. 对监察机关负有责任的领导人员和直接责任人员滥用职权、玩忽职守、徇私舞弊的行为依法给予处理的情形 167
316. 各级监察机关公开监察工作信息的内容 167
317. 监察机关建立相关部门相互协调制约的工作机制 168
(二)信访举报 168
318. 任何组织和个人有权向纪检监察机关提出检举控告的行为 168
319. 纪检监察机关接收检举控告的方式 169
320. 检举控告工作分级受理 169
321. 纪检监察机关不予受理的事项 170
322. 对交办的检举控告,纪检监察机关可以督办的情形 170
323. 实名检举控告和匿名检举控告 171
324. 检举控告人享有的权利 171
325. 检举控告人应当履行的义务 172
326. 被检举控告人应当履行的义务 172
327. 被检举控告人享有的权利 173
328. 诬告陷害 173

329. 纪检监察机关如何落实保密要求　174
330. 处理检举控告工作人员应当回避的情形　174
331. 党的各级纪律检查委员会畅通信访举报渠道和对信访举报情况的处理　175
332. 纪检监察机关对信访举报事项的处理　175
333. 纪检监察机关信访举报部门可以发函交办的检举控告的情形　176

二、谈话函询　177

334. 各级党委(党组)和纪检监察机关及时开展谈话提醒、约谈函询　177
335. 监察机关对监察对象进行谈话　177
336. 采用谈话方式处置问题线索　177
337. 谈话负责人　178
338. 监察机关与被调查人进行谈话　178
339. 与被留置的被调查人谈话的程序　179
340. 谈话笔录　180
341. 被调查人的说明材料　180
342. 函询　180
343. 纪检监察机关采取谈话函询方式处置问题线索的流程　181
344. 承办部门在谈话结束或者收到函询回复后的处理方式　181
345. 被谈话函询的党员干部进行说明　182

三、审查调查　183

(一)综合　183

346. 监察机关对已经立案的案件依法进行调查、处理　183
347. 监察机关依法进行调查、处置的情形　184

348. 开展调查取证工作应当全程同步录音录像 184
349. 监督执纪工作线索处置 185
350. 监察机关对于其他机关移送的问题线索的处理 185
351. 监督执纪工作初步核实 186
352. 监察机关在初步核实中可以采取的措施 187
353. 调查方案与调查工作 187
354. 涉嫌违法犯罪书面材料 188
355. 调查报告 188
356. 起诉建议书 188
357. 监察机关保护证人、鉴定人、被害人的情形及措施 189
358. 监察机关办理立案手续 190
359. 证据 190
(二)询问 191
360. 询问的地点 191
361. 询问证人 192
362. 询问未成年人,聋、哑人 192
(三)查询、冻结 193
363. 查询、冻结财产 193
364. 轮候冻结 194
(四)勘验检查 194
365. 勘验检查 194
366. 人身检查 195
(五)鉴定措施 195
367. 监察机关鉴定的范围 195
368. 补充鉴定 196
369. 重新鉴定 196
(六)讯问 197
370. 监察机关讯问的流程及顺序 197

(七)强制到案 198
371. 监察机关采取强制到案强制被调查人接受调查 198
372. 被强制到案人员到案的处置 198
(八)责令候查 199
373. 采取责令候查的情形 199
374. 执行责令候查的监察机关应当履行的职责 200
(九)管护 201
375. 监察机关进行管护的情形 201
376. 管护时间 201
(十)留置 202
377. 留置被调查人 202
378. 不得被采取留置措施的人员 203
379. 延长留置时间 204
380. 解除留置 204
(十一)搜查 205
381. 搜查的范围及程序 205
382. 搜查的执行 205
(十二)调取、查封、扣押 206
383. 调取、查封、扣押被调查人相关物品 206
384. 调取证据 207
385. 查封、扣押的执行 207
386. 查封、扣押物品的处理 208
(十三)通缉 209
387. 监察机关交由公安机关执行通缉决定的程序 209
(十四)技术调查 209
388. 采取技术调查措施 209
(十五)限制出境 210
389. 限制出境措施 210

四、案件审理 211

390. 监察管辖 211
391. 提级管辖 211
392. 指定管辖 212
393. 在移送人民检察院时可以对被调查人提出从宽处罚建议的情形 213
394. 案件审理部门收到移送审理的案件后的审核和处理 216
395. 全面审理 216
396. 案件审理部门应当与被调查人谈话的情形 216
397. 重新调查和退回补充调查 217
398. 审理报告及处理 218
399. 被指定管辖的监察机关在调查结束后应当将案件移送审理 218
400. 对情节较轻的职务违法行为的处置方式 219
401. 监察建议书 220
402. 从宽处罚建议 220
403. 补充移送起诉 221
404. 对人民检察院退回补充调查的案件的处理 221
405. 监督执纪审理工作程序 222
406. 监督执纪工作的审理 223

五、反腐败国际合作 225

407. 反腐败国际合作的统筹协调 225
408. 国家监察委员会在涉外案件办理工作中履行的职责 225
409. 国家监察委员会督促有关单位做好相关工作 226
410. 地方各级监察机关在涉外案件办理工作中履行的职责 226
411. 监察机关建立追逃追赃和防逃工作内部联络机制 227
412. 监察机关督促相关机关建立健全防逃责任机制 228

413. 监察机关应当加强与相关单位的沟通协作 228
414. 监察机关或者监察专员发现监察对象出逃、失踪、出走的处理 228
415. 红色通报 229
416. 地方各级监察机关通过引渡方式办理相关涉外案件 229
417. 地方各级监察机关通过刑事司法协助方式办理相关涉外案件 229
418. 地方各级监察机关通过执法合作方式办理相关涉外案件 230
419. 地方各级监察机关通过境外追诉方式办理相关涉外案件 230
420. 涉案人员拒不退赔涉案财产的追缴方式 231

附　录

附录一　相关法规 235
中华人民共和国监察法(2024.12.25) 235
中华人民共和国监察法实施条例(2025.6.1) 252
中国共产党纪律处分条例(2023.12.19) 330
中国共产党问责条例(2019.8.25) 361
中国共产党纪律检查机关监督执纪工作规则(2018.12.28) 368
纪检监察机关处理检举控告工作规则(2020.1.21) 385
纪检监察机关派驻机构工作规则(2022.6.22) 395

附录二　指导性案例 407
贺某在新冠肺炎疫情防控工作中搞形式主义、官僚主义问题案 407
夏某违规操办其子婚庆事宜案 410
王某组织公款吃喝并违规接受宴请案 415
张某退休后违规接受宴请案 418
某区纪委监委环保问责简单泛化案 420

崔某骗领财政惠民惠农补贴资金案 426
沈某公车私用、私车公养案 433
姚某使用“空白公函”报销案 437
吴某违规摊派案 444
徐某对抗组织审查案 448
对林某予以容错免责案 454

上篇　纪检监察实体法规

一、常 用 知 识

1 “两个确立”

党确立习近平同志党中央的核心、全党的核心地位，确立习近平新时代中国特色社会主义思想的指导地位，反映了全党全军全国各族人民共同心愿，对新时代党和国家事业发展、对推进中华民族伟大复兴历史进程具有决定性意义。

依据：2021 年《中共中央关于党的百年奋斗重大成就和历史经验的决议》。

2 “四个意识”

即政治意识、大局意识、核心意识、看齐意识。全党必须牢固树立政治意识、大局意识、核心意识、看齐意识，自觉在思想上政治上行动上同党中央保持高度一致。党的各级组织、全体党员特别是高级干部都要向党中央看齐，向党的理论和路线方针政策看齐，向党中央决策部署看齐，做到党中央提倡的坚决响应、党中央决定的坚决执行、党中央禁止的坚决不做。

依据：2016 年《关于新形势下党内政治生活的若干准则》。

3 “四个自信”

即道路自信、理论自信、制度自信、文化自信。全党要坚定道路自信、理论自信、制度自信、文化自信。当今世界，要说哪个政党、哪个国家、哪个民族能够自信的话，那中国共产党、中华人民共和国、中华民族是最有理由自信的。有了“自信人生二百年，会当水击三千里”的勇气，我们就能毫无畏惧面对一切困难和挑战，就能坚定不移开辟新天地、创造新奇迹。

依据：2016 年 7 月 1 日，习近平总书记在庆祝中国共产党成立 95 周年大会上的讲话。

4 “两个维护”

坚决维护习近平总书记党中央的核心、全党的核心地位，坚决维护以习近平同志为核心的党中央权威和集中统一领导。

依据：2023 年《中国共产党纪律处分条例》第 2 条。

5 “三个务必”

全党同志务必不忘初心、牢记使命，务必谦虚谨慎、艰苦奋斗，务必敢于斗争、善于斗争，坚定历史自信，增强历史主动，谱写新时代中国特色社会主义更加绚丽的华章。

依据：2022 年《高举中国特色社会主义伟大旗帜　为全面建设社会主义现代化国家而团结奋斗——在中国共产党第二十次全国代表大会上的报告》。

6 “四风”问题

即形式主义、官僚主义、享乐主义和奢靡之风。我们必须看到，面对世情、国情、党情的深刻变化，精神懈怠危险、能力不足危险、脱离群众危险、消极腐败危险更加尖锐地摆在全党面前，党内脱离群众的现象大量存在，一些问题还相当严重，集中表现在形式主义、官僚主义、享乐主义和奢靡之风这“四风”上。

在形式主义方面，主要是知行不一、不求实效，文山会海、花拳绣腿，贪图虚名、弄虚作假。

在官僚主义方面，主要是脱离实际、脱离群众，高高在上、漠视现实，唯我独尊、自我膨胀。

在享乐主义方面，主要是精神懈怠、不思进取，追名逐利、贪图享受，讲究排场、玩风盛行。

在奢靡之风方面，主要是铺张浪费、挥霍无度，大兴土木、节庆泛滥，生活奢华、骄奢淫逸，甚至以权谋私、腐化堕落。

依据：2013 年 6 月 18 日，习近平总书记在党的群众路线教育实践活动工作会议上的讲话。

7 党面临的“四大考验”和“四种危险”

经过十八大以来全面从严治党，我们解决了党内许多突出问题，但党面临的执政考验、改革开放考验、市场经济考验、外部环境考验将长期存在，精神懈怠危险、能力不足危险、脱离群众危险、消极腐败危险将长期存在。

依据：2022 年《高举中国特色社会主义伟大旗帜　为全面建设社会主义现代化国家而团结奋斗——在中国共产党第二十次全国代表大会上的报告》。

8 “六个如何始终”

如何始终不忘初心、牢记使命，如何始终统一思想、统一意志、统一行动，如何始终具备强大的执政能力和领导水平，如何始终保持干事创业精神状态，如何始终能够及时发现和解决自身存在的问题，如何始终保持风清气正的政治生态，都是我们这个大党必须解决的独有难题。

依据：2023 年 1 月 9 日，习近平总书记在二十届中央纪委二次全会上的讲话。

9 “六个必须坚持”

必须坚持人民至上。必须坚持自信自立。必须坚持守正创新。必须坚持问题导向。必须坚持系统观念。必须坚持胸怀天下。

依据：2022 年《高举中国特色社会主义伟大旗帜　为全面建设社会主义现代化国家而团结奋斗——在中国共产党第二十次全国代表大会上的报告》。

10 “七个有之”

一些人无视党的政治纪律和政治规矩，为了自己的所谓仕途，为了自己的所谓影响力，搞任人唯亲、排斥异己的有之，搞团团伙伙、拉帮结派的有之，搞匿名诬告、制造谣言的有之，搞收买人心、拉动选票的有之，搞封官许愿、弹冠相庆的有之，搞自行其是、阳奉阴违的有之，搞尾大不掉、妄议中央的也有之。

依据：2014 年 10 月 23 日，习近平总书记在十八届四中全会第二次全体会议上的讲话。

11 “二十四字”办案方针

事实清楚、证据确凿、定性准确、处理恰当、手续完备、程序合规。

依据:2018 年《中国共产党纪律检查机关监督执纪工作规则》第 53 条。

12 “八项规定”

1. 要改进调查研究,到基层调研要深入了解真实情况,总结经验、研究问题、解决困难、指导工作,向群众学习、向实践学习,多同群众座谈,多同干部谈心,多商量讨论,多解剖典型,多到困难和矛盾集中、群众意见多的地方去,切忌走过场、搞形式主义;要轻车简从、减少陪同、简化接待,不张贴悬挂标语横幅,不安排群众迎送,不铺设迎宾地毯,不摆放花草,不安排宴请。

2. 要精简会议活动,切实改进会风,严格控制以中央名义召开的各类全国性会议和举行的重大活动,不开泛泛部署工作和提要求的会,未经中央批准一律不出席各类剪彩、奠基活动和庆祝会、纪念会、表彰会、博览会、研讨会及各类论坛;提高会议实效,开短会、讲短话,力戒空话、套话。

3. 要精简文件简报,切实改进文风,没有实质内容、可发可不发的文件、简报一律不发。

4. 要规范出访活动,从外交工作大局需要出发合理安排出访活动,严格控制出访随行人员,严格按照规定乘坐交通工具,一般不安排中资机构、华侨华人、留学生代表等到机场迎送。

5. 要改进警卫工作,坚持有利于联系群众的原则,减少交通管制,一般情况下不得封路、不清场闭馆。

6. 要改进新闻报道,中央政治局同志出席会议和活动应根据工作需要、新闻价值、社会效果决定是否报道,进一步压缩报道的数量、字数、时长。

7. 要严格文稿发表，除中央统一安排外，个人不公开出版著作、讲话单行本，不发贺信、贺电，不题词、题字。

8. 要厉行勤俭节约，严格遵守廉洁从政有关规定，严格执行住房、车辆配备等有关工作和生活待遇的规定。

依据：2012 年《关于改进工作作风、密切联系群众的八项规定》。

13 监督执纪“四种形态”

深化运用监督执纪“四种形态”，经常开展批评和自我批评，及时进行谈话提醒、批评教育、责令检查、诫勉，让“红红脸、出出汗”成为常态；党纪轻处分、组织调整成为违纪处理的大多数；党纪重处分、重大职务调整的成为少数；严重违纪涉嫌犯罪追究刑事责任的成为极少数。

依据：2023 年《中国共产党纪律处分条例》第 5 条。

14 党的六项纪律

党的纪律是党的各级组织和全体党员必须遵守的行为规则，是维护党的团结统一、完成党的任务的保证。党组织必须严格执行和维护党的纪律，共产党员必须自觉接受党的纪律的约束。

党的纪律主要包括政治纪律、组织纪律、廉洁纪律、群众纪律、工作纪律、生活纪律。

依据：2022 年《中国共产党章程》第 39、40 条。

15 党的自我革命“九个以”的实践要求

以坚持党中央集中统一领导为根本保证，以引领伟大社会革命为根本目的，以新时代中国特色社会主义思想为根本遵循，以跳出历史周期率为战略目标，以解决大党独有难题为主攻方向，以健全全面从严治党体系为有效途径，以锻造坚强组织、建设过硬队伍为重要着力点，以正风肃纪反腐为重要抓手，以自我监督和人民监督相结合为强大动力。

依据：2024 年 1 月 8 日，习近平总书记在二十届中央纪委三次全会上的讲话。

二、综　　合

16 国家监察委员会

中华人民共和国国家监察委员会是最高监察机关。

国家监察委员会由全国人民代表大会产生，负责全国监察工作。国家监察委员会对全国人民代表大会及其常务委员会负责，并接受其监督。

国家监察委员会由主任、副主任若干人、委员若干人组成，主任由全国人民代表大会选举，副主任、委员由国家监察委员会主任提请全国人民代表大会常务委员会任免。

国家监察委员会主任每届任期同全国人民代表大会每届任期相同，连续任职不得超过两届。

依据：2024 年《中华人民共和国监察法》第 7、8 条。

17 地方各级监察委员会

省、自治区、直辖市、自治州、县、自治县、市、市辖区设立监察委员会。

地方各级监察委员会由本级人民代表大会产生，负责本行政区域内的监察工作。地方各级监察委员会对本级人民代表大会及其常务委员会和上一级监察委员会负责，并接受其监督。

地方各级监察委员会由主任、副主任若干人、委员若干人组成，主任由本级人民代表大会选举，副主任、委员由监察委员会主任提请本级人民代表大会常务委员会任免。

地方各级监察委员会主任每届任期同本级人民代表大会每届任期相同。

依据：2024 年《中华人民共和国监察法》第 7、9 条。

18 监察委员会领导体制

国家监察委员会在党中央领导下开展工作。地方各级监察委员会在同级党委和上级监察委员会双重领导下工作，监督执法调查工作以上级监察委员会领导为主，线索处置和案件查办在向同级党委报告的同时应当一并向上一级监察委员会报告。

上级监察委员会应当加强对下级监察委员会的领导。下级监察委员会对上级监察委员会的决定必须执行，认为决定不当的，应当在执行的同时向上级监察委员会反映。上级监察委员会对下级监察委员会作出的错误决定，应当按程序予以纠正，或者要求下级监察委员会予以纠正。

上级监察委员会可以依法统一调用所辖各级监察机关的监察人员办理监察事项。调用决定应当以书面形式作出。

监察机关办理监察事项应当加强互相协作和配合，对于重要、复杂事项可以提请上级监察机关予以协调。

依据：2025 年《中华人民共和国监察法实施条例》第 10、11 条。

19 监察官制度

国家实行监察官制度，依法确定监察官的等级设置、任免、考评和晋升等制度。

监察官包括下列人员：

(1)各级监察委员会的主任、副主任、委员；

(2)各级监察委员会机关中的监察人员；

(3)各级监察委员会派驻或者派出到中国共产党机关、国家机关、法律法规授权或者委托管理公共事务的组织和单位以及所管辖的行政区域等的监察机构中的监察人员、监察专员；

(4)其他依法行使监察权的监察机构中的监察人员。

对各级监察委员会派驻到国有企业的监察机构工作人员、监察专员,以及国有企业中其他依法行使监察权的监察机构工作人员的监督管理,参照执行《中华人民共和国监察官法》有关规定。

依据:2024 年《中华人民共和国监察法》第 14 条;2021 年《中华人民共和国监察官法》第 2 条。

20 担任监察官应当具备的条件

担任监察官应当具备下列条件:

(1)具有中华人民共和国国籍;

(2)忠于宪法,坚持中国共产党领导和社会主义制度;

(3)具有良好的政治素质、道德品行和廉洁作风;

(4)熟悉法律、法规、政策,具有履行监督、调查、处置等职责的专业知识和能力;

(5)具有正常履行职责的身体条件和心理素质;

(6)具备高等学校本科及以上学历;

(7)法律规定的其他条件。

《中华人民共和国监察官法》施行前的监察人员不具备前述(6)规定的学历条件的,应当接受培训和考核,具体办法由国家监察委员会制定。

依据:2021 年《中华人民共和国监察官法》第 12 条。

21 监察机关的职责

监察委员会依照《中华人民共和国监察法》和有关法律规定履行监督、调查、处置职责：

(1)对公职人员开展廉政教育，对其依法履职、秉公用权、廉洁从政从业以及道德操守情况进行监督检查；

(2)对涉嫌贪污贿赂、滥用职权、玩忽职守、权力寻租、利益输送、徇私舞弊以及浪费国家资财等职务违法和职务犯罪进行调查；

(3)对违法的公职人员依法作出政务处分决定；对履行职责不力、失职失责的领导人员进行问责；对涉嫌职务犯罪的，将调查结果移送人民检察院依法审查、提起公诉；向监察对象所在单位提出监察建议。

依据：2024年《中华人民共和国监察法》第11条。

22 监察人员在履行职责中有职务违法和职务犯罪行为的后果

监察人员在履行职责中有下列行为之一的，依法严肃处理；构成犯罪的，依法追究刑事责任：

(1)贪污贿赂、徇私舞弊的；

(2)不履行或者不正确履行监督职责，应当发现的问题没有发现，或者发现问题不报告、不处置，造成严重影响的；

(3)未经批准、授权处置问题线索，发现重大案情隐瞒不报，或者私自留存、处理涉案材料的；

(4)利用职权或者职务上的影响干预调查工作的；

(5)违法窃取、泄露调查工作信息，或者泄露举报事项、举报受理情况以及举报人信息的；

(6)对被调查人或者涉案人员等逼供、诱供，或者侮辱、打骂、虐待、体罚或者变相体罚的；

(7)违反规定处置查封、扣押、冻结的财物的；

(8)违反规定导致发生办案安全事故、事件，或者发生安全事故、事件后隐瞒不报、报告失实、处置不当的；

(9)违反规定采取强制到案、责令候查、管护、留置或者禁闭措施，或者法定期限届满，不予以解除或者变更的；

(10)违反规定采取技术调查、限制出境措施，或者不按规定解除技术调查、限制出境措施的；

(11)利用职权非法干扰企业生产经营或者侵害企业经营者人身权利、财产权利和其他合法权益的；

(12)其他职务违法和职务犯罪行为。

依据：2025年《中华人民共和国监察法实施条例》第318条。

23 监察机关负责调查的职务违法

监察机关负责调查的职务违法，是指公职人员实施的与其职务相关联，虽不构成犯罪但依法应当承担法律责任的下列违法行为：

(1)利用职权实施的违法行为；

(2)利用职务上的影响实施的违法行为；

(3)履行职责不力、失职失责的违法行为；

(4)其他违反与公职人员职务相关的特定义务的违法行为。

依据：2025年《中华人民共和国监察法实施条例》第26条。

24 监察范围

监察机关对下列公职人员和有关人员进行监察：

(1)中国共产党机关、人民代表大会及其常务委员会机关、人民政府、监察委员会、人民法院、人民检察院、中国人民政治协商会议各级委员会机关、民主党派机关和工商业联合会机关的公务员，以及参照《中华人民共和国公务员法》管理的人员；

(2)法律、法规授权或者受国家机关依法委托管理公共事务的组织中从事公务的人员；

(3)国有企业管理人员；

(4)公办的教育、科研、文化、医疗卫生、体育等单位中从事管理的人员；

(5)基层群众性自治组织中从事管理的人员；

(6)其他依法履行公职的人员。

需要注意的是：

(1)参照《中华人民共和国公务员法》管理的人员，是指有关单位中经批准参照《中华人民共和国公务员法》进行管理的工作人员。

(2)法律、法规授权或者受国家机关依法委托管理公共事务的组织中从事公务的人员，是指在上述组织中，除参照《中华人民共和国公务员法》管理的人员外，对公共事务履行组织、领导、管理、监督等职责的人员，包括具有公共事务管理职能的行业协会等组织中从事公务的人员，以及法定检验检测、检疫等机构中从事公务的人员。

(3)国有企业管理人员，是指国家出资企业中的下列人员：

①在国有独资、全资公司、企业中履行组织、领导、管理、监督等职责的人员；

②经党组织或者国家机关，国有独资、全资公司、企业，事业单位提名、推荐、任命、批准等，在国有控股、参股公司及其分支机构中履行组织、领导、管理、监督等职责的人员；

③经国家出资企业中负有管理、监督国有资产职责的组织批准或者研究决定，代表其在国有控股、参股公司及其分支机构中从事组织、领导、管理、监督等工作的人员。

(4)公办的教育、科研、文化、医疗卫生、体育等单位中从事管理的人员，是指国家为了社会公益目的，由国家机关举办或者其他组织利用国有资产举办的教育、科研、文化、医疗卫生、体育等事业单位中，从事组织、领导、管理、监督等工作的人员。

(5)基层群众性自治组织中从事管理的人员，是指该组织中的下列人员：

①从事集体事务和公益事业管理的人员；

②从事集体资金、资产、资源管理的人员；

③协助人民政府从事行政管理工作的人员，包括从事救灾、防疫、抢险、防汛、优抚、帮扶、移民、救济款物的管理，社会捐助公益事业款物的管理，国有土地的经营和管理，土地征收、征用补偿费用的管理，代征、代缴税款，有关计划生育、户籍、征兵工作，协助人民政府等国家机关在基层群众性自治组织中从事的其他管理工作。

(6)其他依法履行公职的人员：

①履行人民代表大会职责的各级人民代表大会代表，履行公职的中国人民政治协商会议各级委员会委员、人民陪审员、人民监督员；

②虽未列入党政机关人员编制，但在党政机关中从事公务的人员；

③在集体经济组织等单位、组织中，由党组织或者国家机关，国有独资、全资公司、企业，国家出资企业中负有管理监督国有和集体资产职责的组织，事业单位提名、推荐、任命、批准等，从事组织、领导、管理、监督等工作的人员；

④在依法组建的评标、谈判、询价等组织中代表国家机关，国有独资、全资公司、企业，事业单位，人民团体临时履行公共事务组织、领导、管理、监督等职责的人员；

⑤其他依法行使公权力的人员。

依据：2024 年《中华人民共和国监察法》第 15 条；2025 年《中华人民共和国监察法实施条例》第 41－46 条。

25 党的各级纪律检查委员会的性质、主要任务、最高政治原则和根本政治责任

党的各级纪律检查委员会是党内监督专责机关,是党推进全面从严治党、开展党风廉政建设和反腐败斗争的专门力量。

党的各级纪律检查委员会的主要任务是:维护党的章程和其他党内法规,检查党的路线、方针、政策和决议的执行情况,协助党的委员会推进全面从严治党、加强党风建设和组织协调反腐败工作,推动完善党和国家监督体系。

党的各级纪律检查委员会把坚决维护习近平总书记党中央的核心、全党的核心地位,维护党中央权威和集中统一领导作为最高政治原则和根本政治责任。

依据:2022 年《中国共产党章程》第 46 条;2021 年《中国共产党纪律检查委员会工作条例》第 3 条。

26 党的纪律检查委员会领导体制

1. 党的中央纪律检查委员会(国家监察委员会)在党中央领导下进行工作,履行党的最高纪律检查机关(国家最高监察机关)职责。

党的中央纪律检查委员会严格执行加强和维护党中央集中统一领导的各项制度要求,及时向中央政治局、中央政治局常务委员会请示汇报工作,研究重大事项、重要问题以及作出立案审查决定、给予党纪处分等事项向党中央请示报告。执行党中央重要决定的情况应当专题报告。

2. 党的地方各级纪律检查委员会和基层纪律检查委员会在同级党的委员会和上级纪律检查委员会双重领导下进行工作。

党的地方各级纪律检查委员会和基层纪律检查委员会应当落实同

级党的委员会推进全面从严治党、加强党风廉政建设和反腐败工作的部署，执行同级党委作出的决定，及时向同级党委汇报工作，按照规定请示报告重大事项。

上级党的纪律检查委员会加强对下级纪律检查委员会的领导，对下级纪委的工作作出部署、提出要求；督促指导和支持下级纪委开展同级监督，检查下级纪委的工作，定期听取工作汇报，开展政治和业务培训；坚持查办腐败案件以上级纪委领导为主，按照规定审议和批准下级纪委关于线索处置、立案审查、纪律处分等的请示报告，按照程序改变下级纪委作出的错误或者不当的决定，必要时直接审查或者组织、指挥审查下级纪委管辖范围内有重大影响或者复杂的案件。

3. 党的中央纪律检查委员会与国家监察委员会合署办公，党的地方各级纪律检查委员会与地方各级监察委员会合署办公，实行一套工作机构、两个机关名称，履行党的纪律检查和国家监察两项职责，实现纪委监委领导体制和工作机制的统一融合，集中决策、一体运行，坚持纪严于法，执纪执法贯通。

依据：2021 年《中国共产党纪律检查委员会工作条例》第 5 – 7 条。

27 党的中央纪律检查委员会的产生

党的中央纪律检查委员会由党的全国代表大会选举产生，每届任期和党的中央委员会任期相同。

党的中央纪律检查委员会全体会议，选举常务委员会和书记、副书记，并报党的中央委员会批准。

依据：2021 年《中国共产党纪律检查委员会工作条例》第 8 条。

28 中央纪律检查委员会委员应当具备的能力和履行的职责

中央纪律检查委员会委员应当政治坚定、对党忠诚、敢于斗争、担当作为、清正廉洁，具备组织领导纪律检查工作、推进党风廉政建设和反腐败斗争的能力。

中央纪律检查委员会委员应当认真履行以下职责：

(1)参加中央纪委全体会议，积极发表意见、提出建议。

(2)在纪律检查机关担负具体工作的委员，应当模范履行岗位职责，高质量完成所承担的纪律检查工作。

(3)未在纪律检查机关担负具体工作的委员，应当支持和帮助本地区、本部门、本单位纪律检查机关开展工作；了解所在地区、部门、单位党组织和党员领导干部遵守党章党规党纪、贯彻落实党中央决策部署等情况，提出意见建议，重要问题及时向中央纪委常委会反映。

(4)对中央纪委的工作，以及中央纪委常委、其他中央纪委委员进行监督。

(5)承担中央纪委安排的其他任务。

依据：2021 年《中国共产党纪律检查委员会工作条例》第 9 条。

29 党的中央纪律检查委员会的职权

党的中央纪律检查委员会通过召开全体会议的方式行使以下职权：

(1)制定贯彻落实党的全国代表大会和党中央决议决定的重大部署、重大措施。

(2)听取和审议常务委员会工作报告。

(3)选举常务委员会和书记、副书记。

(4)讨论和决定纪检监察工作的重大问题、重大事项。

(5)按照权限审议重要党内法规或者规范性文件。

(6)决定或者追认给予中央纪委委员撤销党内职务以上处分。

(7)研究决定常务委员会提请决定的事项,或者应当由全体会议决定的其他重要事项。

中央纪律检查委员会机关根据工作需要,设立必要的内设机构,依照有关规定配置机构职能和权限。

依据:2021 年《中国共产党纪律检查委员会工作条例》第 10、15 条。

30 党的中央纪律检查委员会全体会议

党的中央纪律检查委员会全体会议每年至少召开一次,由中央纪律检查委员会常务委员会召集并主持。

党的中央纪律检查委员会全体会议应当有三分之二以上委员到会方可召开。委员因故不能参加会议的应当在会前请假,其意见可以用书面形式表达。根据需要,可以安排有关人员列席会议。

根据讨论和决定事项的不同,采用举手、无记名投票等方式进行表决,赞成票超过应到会委员半数的为通过。

对中央纪律检查委员会委员给予撤销党内职务以上处分,必须由应到会委员三分之二以上的多数决定,报党中央批准。

依据:2021 年《中国共产党纪律检查委员会工作条例》第 11 条。

31 中央纪律检查委员会常务委员会职权

中央纪律检查委员会常务委员会贯彻落实党中央决策部署,以及中央纪律检查委员会全体会议的决定和部署,向全体会议报告工作,接受监督。在全体会议闭会期间,行使中央纪律检查委员会职权,主要包括：

（1）讨论向党的全国代表大会的工作报告，向党中央请示报告工作，学习贯彻党中央决策部署。

（2）召集全体会议，对拟提交全体会议讨论和决定的事项先行审议、提出意见。

（3）讨论和决定纪检监察工作的重要问题、重要事项。

（4）按照权限审议党内法规或者规范性文件。

（5）听取以中央纪委名义立案审查的有关案件情况通报。

（6）按照权限讨论和决定对违犯党纪的党组织、党员处理、处分等事项。

（7）决定给予中央纪委委员撤销党内职务以上处分，并报党中央批准，待召开全体会议时予以追认。

（8）按照干部管理权限审议干部任免事项。

（9）研究决定应当由常务委员会决定的其他重要事项。

依据：2021 年《中国共产党纪律检查委员会工作条例》第 12 条。

32 中央纪律检查委员会常务委员会会议

中央纪律检查委员会常务委员会会议一般定期召开，遇有重要情况可以随时召开。

中央纪律检查委员会常务委员会会议由中央纪委书记召集并主持，会议议题由书记确定。

中央纪律检查委员会常务委员会会议应当有半数以上常委会委员到会方可召开。审议干部任免事项必须有三分之二以上常委会委员到会。根据需要，可以安排有关人员列席会议。

讨论和决定重要问题，应当进行表决。涉及多个事项的，应当逐项表决。表决可以根据讨论和决定事项的不同，采用口头、举手、无记名投票或者记名投票等方式进行，赞成票超过应到会常委会委员半数的为通过。

依据:2021 年《中国共产党纪律检查委员会工作条例》第 13 条。

33 中央纪律检查委员会办公会议

中央纪律检查委员会办公会议一般定期召开,遇有重要情况可以随时召开。办公会议由中央纪委书记召集并主持,会议议题由书记确定,驻委的副书记、常委会委员及有关负责同志参加。办公会议研究或者决定以下事项:

(1)学习贯彻党中央决策部署。

(2)机关日常工作中需要研究、决定或者通报的重要事项。

(3)按照权限讨论和决定对违犯党纪的党的组织、党员处理、处分等事项。

(4)按照干部管理权限讨论和决定有关干部任免事项。

(5)其他需要提交办公会议讨论的重要事项。

依据:2021 年《中国共产党纪律检查委员会工作条例》第 14 条。

34 地方各级纪律检查委员会的产生

党的地方各级纪律检查委员会由同级党的代表大会选举产生,每届任期和同级党的委员会任期相同。

党的地方各级纪律检查委员会全体会议,选举常务委员会和书记、副书记,并由同级党的委员会通过,报上级党的委员会批准。

上级党的委员会可以根据工作需要,在下级党的代表大会闭会期间,调动、任免下级纪律检查委员会书记、副书记。

依据:2021 年《中国共产党纪律检查委员会工作条例》第 16 条。

35 地方各级纪律检查委员会的职权

党的地方各级纪律检查委员会通过召开全体会议的方式行使以下职权：

(1)制定贯彻落实党中央决策部署以及中央纪委工作部署，同级党的代表大会和党委决议决定、上级纪委工作要求的重大措施。

(2)听取和审议常务委员会工作报告。

(3)选举常务委员会和书记、副书记。

(4)讨论和决定管辖范围内纪检监察工作的重大问题、重大事项。

(5)按照权限审议规范性文件。

(6)决定或者追认给予本级纪委委员撤销党内职务以上处分。

(7)研究决定常务委员会提请决定的事项，或者应当由全体会议决定的其他重要事项。

依据：2021年《中国共产党纪律检查委员会工作条例》第17条。

36 党的基层纪律检查委员会

1. 党的基层委员会是设立纪律检查委员会，还是设立纪律检查委员，由它的上一级党组织根据有关规定和具体情况决定。

党的基层纪律检查委员会由党员大会或者党员代表大会选举产生，每届任期和同级党的委员会任期相同。

党的基层纪律检查委员会选出的书记、副书记，经同级党的委员会通过后，报上级党组织批准。

基层纪律检查委员会委员的任职条件、履职要求等事项，按照有关规定执行。

2. 党的基层纪律检查委员会根据需要及时召开全体会议，传达学习党中央决策部署以及中央纪委工作部署，传达学习同级党委和上级纪委的工作部署，提出贯彻落实的具体措施，研究讨论管辖范围内纪律检查工作的重要问题、重要事项，按照权限讨论或者决定对违犯党纪的党组织、党员处理、处分等事项。

3. 乡镇和企业、机关、高校等单位中的党的基层纪律检查委员会应当按照《中国共产党章程》、《中国共产党纪律检查委员会工作条例》和其他党内法规的有关规定，结合实际建立健全议事规则、工作制度，注重发挥纪委委员在监督执纪、议事决策方面的作用，根据工作需要可以组织纪委委员参与监督执纪有关事项。

党的基层纪律检查委员会可以按照有关规定，设立必要的工作机构，配备专职工作人员。

党的基层纪律检查委员会应当指导和督促同级党的委员会所属基层党组织纪律检查委员履行职责、发挥作用。

4. 因调离本地区、辞去公职、退休等原因不适宜继续担任纪律检查委员会委员职务的，应当辞去或者按照程序免去其纪委委员职务。死亡、丧失国籍、被追究刑事责任、被停止党籍、受到撤销党内职务以上处分的，其纪委委员职务自动终止。辞去、免去或者自动终止地方纪委委员、基层纪委委员职务的，应当报上一级党的委员会备案。

依据：2021 年《中国共产党纪律检查委员会工作条例》第 20－23 条。

37 党的各级纪律检查委员会协助同级党的委员会推进全面从严治党

党的各级纪律检查委员会协助同级党的委员会推进全面从严治党：

（1）协助同级党委制定全面从严治党规划、计划，推动各项工作落实。

（2）推动全面从严治党主体责任制度执行，检查同级党委领导班子成员包括“一把手”管党治党责任落实情况，监督下级党组织落实主体责任情况。

(3)加强对同级党委领导班子监督，发现班子成员包括“一把手”履职尽责、廉洁自律等方面重要问题，按照规定如实报告。

(4)协助同级党委加强对本地区本单位政治生态、党风廉政等情况分析，有关问题向同级党委报告并提出意见建议。

(5)协助同级党委开展巡视巡察工作。

(6)对日常监督、巡视巡察、审计监督等发现问题整改情况开展检查，通过加强监督推动整改常态化。

(7)协助起草相关党内法规和规范性文件。

(8)参与党委组织的管党治党有关专项工作。

坚持履行协助职责和监督责任有机结合，促进全面从严治党党委主体责任和纪委监督责任贯通协同。

依据：2021年《中国共产党纪律检查委员会工作条例》第26条。

38 党的纪律检查工作

党的纪律检查工作坚持把一体推进不敢腐、不能腐、不想腐作为反腐败斗争的基本方针、新时代全面从严治党的重要方略，惩治震慑、制度约束、提高觉悟一体发力，系统施治、标本兼治，努力取得更多制度性成果和更大治理成效：

(1)坚持无禁区、全覆盖、零容忍，坚持重遏制、强高压、长震慑，坚持受贿行贿一起查，巩固不敢腐。

(2)坚持将惩治腐败与深化改革、促进治理贯通起来，深入查找制度和体制机制存在的问题，推动补齐制度短板、堵塞监管漏洞、规范权力运行，强化不能腐。

(3)坚持教育党员、干部坚定理想信念宗旨，提高党性觉悟，提升道德修养，涵养廉洁文化，筑牢思想上拒腐防变的堤坝，自觉不想腐。

依据:2021 年《中国共产党纪律检查委员会工作条例》第 29 条。

39 党的各级纪律检查委员会如何运用监督执纪“四种形态”

党的各级纪律检查委员会围绕实现党章赋予的任务,坚持聚焦主责主业,履行监督、执纪、问责职责。

坚持把监督作为基本职责,抓早抓小、防微杜渐,综合考虑错误性质、情节后果、主观态度等因素,依规依纪依法、精准有效运用监督执纪“四种形态”:

(1)党员、干部有作风纪律方面的苗头性、倾向性问题或者轻微违纪问题,或者有一般违纪问题但具备免予处分情形的,运用监督执纪第一种形态,按照规定进行谈话提醒、批评教育、责令检查等,或者予以诫勉。

(2)党员、干部有一般违纪问题,或者违纪问题严重但具有主动交代等从轻减轻处分情形的,运用监督执纪第二种形态,按照规定给予警告、严重警告处分,或者建议单处、并处停职检查、调整职务、责令辞职、免职等处理。

(3)党员、干部有严重违纪问题,或者严重违纪并构成严重职务违法的,运用监督执纪第三种形态,按照规定给予撤销党内职务、留党察看、开除党籍处分,同时建议给予降职或者依法给予撤职、开除公职、调整其享受的待遇等处理。

(4)党员、干部严重违纪、涉嫌犯罪的,运用监督执纪第四种形态,按照规定给予开除党籍处分,同时依法给予开除公职、调整或者取消其享受的待遇等处理,再移送司法机关依法追究刑事责任。

依据:2021 年《中国共产党纪律检查委员会工作条例》第 31 条。

40 党的纪律检查委员会应当重点监督党组织、党员特别是领导干部的情况

党的纪律检查委员会应当强化政治监督，重点监督党组织、党员特别是领导干部以下情况：

(1)对党忠诚，坚持党的领导，贯彻落实党的理论和路线方针政策、党中央决策部署，践行"两个维护"的情况。

(2)坚定理想信念宗旨，牢记初心使命，践行入党誓词，坚持中国特色社会主义制度的情况。

(3)落实全面从严治党主体责任和监督责任的情况。

(4)贯彻执行民主集中制，公正用权、依法用权、廉洁用权、担当作为的情况。

政治监督应当突出"关键少数"，重点加强对"一把手"、同级党委特别是常委会委员的监督。

依据：2021年《中国共产党纪律检查委员会工作条例》第33条。

41 党的纪律检查委员会的日常监督、专项监督、基层监督

1. 党的纪律检查委员会应当加强日常监督，监督方式主要包括：座谈，召集、参加或者列席会议，了解党内同志和社会群众反映；查阅查询相关资料和信息数据；现场调查，驻点监督；督促巡视巡察整改；谈心谈话，听取工作汇报，听取述责述廉；建立健全党员领导干部廉政档案，开展党风廉政意见回复等工作。

2. 开展专项监督，针对落实党中央决策部署中的突出问题，行业性、系统性、区域性的管党治党重点问题，形式主义、官僚主义、享乐主义和奢靡之风问题，群众反映强烈、损害群众利益的突出问题加强监督检查。必要时，可以组织、参加或者督促开展集中整治、专项治理。

3. 加强基层监督，促进基层监督资源和力量整合，发挥纪检监察、巡察等作用，有效衔接村（居）务监督，建立监督信息网络平台，扩大群众参与，及时发现、处理群众身边的腐败问题和不正之风。

依据：2021 年《中国共产党纪律检查委员会工作条例》第 34 条。

42 地方党委将党的建设与经济社会发展同谋划、同部署、同推进、同考核的工作

地方党委应当将党的建设与经济社会发展同谋划、同部署、同推进、同考核，加强对本地区全面从严治党各项工作的领导。主要包括：

（1）坚决维护以习近平同志为核心的党中央权威和集中统一领导，坚决贯彻执行党中央决策部署以及上级党组织决定；

（2）在本地区发挥总揽全局、协调各方的领导作用，在经济社会发展各项工作中坚持和加强党的全面领导，在同级各种组织中发挥领导作用；

（3）把党的政治建设摆在首位，坚定政治信仰，强化政治领导，提高政治能力，净化政治生态，始终在政治立场、政治方向、政治原则、政治道路上同党中央保持高度一致；

（4）把党的思想建设作为基础性建设来抓，坚定理想信念，用习近平新时代中国特色社会主义思想武装头脑、指导实践、推动工作，落实意识形态工作责任制；

（5）贯彻新时代党的组织路线，坚持民主集中制，树立和坚持正确选人用人导向，建设忠诚干净担当的高素质专业化干部队伍，加强党的基层组织和党员队伍建设，做好人才工作，夯实党执政的组织基础；

（6）持之以恒抓好党的作风建设，落实中央八项规定精神，持续整治“四风”特别是形式主义、官僚主义，反对特权思想和特权现象，密切党同人民群众的血肉联系；

（7）加强党的纪律建设，重点强化政治纪律和组织纪律，带动廉洁

纪律、群众纪律、工作纪律、生活纪律严起来；

(8)落实制度治党、依规治党要求，加强本地区党内法规制度建设，严格落实党内法规执行责任制，确保党内法规制度落地见效；

(9)落实党风廉政建设主体责任，深入推进反腐败斗争，一体推进不敢腐、不能腐、不想腐，巩固发展反腐败斗争压倒性胜利；

(10)领导、支持和监督党的纪律检查机关、党的工作机关、党委直属事业单位、党组(党委)和下级地方党委、党的基层组织等落实全面从严治党主体责任，形成全面从严治党整体合力；

(11)加强对本地区统一战线工作和群团工作的领导，动员、组织所属党组织和广大党员，团结带领群众实现党的目标任务；

(12)勇于和善于结合本地区实际，切实解决影响全面从严治党的突出问题。

依据：2020 年《党委(党组)落实全面从严治党主体责任规定》第 6 条。

43 党组(党委)坚持党建工作与业务工作同谋划、同部署、同推进、同考核的工作

党组(党委)应当坚持党建工作与业务工作同谋划、同部署、同推进、同考核，加强对本单位(本系统)全面从严治党各项工作的领导。主要包括：

(1)坚决维护以习近平同志为核心的党中央权威和集中统一领导，坚决贯彻执行党中央决策部署以及上级党组织决定；

(2)在本单位(本系统)发挥把方向、管大局、保落实的领导作用，推动党的主张和重大决策转化为法律法规、政策政令和社会共识，确保党的理论和路线方针政策在本单位(本系统)贯彻落实；

(3)把党的政治建设摆在首位，提高政治站位，彰显政治属性，强化政治引领，增强政治能力，始终在政治立场、政治方向、政治原则、政治道

路上同党中央保持高度一致,涵养良好的机关政治生态;

(4)强化理论武装,学懂弄通做实习近平新时代中国特色社会主义思想,引导党员、干部坚定理想信念宗旨,落实意识形态工作责任制;

(5)坚持民主集中制,贯彻党管干部、党管人才原则,加强忠诚干净担当的高素质专业化干部队伍建设,加强党的基层组织和党员队伍建设,着力提高党内活动和党的组织生活质量,做好人才工作;

(6)加强和改进作风,落实中央八项规定精神,持续整治"四风"特别是形式主义、官僚主义,反对特权思想和特权现象;

(7)加强党的纪律建设,履行党风廉政建设主体责任,支持纪检监察机关履行监督责任,一体推进不敢腐、不能腐、不想腐;

(8)带头遵守党内法规制度,严格落实党内法规执行责任制,建立健全本单位(本系统)党建工作制度,不断提高制度执行力;

(9)领导机关和直属单位党组织的工作,支持配合党的机关工委对本单位(本系统)党的工作的统一领导,自觉接受党的机关工委对其履行机关党建主体责任的指导督促,防止出现"灯下黑";

(10)加强对本单位(本系统)统一战线工作和群团工作的领导,重视对党外干部、人才的培养使用,团结带领党外干部和群众,凝聚各方面智慧力量,完成党中央以及上级党组织交给的任务;

(11)勇于和善于结合本单位(本系统)实际,切实解决影响全面从严治党的突出问题。

依据:2020 年《党委(党组)落实全面从严治党主体责任规定》第 7 条。

44 党委(党组)及其领导班子成员落实全面从严治党责任时应当依规依纪追究责任的情形

党委(党组)及其领导班子成员落实全面从严治党责任,有下列情形之一的,应当依规依纪追究责任:

(1)贯彻执行党中央关于全面从严治党重大决策部署以及上级党组织有关决定不认真、不得力;

(2)履行全面从严治党第一责任人职责、重要领导责任不担当、不作为;

(3)本地区本单位政治意识淡化、党的领导弱化、党建工作虚化、责任落实软化,管党治党宽松软;

(4)本地区本单位在管党治党方面出现重大问题或者造成严重后果;

(5)其他应当追究责任的情形。

依据:2020 年《党委(党组)落实全面从严治党主体责任规定》第 22 条。

45 各级纪律检查委员会监察委员会派驻、派出机构

1. 党的中央纪律检查委员会国家监察委员会、地方各级纪律检查委员会监察委员会向同级党和国家机关全面派驻纪检监察组,按照规定可以向国有企业、事业单位等其他组织和单位派驻纪检监察组。

党的中央和地方各级委员会派出党的机关工作委员会、街道工作委员会等代表机关的,党的中央纪律检查委员会国家监察委员会、地方各级纪律检查委员会监察委员会可以相应派出纪检监察工作委员会。

2. 派驻机构是派出它的党的纪律检查委员会监察委员会的组成部分,由派出机关直接领导、统一管理。

派出机构在派出它的党的纪律检查委员会监察委员会和本级党的工作委员会双重领导下进行工作。派出机构按照规定开展纪律检查工作,领导管辖范围内机关纪委等纪检机构的工作。

依据:2021 年《中国共产党纪律检查委员会工作条例》第 42 – 43 条。

46 派驻机构根据派出机关授权开展的监督执纪问责工作

派驻机构根据派出机关授权开展监督执纪问责工作：

（1）加强对驻在单位（含综合监督单位）的监督，重点对驻在单位领导班子及其成员、党组（党委）管理的领导班子及其成员等进行监督。

（2）监督促进驻在单位领导班子贯彻落实党的理论和路线方针政策、党中央决策部署，履行全面从严治党主体责任。

（3）经常、及时地向派出机关报告情况和问题。

（4）加强对驻在单位纪检机构的业务指导和监督检查，促进其履行监督责任。

（5）认真处理信访举报，对问题线索进行集中管理和处置。

（6）依规依纪开展纪律审查，严肃查处违纪问题。

（7）按照管理权限作出问责决定或者提出问责建议。

（8）协助驻在单位党组（党委）做好巡视巡察工作。

（9）完成派出机关交办的其他任务。

依据：2021 年《中国共产党纪律检查委员会工作条例》第 44 条。

47 派出机关监督检查部门协助分管领导联系派驻机构日常工作的内容

派出机关相关部门根据职能职责，加强对派驻机构的指导、联系、服务和保障。

监督检查部门协助分管领导联系派驻机构日常工作：

（1）指导督促派驻机构履行职责；

（2）对派驻机构请示报告的问题、事项进行审核把关；

（3）对派出机关交办的重要案件、事项进行督促办理；

（4）办理派驻机构提请支持、协调的重要事项；

(5)向派驻机构通报驻在单位领导班子及其成员、驻在单位上级党委管理的其他人员的一般性问题和谈话提醒、批评教育、责令检查、诫勉谈话等情况;

(6)联系开展其他工作。

依据:2022年《纪检监察机关派驻机构工作规则》第13条。

48 派出机关相关部门应当会同派驻机构联合开展的监督工作

派出机关相关部门应当会同派驻机构联合开展以下监督工作:

(1)开展专项检查,推动驻在单位落实党中央决策部署;

(2)研判驻在单位政治生态,有针对性地开展监督;

(3)开展专题调查研究,查找分析利用公共权力和资源设租寻租、离职后违规从业等行业性、系统性廉洁风险,向驻在单位提出意见建议或者督促开展专项治理;

(4)支持配合派出机关同级党委巡视巡察机构开展工作,对整改情况进行监督;

(5)推动驻在单位落实纪检监察建议;

(6)其他需要联合开展的监督工作。

依据:2022年《纪检监察机关派驻机构工作规则》第14条。

49 派出机关相关部门应当指导、协调派驻机构与地方纪律检查委员会监察委员会协作开展的工作

派出机关相关部门应当指导、协调派驻机构与地方纪律检查委员会监察委员会协作开展以下工作:

(1)协同开展专项检查、专项监督,推动解决有关系统和领域的突

出问题；

（2）协作采取监督检查、审查调查措施；

（3）协商确定驻在单位党员、干部以及监察对象涉嫌违纪和职务违法、职务犯罪案件的管辖，或者由派驻机构报请派出机关指定有关地方纪委监委管辖；

（4）联合审查调查驻在单位党员、干部以及监察对象涉嫌违纪和职务违法、职务犯罪案件；

（5）其他需要协作开展的工作。

依据：2022年《纪检监察机关派驻机构工作规则》第16条。

50 派出机关相关部门应当组织、指导各派驻机构之间协作配合开展的工作

派出机关相关部门应当组织、指导各派驻机构之间协作配合开展以下工作：

（1）针对共性或者关联性问题同步开展专项监督；

（2）对重大、复杂案件进行联合审查调查；

（3）协作开展案件审理、复议复查和复审工作；

（4）对派出机关部署的重要工作落实情况开展交叉检查或者联合检查；

（5）联合开展调研、培训；

（6）其他需要协作配合开展的工作。

依据：2022年《纪检监察机关派驻机构工作规则》第17条。

51 派驻机构重点监督检查的情况

派驻机构应当把监督作为基本职责，结合驻在单位实际，重点监督检查以下情况：

(1)对党忠诚,践行党的性质宗旨情况;

(2)贯彻党的理论和路线方针政策、落实党中央决策部署、践行“两个维护”情况;

(3)落实全面从严治党主体责任、加强党风廉政建设和反腐败工作情况;

(4)贯彻执行民主集中制、依规依法履职用权、廉洁自律等情况。

依据:2022 年《纪检监察机关派驻机构工作规则》第 23 条。

52 派驻机构应当重点监督的对象

派驻机构应当重点监督以下对象:

(1)驻在单位领导班子及其成员特别是主要负责人;

(2)驻在单位上级党委管理的其他人员;

(3)驻在单位党组(党委)管理的领导班子及其成员;

(4)其他列入重点监督对象的驻在单位人员。

依据:2022 年《纪检监察机关派驻机构工作规则》第 24 条。

53 派驻机构负责审查的党组织和党员涉嫌违犯党纪的案件

派驻机构负责审查以下党组织和党员涉嫌违犯党纪的案件:

(1)驻在单位党组(党委)直接领导的党组织;

(2)驻在单位党组(党委)管理的领导班子成员;

(3)《纪检监察机关派驻机构工作规则》第二十四条第四项规定的人员。

派驻机构必要时可以审查驻在单位党组(党委)管理的其他党组织和党员涉嫌违犯党纪的案件。

派驻机构根据派出机关授权,依法调查驻在单位监察对象涉嫌职务违法、职务犯罪案件。

依据:2022 年《纪检监察机关派驻机构工作规则》第 29 条。

54 派驻机构负责受理和处置的申诉或者复审申请

派驻机构负责受理和处置以下申诉或者复审申请:

(1)党组织和党员对派驻机构所作处理决定不服的申诉;

(2)监察对象对派驻机构所作处理决定不服的复审申请;

(3)被调查人及其近亲属对派驻机构及其工作人员侵害被调查人合法权益行为的申诉。

对于派驻机构立案审查调查后由驻在单位作出处理决定案件的申诉或者复核申请,派驻机构应当协助驻在单位做好有关处置工作。

依据:2022 年《纪检监察机关派驻机构工作规则》第 31 条。

55 派驻机构的监督方式

派驻机构开展日常监督应当深入实际、深入群众,监督方式包括:

(1)参加会议。参加或者列席驻在单位领导班子会议等重要会议,了解学习贯彻党中央决策部署以及上级党组织决定情况和班子成员的意见态度,“三重一大”决策制度执行情况,按照规定向派出机关报告。

(2)谈心谈话。同党员、干部和群众广泛谈心谈话,听取对监督对象的反映,发现监督对象存在苗头性、倾向性问题的,进行谈话提醒、批评教育。

(3)听取汇报。听取驻在单位党组(党委)管理的领导班子及其成员履行管党治党责任情况的汇报,发现责任落实不到位的,进行提醒纠正。

(4)查阅资料。按照规定查阅、复制驻在单位有关文件、资料、数据等材料,了解核实有关情况。

(5)沟通情况。加强与驻在单位机关党委、党委办公室和组织人事、巡视巡察、法规法务、财务审计等部门的沟通,及时发现和通报问题。

(6)分析研判。分析信访举报、党风廉政等情况,对典型性、普遍性问题向驻在单位提出意见建议。

(7)廉政把关。建立健全、动态更新驻在单位党组(党委)管理的领导干部廉政档案,严把党风廉政意见回复关。

(8)实地调查。开展驻点调研、现场核查,精准发现驻在单位存在的突出问题。

(9)其他开展日常监督的方式。

依据:2022 年《纪检监察机关派驻机构工作规则》第 32 条。

56 派驻机构对驻在单位开展内部巡视巡察提供的协助

派驻机构对驻在单位开展内部巡视巡察提供以下协助:

(1)通报监督执纪执法中发现的问题;

(2)处置内部巡视巡察移交的问题线索;

(3)检查整改责任落实情况;

(4)其他协助内部巡视巡察的工作。

依据:2022 年《纪检监察机关派驻机构工作规则》第 36 条。

三、党的纪律

(一)政治纪律

57 违反政治纪律行为及政务处分

有下列行为之一的,予以记过或者记大过;情节较重的,予以降级或者撤职;情节严重的,予以开除:

(1)散布有损宪法权威、中国共产党领导和国家声誉的言论的;

(2)参加旨在反对宪法、中国共产党领导和国家的集会、游行、示威等活动的;

(3)拒不执行或者变相不执行中国共产党和国家的路线方针政策、重大决策部署的;

(4)参加非法组织、非法活动的;

(5)挑拨、破坏民族关系,或者参加民族分裂活动的;

(6)利用宗教活动破坏民族团结和社会稳定的;

(7)在对外交往中损害国家荣誉和利益的。

有前述(2)、(4)、(5)和(6)行为之一的,对策划者、组织者和骨干分子,予以开除。

公开发表反对宪法确立的国家指导思想,反对中国共产党领导,反对社会主义制度,反对改革开放的文章、演说、宣言、声明等的,予以开除。

依据:2020年《中华人民共和国公职人员政务处分法》第28条。

58 在重大原则问题上不同党中央保持一致且有实际言论、行为或者造成不良后果的纪律处分

在重大原则问题上不同党中央保持一致且有实际言论、行为或者造成不良后果的，给予警告或者严重警告处分；情节较重的，给予撤销党内职务或者留党察看处分；情节严重的，给予开除党籍处分。

依据：2023 年《中国共产党纪律处分条例》第 49 条。

59 通过网络等或者利用讲座等方式进行违纪行为的纪律处分

1. 通过网络、广播、电视、报刊、传单、书籍等，或者利用讲座、论坛、报告会、座谈会等方式，公开发表坚持资产阶级自由化立场、反对四项基本原则，反对党的改革开放决策的文章、演说、宣言、声明等的，给予开除党籍处分。

发布、播出、刊登、出版《中国共产党纪律处分条例》第五十条第一款所列文章、演说、宣言、声明等或者为上述行为提供方便条件的，对直接责任者和领导责任者，给予严重警告或者撤销党内职务处分；情节严重的，给予留党察看或者开除党籍处分。

2. 通过网络、广播、电视、报刊、传单、书籍等，或者利用讲座、论坛、报告会、座谈会等方式，有下列行为之一，情节较轻的，给予警告或者严重警告处分；情节较重的，给予撤销党内职务或者留党察看处分；情节严重的，给予开除党籍处分：

(1)公开发表违背四项基本原则，违背、歪曲党的改革开放决策，或者其他有严重政治问题的文章、演说、宣言、声明等；

(2)妄议党中央大政方针，破坏党的集中统一；

(3)丑化党和国家形象，或者诋毁、诬蔑党和国家领导人、英雄模范，

或者歪曲党的历史、中华人民共和国历史、人民军队历史。

发布、播出、刊登、出版《中国共产党纪律处分条例》第五十一条第一款所列内容或者为上述行为提供方便条件的,对直接责任者和领导责任者,给予严重警告或者撤销党内职务处分;情节严重的,给予留党察看或者开除党籍处分。

3. 制作、贩卖、传播《中国共产党纪律处分条例》第五十条、第五十一条所列内容之一的报刊、书籍、音像制品、电子读物,以及网络文本、图片、音频、视频资料等,情节较轻的,给予警告或者严重警告处分;情节较重的,给予撤销党内职务或者留党察看处分;情节严重的,给予开除党籍处分。

私自携带、寄递《中国共产党纪律处分条例》第五十条、第五十一条所列内容之一的报刊、书籍、音像制品、电子读物等入出境,情节较重的,给予警告或者严重警告处分;情节严重的,给予撤销党内职务、留党察看或者开除党籍处分。

私自阅看、浏览、收听《中国共产党纪律处分条例》第五十条、第五十一条所列内容之一的报刊、书籍、音像制品、电子读物,以及网络文本、图片、音频、视频资料等,情节严重的,给予警告、严重警告或者撤销党内职务处分。

依据:2023 年《中国共产党纪律处分条例》第 50 – 52 条。

60 在党内组织、参加秘密集团或者其他分裂党的活动的纪律处分

在党内组织秘密集团或者组织其他分裂党的活动的,给予开除党籍处分。

参加秘密集团或者参加其他分裂党的活动的,给予留党察看或者开除党籍处分。

依据:2023 年《中国共产党纪律处分条例》第 53 条。

61 在党内搞团团伙伙等非组织活动或者捞取政治资本的纪律处分

在党内搞团团伙伙、结党营私、拉帮结派、政治攀附、培植个人势力等非组织活动,或者通过搞利益交换、为自己营造声势等活动捞取政治资本的,给予严重警告或者撤销党内职务处分;导致本地区、本部门、本单位政治生态恶化的,给予留党察看或者开除党籍处分。

依据:2023 年《中国共产党纪律处分条例》第 54 条。

62 结交、充当政治骗子或者被政治骗子利用的纪律处分

搞投机钻营,结交政治骗子或者被政治骗子利用的,给予严重警告或者撤销党内职务处分;情节严重的,给予留党察看或者开除党籍处分。

充当政治骗子的,给予撤销党内职务、留党察看或者开除党籍处分。

依据:2023 年《中国共产党纪律处分条例》第 55 条。

63 党员领导干部在本人主政的地方或者分管的部门自行其是,搞山头主义的纪律处分

党员领导干部在本人主政的地方或者分管的部门自行其是,搞山头主义,拒不执行党中央确定的大政方针,甚至背着党中央另搞一套的,给予撤销党内职务、留党察看或者开除党籍处分。

贯彻党中央决策部署只表态不落实,或者落实党中央决策部署不坚决,打折扣、搞变通,在政治上造成不良影响或者严重后果的,给予警告或者严重警告处分;情节严重的,给予撤销党内职务、留党察看或者开除党籍处分。

不顾党和国家大局，搞部门或者地方保护主义的，依照《中国共产党纪律处分条例》第五十六条第二款的规定处理。

依据：2023年《中国共产党纪律处分条例》第56条。

64 党员领导干部政绩观错位，给党、国家和人民利益造成较大损失的纪律处分

党员领导干部政绩观错位，违背新发展理念、背离高质量发展要求，给党、国家和人民利益造成较大损失的，给予警告或者严重警告处分；情节较重的，给予撤销党内职务或者留党察看处分；情节严重的，给予开除党籍处分。

搞劳民伤财的“形象工程”“政绩工程”的，从重或者加重处分。

依据：2023年《中国共产党纪律处分条例》第57条。

65 对党不忠诚不老实，在政治上造成不良影响的纪律处分

对党不忠诚不老实，表里不一，阳奉阴违，欺上瞒下，搞两面派，做两面人，在政治上造成不良影响的，给予警告或者严重警告处分；情节较重的，给予撤销党内职务或者留党察看处分；情节严重的，给予开除党籍处分。

依据：2023年《中国共产党纪律处分条例》第58条。

66 制造、散布、传播政治谣言，破坏党的团结统一的纪律处分

制造、散布、传播政治谣言，破坏党的团结统一的，给予警告或者严重警告处分；情节较重的，给予撤销党内职务或者留党察看处分；情节严

重的，给予开除党籍处分。

政治品行恶劣，匿名诬告，有意陷害或者制造其他谣言，造成损害或者不良影响的，依照《中国共产党纪律处分条例》第五十九条第一款的规定处理。

依据：2023年《中国共产党纪律处分条例》第59条。

67 擅自对应当由党中央决定的重大政策问题作出决定、对外发表主张的纪律处分

擅自对应当由党中央决定的重大政策问题作出决定、对外发表主张的，对直接责任者和领导责任者，给予严重警告或者撤销党内职务处分；情节严重的，给予留党察看或者开除党籍处分。

依据：2023年《中国共产党纪律处分条例》第60条。

68 不按照有关规定向组织请示、报告重大事项的纪律处分

不按照有关规定向组织请示、报告重大事项，对直接责任者和领导责任者，情节较重的，给予警告或者严重警告处分；情节严重的，给予撤销党内职务或者留党察看处分。

依据：2023年《中国共产党纪律处分条例》第61条。

69 干扰巡视巡察工作或者不落实巡视巡察整改要求的纪律处分

干扰巡视巡察工作或者不落实巡视巡察整改要求，对直接责任者和领导责任者，情节较轻的，给予警告或者严重警告处分；情节较重的，给

予撤销党内职务或者留党察看处分；情节严重的，给予开除党籍处分。

依据：2023年《中国共产党纪律处分条例》第62条。

70 对抗组织审查的情形及纪律处分

对抗组织审查，有下列行为之一的，给予警告或者严重警告处分；情节较重的，给予撤销党内职务或者留党察看处分；情节严重的，给予开除党籍处分：

（1）串供或者伪造、销毁、转移、隐匿证据；

（2）阻止他人揭发检举、提供证据材料；

（3）包庇同案人员；

（4）向组织提供虚假情况，掩盖事实；

（5）其他对抗组织审查行为。

依据：2023年《中国共产党纪律处分条例》第63条。

71 组织、参加反对党的基本理论、基本路线、基本方略或者重大方针政策的活动的纪律处分

组织、参加反对党的基本理论、基本路线、基本方略或者重大方针政策的集会、游行、示威等活动的，或者以组织讲座、论坛、报告会、座谈会等方式，反对党的基本理论、基本路线、基本方略或者重大方针政策，造成严重不良影响的，对策划者、组织者和骨干分子，给予开除党籍处分。

对其他参加人员或者以提供信息、资料、财物、场地等方式支持上述活动者，情节较轻的，给予警告或者严重警告处分；情节较重的，给予撤销党内职务或者留党察看处分；情节严重的，给予开除党籍处分。

对不明真相被裹挟参加，经批评教育后确有悔改表现的，可以免予处分或者不予处分。

未经组织批准参加其他集会、游行、示威等活动，情节较轻的，给予警告或者严重警告处分；情节较重的，给予撤销党内职务或者留党察看处分；情节严重的，给予开除党籍处分。

依据：2023年《中国共产党纪律处分条例》第64条。

72 组织、参加旨在反对党的领导、反对社会主义制度或者敌视政府等组织的活动的纪律处分

组织、参加旨在反对党的领导、反对社会主义制度或者敌视政府等组织的，对策划者、组织者和骨干分子，给予开除党籍处分。

对其他参加人员，情节较轻的，给予警告或者严重警告处分；情节较重的，给予撤销党内职务或者留党察看处分；情节严重的，给予开除党籍处分。

依据：2023年《中国共产党纪律处分条例》第65条。

73 组织、参加会道门或者邪教组织的，对策划者、组织者和骨干分子的纪律处分

组织、参加会道门或者邪教组织的，对策划者、组织者和骨干分子，给予开除党籍处分。

对其他参加人员，情节较轻的，给予警告或者严重警告处分；情节较重的，给予撤销党内职务或者留党察看处分；情节严重的，给予开除党籍处分。

对不明真相的参加人员，经批评教育后确有悔改表现的，可以免予处分或者不予处分。

依据：2023年《中国共产党纪律处分条例》第66条。

74 从事、参与挑拨破坏民族关系制造事端或者参加民族分裂活动的纪律处分

从事、参与挑拨破坏民族关系制造事端或者参加民族分裂活动的，对策划者、组织者和骨干分子，给予开除党籍处分。

对其他参加人员，情节较轻的，给予警告或者严重警告处分；情节较重的，给予撤销党内职务或者留党察看处分；情节严重的，给予开除党籍处分。

对不明真相被裹挟参加，经批评教育后确有悔改表现的，可以免予处分或者不予处分。

有其他违反党和国家民族政策的行为，情节较轻的，给予警告或者严重警告处分；情节较重的，给予撤销党内职务或者留党察看处分；情节严重的，给予开除党籍处分。

依据：2023 年《中国共产党纪律处分条例》第 67 条。

75 组织、利用宗教活动反对党的理论、路线、方针、政策和决议，破坏民族团结的纪律处分

组织、利用宗教活动反对党的理论、路线、方针、政策和决议，破坏民族团结的，对策划者、组织者和骨干分子，给予开除党籍处分。

对其他参加人员，给予撤销党内职务或者留党察看处分；情节严重的，给予开除党籍处分。

对不明真相被裹挟参加，经批评教育后确有悔改表现的，可以免予处分或者不予处分。

有其他违反党和国家宗教政策的行为，情节较轻的，给予警告或者严重警告处分；情节较重的，给予撤销党内职务或者留党察看处分；情节严重的，给予开除党籍处分。

依据：2023 年《中国共产党纪律处分条例》第 68 条。

76 对信仰宗教的党员，经党组织帮助教育仍没有转变的纪律处分

对信仰宗教的党员，应当加强思想教育，要求其限期改正；经党组织帮助教育仍没有转变的，应当劝其退党；劝而不退的，予以除名；参与利用宗教搞煽动活动的，给予开除党籍处分。

依据：2023 年《中国共产党纪律处分条例》第 69 条。

77 组织、参加迷信活动或者个人搞迷信活动的纪律处分

组织迷信活动的，给予撤销党内职务或者留党察看处分；情节严重的，给予开除党籍处分。

参加迷信活动或者个人搞迷信活动，造成不良影响的，给予警告或者严重警告处分；情节较重的，给予撤销党内职务或者留党察看处分；情节严重的，给予开除党籍处分。

对不明真相的参加人员，经批评教育后确有悔改表现的，可以免予处分或者不予处分。

依据：2023 年《中国共产党纪律处分条例》第 70 条。

78 组织、利用宗族势力对抗党和政府的纪律处分

组织、利用宗族势力对抗党和政府，妨碍党和国家的方针政策以及决策部署的实施，或者破坏党的基层组织建设的，对策划者、组织者和骨干分子，给予开除党籍处分。

对其他参加人员，给予撤销党内职务或者留党察看处分；情节严重的，给予开除党籍处分。

对不明真相被裹挟参加，经批评教育后确有悔改表现的，可以免予

处分或者不予处分。

依据:2023 年《中国共产党纪律处分条例》第 71 条。

79 在国(境)外、外国驻华使(领)馆申请政治避难,在国(境)外公开发表反对党和政府的文章等的纪律处分

在国(境)外、外国驻华使(领)馆申请政治避难,或者违纪后逃往国(境)外、外国驻华使(领)馆的,给予开除党籍处分。

在国(境)外公开发表反对党和政府的文章、演说、宣言、声明等的,依照前述规定处理。

故意为上述行为提供方便条件的,给予留党察看或者开除党籍处分。

依据:2023 年《中国共产党纪律处分条例》第 72 条。

80 在涉外活动中,党员的言行在政治上造成恶劣影响的纪律处分

在涉外活动中,党员的言行在政治上造成恶劣影响,损害党和国家尊严、利益的,给予撤销党内职务或者留党察看处分;情节严重的,给予开除党籍处分。

依据:2023 年《中国共产党纪律处分条例》第 73 条。

81 不履行全面从严治党主体责任、监督责任或者履行前述责任不力的纪律处分

不履行全面从严治党主体责任、监督责任或者履行全面从严治党主体责任、监督责任不力,给党组织造成严重损害或者严重不良影响的,对

直接责任者和领导责任者，给予警告或者严重警告处分；情节严重的，给予撤销党内职务或者留党察看处分。

依据：2023年《中国共产党纪律处分条例》第74条。

82 党员领导干部对违反政治纪律和政治规矩等错误思想和行为不报告、不抵制、不斗争的纪律处分

党员领导干部对违反政治纪律和政治规矩等错误思想和行为不报告、不抵制、不斗争，放任不管，搞无原则一团和气，造成不良影响的，给予警告或者严重警告处分；情节严重的，给予撤销党内职务或者留党察看处分。

依据：2023年《中国共产党纪律处分条例》第75条。

83 违反党的优良传统和工作惯例等党的规矩的纪律处分

违反党的优良传统和工作惯例等党的规矩，在政治上造成不良影响或者严重后果的，给予警告或者严重警告处分；情节较重的，给予撤销党内职务或者留党察看处分；情节严重的，给予开除党籍处分。

依据：2023年《中国共产党纪律处分条例》第76条。

84 事业单位人员违反政治纪律行为的情形及纪律处分

有下列行为之一的，给予记过处分；情节较重的，给予降低岗位等级处分；情节严重的，给予开除处分：

(1)散布有损宪法权威、中国共产党领导和国家声誉的言论的；

(2)参加旨在反对宪法、中国共产党领导和国家的集会、游行、示威等活动的；

(3)拒不执行或者变相不执行中国共产党和国家的路线方针政策、重大决策部署的；

(4)参加非法组织、非法活动的；

(5)利用宗教活动破坏民族团结和社会稳定的；挑拨、破坏民族关系，或者参加民族分裂活动的；

(6)在对外交往中损害国家荣誉和利益的；

(7)携带含有依法禁止内容的书刊、音像制品、电子出版物进入境内的；

(8)其他违反政治纪律的行为。

有前述(2)、(4)、(5)行为之一的，对策划者、组织者和骨干分子，给予开除处分。

公开发表反对宪法确立的国家指导思想，反对中国共产党领导，反对社会主义制度，反对改革开放的文章、演说、宣言、声明等的，给予开除处分。

依据：2023年《事业单位工作人员处分规定》第16条。

(二)组 织 纪 律

85 民主集中制原则

民主集中制是民主基础上的集中和集中指导下的民主相结合。它既是党的根本组织原则，也是群众路线在党的生活中的运用。必须充分发扬党内民主，尊重党员主体地位，保障党员民主权利，发挥各级党组织和广大党员的积极性创造性。必须实行正确的集中，牢固树立政治意识、大局意识、核心意识、看齐意识，坚定维护以习近平同志为核心的党中央权威和集中统一领导，保证全党的团结统一和行动一致，保证党的决定得到迅速有效的贯彻执行。加强和规范党内政治生活，增强党内政治生活的政治性、时代性、原则性、战斗性,发展积极健康的党内政治文化,营造风清气正的良好政治生态。党在自己的政治生活中正确地开展批评和自我批评,在原则问题上进行思想斗争,坚持真理,修正错误。努力造成又有集中又有民主,又有纪律又有自由,又有统一意志又有个人心情舒畅生动活泼的政治局面。

依据:2022 年《中国共产党章程》总纲。

86 党的民主集中制的基本原则

党是根据自己的纲领和章程,按照民主集中制组织起来的统一整体。党的民主集中制的基本原则是:

(1)党员个人服从党的组织,少数服从多数,下级组织服从上级组织,全党各个组织和全体党员服从党的全国代表大会和中央委员会。

(2)党的各级领导机关,除它们派出的代表机关和在非党组织中的党组外,都由选举产生。

(3)党的最高领导机关,是党的全国代表大会和它所产生的中央委员会。党的地方各级领导机关,是党的地方各级代表大会和它们所产生的委员会。党的各级委员会向同级的代表大会负责并报告工作。

(4)党的上级组织要经常听取下级组织和党员群众的意见,及时解决他们提出的问题。党的下级组织既要向上级组织请示和报告工作,又要独立负责地解决自己职责范围内的问题。上下级组织之间要互通情报、互相支持和互相监督。党的各级组织要按规定实行党务公开,使党员对党内事务有更多的了解和参与。

(5)党的各级委员会实行集体领导和个人分工负责相结合的制度。凡属重大问题都要按照集体领导、民主集中、个别酝酿、会议决定的原则,由党的委员会集体讨论,作出决定;委员会成员要根据集体的决定和分工,切实履行自己的职责。

(6)党禁止任何形式的个人崇拜。要保证党的领导人的活动处于党和人民的监督之下,同时维护一切代表党和人民利益的领导人的威信。

依据:2022 年《中国共产党章程》第 10 条。

87 党支部的性质

党支部是党的基础组织,是党组织开展工作的基本单元,是党在社会基层组织中的战斗堡垒,是党的全部工作和战斗力的基础,担负直接教育党员、管理党员、监督党员和组织群众、宣传群众、凝聚群众、服务群众的职责。

依据:2022 年《中国共产党章程》第 34 条;2018 年《中国共产党支部工作条例(试行)》第 2 条。

88 党支部的设置

1. 党支部设置一般以单位、区域为主,以单独组建为主要方式。企业、农村、机关、学校、科研院所、社区、社会组织、人民解放军和武警部队连(中)队以及其他基层单位,凡是有正式党员三人以上的,都应当成立党支部。党支部党员人数一般不超过五十人。

2. 结合实际创新党支部设置形式,使党的组织和党的工作全覆盖。

规模较大、跨区域的农民专业合作组织,专业市场、商业街区、商务楼宇等,符合条件的,应当成立党支部。

正式党员不足三人的单位,应当按照地域相邻、行业相近、规模适当、便于管理的原则,成立联合党支部。联合党支部覆盖单位一般不超过五个。

为期六个月以上的工程、工作项目等,符合条件的,应当成立党支部。

流动党员较多,工作地或者居住地相对固定集中,应当由流出地党组织商流入地党组织，依托园区、商会、行业协会、驻外地办事机构等成立流动党员党支部。

3. 党支部的成立，一般由基层单位提出申请，所在乡镇（街道）或者单位基层党委召开会议研究决定并批复，批复时间一般不超过一个月。

基层党委审批同意后，基层单位召开党员大会选举产生党支部委员会或者不设委员会的党支部书记、副书记。批复和选举结果由基层党委报上级党委组织部门备案。

根据工作需要，上级党委可以直接作出在基层单位成立党支部的决定。

4. 对因党员人数或者所在单位、区域等发生变化，不再符合设立条件的党支部，上级党组织应当及时予以调整或者撤销。

党支部的调整和撤销，一般由党支部报所在乡镇（街道）或者单位基层党委批准，也可以由所在乡镇（街道）或者单位基层党委直接作出决定，并报上级党委组织部门备案。

5. 为执行某项任务临时组建的机构，党员组织关系不转接的，经上级党组织批准，可以成立临时党支部。

临时党支部主要组织党员开展政治学习，教育、管理、监督党员，对入党积极分子进行教育培养等，一般不发展党员、处分处置党员，不收缴党费，不选举党代表大会代表和进行换届。

临时党支部书记、副书记和委员由批准其成立的党组织指定。

临时组建的机构撤销后，临时党支部自然撤销。

依据：2018 年《中国共产党支部工作条例（试行）》第 4－8 条。

89 党支部的基本任务

党支部的基本任务是：

（1）宣传和贯彻落实党的理论和路线方针政策，宣传和执行党中央、上级党组织及本党支部的决议。讨论决定或者参与决定本地区本部门本单位重要事项，充分发挥党员先锋模范作用，团结组织群众，努力完成本地区本部门本单位所担负的任务。

（2）组织党员认真学习马克思列宁主义、毛泽东思想、邓小平理论、“三个代表”重要思想、科学发展观、习近平新时代中国特色社会主义思想，推进“两学一做”学习教育常态化制度化，学习党的路线方针政策和决议，学习党的基本知识，学习科学、文化、法律和业务知识。做好思想政治工作和意识形态工作。

（3）对党员进行教育、管理、监督和服务，突出政治教育，提高党员素质，坚定理想信念，增强党性，严格党的组织生活，开展批评和自我批评，维护和执行党的纪律，监督党员切实履行义务，保障党员的权利不受侵犯。加强和改进流动党员管理。关怀帮扶生活困难党员和老党员。做好党费收缴、使用和管理工作。依规稳妥处置不合格党员。

（4）密切联系群众，向群众宣传党的政策，经常了解群众对党员、党的工作的批评和意见，了解群众诉求，维护群众的正当权利和利益，做好群众的思想政治工作，凝聚广大群众的智慧和力量。领导本地区本部门本单位工会、共青团、妇女组织等群团组织，支持它们依照各自章程独立负责地开展工作。

（5）对要求入党的积极分子进行教育和培养，做好经常性的发展党员工作，把政治标准放在首位，严格程序、严肃纪律，发展政治品质纯洁的党员。发现、培养和推荐党员、群众中间的优秀人才。

（6）监督党员干部和其他任何工作人员严格遵守国家法律法规，严格遵守国家的财政经济法规和人事制度，不得侵占国家、集体和群众的利益。

（7）实事求是对党的建设、党的工作提出意见建议，及时向上级党组织报告重要情况。教育党员、群众自觉抵制不良倾向，坚决同各种违纪违法行为作斗争。

（8）按照规定，向党员、群众通报党的工作情况，公开党内有关事务。

依据：2018 年《中国共产党支部工作条例（试行）》第 9 条。

90 不同领域党支部的重点任务

不同领域党支部结合实际,分别承担各自不同的重点任务:

(1)村党支部,全面领导隶属本村的各类组织和各项工作,围绕实施乡村振兴战略开展工作,组织带领农民群众发展集体经济,走共同富裕道路,领导村级治理,建设和谐美丽乡村。贫困村党支部应当动员和带领群众,全力打赢脱贫攻坚战。

(2)社区党支部,全面领导隶属本社区的各类组织和各项工作,围绕巩固党在城市执政基础、增进群众福祉开展工作,领导基层社会治理,组织整合辖区资源,服务社区群众、维护和谐稳定、建设美好家园。

(3)国有企业和集体企业中的党支部,保证监督党和国家方针政策的贯彻执行,围绕企业生产经营开展工作,按规定参与企业重大问题的决策,服务改革发展、凝聚职工群众、建设企业文化,创造一流业绩。

(4)高校中的党支部,保证监督党的教育方针贯彻落实,巩固马克思主义在高校意识形态领域的指导地位,加强思想政治引领,筑牢学生理想信念根基,落实立德树人根本任务,保证教学科研管理各项任务完成。

(5)非公有制经济组织中的党支部,引导和监督企业严格遵守国家法律法规,团结凝聚职工群众,依法维护各方合法权益,建设企业先进文化,促进企业健康发展。

(6)社会组织中的党支部,引导和监督社会组织依法执业、诚信从业,教育引导职工群众增强政治认同,引导和支持社会组织有序参与社会治理、提供公共服务、承担社会责任。

(7)事业单位中的党支部,保证监督改革发展正确方向,参与重要决策,服务人才成长,促进事业发展。事业单位中发挥领导作用的党支部,对重大问题进行讨论和作出决定。

(8)各级党和国家机关中的党支部,围绕服务中心、建设队伍开展工作,发挥对党员的教育、管理、监督作用,协助本部门行政负责人完成任务、改进工作。

(9)流动党员党支部,组织流动党员开展政治学习,过好组织生活,进行民主评议,引导党员履行党员义务,行使党员权利,充分发挥作用。对组织关系不在本党支部的流动党员民主评议等情况,应当通报其组织关系所在党支部。

(10)离退休干部职工党支部,宣传执行党的路线方针政策,根据党员实际情况,组织参加学习,开展党的组织生活,听取意见建议,引导他们结合自身实际发挥作用。

依据:2018 年《中国共产党支部工作条例(试行)》第 10 条。

91 违反民主集中制原则等行为的政务处分

有下列行为之一的,予以警告、记过或者记大过;情节严重的,予以降级或者撤职:

(1)违反民主集中制原则,个人或者少数人决定重大事项,或者拒不执行、擅自改变集体作出的重大决定的;

(2)拒不执行或者变相不执行、拖延执行上级依法作出的决定、命令的。

依据:2020 年《中华人民共和国公职人员政务处分法》第 30 条。

92 违反民主集中制原则行为的纪律处分

违反民主集中制原则,有下列行为之一的,给予警告或者严重警告处分;情节严重的,给予撤销党内职务或者留党察看处分:

(1)拒不执行或者擅自改变党组织作出的重大决定;

(2)违反议事规则,个人或者少数人决定重大问题;

(3)故意规避集体决策,决定重大事项、重要干部任免、重要项目安排和大额资金使用；

(4)借集体决策名义集体违规。

依据:2023 年《中国共产党纪律处分条例》第 77 条

93 下级党组织拒不执行或者擅自改变上级党组织决定的纪律处分

下级党组织拒不执行或者擅自改变上级党组织决定的,对直接责任者和领导责任者,给予警告或者严重警告处分;情节严重的,给予撤销党内职务或者留党察看处分。

依据:2023 年《中国共产党纪律处分条例》第 78 条。

94 拒不执行党组织的分配、调动、交流等决定的纪律处分

拒不执行党组织的分配、调动、交流等决定的,给予警告、严重警告或者撤销党内职务处分。

在特殊时期或者紧急状况下,拒不执行党组织上述决定的,给予留党察看或者开除党籍处分。

依据:2023 年《中国共产党纪律处分条例》第 79 条。

95 在党组织纪律审查中,负有作证义务的党员拒绝作证或者故意提供虚假情况的纪律处分

在党组织纪律审查中,依法依规负有作证义务的党员拒绝作证或者故意提供虚假情况,情节较重的,给予警告或者严重警告处分;情节严重的,给予撤销党内职务、留党察看或者开除党籍处分。

依据:2023 年《中国共产党纪律处分条例》第 80 条。

96 不向组织如实报告有关个人事项的纪律处分

有下列行为之一，情节较重的，给予警告或者严重警告处分：

(1)违反个人有关事项报告规定，隐瞒不报；

(2)在组织进行谈话函询时，不如实向组织说明问题；

(3)不按要求报告或者不如实报告个人去向；

(4)不如实填报个人档案资料。

有前述(2)规定的行为，同时向组织提供虚假情况、掩盖事实的，依照《中国共产党纪律处分条例》第六十三条规定处理。

篡改、伪造个人档案资料的，给予严重警告处分；情节严重的，给予撤销党内职务或者留党察看处分。

隐瞒入党前严重错误的，一般应当予以除名；对入党多年且一贯表现好，或者在工作中作出突出贡献的，给予严重警告、撤销党内职务或者留党察看处分。

依据：2023 年《中国共产党纪律处分条例》第 81 条。

97 党员领导干部违反有关规定组织、参加自发成立的老乡会、校友会、战友会等的纪律处分

党员领导干部违反有关规定组织、参加自发成立的老乡会、校友会、战友会等，情节严重的，给予警告、严重警告或者撤销党内职务处分。

依据：2023 年《中国共产党纪律处分条例》第 82 条。

98 在选举中搞拉票等活动的纪律处分

有下列行为之一的，给予警告或者严重警告处分；情节较重的，给予撤销党内职务或者留党察看处分；情节严重的，给予开除党籍处分：

（1）在民主推荐、民主测评、组织考察和党内选举中搞拉票、助选等非组织活动；

（2）在法律规定的投票、选举活动中违背组织原则搞非组织活动，组织、怂恿、诱使他人投票、表决；

（3）在选举中进行其他违反党章、其他党内法规和有关章程活动。

搞有组织的拉票贿选，或者用公款拉票贿选的，从重或者加重处分。

依据：2023 年《中国共产党纪律处分条例》第 83 条。

99 违反干部选拔任用规定行为的纪律处分

在干部选拔任用工作中，有任人唯亲、排斥异己、封官许愿、说情干预、跑官要官、突击提拔或者调整干部等违反干部选拔任用规定行为，对直接责任者和领导责任者，情节较轻的，给予警告或者严重警告处分；情节较重的，给予撤销党内职务或者留党察看处分；情节严重的，给予开除党籍处分。

用人失察失误造成严重后果的，对直接责任者和领导责任者，依照前述规定处理。

依据：2023 年《中国共产党纪律处分条例》第 84 条。

100 在推进领导干部能上能下工作中，搞好人主义行为的纪律处分

在推进领导干部能上能下工作中，搞好人主义，有下列行为之一，对直接责任者和领导责任者，情节较重的，给予警告或者严重警告处分；情节严重的，给予撤销党内职务或者留党察看处分：

（1）以党纪政务等处分规避组织调整；

（2）以组织调整代替党纪政务等处分；

(3)其他避重就轻作出处理行为。

依据:2023 年《中国共产党纪律处分条例》第 85 条。

101 在干部、职工的录用等工作中违规为本人或者其他人谋取利益的纪律处分

在干部、职工的录用、考核、职务职级晋升、职称评聘、荣誉表彰,授予学术称号和征兵、安置退役军人等工作中,隐瞒、歪曲事实真相,或者利用职权或者职务上的影响违反有关规定为本人或者其他人谋取利益的,给予警告或者严重警告处分;情节较重的,给予撤销党内职务或者留党察看处分;情节严重的,给予开除党籍处分。

弄虚作假,骗取职务、职级、职称、待遇、资格、学历、学位、荣誉、称号或者其他利益的,依照前述规定处理。

依据:2023 年《中国共产党纪律处分条例》第 86 条。

102 侵犯或者妨害党员的表决权、选举权和被选举权的纪律处分

侵犯党员的表决权、选举权和被选举权,情节较重的,给予警告或者严重警告处分;情节严重的,给予撤销党内职务处分。

以强迫、威胁、欺骗、拉拢等手段,妨害党员自主行使表决权、选举权和被选举权的,给予撤销党内职务、留党察看或者开除党籍处分。

依据:2023 年《中国共产党纪律处分条例》第 87 条。

103 侵犯党员权利的纪律处分

有下列行为之一的,对直接责任者和领导责任者,给予警告或者严重警告处分;情节较重的,给予撤销党内职务或者留党察看处分;情节严

重的，给予开除党籍处分：

（1）对批评、检举、控告进行阻挠、压制，或者将批评、检举、控告材料私自扣压、销毁，或者故意将其泄露给他人；

（2）对党员的申辩、辩护、作证等进行压制，造成不良后果；

（3）压制党员申诉，造成不良后果，或者不按照有关规定处理党员申诉；

（4）其他侵犯党员权利行为，造成不良后果。

对批评人、检举人、控告人、证人及其他人员打击报复的，从重或者加重处分。

依据：2023年《中国共产党纪律处分条例》第88条。

104 违反有关规定程序发展党员或者为非党员出具党员身份证明的纪律处分

违反党章和其他党内法规的规定，采取弄虚作假或者其他手段把不符合党员条件的人发展为党员，或者为非党员出具党员身份证明的，对直接责任者和领导责任者，给予警告或者严重警告处分；情节严重的，给予撤销党内职务处分。

违反有关规定程序发展党员的，对直接责任者和领导责任者，依照前述规定处理。

依据：2023年《中国共产党纪律处分条例》第89条。

105 违反有关规定取得外国国籍或者获取国（境）外永久居留资格、长期居留许可的纪律处分

违反有关规定取得外国国籍或者获取国（境）外永久居留资格、长期居留许可的，给予撤销党内职务、留党察看或者开除党籍处分。

依据:2023 年《中国共产党纪律处分条例》第 90 条。

106 违反有关规定办理因私出国(境)证件等行为的纪律处分

违反有关规定办理因私出国(境)证件、前往港澳通行证,或者未经批准出入国(边)境,情节较轻的,给予警告或者严重警告处分;情节较重的,给予撤销党内职务或者留党察看处分;情节严重的,给予开除党籍处分。

虽经批准因私出国(境)但存在擅自变更路线、无正当理由超期未归等超出批准范围出国(境)行为,情节较重的,给予警告或者严重警告处分;情节严重的,给予撤销党内职务处分。

依据:2023 年《中国共产党纪律处分条例》第 91 条。

107 驻外机构或者临时出国(境)团(组)中的党员擅自脱离组织的纪律处分

驻外机构或者临时出国(境)团(组)中的党员擅自脱离组织,或者从事外事、机要、军事等工作的党员违反有关规定同国(境)外机构、人员联系和交往的,给予警告、严重警告或者撤销党内职务处分。

依据:2023 年《中国共产党纪律处分条例》第 92 条。

108 驻外机构或者临时出国(境)团(组)中的党员,脱离组织出走的纪律处分

驻外机构或者临时出国(境)团(组)中的党员,脱离组织出走时间不满六个月又自动回归的,给予撤销党内职务或者留党察看处分;脱离

组织出走时间超过六个月的，按照自行脱党处理，党内予以除名。

故意为他人脱离组织出走提供方便条件的，给予警告、严重警告或者撤销党内职务处分。

依据：2023年《中国共产党纪律处分条例》第93条。

109 违反干部人事工作等规定的政务处分

有下列行为之一的，予以警告、记过或者记大过；情节较重的，予以降级或者撤职；情节严重的，予以开除：

(1)在选拔任用、录用、聘用、考核、晋升、评选等干部人事工作中违反有关规定的；

(2)弄虚作假，骗取职务、职级、衔级、级别、岗位和职员等级、职称、待遇、资格、学历、学位、荣誉、奖励或者其他利益的；

(3)对依法行使批评、申诉、控告、检举等权利的行为进行压制或者打击报复的；

(4)诬告陷害，意图使他人受到名誉损害或者责任追究等不良影响的；

(5)以暴力、威胁、贿赂、欺骗等手段破坏选举的。

依据：2020年《中华人民共和国公职人员政务处分法》第32条。

110 事业单位人员违反人事纪律的处分

有下列行为之一的，给予警告或者记过处分；情节较重的，给予降低岗位等级处分；情节严重的，给予开除处分：

(1)采取不正当手段为本人或者他人谋取岗位；

(2)在事业单位选拔任用、公开招聘、考核、培训、回避、奖励、申诉、职称评审等人事管理工作中有违反组织人事纪律行为的；

(3)其他违反组织人事纪律的行为。

篡改、伪造本人档案资料的,给予记过处分;情节严重的,给予降低岗位等级处分。

违反规定出境或者办理因私出境证件的,给予记过处分;情节严重的,给予降低岗位等级处分。

违反规定取得外国国籍或者获取境外永久居留资格、长期居留许可的,给予降低岗位等级以上处分。

依据:2023 年《事业单位工作人员处分规定》第 17 条。

(三)廉 洁 纪 律

111 党员廉洁自律规范

1. 坚持公私分明,先公后私,克己奉公。
2. 坚持崇廉拒腐,清白做人,干净做事。
3. 坚持尚俭戒奢,艰苦朴素,勤俭节约。
4. 坚持吃苦在前,享受在后,甘于奉献。

依据:2015 年《中国共产党廉洁自律准则》第 1 – 4 条。

112 党员领导干部廉洁自律规范

1. 廉洁从政,自觉保持人民公仆本色。
2. 廉洁用权,自觉维护人民根本利益。
3. 廉洁修身,自觉提升思想道德境界。
4. 廉洁齐家,自觉带头树立良好家风。

依据:2015 年《中国共产党廉洁自律准则》第 5 – 8 条。

113 《党政机关厉行节约反对浪费条例》中的浪费的含义

浪费，是指党政机关及其工作人员违反规定进行不必要的公务活动，或者在履行公务中超出规定范围、标准和要求，不当使用公共资金、资产和资源，给国家和社会造成损失的行为。

依据：2025 年《党政机关厉行节约反对浪费条例》第 3 条。

114 违规设定、发放薪酬或者津贴、补贴等行为的政务处分

有下列行为之一，情节较重的，予以警告、记过或者记大过；情节严重的，予以降级或者撤职：

（1）违反规定设定、发放薪酬或者津贴、补贴、奖金的；

（2）违反规定，在公务接待、公务交通、会议活动、办公用房以及其他工作生活保障等方面超标准、超范围的；

（3）违反规定公款消费的。

依据：2020 年《中华人民共和国公职人员政务处分法》第 35 条。

115 利用职权或者职务上的影响为他人谋取利益，本人的特定关系人收受对方财物的纪律处分

党员干部必须正确行使人民赋予的权力，清正廉洁，反对特权思想和特权现象，反对任何滥用职权、谋求私利的行为。

利用职权或者职务上的影响为他人谋取利益，本人的配偶、子女及其配偶等亲属和其他特定关系人收受对方财物，情节较重的，给予警告或者严重警告处分；情节严重的，给予撤销党内职务、留党察看或者开除党籍处分。

依据：2023 年《中国共产党纪律处分条例》第 94 条。

116 相互利用职权或者职务上的影响为对方及其特定关系人谋取利益搞权权交易的纪律处分

相互利用职权或者职务上的影响为对方及其配偶、子女及其配偶等亲属、身边工作人员和其他特定关系人谋取利益搞权权交易的，给予警告或者严重警告处分；情节较重的，给予撤销党内职务或者留党察看处分；情节严重的，给予开除党籍处分。

依据：2023 年《中国共产党纪律处分条例》第 95 条。

117 纵容、默许特定关系人利用党员干部本人职权或者职务上的影响谋取私利的纪律处分

纵容、默许配偶、子女及其配偶等亲属、身边工作人员和其他特定关系人利用党员干部本人职权或者职务上的影响谋取私利，情节较轻的，给予警告或者严重警告处分；情节较重的，给予撤销党内职务或者留党察看处分；情节严重的，给予开除党籍处分。

党员干部的配偶、子女及其配偶等亲属和其他特定关系人不实际工作而获取薪酬或者虽实际工作但领取明显超出同职级标准薪酬，党员干部知情未予纠正的，依照前述规定处理。

依据：2023 年《中国共产党纪律处分条例》第 96 条。

118 收受可能影响公正执行公务的财物的纪律处分

收受可能影响公正执行公务的礼品、礼金、消费卡（券）和有价证券、股权、其他金融产品等财物，情节较轻的，给予警告或者严重警告处分；情节较重的，给予撤销党内职务或者留党察看处分；情节严重的，给予开除党籍处分。

收受其他明显超出正常礼尚往来的财物的，依照前述规定处理。

依据：2023年《中国共产党纪律处分条例》第97条。

119 向从事公务的人员及其特定关系人赠送明显超出正常礼尚往来的财物的纪律处分

向从事公务的人员及其配偶、子女及其配偶等亲属和其他特定关系人赠送明显超出正常礼尚往来的礼品、礼金、消费卡（券）和有价证券、股权、其他金融产品等财物，情节较重的，给予警告或者严重警告处分；情节严重的，给予撤销党内职务或者留党察看处分。

以讲课费、课题费、咨询费等名义变相送礼的，依照前述规定处理。

依据：2023年《中国共产党纪律处分条例》第98条。

120 借用管理和服务对象的钱款、住房、车辆等，可能影响公正执行公务的纪律处分

借用管理和服务对象的钱款、住房、车辆等，可能影响公正执行公务，情节较重的，给予警告或者严重警告处分；情节严重的，给予撤销党内职务、留党察看或者开除党籍处分。

通过民间借贷等金融活动获取大额回报，可能影响公正执行公务的，依照前述规定处理。

依据：2023年《中国共产党纪律处分条例》第99条。

121 利用职权或者职务上的影响操办婚丧喜庆事宜，造成不良影响的纪律处分

利用职权或者职务上的影响操办婚丧喜庆事宜，造成不良影响的，给予警告或者严重警告处分；情节严重的，给予撤销党内职务处分；借机敛财或者有其他侵犯国家、集体和人民利益行为的，从重或者加重处分，直至开除党籍。

依据：2023年《中国共产党纪律处分条例》第100条。

122 接受、提供可能影响公正执行公务的宴请等活动安排的纪律处分

接受、提供可能影响公正执行公务的宴请或者旅游、健身、娱乐等活动安排，情节较重的，给予警告或者严重警告处分；情节严重的，给予撤销党内职务或者留党察看处分。

依据：2023年《中国共产党纪律处分条例》第101条。

123 违反有关规定取得、持有、实际使用各种消费卡（券）或者出入私人会所的纪律处分

违反有关规定取得、持有、实际使用运动健身卡、会所和俱乐部会员卡、高尔夫球卡等各种消费卡（券），或者违反有关规定出入私人会所，情节较重的，给予警告或者严重警告处分；情节严重的，给予撤销党内职务或者留党察看处分。

依据：2023年《中国共产党纪律处分条例》第102条。

124 违反有关规定从事营利活动的行为及纪律处分

违反有关规定从事营利活动，有下列行为之一，情节较轻的，给予警告或者严重警告处分；情节较重的，给予撤销党内职务或者留党察看处分；情节严重的，给予开除党籍处分：

(1)经商办企业；

(2)拥有非上市公司(企业)的股份或者证券；

(3)买卖股票或者进行其他证券投资；

(4)从事有偿中介活动；

(5)在国(境)外注册公司或者投资入股；

(6)其他违反有关规定从事营利活动的行为。

利用参与企业重组改制、定向增发、兼并投资、土地使用权出让等工作中掌握的信息买卖股票，利用职权或者职务上的影响通过购买信托产品、基金等方式非正常获利的，依照前述规定处理。

违反有关规定在经济组织、社会组织等单位中兼职，或者经批准兼职但获取薪酬、奖金、津贴等额外利益的，依照《中国共产党纪律处分条例》第一百零三条第一款规定处理。

依据：2023 年《中国共产党纪律处分条例》第 103 条。

125 利用职权或者职务上的影响，为特定关系人在审批监管等方面谋取利益的纪律处分

利用职权或者职务上的影响，为配偶、子女及其配偶等亲属和其他特定关系人在审批监管、资源开发、金融信贷、大宗采购、土地使用权出让、房地产开发、工程招投标以及公共财政收支等方面谋取利益，情节较轻的，给予警告或者严重警告处分；情节较重的，给予撤销党内职务或者留党察看处分；情节严重的，给予开除党籍处分。

利用职权或者职务上的影响，为配偶、子女及其配偶等亲属和其他特定关系人吸收存款、推销金融产品、经营名贵特产类特殊资源等提供帮助谋取利益的，依照前述规定处理。

依据：2023 年《中国共产党纪律处分条例》第 104 条。

126 离职或者退（离）休后违规从业行为的纪律处分

离职或者退（离）休后违反有关规定接受原任职务管辖的地区和业务范围内或者与原工作业务直接相关的企业和中介机构等单位的聘用，或者个人从事与原任职务管辖业务或者与原工作业务直接相关的营利活动，情节较轻的，给予警告或者严重警告处分；情节较重的，给予撤销党内职务处分；情节严重的，给予留党察看处分。

党员领导干部离职或者退（离）休后违反有关规定担任上市公司、基金管理公司独立董事、独立监事等职务，情节较轻的，给予警告或者严重警告处分；情节较重的，给予撤销党内职务处分；情节严重的，给予留党察看处分。

依据：2023 年《中国共产党纪律处分条例》第 105 条。

127 离职或者退（离）休后利用原职权或者职务上的影响，为特定关系人从事经营活动谋取利益的纪律处分

离职或者退（离）休后利用原职权或者职务上的影响，为配偶、子女及其配偶等亲属和其他特定关系人从事经营活动谋取利益，情节较轻的，给予警告或者严重警告处分；情节较重的，给予撤销党内职务或者留党察看处分；情节严重的，给予开除党籍处分。

离职或者退（离）休后利用原职权或者职务上的影响为他人谋取利益，本人的配偶、子女及其配偶等亲属和其他特定关系人收受对方财物，

情节较重的，给予警告或者严重警告处分；情节严重的，给予撤销党内职务、留党察看或者开除党籍处分。

依据：2023 年《中国共产党纪律处分条例》第 106 条。

128 党员领导干部的配偶、子女及其配偶违反经商办企业禁业规定行为的纪律处分

党员领导干部的配偶、子女及其配偶，违反有关规定在该党员领导干部管辖的地区和业务范围内从事可能影响其公正执行公务的经营活动，或者有其他违反经商办企业禁业规定行为的，该党员领导干部应当按照规定予以纠正；拒不纠正的，其本人应当辞去现任职务或者由组织予以调整职务；不辞去现任职务或者不服从组织调整职务的，给予撤销党内职务处分。

依据：2023 年《中国共产党纪律处分条例》第 107 条。

129 党和国家机关违反有关规定经商办企业的纪律处分

党和国家机关违反有关规定经商办企业的，对直接责任者和领导责任者，给予警告或者严重警告处分；情节严重的，给予撤销党内职务处分。

依据：2023 年《中国共产党纪律处分条例》第 108 条。

130 党员领导干部违反工作、生活保障制度谋求特殊待遇的纪律处分

党员领导干部违反工作、生活保障制度，在交通、医疗、警卫等方面为本人、配偶、子女及其配偶等亲属、身边工作人员和其他特定关系人谋

求特殊待遇,情节较重的,给予警告或者严重警告处分;情节严重的,给予撤销党内职务或者留党察看处分。

依据:2023 年《中国共产党纪律处分条例》第 109 条。

131 在分配、购买住房中侵犯国家、集体利益的纪律处分

在分配、购买住房中侵犯国家、集体利益,情节较轻的,给予警告或者严重警告处分;情节较重的,给予撤销党内职务或者留党察看处分;情节严重的,给予开除党籍处分。

依据:2023 年《中国共产党纪律处分条例》第 110 条。

132 利用职权或者职务上的影响,侵占非本人经管的公私财物的纪律处分

利用职权或者职务上的影响,侵占非本人经管的公私财物,或者以象征性地支付钱款等方式侵占公私财物,或者无偿、象征性地支付报酬接受服务、使用劳务,情节较轻的,给予警告或者严重警告处分;情节较重的,给予撤销党内职务或者留党察看处分;情节严重的,给予开除党籍处分。

利用职权或者职务上的影响,将应当由本人、配偶、子女及其配偶等亲属、身边工作人员和其他特定关系人个人支付的费用,由下属单位、其他单位或者他人支付、报销的,依照前述规定处理。

依据:2023 年《中国共产党纪律处分条例》第 111 条。

133 利用职权或者职务上的影响,违反有关规定占用公物归个人使用的纪律处分

利用职权或者职务上的影响,违反有关规定占用公物归个人使用,时间超过六个月,情节较重的,给予警告或者严重警告处分;情节严重

的,给予撤销党内职务处分。

占用公物进行营利活动的,给予警告或者严重警告处分;情节较重的,给予撤销党内职务或者留党察看处分;情节严重的,给予开除党籍处分。

将公物借给他人进行营利活动的,依照《中国共产党纪律处分条例》第一百一十二条第二款规定处理。

依据:2023 年《中国共产党纪律处分条例》第 112 条。

134 违反有关规定组织、参加用公款支付的宴请等活动的纪律处分

违反有关规定组织、参加用公款支付的宴请、娱乐、健身活动,或者用公款购买赠送或者发放礼品、消费卡(券)等,对直接责任者和领导责任者,情节较轻的,给予警告或者严重警告处分;情节较重的,给予撤销党内职务或者留党察看处分;情节严重的,给予开除党籍处分。

依据:2023 年《中国共产党纪律处分条例》第 113 条。

135 违反有关规定自定薪酬或者滥发津贴等行为的纪律处分

违反有关规定自定薪酬或者滥发津贴、补贴、奖金、福利等,对直接责任者和领导责任者,情节较轻的,给予警告或者严重警告处分;情节较重的,给予撤销党内职务或者留党察看处分;情节严重的,给予开除党籍处分。

依据:2023 年《中国共产党纪律处分条例》第 114 条。

136 变相用公款旅游行为的纪律处分

有下列行为之一，对直接责任者和领导责任者，情节较轻的，给予警告或者严重警告处分；情节较重的，给予撤销党内职务或者留党察看处分；情节严重的，给予开除党籍处分：

（1）公款旅游或者以学习培训、考察调研、职工疗养等为名变相公款旅游；

（2）改变公务行程，借机旅游；

（3）参加所管理企业、下属单位组织的考察活动，借机旅游。

以考察、学习、培训、研讨、招商、参展等名义变相用公款出国（境）旅游的，对直接责任者和领导责任者，依照前述规定处理。

依据：2023 年《中国共产党纪律处分条例》第 115 条。

137 违反接待管理规定的纪律处分

违反接待管理规定，超标准、超范围接待或者借机大吃大喝，对直接责任者和领导责任者，情节较重的，给予警告或者严重警告处分；情节严重的，给予撤销党内职务处分。

依据：2023 年《中国共产党纪律处分条例》第 116 条。

138 违反公务交通工具管理规定的纪律处分

违反有关规定配备、购买、更换、装饰、使用公务交通工具或者有其他违反公务交通工具管理规定的行为，对直接责任者和领导责任者，情节较重的，给予警告或者严重警告处分；情节严重的，给予撤销党内职务或者留党察看处分。

依据：2023 年《中国共产党纪律处分条例》第 117 条。

139 违反会议活动管理规定的行为及纪律处分

违反会议活动管理规定,有下列行为之一,对直接责任者和领导责任者,情节较重的,给予警告或者严重警告处分;情节严重的,给予撤销党内职务处分:

(1)到禁止召开会议的风景名胜区开会;

(2)决定或者批准举办各类节会、庆典活动;

(3)其他违反会议活动管理规定行为。

擅自举办评比达标表彰、创建示范活动或者借评比达标表彰、创建示范活动收取费用的,对直接责任者和领导责任者,依照前述规定处理。

依据:2023 年《中国共产党纪律处分条例》第 118 条。

140 违反办公用房管理等规定的行为及纪律处分

违反办公用房管理等规定,有下列行为之一,对直接责任者和领导责任者,情节较重的,给予警告或者严重警告处分;情节严重的,给予撤销党内职务处分:

(1)决定或者批准兴建、装修办公楼、培训中心等楼堂馆所;

(2)超标准配备、使用办公用房;

(3)未经批准租用、借用办公用房;

(4)用公款包租、占用客房或者其他场所供个人使用;

(5)其他违反办公用房管理等规定行为。

依据:2023 年《中国共产党纪律处分条例》第 119 条。

141 搞权色交易或者给予财物搞钱色交易的纪律处分

搞权色交易或者给予财物搞钱色交易的,给予警告或者严重警告处分;情节较重的,给予撤销党内职务或者留党察看处分;情节严重的,给予开除党籍处分。

依据:2023 年《中国共产党纪律处分条例》第 120 条。

142 事业单位人员违反廉洁从业纪律的行为及处分

有下列行为之一的,给予警告或者记过处分;情节较重的,给予降低岗位等级处分;情节严重的,给予开除处分:

(1)贪污、索贿、受贿、行贿、介绍贿赂、挪用公款的;

(2)利用工作之便为本人或者他人谋取不正当利益的;

(3)在公务活动或者工作中接受礼品、礼金、各种有价证券、支付凭证的;

(4)利用知悉或者掌握的内幕信息谋取利益的;

(5)用公款旅游或者变相用公款旅游的;

(6)违反国家规定,从事、参与营利性活动或者兼任职务领取报酬的;

(7)其他违反廉洁从业纪律的行为。

依据:2023 年《事业单位工作人员处分规定》第 19 条。

143 事业单位人员违反财经纪律的行为及处分

有下列行为之一的,给予警告或者记过处分;情节较重的,给予降低岗位等级处分;情节严重的,给予开除处分:

(1)违反国家财政收入上缴有关规定的;

(2)违反规定使用、骗取财政资金或者违反规定使用、骗取、隐匿、转移、侵占、挪用社会保险基金的;

(3)擅自设定收费项目或者擅自改变收费项目的范围、标准和对象的;

(4)挥霍、浪费国家资财或者造成国有资产流失的;

(5)违反国有资产管理规定,擅自占有、使用、处置国有资产的;

(6)在招标投标和物资采购工作中违反有关规定,造成不良影响或者损失的;

(7)其他违反财经纪律的行为。

依据:2023 年《事业单位工作人员处分规定》第 20 条。

(四)群 众 纪 律

144 侵害群众利益的行为及纪律处分

有下列行为之一,对直接责任者和领导责任者,情节较轻的,给予警告或者严重警告处分;情节较重的,给予撤销党内职务或者留党察看处分;情节严重的,给予开除党籍处分:

(1)超标准、超范围向群众筹资筹劳、摊派费用,加重群众负担;

(2)违反有关规定扣留、收缴群众款物或者处罚群众;

(3)克扣群众财物,或者违反有关规定拖欠群众钱款;

(4)在管理、服务活动中违反有关规定收取费用;

(5)在办理涉及群众事务时刁难群众、吃拿卡要;

(6)其他侵害群众利益行为。

在乡村振兴领域有上述行为的,从重或者加重处分。

依据:2023 年《中国共产党纪律处分条例》第 122 条。

145 干涉生产经营自主权,致使群众财产遭受较大损失的纪律处分

干涉生产经营自主权,致使群众财产遭受较大损失的,对直接责任者和领导责任者,给予警告或者严重警告处分;情节严重的,给予撤销党

内职务或者留党察看处分。

依据:2023 年《中国共产党纪律处分条例》第 123 条。

146 在社会保障等事项中优亲厚友、明显有失公平行为的纪律处分

在社会保障、社会救助、政策扶持、救灾救济款物分配等事项中优亲厚友、明显有失公平的,给予警告或者严重警告处分;情节较重的,给予撤销党内职务或者留党察看处分;情节严重的,给予开除党籍处分。

依据:2023 年《中国共产党纪律处分条例》第 124 条。

147 利用宗族或者黑恶势力等欺压群众等涉黑行为的纪律处分

利用宗族或者黑恶势力等欺压群众,或者纵容涉黑涉恶活动、为黑恶势力充当"保护伞"的,给予撤销党内职务或者留党察看处分;情节严重的,给予开除党籍处分。

依据:2023 年《中国共产党纪律处分条例》第 125 条。

148 不作为、乱作为、慢作为、假作为等损害群众利益的行为及纪律处分

有下列行为之一,对直接责任者和领导责任者,情节较重的,给予警告或者严重警告处分;情节严重的,给予撤销党内职务或者留党察看处分:

(1)对涉及群众生产、生活等切身利益的问题依照政策或者有关规定能解决而不及时解决,庸懒无为、效率低下,造成不良影响;

(2)对符合政策的群众诉求消极应付、推诿扯皮,损害党群、干群关系;

(3)对待群众态度恶劣、简单粗暴,造成不良影响;

(4)弄虚作假,欺上瞒下,损害群众利益;

(5)其他不作为、乱作为、慢作为、假作为等损害群众利益行为。

依据:2023 年《中国共产党纪律处分条例》第 126 条。

149 遇到国家财产和群众生命财产受到严重威胁时,能救而不救的纪律处分

遇到国家财产和群众生命财产受到严重威胁时,能救而不救,情节较重的,给予警告、严重警告或者撤销党内职务处分;情节严重的,给予留党察看或者开除党籍处分。

依据:2023 年《中国共产党纪律处分条例》第 127 条。

150 不按照规定公开党务等侵犯群众知情权的纪律处分

不按照规定公开党务、政务、厂务、村(居)务等,侵犯群众知情权,对直接责任者和领导责任者,情节较重的,给予警告或者严重警告处分;情节严重的,给予撤销党内职务或者留党察看处分。

依据:2023 年《中国共产党纪律处分条例》第 128 条。

(五)工 作 纪 律

151 工作中不负责任或者疏于管理的纪律处分

工作中不负责任或者疏于管理,贯彻执行、检查督促落实上级决策部署不力,给党、国家和人民利益以及公共财产造成较大损失的,对直接责任者和领导责任者,给予警告或者严重警告处分;造成重大损失的,给

予撤销党内职务、留党察看或者开除党籍处分。

党员领导干部对于到任前已经存在且属于其职责范围内的问题，消极回避、推卸责任，造成严重损害或者严重不良影响的，依照前述规定处理。

依据：2023 年《中国共产党纪律处分条例》第 130 条。

152 工作中不敢斗争、不愿担当的纪律处分

工作中不敢斗争、不愿担当，面对重大矛盾冲突、危机困难临阵退缩，造成不良影响或者严重后果的，给予警告或者严重警告处分；情节严重的，给予撤销党内职务、留党察看或者开除党籍处分。

依据：2023 年《中国共产党纪律处分条例》第 131 条。

153 工作中形式主义、官僚主义的行为及纪律处分

有下列行为之一，造成严重损害或者严重不良影响的，对直接责任者和领导责任者，给予警告或者严重警告处分；情节较重的，给予撤销党内职务或者留党察看处分；情节严重的，给予开除党籍处分：

（1）热衷于搞舆论造势、浮在表面；

（2）单纯以会议贯彻会议、以文件落实文件，在实际工作中不见诸行动；

（3）脱离实际，不作深入调查研究，搞随意决策、机械执行；

（4）违反精文减会有关规定搞文山会海；

（5）在督查检查考核等工作中搞层层加码、过度留痕，增加基层工作负担；

（6）工作中其他形式主义、官僚主义行为。

依据：2023 年《中国共产党纪律处分条例》第 132 条。

154 在公务活动用餐、单位食堂用餐管理工作中不履行或者不正确履行宣传教育、监督管理职责的纪律处分

在公务活动用餐、单位食堂用餐管理工作中不履行或者不正确履行宣传教育、监督管理职责，导致餐饮浪费，造成严重不良影响的，对直接责任者和领导责任者，给予警告或者严重警告处分；情节严重的，给予撤销党内职务处分。

依据：2023年《中国共产党纪律处分条例》第133条。

155 违反机构编制管理规定的行为及纪律处分

在机构编制工作中，有下列行为之一，造成不良影响或者严重后果的，对直接责任者和领导责任者，给予警告或者严重警告处分；情节较重的，给予撤销党内职务或者留党察看处分；情节严重的，给予开除党籍处分：

（1）擅自超出“三定”规定范围调整职责、设置机构、核定领导职数和配备人员；

（2）违规干预地方机构设置；

（3）其他违反机构编制管理规定行为。

依据：2023年《中国共产党纪律处分条例》第134条。

156 不履行或者不正确履行信访工作职责的行为及纪律处分

在信访工作中，有下列行为之一，造成不良影响或者严重后果的，对直接责任者和领导责任者，给予警告或者严重警告处分；情节较重的，给予撤销党内职务或者留党察看处分；情节严重的，给予开除党籍处分：

(1)不按照规定受理、办理信访事项;

(2)对规模性集体访等处置不力,导致事态扩大;

(3)对党委和政府信访部门提出的改进工作、完善政策等建议重视不够、落实不力,导致问题长期得不到解决;

(4)其他不履行或者不正确履行信访工作职责行为。

不履行或者不正确履行职责,导致信访事项发生,造成不良影响或者严重后果的,对直接责任者和领导责任者,依照前述规定处理。

依据:2023 年《中国共产党纪律处分条例》第 135 条。

157 滥用问责,或者在问责工作中严重不负责任,造成不良影响的纪律处分

滥用问责,或者在问责工作中严重不负责任,造成不良影响的,对直接责任者和领导责任者,给予警告或者严重警告处分;情节严重的,给予撤销党内职务处分。

依据:2023 年《中国共产党纪律处分条例》第 137 条。

158 因工作不负责任致使所管理的人员叛逃、出逃、出走的纪律处分

因工作不负责任致使所管理的人员叛逃的,对直接责任者和领导责任者,给予警告或者严重警告处分;情节严重的,给予撤销党内职务处分。

因工作不负责任致使所管理的人员出逃、出走,对直接责任者和领导责任者,情节较重的,给予警告或者严重警告处分;情节严重的,给予撤销党内职务处分。

依据:2023 年《中国共产党纪律处分条例》第 138 条。

159 进行统计造假和对统计造假失察的纪律处分

进行统计造假，对直接责任者和领导责任者，情节较轻的，给予警告或者严重警告处分；情节较重的，给予撤销党内职务或者留党察看处分；情节严重的，给予开除党籍处分。

对统计造假失察，造成严重后果的，对直接责任者和领导责任者，给予警告或者严重警告处分；情节严重的，给予撤销党内职务、留党察看或者开除党籍处分。

依据：2023年《中国共产党纪律处分条例》第139条。

160 对应当报告的事项不报告或者不如实报告的纪律处分

在上级检查、视察工作或者向上级汇报、报告工作时对应当报告的事项不报告或者不如实报告，造成严重损害或者严重不良影响的，对直接责任者和领导责任者，给予警告或者严重警告处分；情节严重的，给予撤销党内职务或者留党察看处分。

在上级检查、视察工作或者向上级汇报、报告工作时纵容、唆使、暗示、强迫下级说假话、报假情的，从重或者加重处分。

依据：2023年《中国共产党纪律处分条例》第140条。

161 违反有关规定干预和插手市场经济活动的纪律处分

违反有关规定干预和插手市场经济活动，有下列行为之一，情节较轻的，给予警告或者严重警告处分；情节较重的，给予撤销党内职务或者留党察看处分；情节严重的，给予开除党籍处分：

（1）干预和插手建设工程项目承发包、土地使用权出让、政府采购、房地产开发与经营、矿产资源开发利用、中介机构服务等活动；

（2）干预和插手国有企业重组改制、兼并、破产、产权交易、清产核资、资产评估、资产转让、重大项目投资以及其他重大经营活动等事项；

（3）干预和插手批办各类行政许可和资金借贷等事项；

（4）干预和插手经济纠纷；

（5）干预和插手集体资金、资产和资源的使用、分配、承包、租赁等事项。

依据：2023 年《中国共产党纪律处分条例》第 141 条。

162 违反有关规定干预和插手司法活动、执纪执法活动的纪律处分

违反有关规定干预和插手司法活动、执纪执法活动，向有关地方或者部门打听案情、打招呼、说情，或者以其他方式对司法活动、执纪执法活动施加影响，情节较轻的，给予严重警告处分；情节较重的，给予撤销党内职务或者留党察看处分；情节严重的，给予开除党籍处分。

违反有关规定干预和插手公共财政资金分配、项目立项评审、功勋荣誉表彰奖励等活动，造成重大损失或者不良影响的，依照前述规定处理。

依据：2023 年《中国共产党纪律处分条例》第 142 条。

163 对干预和插手行为负有报告和登记义务的受请托人不按照有关规定进行报告或者登记的纪律处分

按照有关规定对干预和插手行为负有报告和登记义务的受请托人，不按照规定报告或者登记，情节较重的，给予警告或者严重警告处分；情节严重的，给予撤销党内职务处分。

依据：2023 年《中国共产党纪律处分条例》第 143 条。

164 泄露、扩散或者打探、窃取党组织尚未公开事项或者其他保密内容的纪律处分

泄露、扩散或者打探、窃取党组织关于干部选拔任用、纪律审查、巡视巡察等尚未公开事项或者其他应当保密的内容的，给予警告或者严重警告处分；情节较重的，给予撤销党内职务或者留党察看处分；情节严重的，给予开除党籍处分。

私自留存涉及党组织关于干部选拔任用、纪律审查、巡视巡察等方面资料，情节较重的，给予警告或者严重警告处分；情节严重的，给予撤销党内职务处分。

依据：2023 年《中国共产党纪律处分条例》第 144 条。

165 在考试、录取工作中有违反有关规定行为的纪律处分

在考试、录取工作中，有泄露试题、考场舞弊、涂改考卷、违规录取等违反有关规定行为的，给予警告或者严重警告处分；情节较重的，给予撤销党内职务或者留党察看处分；情节严重的，给予开除党籍处分。

依据：2023 年《中国共产党纪律处分条例》第 145 条。

166 以不正当方式谋求本人或者其他人用公款出国（境）的纪律处分

以不正当方式谋求本人或者其他人用公款出国（境），情节较轻的，给予警告处分；情节较重的，给予严重警告处分；情节严重的，给予撤销党内职务处分。

依据：2023 年《中国共产党纪律处分条例》第 146 条。

167 临时出国(境)团(组)或者人员中的党员擅自延长在国(境)外期限或者擅自变更路线的纪律处分

临时出国(境)团(组)或者人员中的党员,擅自延长在国(境)外期限,或者擅自变更路线的,对直接责任者和领导责任者,给予警告或者严重警告处分;情节严重的,给予撤销党内职务处分。

依据:2023 年《中国共产党纪律处分条例》第 147 条。

168 驻外机构或者临时出国(境)团(组)中的党员在驻在国家、地区违法违规的纪律处分

驻外机构或者临时出国(境)团(组)中的党员,触犯驻在国家、地区的法律、法令或者不尊重驻在国家、地区的宗教习俗,情节较重的,给予警告或者严重警告处分;情节严重的,给予撤销党内职务、留党察看或者开除党籍处分。

依据:2023 年《中国共产党纪律处分条例》第 148 条。

(六)生 活 纪 律

169 生活奢靡、铺张浪费、贪图享乐、追求低级趣味的纪律处分

生活奢靡、铺张浪费、贪图享乐、追求低级趣味,造成不良影响的,给予警告或者严重警告处分;情节严重的,给予撤销党内职务处分。

依据:2023 年《中国共产党纪律处分条例》第 150 条。

170 与他人发生不正当性关系，造成不良影响的纪律处分

与他人发生不正当性关系，造成不良影响的，给予警告或者严重警告处分；情节较重的，给予撤销党内职务或者留党察看处分；情节严重的，给予开除党籍处分。

利用职权、教养关系、从属关系或者其他相类似关系与他人发生性关系的，从重处分。

依据：2023 年《中国共产党纪律处分条例》第 151 条。

171 党员领导干部对配偶、子女及其配偶失管失教的纪律处分

党员领导干部不重视家风建设，对配偶、子女及其配偶失管失教，造成不良影响或者严重后果的，给予警告或者严重警告处分；情节严重的，给予撤销党内职务处分。

依据：2023 年《中国共产党纪律处分条例》第 152 条。

172 在公共场所、网络空间有不当言行的纪律处分

违背社会公序良俗，在公共场所、网络空间有不当言行，造成不良影响的，给予警告或者严重警告处分；情节较重的，给予撤销党内职务或者留党察看处分；情节严重的，给予开除党籍处分。

依据：2023 年《中国共产党纪律处分条例》第 153 条。

(七)问 责 规 定

173 党的问责工作应当坚持的原则

1. 依规依纪、实事求是;
2. 失责必问、问责必严;
3. 权责一致、错责相当;
4. 严管和厚爱结合、激励和约束并重;
5. 惩前毖后、治病救人;
6. 集体决定、分清责任。

依据:2019 年《中国共产党问责条例》第 3 条。

174 党委(党组)、纪委、党的工作机关履行问责职责

党委(党组)应当履行全面从严治党主体责任,加强对本地区本部门本单位问责工作的领导,追究在党的建设、党的事业中失职失责党组织和党的领导干部的主体责任、监督责任、领导责任。

纪委应当履行监督专责,协助同级党委开展问责工作。纪委派驻(派出)机构按照职责权限开展问责工作。

党的工作机关应当依据职能履行监督职责,实施本机关本系统本领域的问责工作。

依据:2019 年《中国共产党问责条例》第 4 条。

175 问责对象

问责对象是党组织、党的领导干部,重点是党委(党组)、党的工作机关及其领导成员,纪委、纪委派驻(派出)机构及其领导成员。

依据:2019 年《中国共产党问责条例》第 5 条。

176 问责应当分清责任

问责应当分清责任。党组织领导班子在职责范围内负有全面领导责任,领导班子主要负责人和直接主管的班子成员在职责范围内承担主要领导责任,参与决策和工作的班子成员在职责范围内承担重要领导责任。

对党组织问责的,应当同时对该党组织中负有责任的领导班子成员进行问责。

党组织和党的领导干部应当坚持把自己摆进去、把职责摆进去、把工作摆进去,注重从自身找问题、查原因,勇于担当、敢于负责,不得向下级党组织和干部推卸责任。

依据:2019 年《中国共产党问责条例》第 6 条。

177 党组织、党的领导干部应当被问责的情形

党组织、党的领导干部违反党章和其他党内法规,不履行或者不正确履行职责,有下列情形之一,应当予以问责:

(1)党的领导弱化,"四个意识"不强,"两个维护"不力,党的基本理论、基本路线、基本方略没有得到有效贯彻执行,在贯彻新发展理念,推进经济建设、政治建设、文化建设、社会建设、生态文明建设中,出现重大偏差和失误,给党的事业和人民利益造成严重损失,产生恶劣影响的;

(2)党的政治建设抓得不实,在重大原则问题上未能同党中央保持一致,贯彻落实党的路线方针政策和执行党中央重大决策部署不力,不遵守重大事项请示报告制度,有令不行、有禁不止,阳奉阴违、欺上瞒下,

团团伙伙、拉帮结派问题突出，党内政治生活不严肃不健康，党的政治建设工作责任制落实不到位，造成严重后果或者恶劣影响的；

（3）党的思想建设缺失，党性教育特别是理想信念宗旨教育流于形式，意识形态工作责任制落实不到位，造成严重后果或者恶劣影响的；

（4）党的组织建设薄弱，党建工作责任制不落实，严重违反民主集中制原则，不执行领导班子议事决策规则，民主生活会、“三会一课”等党的组织生活制度不执行，领导干部报告个人有关事项制度执行不力，党组织软弱涣散，违规选拔任用干部等问题突出，造成恶劣影响的；

（5）党的作风建设松懈，落实中央八项规定及其实施细则精神不力，“四风”问题得不到有效整治，形式主义、官僚主义问题突出，执行党中央决策部署表态多调门高、行动少落实差，脱离实际、脱离群众，拖沓敷衍、推诿扯皮，造成严重后果的；

（6）党的纪律建设抓得不严，维护党的政治纪律、组织纪律、廉洁纪律、群众纪律、工作纪律、生活纪律不力，导致违规违纪行为多发，造成恶劣影响的；

（7）推进党风廉政建设和反腐败斗争不坚决、不扎实，削减存量、遏制增量不力，特别是对不收敛、不收手，问题线索反映集中、群众反映强烈，政治问题和经济问题交织的腐败案件放任不管，造成恶劣影响的；

（8）全面从严治党主体责任、监督责任落实不到位，对公权力的监督制约不力，好人主义盛行，不负责不担当，党内监督乏力，该发现的问题没有发现，发现问题不报告不处置，领导巡视巡察工作不力，落实巡视巡察整改要求走过场、不到位，该问责不问责，造成严重后果的；

（9）履行管理、监督职责不力，职责范围内发生重特大生产安全事故、群体性事件、公共安全事件，或者发生其他严重事故、事件，造成重大损失或者恶劣影响的；

（10）在教育医疗、生态环境保护、食品药品安全、扶贫脱贫、社会保障等涉及人民群众最关心最直接最现实的利益问题上不作为、乱作为、慢作为、假作为,损害和侵占群众利益问题得不到整治,以言代法、以权压法、徇私枉法问题突出,群众身边腐败和作风问题严重,造成恶劣影响的;

(11)其他应当问责的失职失责情形。

依据:2019 年《中国共产党问责条例》第 7 条。

178 对党组织和党的领导干部的问责方式

对党组织的问责,根据危害程度以及具体情况,可以采取以下方式:

(1)检查。责令作出书面检查并切实整改。

(2)通报。责令整改,并在一定范围内通报。

(3)改组。对失职失责,严重违犯党的纪律、本身又不能纠正的,应当予以改组。

对党的领导干部的问责,根据危害程度以及具体情况,可以采取以下方式:

(1)通报。进行严肃批评,责令作出书面检查、切实整改,并在一定范围内通报。

(2)诫勉。以谈话或者书面方式进行诫勉。

(3)组织调整或者组织处理。对失职失责、危害较重,不适宜担任现职的,应当根据情况采取停职检查、调整职务、责令辞职、免职、降职等措施。

(4)纪律处分。对失职失责、危害严重,应当给予纪律处分的,依照《中国共产党纪律处分条例》追究纪律责任。

上述问责方式,可以单独使用,也可以依据规定合并使用。问责方式有影响期的,按照有关规定执行。

依据:2019 年《中国共产党问责条例》第 8 条。

179 问责调查

1. 发现有《中国共产党问责条例》第七条所列问责情形，需要进行问责调查的，有管理权限的党委（党组）、纪委、党的工作机关应当经主要负责人审批，及时启动问责调查程序。其中，纪委、党的工作机关对同级党委直接领导的党组织及其主要负责人启动问责调查，应当报同级党委主要负责人批准。

应当启动问责调查未及时启动的，上级党组织应当责令有管理权限的党组织启动。根据问题性质或者工作需要，上级党组织可以直接启动问责调查，也可以指定其他党组织启动。

对被立案审查的党组织、党的领导干部问责的，不再另行启动问责调查程序。

2. 启动问责调查后，应当组成调查组，依规依纪依法开展调查，查明党组织、党的领导干部失职失责问题，综合考虑主客观因素，正确区分贯彻执行党中央或者上级决策部署过程中出现的执行不当、执行不力、不执行等不同情况，精准提出处理意见，做到事实清楚、证据确凿、依据充分、责任分明、程序合规、处理恰当，防止问责不力或者问责泛化、简单化。

3. 查明调查对象失职失责问题后，调查组应当撰写事实材料，与调查对象见面，听取其陈述和申辩，并记录在案；对合理意见，应当予以采纳。调查对象应当在事实材料上签署意见，对签署不同意见或者拒不签署意见的，调查组应当作出说明或者注明情况。

调查工作结束后，调查组应当集体讨论，形成调查报告，列明调查对象基本情况、调查依据、调查过程，问责事实，调查对象的态度、认识及其申辩，处理意见以及依据，由调查组组长以及有关人员签名后，履行审批手续。

依据：2019 年《中国共产党问责条例》第 9－11 条。

180 问责决定

1. 问责决定应当由有管理权限的党组织作出。

对同级党委直接领导的党组织，纪委和党的工作机关报经同级党委或者其主要负责人批准，可以采取检查、通报方式进行问责。采取改组方式问责的，按照党章和有关党内法规规定的权限、程序执行。

对同级党委管理的领导干部，纪委和党的工作机关报经同级党委或者其主要负责人批准，可以采取通报、诫勉方式进行问责；提出组织调整或者组织处理的建议。采取纪律处分方式问责的，按照党章和有关党内法规规定的权限、程序执行。

2. 问责决定作出后，应当及时向被问责党组织、被问责领导干部及其所在党组织宣布并督促执行。有关问责情况应当向纪委和组织部门通报，纪委应当将问责决定材料归入被问责领导干部廉政档案，组织部门应当将问责决定材料归入被问责领导干部的人事档案，并报上一级组织部门备案；涉及组织调整或者组织处理的，相应手续应当在一个月内办理完毕。

被问责领导干部应当向作出问责决定的党组织写出书面检讨，并在民主生活会、组织生活会或者党的其他会议上作出深刻检查。建立健全问责典型问题通报曝光制度，采取组织调整或者组织处理、纪律处分方式问责的，应当以适当方式公开。

3. 被问责党组织、被问责领导干部及其所在党组织应当深刻汲取教训，明确整改措施。作出问责决定的党组织应当加强督促检查，推动以案促改。

4. 需要对问责对象作出政务处分或者其他处理的，作出问责决定的党组织应当通报相关单位，相关单位应当及时处理并将结果通报或者报告作出问责决定的党组织。

5. 问责对象对问责决定不服的，可以自收到问责决定之日起一个月内，向作出问责决定的党组织提出书面申诉。作出问责决定的党组织接到书面申诉后，应当在一个月内作出申诉处理决定，并以书面形式告知提出申诉的党组织、领导干部及其所在党组织。

申诉期间，不停止问责决定的执行。

6. 问责决定作出后，发现问责事实认定不清楚、证据不确凿、依据不充分、责任不清晰、程序不合规、处理不恰当，或者存在其他不应当问责、不精准问责情况的，应当及时予以纠正。必要时，上级党组织可以直接纠正或者责令作出问责决定的党组织予以纠正。

党组织、党的领导干部滥用问责，或者在问责工作中严重不负责任，造成不良影响的，应当严肃追究责任。

依据：2019 年《中国共产党问责条例》第 12 – 15、20 – 21 条。

181 终身问责

实行终身问责，对失职失责性质恶劣、后果严重的，不论其责任人是否调离转岗、提拔或者退休等，都应当严肃问责。

依据：2019 年《中国共产党问责条例》第 16 条。

182 不予问责或者免予问责的情形

有下列情形之一的，可以不予问责或者免予问责：

（1）在推进改革中因缺乏经验、先行先试出现的失误，尚无明确限制的探索性试验中的失误，为推动发展的无意过失；

（2）在集体决策中对错误决策提出明确反对意见或者保留意见的；

（3）在决策实施中已经履职尽责，但因不可抗力、难以预见等因素造成损失的。

对上级错误决定提出改正或者撤销意见未被采纳，而出现《中国共产党问责条例》第七条所列问责情形的，依照前述规定处理。上级错误决定明显违法违规的,应当承担相应的责任。

依据:2019 年《中国共产党问责条例》第 17 条。

183 从轻或者减轻问责的情形

有下列情形之一,可以从轻或者减轻问责:

(1)及时采取补救措施,有效挽回损失或者消除不良影响的;

(2)积极配合问责调查工作,主动承担责任的;

(3)党内法规规定的其他从轻、减轻情形。

依据:2019 年《中国共产党问责条例》第 18 条。

184 从重或者加重问责的情形

有下列情形之一,应当从重或者加重问责:

(1)对党中央、上级党组织三令五申的指示要求,不执行或者执行不力的;

(2)在接受问责调查和处理中,不如实报告情况,敷衍塞责、推卸责任,或者唆使、默许有关部门和人员弄虚作假,阻扰问责工作的;

(3)党内法规规定的其他从重、加重情形。

依据:2019 年《中国共产党问责条例》第 19 条。

185 组织处理

组织处理,是指党组织对违规违纪违法、失职失责失范的领导干部采取的岗位、职务、职级调整措施,包括停职检查、调整职务、责令辞职、免职、降职。

依据:2021 年《中国共产党组织处理规定(试行)》第 3 条。

186 组织处理工作坚持的原则

1. 全面从严治党、从严管理监督干部；

2. 党委(党组)领导、分级负责；

3. 实事求是、依规依纪依法；

4. 惩前毖后、治病救人。

依据:2021 年《中国共产党组织处理规定(试行)》第 4 条。

187 领导干部应当受到组织处理的情形

领导干部在政治表现、履行职责、工作作风、遵守组织制度、道德品行等方面，有苗头性、倾向性或者轻微问题，以批评教育、责令检查、诫勉为主，存在以下情形之一且问题严重的，应当受到组织处理：

(1)在重大原则问题上不同党中央保持一致，有违背"四个意识""四个自信""两个维护"错误言行的；

(2)理想信念动摇，马克思主义信仰缺失，搞封建迷信活动造成不良影响，或者违规参加宗教活动、信奉邪教的；

(3)贯彻落实党的基本理论、基本路线、基本方略和党中央决策部署不力，做选择、打折扣、搞变通，造成不良影响或者严重后果的；

(4)面对大是大非问题、重大矛盾冲突、危机困难，不敢斗争、不愿担当，造成不良影响或者严重后果的；

(5)工作不负责任、不正确履职或者疏于管理，出现重大失误错误或者发生重大生产安全事故、群体性事件、公共安全事件等严重事故、事件的；

(6)工作不作为，敷衍塞责、庸懒散拖，长期完不成任务或者严重贻误工作的；

(7)背弃党的初心使命，群众意识淡薄，对群众反映强烈的问题推

诿扯皮,在涉及群众生产、生活等切身利益问题上办事不公、作风不正,甚至损害、侵占群众利益,造成不良影响或者严重后果的;

(8)形式主义、官僚主义问题突出,脱离实际搞劳民伤财的“形象工程”“政绩工程”,盲目举债,弄虚作假,造成不良影响或者重大损失的;

(9)违反民主集中制原则,个人或者少数人决定重大问题,不执行或者擅自改变集体决定,不顾大局闹无原则纠纷、破坏团结,造成不良影响或者严重后果的;

(10)在选人用人工作中跑风漏气、说情干预、任人唯亲、突击提拔、跑官要官、拉票贿选、违规用人、用人失察失误,造成不良影响或者严重后果的;

(11)搞团团伙伙、拉帮结派、培植个人势力等非组织活动,破坏所在地方或者单位政治生态的;

(12)无正当理由拒不服从党组织根据工作需要作出的分配、调动、交流等决定的;

(13)不执行重大事项请示报告制度产生不良后果,严重违反个人有关事项报告、干部人事档案管理、领导干部出国(境)等管理制度,本人、配偶、子女及其配偶违规经商办企业的;

(14)诬告陷害、打击报复他人,制造或者散布谣言,阻挠、压制检举控告,造成不良影响或者严重后果的;

(15)违反中央八项规定精神、廉洁从政有关规定的;

(16)违背社会公序良俗,造成不良影响或者严重后果的;

(17)其他应当受到组织处理的情形。

依据:2021 年《中国共产党组织处理规定(试行)》第 7 条。

188 可以不予或者免予组织处理的情形

领导干部在推进改革中因缺乏经验、先行先试出现失误,尚无明确限制的探索性试验中出现失误,为推动发展出现无意过失,后果影响不是特别严重的，以及已经履职尽责，但因不可抗力、难以预见等因素造成损失的，可以不予或者免予组织处理。

依据：2021年《中国共产党组织处理规定（试行）》第9条。

189 组织处理的程序

组织处理一般按照以下程序进行：

（1）调查核实。组织（人事）部门对领导干部存在的问题以及所应担负的责任进行调查核实，听取有关方面意见，与领导干部本人谈话听取意见。执纪执法等机关已有认定结果的，可以不再进行调查。

（2）提出处理意见。组织（人事）部门根据调查核实情况或者执纪执法等机关认定结果、有关建议，以及领导干部一贯表现、认错悔错改错等情况，综合考虑主客观因素，研究提出组织处理意见报党委（党组）。

（3）研究决定。党委（党组）召开会议集体研究，作出组织处理决定。对双重管理的领导干部，主管方应当就组织处理意见事先征求协管方意见。

（4）宣布实施。组织（人事）部门向受到组织处理的领导干部所在单位和本人书面通知或者宣布组织处理决定，向提出组织处理建议的机关、单位通报处理情况，在一个月内办理受到组织处理的领导干部调整职务、职级、工资以及其他有关待遇的手续。对选举和依法任免的领导干部，按照有关规定履行任免程序。对需要向社会公开的组织处理，按照有关规定予以公开。

依据：2021年《中国共产党组织处理规定（试行）》第10条。

190 组织处理的后果

停职检查期限一般不超过六个月。受到调整职务处理的,一年内不得提拔职务、晋升职级或者进一步使用。受到责令辞职、免职处理的,一年内不得安排领导职务,二年内不得担任高于原职务层次的领导职务或者晋升职级。受到降职处理的,二年内不得提拔职务、晋升职级或者进一步使用。同时受到党纪政务处分和组织处理的,按照影响期长的规定执行。

领导干部受到组织处理的,当年不得评选各类先进。当年年度考核按照以下规定执行:受到调整职务处理的,不得确定为优秀等次;受到责令辞职、免职、降职处理的,只写评语不确定等次。同时受到党纪政务处分和组织处理的,按照对其年度考核结果影响较重的处理处分确定年度考核等次。

对受到责令辞职、免职处理的领导干部,可以根据工作需要以及本人特长,安排适当工作任务。

依据:2021 年《中国共产党组织处理规定(试行)》第 11 条。

191 领导干部对组织处理决定不服的申诉

领导干部对组织处理决定不服的,可以在收到组织处理决定后,向作出组织处理决定的党委(党组)提出书面申诉。党委(党组)应当在收到申诉的一个月内作出申诉处理决定,以书面形式告知干部本人以及所在单位。领导干部对申诉处理决定不服的,可以向上级组织(人事)部门提出书面申诉。上级组织(人事)部门应当在二个月内予以办理并作出答复,情况复杂的不超过三个月。

申诉期间,不停止组织处理决定的执行。

依据:2021 年《中国共产党组织处理规定(试行)》第 12 条。

192 组织处理不当的纠正

对领导干部组织处理存在事实认定不清楚、责任界定不准确的,应当重新调查核实。处理不当的,应当及时予以纠正。必要时,上级党委(党组)可以责令作出组织处理决定的党委(党组)予以纠正。

依据:2021 年《中国共产党组织处理规定(试行)》第 13 条。

四、职 务 犯 罪

（一）贪污贿赂罪

193 监察机关依法调查涉嫌贪污贿赂犯罪的种类

监察机关依法调查涉嫌贪污贿赂犯罪，包括贪污罪，挪用公款罪，受贿罪，单位受贿罪，利用影响力受贿罪，行贿罪，对有影响力的人行贿罪，对单位行贿罪，介绍贿赂罪，单位行贿罪，巨额财产来源不明罪，隐瞒境外存款罪，私分国有资产罪，私分罚没财物罪，以及公职人员在行使公权力过程中实施的职务侵占罪，挪用资金罪，对外国公职人员、国际公共组织官员行贿罪，非国家工作人员受贿罪和相关联的对非国家工作人员行贿罪。

依据：2025 年《中华人民共和国监察法实施条例》第 29 条。

194 贪污罪及其处罚规定

1. 国家工作人员利用职务上的便利，侵吞、窃取、骗取或者以其他手段非法占有公共财物的，是贪污罪。

受国家机关、国有公司、企业、事业单位、人民团体委托管理、经营国有财产的人员，利用职务上的便利，侵吞、窃取、骗取或者以其他手段非法占有国有财物的，以贪污论。

与上述所列人员勾结，伙同贪污的，以共犯论处。

2. 对犯贪污罪的，根据情节轻重，分别依照下列规定处罚：

(1)贪污数额较大或者有其他较重情节的,处三年以下有期徒刑或者拘役,并处罚金。

(2)贪污数额巨大或者有其他严重情节的,处三年以上十年以下有期徒刑,并处罚金或者没收财产。

(3)贪污数额特别巨大或者有其他特别严重情节的,处十年以上有期徒刑或者无期徒刑,并处罚金或者没收财产;数额特别巨大,并使国家和人民利益遭受特别重大损失的,处无期徒刑或者死刑,并处没收财产。

对多次贪污未经处理的,按照累计贪污数额处罚。

犯《中华人民共和国刑法》第三百八十三条第一款罪,在提起公诉前如实供述自己罪行、真诚悔罪、积极退赃,避免、减少损害结果的发生,有第一项规定情形的,可以从轻、减轻或者免除处罚;有第二项、第三项规定情形的,可以从轻处罚。

犯《中华人民共和国刑法》第三百八十三条第一款罪,有第三项规定情形被判处死刑缓期执行的,人民法院根据犯罪情节等情况可以同时决定在其死刑缓期执行二年期满依法减为无期徒刑后,终身监禁,不得减刑、假释。

3. 国有保险公司工作人员和国有保险公司委派到非国有保险公司从事公务的人员有《中华人民共和国刑法》第一百八十三条第一款行为的,依照《中华人民共和国刑法》第三百八十二条、第三百八十三条的规定定罪处罚。

4. 国有公司、企业或者其他国有单位中从事公务的人员和国有公司、企业或者其他国有单位委派到非国有公司、企业以及其他单位从事公务的人员有《中华人民共和国刑法》第二百七十一条第一款行为的,依照《中华人民共和国刑法》第三百八十二条、第三百八十三条的规定定罪处罚。

5. 国家工作人员在国内公务活动或者对外交往中接受礼物,依照国家规定应当交公而不交公,数额较大的,依照《中华人民共和国刑法》第三百八十二条、第三百八十三条的规定定罪处罚。

依据:2023 年《中华人民共和国刑法》第 183、271、382－383、394 条。

195 贪污贿赂等行为及政务处分

有下列行为之一的，予以警告、记过或者记大过；情节较重的，予以降级或者撤职；情节严重的，予以开除：

（1）贪污贿赂的；

（2）利用职权或者职务上的影响为本人或者他人谋取私利的；

（3）纵容、默许特定关系人利用本人职权或者职务上的影响谋取私利的。

拒不按照规定纠正特定关系人违规任职、兼职或者从事经营活动，且不服从职务调整的，予以撤职。

依据：2020年《中华人民共和国公职人员政务处分法》第33条。

196 影响公正行使公权力等行为及政务处分

收受可能影响公正行使公权力的礼品、礼金、有价证券等财物的，予以警告、记过或者记大过；情节较重的，予以降级或者撤职；情节严重的，予以开除。

向公职人员及其特定关系人赠送可能影响公正行使公权力的礼品、礼金、有价证券等财物，或者接受、提供可能影响公正行使公权力的宴请、旅游、健身、娱乐等活动安排，情节较重的，予以警告、记过或者记大过；情节严重的，予以降级或者撤职。

依据：2020年《中华人民共和国公职人员政务处分法》第34条。

197 挪用公款罪及其处罚规定

国家工作人员利用职务上的便利，挪用公款归个人使用，进行非法活动的，或者挪用公款数额较大、进行营利活动的，或者挪用公款数额较大、超过三个月未还的，是挪用公款罪，处五年以下有期徒刑或者拘役；情节严重的，处五年以上有期徒刑。挪用公款数额巨大不退还的，处十年以上有期徒刑或者无期徒刑。

挪用用于救灾、抢险、防汛、优抚、扶贫、移民、救济款物归个人使用的，从重处罚。

需要注意的是，有下列情形之一的，属于挪用公款"归个人使用"：

(1)将公款供本人、亲友或者其他自然人使用的；

(2)以个人名义将公款供其他单位使用的；

(3)个人决定以单位名义将公款供其他单位使用，谋取个人利益的。

依据：2023 年《中华人民共和国刑法》第 384 条；2002 年《全国人民代表大会常务委员会关于〈中华人民共和国刑法〉第三百八十四条第一款的解释》。

198 受贿罪及其处罚规定

1. 国家工作人员利用职务上的便利，索取他人财物的，或者非法收受他人财物，为他人谋取利益的，是受贿罪。

国家工作人员在经济往来中，违反国家规定，收受各种名义的回扣、手续费，归个人所有的，以受贿论处。

2. 对犯受贿罪的，根据受贿所得数额及情节，依照《中华人民共和国刑法》第三百八十三条的规定处罚。索贿的从重处罚。

依据：2023 年《中华人民共和国刑法》第 385 – 386 条。

199 单位受贿罪及其处罚规定

国家机关、国有公司、企业、事业单位、人民团体，索取、非法收受他人财物，为他人谋取利益，情节严重的，对单位判处罚金，并对其直接负责的主管人员和其他直接责任人员，处三年以下有期徒刑或者拘役；情节特别严重的，处三年以上十年以下有期徒刑。

前述所列单位，在经济往来中，在账外暗中收受各种名义的回扣、手续费的，以受贿论，依照前述的规定处罚。

依据：2023 年《中华人民共和国刑法》第 387 条。

200 利用影响力受贿罪及其处罚规定

国家工作人员的近亲属或者其他与该国家工作人员关系密切的人，通过该国家工作人员职务上的行为，或者利用该国家工作人员职权或者地位形成的便利条件，通过其他国家工作人员职务上的行为，为请托人谋取不正当利益，索取请托人财物或者收受请托人财物，数额较大或者有其他较重情节的，处三年以下有期徒刑或者拘役，并处罚金；数额巨大或者有其他严重情节的，处三年以上七年以下有期徒刑，并处罚金；数额特别巨大或者有其他特别严重情节的，处七年以上有期徒刑，并处罚金或者没收财产。

离职的国家工作人员或者其近亲属以及其他与其关系密切的人，利用该离职的国家工作人员原职权或者地位形成的便利条件实施前述行为的，依照前述的规定定罪处罚。

依据：2023 年《中华人民共和国刑法》第 388 条之一。

201 行贿罪及其处罚规定

1. 为谋取不正当利益，给予国家工作人员以财物的，是行贿罪。

在经济往来中，违反国家规定，给予国家工作人员以财物，数额较大的，或者违反国家规定，给予国家工作人员以各种名义的回扣、手续费的，以行贿论处。

因被勒索给予国家工作人员以财物，没有获得不正当利益的，不是行贿。

2. 对犯行贿罪的，处三年以下有期徒刑或者拘役，并处罚金；因行贿谋取不正当利益，情节严重的，或者使国家利益遭受重大损失的，处三年以上十年以下有期徒刑，并处罚金；情节特别严重的，或者使国家利益遭受特别重大损失的，处十年以上有期徒刑或者无期徒刑，并处罚金或者没收财产。

有下列情形之一的，从重处罚：

（1）多次行贿或者向多人行贿的；

（2）国家工作人员行贿的；

（3）在国家重点工程、重大项目中行贿的；

（4）为谋取职务、职级晋升、调整行贿的；

（5）对监察、行政执法、司法工作人员行贿的；

（6）在生态环境、财政金融、安全生产、食品药品、防灾救灾、社会保障、教育、医疗等领域行贿，实施违法犯罪活动的；

（7）将违法所得用于行贿的。

行贿人在被追诉前主动交待行贿行为的，可以从轻或者减轻处罚。其中，犯罪较轻的，对调查突破、侦破重大案件起关键作用的，或者有重大立功表现的，可以减轻或者免除处罚。

依据：2023 年《中华人民共和国刑法》第 389－390 条。

202 对有影响力的人行贿罪及其处罚规定

为谋取不正当利益，向国家工作人员的近亲属或者其他与该国家工作人员关系密切的人，或者向离职的国家工作人员或者其近亲属以及其他与其关系密切的人行贿的，处三年以下有期徒刑或者拘役，并处罚金；情节严重的，或者使国家利益遭受重大损失的，处三年以上七年以下有期徒刑，并处罚金；情节特别严重的，或者使国家利益遭受特别重大损失的，处七年以上十年以下有期徒刑，并处罚金。

单位犯前述罪的，对单位判处罚金，并对其直接负责的主管人员和其他直接责任人员，处三年以下有期徒刑或者拘役，并处罚金。

依据：2023 年《中华人民共和国刑法》第 390 条之一。

203 对单位行贿罪及其处罚规定

为谋取不正当利益，给予国家机关、国有公司、企业、事业单位、人民团体以财物的，或者在经济往来中，违反国家规定，给予各种名义的回扣、手续费的，处三年以下有期徒刑或者拘役，并处罚金；情节严重的，处三年以上七年以下有期徒刑，并处罚金。

单位犯前述罪的，对单位判处罚金，并对其直接负责的主管人员和其他直接责任人员，依照前述规定处罚。

依据：2023 年《中华人民共和国刑法》第 391 条。

204 介绍贿赂罪及其处罚规定

向国家工作人员介绍贿赂，情节严重的，处三年以下有期徒刑或者拘役，并处罚金。

介绍贿赂人在被追诉前主动交待介绍贿赂行为的，可以减轻处罚或者免除处罚。

依据：2023 年《中华人民共和国刑法》第 392 条。

205 单位行贿罪及其处罚规定

单位为谋取不正当利益而行贿，或者违反国家规定，给予国家工作人员以回扣、手续费，情节严重的，对单位判处罚金，并对其直接负责的主管人员和其他直接责任人员，处三年以下有期徒刑或者拘役，并处罚金;情节特别严重的,处三年以上十年以下有期徒刑,并处罚金。因行贿取得的违法所得归个人所有的,依照《中华人民共和国刑法》第三百八十九条、第三百九十条的规定定罪处罚。

依据:2023 年《中华人民共和国刑法》第 393 条。

206 巨额财产来源不明罪和隐瞒境外存款罪及其处罚规定

国家工作人员的财产、支出明显超过合法收入,差额巨大的,可以责令该国家工作人员说明来源,不能说明来源的,差额部分以非法所得论,处五年以下有期徒刑或者拘役;差额特别巨大的,处五年以上十年以下有期徒刑。财产的差额部分予以追缴。

国家工作人员在境外的存款,应当依照国家规定申报。数额较大、隐瞒不报的,处二年以下有期徒刑或者拘役;情节较轻的,由其所在单位或者上级主管机关酌情给予行政处分。

依据:2023 年《中华人民共和国刑法》第 395 条。

207 私分国有资产罪和私分罚没财物罪及其处罚规定

国家机关、国有公司、企业、事业单位、人民团体,违反国家规定,以单位名义将国有资产集体私分给个人,数额较大的,对其直接负责的主管人员和其他直接责任人员,处三年以下有期徒刑或者拘役,并处或者单处罚金;数额巨大的,处三年以上七年以下有期徒刑,并处罚金。

司法机关、行政执法机关违反国家规定,将应当上缴国家的罚没财物,以单位名义集体私分给个人的,依照前述的规定处罚。

依据:2023 年《中华人民共和国刑法》第 396 条。

（二）渎　职　罪

208 监察机关依法调查公职人员涉嫌滥用职权犯罪的种类

监察机关依法调查公职人员涉嫌滥用职权犯罪，包括滥用职权罪，国有公司、企业、事业单位人员滥用职权罪，滥用管理公司、证券职权罪，食品、药品监管渎职罪，故意泄露国家秘密罪，报复陷害罪，阻碍解救被拐卖、绑架妇女、儿童罪，帮助犯罪分子逃避处罚罪，违法发放林木采伐许可证罪，办理偷越国（边）境人员出入境证件罪，放行偷越国（边）境人员罪，挪用特定款物罪，非法剥夺公民宗教信仰自由罪，侵犯少数民族风俗习惯罪，打击报复会计、统计人员罪，以及司法工作人员以外的公职人员利用职权实施的非法拘禁罪、虐待被监管人罪、非法搜查罪。

依据：2025 年《中华人民共和国监察法实施条例》第 30 条。

209 监察机关依法调查公职人员涉嫌玩忽职守犯罪的种类

监察机关依法调查公职人员涉嫌玩忽职守犯罪，包括玩忽职守罪，国有公司、企业、事业单位人员失职罪，签订、履行合同失职被骗罪，国家机关工作人员签订、履行合同失职被骗罪，环境监管失职罪，传染病防治失职罪，商检失职罪，动植物检疫失职罪，不解救被拐卖、绑架妇女、儿童罪，失职造成珍贵文物损毁、流失罪，过失泄露国家秘密罪。

依据：2025 年《中华人民共和国监察法实施条例》第 31 条。

210 监察机关依法调查公职人员涉嫌徇私舞弊犯罪的种类

监察机关依法调查公职人员涉嫌徇私舞弊犯罪，包括徇私舞弊低价折股、出售公司、企业资产罪，非法批准征收、征用、占用土地罪，非法低价出让国有土地使用权罪，非法经营同类营业罪，为亲友非法牟利罪，枉法仲裁罪，徇私舞弊发售发票、抵扣税款、出口退税罪，商检徇私舞弊罪，动植物检疫徇私舞弊罪，放纵走私罪，放纵制售伪劣商品犯罪行为罪，招收公务员、学生徇私舞弊罪，徇私舞弊不移交刑事案件罪，违法提供出口退税凭证罪，徇私舞弊不征、少征税款罪。

依据：2025 年《中华人民共和国监察法实施条例》第 32 条。

211 滥用职权罪、玩忽职守罪及其处罚规定

国家机关工作人员滥用职权或者玩忽职守，致使公共财产、国家和人民利益遭受重大损失的，处三年以下有期徒刑或者拘役；情节特别严重的，处三年以上七年以下有期徒刑。《中华人民共和国刑法》另有规定的，依照规定。

国家机关工作人员徇私舞弊，犯滥用职权罪、玩忽职守罪的，处五年以下有期徒刑或者拘役；情节特别严重的，处五年以上十年以下有期徒刑。《中华人民共和国刑法》另有规定的，依照规定。

依据：2023 年《中华人民共和国刑法》第 397 条。

212 故意泄露国家秘密罪、过失泄露国家秘密罪及其处罚规定

国家机关工作人员违反保守国家秘密法的规定，故意或者过失泄露国家秘密，情节严重的，处三年以下有期徒刑或者拘役；情节特别严重

的,处三年以上七年以下有期徒刑。

非国家机关工作人员犯前述罪的,依照前述的规定酌情处罚。

依据:2023 年《中华人民共和国刑法》第 398 条。

213 枉法仲裁罪及其处罚规定

依法承担仲裁职责的人员,在仲裁活动中故意违背事实和法律作枉法裁决,情节严重的,处三年以下有期徒刑或者拘役;情节特别严重的,处三年以上七年以下有期徒刑。

依据:2023 年《中华人民共和国刑法》第 399 条之一。

214 徇私舞弊不移交刑事案件罪及其处罚规定

行政执法人员徇私舞弊,对依法应当移交司法机关追究刑事责任的不移交,情节严重的,处三年以下有期徒刑或者拘役;造成严重后果的,处三年以上七年以下有期徒刑。

依据:2023 年《中华人民共和国刑法》第 402 条。

215 滥用管理公司、证券职权罪及其处罚规定

国家有关主管部门的国家机关工作人员,徇私舞弊,滥用职权,对不符合法律规定条件的公司设立、登记申请或者股票、债券发行、上市申请,予以批准或者登记,致使公共财产、国家和人民利益遭受重大损失的,处五年以下有期徒刑或者拘役。

上级部门强令登记机关及其工作人员实施前述行为的,对其直接负责的主管人员,依照前述的规定处罚。

依据:2023 年《中华人民共和国刑法》第 403 条。

216 徇私舞弊不征、少征税款罪及其处罚规定

税务机关的工作人员徇私舞弊，不征或者少征应征税款，致使国家税收遭受重大损失的，处五年以下有期徒刑或者拘役；造成特别重大损失的，处五年以上有期徒刑。

依据：2023 年《中华人民共和国刑法》第 404 条。

217 徇私舞弊发售发票、抵扣税款、出口退税罪及其处罚规定

税务机关的工作人员违反法律、行政法规的规定，在办理发售发票、抵扣税款、出口退税工作中，徇私舞弊，致使国家利益遭受重大损失的，处五年以下有期徒刑或者拘役；致使国家利益遭受特别重大损失的，处五年以上有期徒刑。

依据：2023 年《中华人民共和国刑法》第 405 条第 1 款。

218 违法提供出口退税凭证罪及其处罚规定

其他国家机关工作人员违反国家规定，在提供出口货物报关单、出口收汇核销单等出口退税凭证的工作中，徇私舞弊，致使国家利益遭受重大损失的，依照《中华人民共和国刑法》第四百零五条第一款的规定处罚。

依据：2023 年《中华人民共和国刑法》第 405 条第 2 款。

219 国家机关工作人员签订、履行合同失职被骗罪及其处罚规定

国家机关工作人员在签订、履行合同过程中，因严重不负责任被诈骗，致使国家利益遭受重大损失的，处三年以下有期徒刑或者拘役；致使国家利益遭受特别重大损失的，处三年以上七年以下有期徒刑。

依据：2023 年《中华人民共和国刑法》第 406 条。

220 违法发放林木采伐许可证罪及其处罚规定

林业主管部门的工作人员违反森林法的规定，超过批准的年采伐限额发放林木采伐许可证或者违反规定滥发林木采伐许可证，情节严重，致使森林遭受严重破坏的，处三年以下有期徒刑或者拘役。

依据：2023 年《中华人民共和国刑法》第 407 条。

221 环境监管失职罪及其处罚规定

负有环境保护监督管理职责的国家机关工作人员严重不负责任，导致发生重大环境污染事故，致使公私财产遭受重大损失或者造成人身伤亡的严重后果的，处三年以下有期徒刑或者拘役。

依据：2023 年《中华人民共和国刑法》第 408 条。

222 食品、药品监管渎职罪及其处罚规定

负有食品药品安全监督管理职责的国家机关工作人员，滥用职权或者玩忽职守，有下列情形之一，造成严重后果或者有其他严重情节的，处五年以下有期徒刑或者拘役；造成特别严重后果或者有其他特别严重情

节的，处五年以上十年以下有期徒刑：

（1）瞒报、谎报食品安全事故、药品安全事件的；

（2）对发现的严重食品药品安全违法行为未按规定查处的；

（3）在药品和特殊食品审批审评过程中，对不符合条件的申请准予许可的；

（4）依法应当移交司法机关追究刑事责任不移交的；

（5）有其他滥用职权或者玩忽职守行为的。

徇私舞弊犯前述罪的，从重处罚。

依据：2023 年《中华人民共和国刑法》第 408 条之一。

223 传染病防治失职罪及其处罚规定

从事传染病防治的政府卫生行政部门的工作人员严重不负责任，导致传染病传播或者流行，情节严重的，处三年以下有期徒刑或者拘役。

依据：2023 年《中华人民共和国刑法》第 409 条。

224 非法批准征收、征用、占用土地罪，非法低价出让国有土地使用权罪及其处罚规定

国家机关工作人员徇私舞弊，违反土地管理法规，滥用职权，非法批准征收、征用、占用土地，或者非法低价出让国有土地使用权，情节严重的，处三年以下有期徒刑或者拘役；致使国家或者集体利益遭受特别重大损失的，处三年以上七年以下有期徒刑。

依据：2023 年《中华人民共和国刑法》第 410 条。

225 放纵走私罪及其处罚规定

海关工作人员徇私舞弊，放纵走私，情节严重的，处五年以下有期徒刑或者拘役；情节特别严重的，处五年以上有期徒刑。

依据：2023 年《中华人民共和国刑法》第 411 条。

226 商检徇私舞弊罪及其处罚规定

国家商检部门、商检机构的工作人员徇私舞弊，伪造检验结果的，处五年以下有期徒刑或者拘役；造成严重后果的，处五年以上十年以下有期徒刑。

依据：2023 年《中华人民共和国刑法》第 412 条第 1 款。

227 商检失职罪及其处罚规定

《中华人民共和国刑法》第四百一十二条第一款所列人员严重不负责任，对应当检验的物品不检验，或者延误检验出证、错误出证，致使国家利益遭受重大损失的，处三年以下有期徒刑或者拘役。

依据：2023 年《中华人民共和国刑法》第 412 条第 2 款。

228 动植物检疫徇私舞弊罪及其处罚规定

动植物检疫机关的检疫人员徇私舞弊，伪造检疫结果的，处五年以下有期徒刑或者拘役；造成严重后果的，处五年以上十年以下有期徒刑。

依据：2023 年《中华人民共和国刑法》第 413 条第 1 款。

229 动植物检疫失职罪及其处罚规定

《中华人民共和国刑法》第四百一十三条第一款所列人员严重不负责任,对应当检疫的检疫物不检疫,或者延误检疫出证、错误出证,致使国家利益遭受重大损失的,处三年以下有期徒刑或者拘役。

依据:2023 年《中华人民共和国刑法》第 413 条第 2 款。

230 放纵制售伪劣商品犯罪行为罪及其处罚规定

对生产、销售伪劣商品犯罪行为负有追究责任的国家机关工作人员,徇私舞弊,不履行法律规定的追究职责,情节严重的,处五年以下有期徒刑或者拘役。

依据:2023 年《中华人民共和国刑法》第 414 条。

231 办理偷越国(边)境人员出入境证件罪、放行偷越国(边)境人员罪及其处罚规定

负责办理护照、签证以及其他出入境证件的国家机关工作人员,对明知是企图偷越国(边)境的人员,予以办理出入境证件的,或者边防、海关等国家机关工作人员,对明知是偷越国(边)境的人员,予以放行的,处三年以下有期徒刑或者拘役;情节严重的,处三年以上七年以下有期徒刑。

依据:2023 年《中华人民共和国刑法》第 415 条。

232 不解救被拐卖、绑架妇女、儿童罪及其处罚规定

对被拐卖、绑架的妇女、儿童负有解救职责的国家机关工作人员,接到被拐卖、绑架的妇女、儿童及其家属的解救要求或者接到其他人的举

报，而对被拐卖、绑架的妇女、儿童不进行解救，造成严重后果的，处五年以下有期徒刑或者拘役。

依据：2023年《中华人民共和国刑法》第416条第1款。

233 阻碍解救被拐卖、绑架妇女、儿童罪及其处罚规定

负有解救职责的国家机关工作人员利用职务阻碍解救的，处二年以上七年以下有期徒刑；情节较轻的，处二年以下有期徒刑或者拘役。

依据：2023年《中华人民共和国刑法》第416条第2款。

234 帮助犯罪分子逃避处罚罪及其处罚规定

有查禁犯罪活动职责的国家机关工作人员，向犯罪分子通风报信、提供便利，帮助犯罪分子逃避处罚的，处三年以下有期徒刑或者拘役；情节严重的，处三年以上十年以下有期徒刑。

依据：2023年《中华人民共和国刑法》第417条。

235 招收公务员、学生徇私舞弊罪及其处罚规定

国家机关工作人员在招收公务员、学生工作中徇私舞弊，情节严重的，处三年以下有期徒刑或者拘役。

依据：2023年《中华人民共和国刑法》第418条。

236 失职造成珍贵文物损毁、流失罪及其处罚规定

国家机关工作人员严重不负责任，造成珍贵文物损毁或者流失，后果严重的，处三年以下有期徒刑或者拘役。

依据:2023 年《中华人民共和国刑法》第 419 条。

237 滥用职权等行为及政务处分

有下列行为之一,造成不良后果或者影响的,予以警告、记过或者记大过;情节较重的,予以降级或者撤职;情节严重的,予以开除:

(1)滥用职权,危害国家利益、社会公共利益或者侵害公民、法人、其他组织合法权益的;

(2)不履行或者不正确履行职责,玩忽职守,贻误工作的;

(3)工作中有形式主义、官僚主义行为的;

(4)工作中有弄虚作假,误导、欺骗行为的;

(5)泄露国家秘密、工作秘密,或者泄露因履行职责掌握的商业秘密、个人隐私的。

依据:2020 年《中华人民共和国公职人员政务处分法》第 39 条。

238 监察机关滥用职权等行为的情形及处理

监察机关及其工作人员有下列情形之一的,对负有责任的领导人员和直接责任人员依法给予处理:

(1)违反规定处置问题线索的;

(2)窃取、泄露调查工作信息,或者泄露检举事项、检举受理情况以及检举人信息的;

(3)对被调查人或者涉案人员逼供、诱供,或者侮辱、打骂、虐待、体罚或者变相体罚的;

(4)收受被调查人或者涉案人员的财物以及其他利益的;

(5)违反规定处置涉案财物的;

(6)违反规定采取调查措施的;

(7)利用职权或者职务上的影响干预调查工作、以案谋私的；

(8)违反规定发生办案安全事故，或者发生安全事故后隐瞒不报、报告失实、处置不当的；

(9)违反回避等程序规定，造成不良影响的；

(10)不依法受理和处理公职人员复审、复核的；

(11)其他滥用职权、玩忽职守、徇私舞弊的行为。

依据：2020 年《中华人民共和国公职人员政务处分法》第 63 条。

239 事业单位人员违反工作纪律失职渎职的行为及处分

有下列行为之一的，给予警告或者记过处分；情节较重的，给予降低岗位等级处分；情节严重的，给予开除处分：

(1)在执行国家重要任务、应对公共突发事件中，不服从指挥、调遣或者消极对抗的；

(2)破坏正常工作秩序，给国家或者公共利益造成损失的；

(3)违章指挥、违规操作，致使人民生命财产遭受损失的；

(4)发生重大事故、灾害、事件，擅离职守或者不按规定报告、不采取措施处置或者处置不力的；

(5)在项目评估评审、产品认证、设备检测检验等工作中徇私舞弊，或者违反规定造成不良影响的；

(6)泄露国家秘密，或者泄露因工作掌握的内幕信息、个人隐私，造成不良后果的；

(7)其他违反工作纪律失职渎职的行为。

依据：2023 年《事业单位工作人员处分规定》第 18 条。

五、处 分 制 度

（一）党 纪 处 分

240 党的纪律处分工作遵循的原则

党的纪律处分工作遵循下列原则：

（1）坚持党要管党、全面从严治党。把严的基调、严的措施、严的氛围长期坚持下去，加强对党的各级组织和全体党员的教育、管理和监督，把纪律挺在前面，抓早抓小、防微杜渐。

（2）党纪面前一律平等。对违犯党纪的党组织和党员必须严肃、公正执行纪律，党内不允许有任何不受纪律约束的党组织和党员。

（3）实事求是。对党组织和党员违犯党纪的行为，应当以事实为依据，以党章、其他党内法规和国家法律法规为准绳，执纪执法贯通，准确认定行为性质，区别不同情况，恰当予以处理。

（4）民主集中制。实施党纪处分，应当按照规定程序经党组织集体讨论决定，不允许任何个人或者少数人擅自决定和批准。上级党组织对违犯党纪的党组织和党员作出的处理决定，下级党组织必须执行。

（5）惩前毖后、治病救人。处理违犯党纪的党组织和党员，应当实行惩戒与教育相结合，做到宽严相济。

依据：2023 年《中国共产党纪律处分条例》第 4 条。

241 党组织和党员的违纪行为

党组织和党员违反党章和其他党内法规，违反国家法律法规，违反党和国家政策，违反社会主义道德，危害党、国家和人民利益的行为，依照规定应当给予纪律处理或者处分的，都必须受到追究。

重点查处党的十八大以来不收敛、不收手，问题线索反映集中、群众反映强烈，政治问题和经济问题交织的腐败案件，违反中央八项规定精神的问题。

依据：2023 年《中国共产党纪律处分条例》第 7 条。

242 对党员的纪律处分种类

对党员的纪律处分种类有以下几种：

（1）警告；

（2）严重警告；

（3）撤销党内职务；

（4）留党察看；

（5）开除党籍。

党员受到警告处分一年内、受到严重警告处分一年半内，不得在党内提拔职务或者进一步使用，也不得向党外组织推荐担任高于其原任职务的党外职务或者进一步使用。

依据：2023 年《中国共产党纪律处分条例》第 8、10 条。

243 对违犯党纪的党组织的处罚

对于违犯党纪的党组织，上级党组织应当责令其作出书面检查或者给予通报批评。对于严重违犯党纪、本身又不能纠正的党组织，上一级党的委员会在查明核实后，根据情节严重的程度，可以予以：

(1)改组；

(2)解散。

对于受到改组处理的党组织领导机构成员，除应当受到撤销党内职务以上处分的外，均自然免职。

对于受到解散处理的党组织中的党员，应当逐个审查。其中，符合党员条件的，应当重新登记，并参加新的组织过党的生活；不符合党员条件的，应当对其进行教育、限期改正，经教育仍无转变的，予以劝退或者除名；有违纪行为的，依照规定予以追究。

依据：2023 年《中国共产党纪律处分条例》第 9、15、16 条。

244 撤销党内职务处分

撤销党内职务处分，是指撤销受处分党员由党内选举或者组织任命的党内职务。对于在党内担任两个以上职务的，党组织在作处分决定时，应当明确是撤销其一切职务还是一个或者几个职务。如果决定撤销其一个职务，必须撤销其担任的最高职务。如果决定撤销其两个以上职务，则必须从其担任的最高职务开始依次撤销。对于在党外组织担任职务的，应当建议党外组织撤销其党外职务。

对于在立案审查中因涉嫌违犯党纪被免职的党员，审查后依照《中国共产党纪律处分条例》规定应当给予撤销党内职务处分的，应当按照其原任职务给予撤销党内职务处分。对于应当受到撤销党内职务处分，但是本人没有担任党内职务的，应当给予其严重警告处分。同时，在党外组织担任职务的，应当建议党外组织撤销其党外职务。

党员受到撤销党内职务处分，或者依照《中国共产党纪律处分条例》第十一条第二款规定受到严重警告处分的，二年内不得在党内担任和向党外组织推荐担任与其原任职务相当或者高于其原任职务的职务。

依据：2023 年《中国共产党纪律处分条例》第 11 条。

245 留党察看处分

留党察看处分,分为留党察看一年、留党察看二年。对于受到留党察看处分一年的党员,期满后仍不符合恢复党员权利条件的,应当延长一年留党察看期限。留党察看期限最长不得超过二年。

党员受留党察看处分期间,没有表决权、选举权和被选举权。留党察看期间,确有悔改表现的,期满后恢复其党员权利;坚持不改或者又发现其他应当受到党纪处分的违纪行为的,应当开除党籍。

党员受到留党察看处分,其党内职务自然撤销。对于担任党外职务的,应当建议党外组织撤销其党外职务。受到留党察看处分的党员,恢复党员权利后二年内,不得在党内担任和向党外组织推荐担任与其原任职务相当或者高于其原任职务的职务。

依据:2023 年《中国共产党纪律处分条例》第 12 条。

246 开除党籍处分

党员受到开除党籍处分,五年内不得重新入党,也不得推荐担任与其原任职务相当或者高于其原任职务的党外职务。另有规定不准重新入党的,依照规定。

依据:2023 年《中国共产党纪律处分条例》第 13 条。

247 从轻处分和减轻处分

从轻处分,是指在《中国共产党纪律处分条例》规定的违纪行为应当受到的处分幅度以内,给予较轻的处分。

减轻处分,是指在《中国共产党纪律处分条例》规定的违纪行为应当受到的处分幅度以外,减轻一档给予处分。

《中国共产党纪律处分条例》规定的只有开除党籍处分一个档次的违纪行为,不适用减轻处分的规定。

有下列情形之一的,可以从轻或者减轻处分:

(1)主动交代本人应当受到党纪处分的问题;

(2)在组织谈话函询、初步核实、立案审查过程中,能够配合核实审查工作,如实说明本人违纪违法事实;

(3)检举同案人或者其他人应当受到党纪处分或者法律追究的问题,经查证属实,或者有其他立功表现;

(4)主动挽回损失、消除不良影响或者有效阻止危害结果发生;

(5)主动上交或者退赔违纪所得;

(6)党内法规规定的其他从轻或者减轻处分情形。

根据案件的特殊情况,由中央纪委决定或者经省(部)级纪委(不含副省级市纪委)决定并呈报中央纪委批准,对违纪党员也可以在《中国共产党纪律处分条例》规定的处分幅度以外减轻处分。

依据:2023 年《中国共产党纪律处分条例》第 17、18、22、23 条。

248 从重处分和加重处分

从重处分,是指在《中国共产党纪律处分条例》规定的违纪行为应当受到的处分幅度以内,给予较重的处分。

加重处分,是指在《中国共产党纪律处分条例》规定的违纪行为应当受到的处分幅度以外,加重一档给予处分。

有下列情形之一的,应当从重或者加重处分:

(1)强迫、唆使他人违纪;

(2)拒不上交或者退赔违纪所得;

(3)违纪受处分后又因故意违纪应当受到党纪处分;

(4)违纪受处分后,又被发现其受处分前没有交代的其他应当受到党纪处分的问题;

(5)党内法规规定的其他从重或者加重处分情形。

依据:2023 年《中国共产党纪律处分条例》第 20、22、23 条。

249 合并处理违纪行为

一人有《中国共产党纪律处分条例》规定的两种以上应当受到党纪处分的违纪行为,应当合并处理,按其数种违纪行为中应当受到的最高处分加重一档给予处分;其中一种违纪行为应当受到开除党籍处分的,应当给予开除党籍处分。

依据:2023 年《中国共产党纪律处分条例》第 24 条。

250 共同违纪

二人以上共同故意违纪的,对为首者,从重处分,《中国共产党纪律处分条例》另有规定的除外;对其他成员,按照其在共同违纪中所起的作用和应负的责任,分别给予处分。

对于经济方面共同违纪的,按照个人参与数额及其所起作用,分别给予处分。对共同违纪的为首者,情节严重的,按照共同违纪的总数额处分。

教唆他人违纪的,应当按照其在共同违纪中所起的作用追究党纪责任。

党组织领导机构集体作出违犯党纪的决定或者实施其他违犯党纪的行为,对具有共同故意的成员,按共同违纪处理;对过失违纪的成员,按照各自在集体违纪中所起的作用和应负的责任分别给予处分。

依据:2023 年《中国共产党纪律处分条例》第 26、27 条。

251 应当给予开除党籍处分的情形

党员犯罪,有下列情形之一的,应当给予开除党籍处分:

(1)因故意犯罪被依法判处刑法规定的主刑(含宣告缓刑);

(2)被单处或者附加剥夺政治权利;

(3)因过失犯罪,被依法判处三年以上(不含三年)有期徒刑。

因过失犯罪被判处三年以下有期徒刑或者被判处管制、拘役的,一般应当开除党籍。对于个别可以不开除党籍的,应当对照处分违纪党员批准权限的规定,报请再上一级党组织批准。

依据:2023 年《中国共产党纪律处分条例》第 34 条。

252 对违纪后下落不明的党员的处理

对违纪后下落不明的党员,应当区别情况作出处理:

(1)对有严重违纪行为,应当给予开除党籍处分的,党组织应当作出决定,开除其党籍;

(2)除前项规定的情况外,下落不明时间超过六个月的,党组织应当按照党章规定对其予以除名。

违纪党员在党组织作出处分决定前死亡,或者在死亡之后发现其曾有严重违纪行为,对于应当给予开除党籍处分的,开除其党籍;对于应当给予留党察看以下处分的,作出违犯党纪的书面结论和相应处理。

依据:2023 年《中国共产党纪律处分条例》第 37、38 条。

253 违纪行为有关责任人员的区分

1. 直接责任者,是指在其职责范围内,不履行或者不正确履行自己的职责,对造成的损失或者后果起决定性作用的党员或者党员领导干部。

2. 主要领导责任者,是指在其职责范围内,对主管的工作不履行或者不正确履行职责,对造成的损失或者后果负直接领导责任的党员领导干部。

3. 重要领导责任者,是指在其职责范围内,对应管的工作或者参与决定的工作不履行或者不正确履行职责,对造成的损失或者后果负次要领导责任的党员领导干部。

《中国共产党纪律处分条例》所称领导责任者,包括主要领导责任者和重要领导责任者。

依据:2023 年《中国共产党纪律处分条例》第 39 条。

254 主动交代

主动交代,是指涉嫌违纪的党员在组织谈话函询、初步核实前向有关组织交代自己的问题,或者在谈话函询、初步核实和立案审查期间交代组织未掌握的问题。

依据:2023 年《中国共产党纪律处分条例》第 40 条。

255 计算经济损失

计算经济损失应当计算立案时已经实际造成的全部财产损失,包括为挽回违纪行为所造成损失而支付的各种开支、费用。立案后至处理前持续发生的经济损失,应当一并计算在内。

依据:2023 年《中国共产党纪律处分条例》第 42 条。

256 对于违纪行为所获得的经济利益的处理

对于违纪行为所获得的经济利益,应当收缴或者责令退赔。对于主动上交的违纪所得和经济损失赔偿,应当予以接收,并按照规定收缴或者返还有关单位、个人。

对于违纪行为所获得的职务、职级、职称、学历、学位、奖励、资格等其他利益,应当由承办案件的纪检机关或者由其上级纪检机关建议有关组织、部门、单位按照规定予以纠正。

对于依照《中国共产党纪律处分条例》第三十七条、第三十八条规定处理的党员,经调查确属其实施违纪行为获得的利益,依照《中国共产党纪律处分条例》第四十三条规定处理。

依据:2023 年《中国共产党纪律处分条例》第 43 条。

257 履行处分审批程序

给予担任两个以上职务(不含党代会代表)的违纪党员党纪处分,按照其中属于最高一级党组织管理的职务履行处分审批程序。

违纪党员所担任的职务中属于最高一级党组织管理的职务有两个以上的,区别下列情形履行处分审批程序:

(1)有一个职务系党的中央或者地方委员会委员、候补委员的,应当按照该职务对应的处分批准权限履行处分审批程序;

(2)除前项所列情形外,有一个职务系党的中央或者地方纪律检查委员会委员的,应当按照该职务对应的处分批准权限履行处分审批程序;

(3)除前两项所列情形外,应当按照违纪党员所担任的最高一级党组织管理的多个职务分别对应的处分批准权限就高履行处分审批程序。

党的地方委员会委员、候补委员或者党的地方纪律检查委员会委员在接受审查期间，其所在的党的地方委员会不得免去其上述职务，也不得接受其辞去上述职务的请求。

依据：2022 年《中国共产党处分违纪党员批准权限和程序规定》第 7 条。

258 县级以上各级党委和纪委可以直接决定给予违纪党员党纪处分的情形

有下列特殊情况之一，县级以上各级党委和纪委可以直接决定给予违纪党员党纪处分：

（1）案情涉密、敏感的；

（2）违纪案件跨地区跨部门跨单位的；

（3）违纪党员系县级以上各级党委管理的党员干部的；

（4）违纪党员所在的基层党组织无法正常履行职责、不正确履行职责或者其负责人同违纪问题有关联的；

（5）违纪党员所在党支部党员大会经讨论无法及时形成决议，或者因可到会有表决权的党员人数未超过全部应到会有表决权的党员半数，不能及时召开党支部党员大会讨论表决的；

（6）县级以上纪委提级审查下级党委（党组）管理的党员的；

（7）党章和有关党内法规规定的其他情况。

除《中国共产党处分违纪党员批准权限和程序规定》第二十九条、第三十一条、第三十八条第三款另有规定外，给予违纪党员开除党籍处分，须经县级以上纪委审查批准，或者经县级以上纪委审查同意后报请有处分批准权的党组织依照《中国共产党处分违纪党员批准权限和程序规定》履行处分审批程序。

依据：2022 年《中国共产党处分违纪党员批准权限和程序规定》第 14 条。

259 党组织批准应当在作出党纪处分决定后按照要求予以备案的处分事项

党组织批准的下列处分事项,应当在作出党纪处分决定后按照下列要求予以备案:

(1)中央纪委批准《中国共产党处分违纪党员批准权限和程序规定》第三十四条第一项至第三项所涉处分事项后,由中央纪委报党中央备案。

(2)省、自治区、直辖市党委批准《中国共产党处分违纪党员批准权限和程序规定》第二十七条第三款所涉处分事项后,由省、自治区、直辖市纪委报中央纪委备案。

(3)党的地方委员会批准《中国共产党处分违纪党员批准权限和程序规定》第二十七条第一款第一项所涉处分事项后,被处分人系按照规定需要报上一级党委备案的在职正职领导干部的,由党的地方纪律检查委员会纪委报上一级纪委备案。

(4)党的地方纪律检查委员会批准《中国共产党处分违纪党员批准权限和程序规定》第三十七条第一款第一项至第七项、第三款所涉处分事项后,由党的地方纪律检查委员会报同级党委备案;其中《中国共产党处分违纪党员批准权限和程序规定》第三十七条第一款第三项所涉处分事项还须同时报上一级纪委备案。

(5)党的基层纪律检查委员会、党的街道纪检监察工作委员会等审查批准《中国共产党处分违纪党员批准权限和程序规定》第三十八条第一款、第二款所涉处分事项后,相应报具有审批预备党员权限的同级党的基层委员会、党的街道工作委员会等备案。

(6)机关党委、机关纪委分别审议批准《中国共产党处分违纪党员批准权限和程序规定》第三十条第二款、第三十九条所涉处分事项后,相应报党组(党委)、党的工作机关备案;机关纪委审查批准《中国共产党处分违纪党员批准权限和程序规定》第三十九条所涉处分事项后，还须报机关党委备案。

前述规定中的备案工作，应当由负责报备的党组织于每季度首月十五日前，将上一季度对在职党员干部已作出党纪处分决定的案件汇总报相应党组织。

依据：2022 年《中国共产党处分违纪党员批准权限和程序规定》第 20 条。

260 中央政治局批准的处分事项

1. 在中央委员会全体会议闭会期间，先行给予中央委员会委员、候补委员撤销党内职务、留党察看或者开除党籍处分。

2. 给予严重触犯刑律的中央委员会委员、候补委员开除党籍处分。

依据：2022 年《中国共产党处分违纪党员批准权限和程序规定》第 24 条。

261 党的地方委员会常委会批准的处分事项

1. 给予本级党委讨论决定任免的党员干部撤销党内职务、留党察看或者开除党籍处分；

2. 给予严重触犯刑律的本级党委委员、候补委员开除党籍处分；

3. 给予严重触犯刑律的本级纪委委员开除党籍处分；

4. 给予下一级党的地方委员会委员、候补委员撤销党内职务、留党察看或者开除党籍处分；

5. 给予下一级党的地方纪律检查委员会书记、副书记撤销党内职务、留党察看或者开除党籍处分；

6. 党章和有关党内法规规定的其他处分事项。

党的地区委员会和相当于地区委员会的组织，以及设区的市级（不含直辖市的区，下同）以上党的地方委员会在被赋予社会管理权限的开发区、国家级新区等特定地域派出的代表机关，参照前述规定行使处分违纪党员批准权限。

省级党委常委会批准给予省级纪委委员撤销党内职务、留党察看或者开除党籍处分。

新疆维吾尔自治区党委常委会批准给予新疆生产建设兵团党委委员、候补委员撤销党内职务、留党察看或者开除党籍处分。

依据：2022 年《中国共产党处分违纪党员批准权限和程序规定》第 27 条。

262 中央纪委常委会批准的处分事项

1. 给予省部级以下（不含省部级）中管干部以及未明确行政级别的单位中的中管干部警告、严重警告处分；

2. 给予省级党委委员、候补委员警告、严重警告处分；

3. 给予省级纪委常委（不含书记、副书记，下同）、监委委员党纪处分；

4. 党章和有关党内法规规定的其他处分事项。

依据：2022 年《中国共产党处分违纪党员批准权限和程序规定》第 34 条。

263 中央纪委办公会议批准的处分事项

1. 给予不是中管干部的中央纪委国家监委机关、直属单位的党员党纪处分；

2. 给予不是中管干部的中央纪委国家监委派驻、派出机构的党员党纪处分；

3. 给予不是中管干部且已离职的中央纪委国家监委机关、直属单位和派驻、派出机构的党员党纪处分。

前述“3”中所涉人员违纪行为主要发生在其离职后，且与其离职前在前述所涉单位担任的职务没有关联的，依照《中国共产党处分违纪党员批准权限和程序规定》第三条规定履行处分审批程序。

依据：2022 年《中国共产党处分违纪党员批准权限和程序规定》第 35 条。

264 党的地方纪律检查委员会常委会批准的处分事项

1. 给予本级党的地方委员会讨论决定任免的党员干部警告、严重警告处分；

2. 给予未经本级党的地方委员会讨论决定任免、但属于本级党的地方委员会管理的党员干部党纪处分；

3. 给予本级纪委委员警告、严重警告处分；

4. 给予下一级党的地方委员会委员、候补委员警告、严重警告处分；

5. 给予下一级党的地方纪律检查委员会书记、副书记警告、严重警告处分；

6. 给予下一级党的地方纪律检查委员会常委、监委委员党纪处分；

7. 给予下一级党的地方纪律检查委员会委员撤销党内职务、留党察看或者开除党籍处分；

8. 给予本级纪委管理的纪委监委机关、直属单位和派驻、派出机构的党员党纪处分；

9. 党章和有关党内法规规定的其他处分事项。

地区纪委和相当于地区纪委的其他纪律检查机关，以及设区的市级以上党的地方纪律检查委员会监委在被赋予社会管理权限的开发区、国家级新区等特定地域派出的纪检监察工作委员会,参照前述规定行使处分违纪党员批准权限。

新疆维吾尔自治区纪委常委会批准给予新疆生产建设兵团党委委员、候补委员警告、严重警告处分,新疆生产建设兵团纪委委员撤销党内职务、留党察看或者开除党籍处分,新疆生产建设兵团纪委常委、监委委员党纪处分。

依据:2022 年《中国共产党处分违纪党员批准权限和程序规定》第 37 条。

(二)政 务 处 分

265 政务处分主体

监察机关应当按照管理权限,加强对公职人员的监督,依法给予违法的公职人员政务处分。

公职人员任免机关、单位应当按照管理权限,加强对公职人员的教育、管理、监督,依法给予违法的公职人员处分。

监察机关发现公职人员任免机关、单位应当给予处分而未给予,或者给予的处分违法、不当的,应当及时提出监察建议。

依据:2020 年《中华人民共和国公职人员政务处分法》第 3 条。

266 政务处分原则

给予公职人员政务处分,坚持党管干部原则,集体讨论决定;坚持法律面前一律平等,以事实为根据,以法律为准绳,给予的政务处分与违法行为的性质、情节、危害程度相当;坚持惩戒与教育相结合,宽严相济。

依据:2020 年《中华人民共和国公职人员政务处分法》第 4 条。

267 政务处分种类

1. 警告;
2. 记过;
3. 记大过;
4. 降级;
5. 撤职;
6. 开除。

依据:2020 年《中华人民共和国公职人员政务处分法》第 7 条。

268 政务处分期间

1. 警告,六个月;
2. 记过,十二个月;
3. 记大过,十八个月;
4. 降级、撤职,二十四个月。

政务处分决定自作出之日起生效,政务处分期自政务处分决定生效之日起计算。

依据:2020 年《中华人民共和国公职人员政务处分法》第 8 条。

269 可以从轻或者减轻给予政务处分的情形

公职人员有下列情形之一的,可以从轻或者减轻给予政务处分:

(1)主动交代本人应当受到政务处分的违法行为的;

(2)配合调查,如实说明本人违法事实的;

(3)检举他人违纪违法行为,经查证属实的;

(4)主动采取措施,有效避免、挽回损失或者消除不良影响的;

(5)在共同违法行为中起次要或者辅助作用的;

(6)主动上交或者退赔违法所得的;

(7)法律、法规规定的其他从轻或者减轻情节。

公职人员违法行为情节轻微,且具有前述情形之一的,可以对其进行谈话提醒、批评教育、责令检查或者予以诫勉,免予或者不予政务处分。

公职人员因不明真相被裹挟或者被胁迫参与违法活动,经批评教育后确有悔改表现的,可以减轻、免予或者不予政务处分。

依据:2020年《中华人民共和国公职人员政务处分法》第11、12条。

270 应当从重给予政务处分的情形

公职人员有下列情形之一的,应当从重给予政务处分:

(1)在政务处分期内再次故意违法,应当受到政务处分的;

(2)阻止他人检举、提供证据的;

(3)串供或者伪造、隐匿、毁灭证据的;

(4)包庇同案人员的;

(5)胁迫、唆使他人实施违法行为的;

(6)拒不上交或者退赔违法所得的;

(7)法律、法规规定的其他从重情节。

依据:2020年《中华人民共和国公职人员政务处分法》第13条。

271 犯罪的公职人员政务处分

公职人员犯罪,有下列情形之一的,予以开除:

(1)因故意犯罪被判处管制、拘役或者有期徒刑以上刑罚(含宣告

缓刑)的;

(2)因过失犯罪被判处有期徒刑,刑期超过三年的;

(3)因犯罪被单处或者并处剥夺政治权利的。

因过失犯罪被判处管制、拘役或者三年以下有期徒刑的,一般应当予以开除;案件情况特殊,予以撤职更为适当的,可以不予开除,但是应当报请上一级机关批准。

公职人员因犯罪被单处罚金,或者犯罪情节轻微,人民检察院依法作出不起诉决定或者人民法院依法免予刑事处罚的,予以撤职;造成不良影响的,予以开除。

依据:2020 年《中华人民共和国公职人员政务处分法》第 14 条。

272 开除的后果及解除政务处分

公职人员被开除的,自政务处分决定生效之日起,应当解除其与所在机关、单位的人事关系或者劳动关系。

公职人员受到开除以外的政务处分,在政务处分期内有悔改表现,并且没有再发生应当给予政务处分的违法行为的,政务处分期满后自动解除,晋升职务、职级、衔级、级别、岗位和职员等级、职称、薪酬待遇不再受原政务处分影响。但是,解除降级、撤职的,不恢复原职务、职级、衔级、级别、岗位和职员等级、职称、薪酬待遇。

依据:2020 年《中华人民共和国公职人员政务处分法》第 26 条。

273 侵犯管理服务对象利益,造成不良后果或者影响的情形及政务处分

有下列行为之一,情节较重的,予以警告、记过或者记大过;情节严重的,予以降级或者撤职:

(1)违反规定向管理服务对象收取、摊派财物的;

(2)在管理服务活动中故意刁难、吃拿卡要的;

(3)在管理服务活动中态度恶劣粗暴,造成不良后果或者影响的;

(4)不按照规定公开工作信息,侵犯管理服务对象知情权,造成不良后果或者影响的;

(5)其他侵犯管理服务对象利益的行为,造成不良后果或者影响的。

有前述(1)、(2)和(5)行为,情节特别严重的,予以开除。

依据:2020年《中华人民共和国公职人员政务处分法》第38条。

274 严重违反家庭美德、社会公德的行为及政务处分

有下列行为之一的,予以警告、记过或者记大过;情节较重的,予以降级或者撤职;情节严重的,予以开除:

(1)违背社会公序良俗,在公共场所有不当行为,造成不良影响的;

(2)参与或者支持迷信活动,造成不良影响的;

(3)参与赌博的;

(4)拒不承担赡养、抚养、扶养义务的;

(5)实施家庭暴力,虐待、遗弃家庭成员的;

(6)其他严重违反家庭美德、社会公德的行为。

吸食、注射毒品,组织赌博,组织、支持、参与卖淫、嫖娼、色情淫乱活动的,予以撤职或者开除。

依据:2020年《中华人民共和国公职人员政务处分法》第40条。

275 违反请示报告制度、档案管理制度的政务处分

不按照规定请示、报告重大事项,情节较重的,予以警告、记过或者记大过;情节严重的,予以降级或者撤职。

违反个人有关事项报告规定，隐瞒不报，情节较重的，予以警告、记过或者记大过。

篡改、伪造本人档案资料的，予以记过或者记大过；情节严重的，予以降级或者撤职。

依据：2020 年《中华人民共和国公职人员政务处分法》第 29 条。

276 监察机关收集证据规定

监察机关对涉嫌违法的公职人员进行调查，应当由二名以上工作人员进行。监察机关进行调查时，有权依法向有关单位和个人了解情况，收集、调取证据。有关单位和个人应当如实提供情况。

严禁以威胁、引诱、欺骗及其他非法方式收集证据。以非法方式收集的证据不得作为给予政务处分的依据。

依据：2020 年《中华人民共和国公职人员政务处分法》第 42 条。

277 监察机关告知义务及听取陈述申辩

作出政务处分决定前，监察机关应当将调查认定的违法事实及拟给予政务处分的依据告知被调查人，听取被调查人的陈述和申辩，并对其陈述的事实、理由和证据进行核实，记录在案。被调查人提出的事实、理由和证据成立的，应予采纳。不得因被调查人的申辩而加重政务处分。

依据：2020 年《中华人民共和国公职人员政务处分法》第 43 条。

278 调查终结后的案件处理

调查终结后，监察机关应当根据下列不同情况，分别作出处理：

(1)确有应受政务处分的违法行为的，根据情节轻重，按照政务处

分决定权限,履行规定的审批手续后,作出政务处分决定;

(2)违法事实不能成立的,撤销案件;

(3)符合免予、不予政务处分条件的,作出免予、不予政务处分决定;

(4)被调查人涉嫌其他违法或者犯罪行为的,依法移送主管机关处理。

依据:2020 年《中华人民共和国公职人员政务处分法》第 44 条。

279 政务处分决定书

对违法的公职人员依法需要给予政务处分的,应当根据情节轻重作出警告、记过、记大过、降级、撤职、开除的政务处分决定,制作政务处分决定书。

政务处分决定书应当载明下列事项:

(1)被处分人的姓名、工作单位和职务;

(2)违法事实和证据;

(3)政务处分的种类和依据;

(4)不服政务处分决定,申请复审、复核的途径和期限;

(5)作出政务处分决定的机关名称和日期。

政务处分决定书应当盖有作出决定的监察机关的印章。

监察机关应当将政务处分决定书在作出后一个月以内送达被处分人和被处分人所在机关、单位,并依法履行宣布、书面告知程序。

政务处分决定自作出之日起生效。有关机关、单位、组织应当依法及时执行处分决定,并将执行情况向监察机关报告。处分决定应当在作出之日起一个月以内执行完毕,特殊情况下经监察机关批准可以适当延长办理期限,最迟不得超过六个月。

依据:2020 年《中华人民共和国公职人员政务处分法》第 45 条;2025 年《中华人民共和国监察法实施条例》第 232、233 条。

280 参与公职人员违法案件调查、处理的人员的回避制度

参与公职人员违法案件调查、处理的人员有下列情形之一的，应当自行回避，被调查人、检举人及其他有关人员也有权要求其回避：

（1）是被调查人或者检举人的近亲属的；

（2）担任过本案的证人的；

（3）本人或者其近亲属与调查的案件有利害关系的；

（4）可能影响案件公正调查、处理的其他情形。

监察机关负责人的回避，由上级监察机关决定；其他参与违法案件调查、处理人员的回避，由监察机关负责人决定。

监察机关或者上级监察机关发现参与违法案件调查、处理人员有应当回避情形的，可以直接决定该人员回避。

依据：2020 年《中华人民共和国公职人员政务处分法》第 47、48 条。

281 政务处分的前置程序和通报程序

监察机关对经各级人民代表大会、县级以上各级人民代表大会常务委员会选举或者决定任命的公职人员予以撤职、开除的，应当先依法罢免、撤销或者免去其职务，再依法作出政务处分决定。

监察机关对经中国人民政治协商会议各级委员会全体会议或者其常务委员会选举或者决定任命的公职人员予以撤职、开除的，应当先依章程免去其职务，再依法作出政务处分决定。

监察机关对各级人民代表大会代表、中国人民政治协商会议各级委员会委员给予政务处分的，应当向有关的人民代表大会常务委员会，乡、民族乡、镇的人民代表大会主席团或者中国人民政治协商会议委员会常务委员会通报。

依据：2020 年《中华人民共和国公职人员政务处分法》第 50 条。

282 政务处分的复核、复审

1. 公职人员对监察机关作出的涉及本人的政务处分决定不服的，可以依法向作出决定的监察机关申请复审；公职人员对复审决定仍不服的，可以向上一级监察机关申请复核。

监察机关发现本机关或者下级监察机关作出的政务处分决定确有错误的，应当及时予以纠正或者责令下级监察机关及时予以纠正。

2. 复审、复核期间，不停止原政务处分决定的执行。公职人员不因提出复审、复核而被加重政务处分。

3. 有下列情形之一的，复审、复核机关应当撤销原政务处分决定，重新作出决定或者责令原作出决定的监察机关重新作出决定：

(1)政务处分所依据的违法事实不清或者证据不足的；

(2)违反法定程序，影响案件公正处理的；

(3)超越职权或者滥用职权作出政务处分决定的。

4. 有下列情形之一的，复审、复核机关应当变更原政务处分决定，或者责令原作出决定的监察机关予以变更：

(1)适用法律、法规确有错误的；

(2)对违法行为的情节认定确有错误的；

(3)政务处分不当的。

5. 复审、复核机关认为政务处分决定认定事实清楚，适用法律正确的，应当予以维持。

6. 公职人员的政务处分决定被变更，需要调整该公职人员的职务、职级、衔级、级别、岗位和职员等级或者薪酬待遇等的，应当按照规定予以调整。政务处分决定被撤销的，应当恢复该公职人员的级别、薪酬待遇，按照原职务、职级、衔级、岗位和职员等级安排相应的职务、职级、衔级、岗位和职员等级，并在原政务处分决定公布范围内为其恢复名誉。没收、追缴财物错误的，应当依法予以返还、赔偿。

公职人员因有《中华人民共和国公职人员政务处分法》第五十七

条、第五十八条规定的情形被撤销政务处分或者减轻政务处分的，应当对其薪酬待遇受到的损失予以补偿。

依据：2020年《中华人民共和国公职人员政务处分法》第55－60条。

283 对事业单位工作人员的处分程序

对事业单位工作人员的处分，按照以下程序办理：

（1）对事业单位工作人员违规违纪违法行为初步调查后，需要进一步查证的，应当按照干部人事管理权限，经事业单位负责人批准或者有关部门同意后立案。

（2）对被调查的事业单位工作人员的违规违纪违法行为作进一步调查，收集、查证有关证据材料，并形成书面调查报告。

（3）将调查认定的事实及拟给予处分的依据告知被调查的事业单位工作人员，听取其陈述和申辩，并对其所提出的事实、理由和证据进行复核，记录在案。被调查的事业单位工作人员提出的事实、理由和证据成立的，应予采信。

（4）按照处分决定权限，作出对该事业单位工作人员给予处分、免予不予处分或者撤销案件的决定。

（5）处分决定单位印发处分决定。

（6）将处分决定以书面形式通知受处分事业单位工作人员本人和有关单位，并在一定范围内宣布。

（7）将处分决定存入受处分事业单位工作人员的档案。

依据：2023年《事业单位工作人员处分规定》第25条。

284 事业单位人员处分决定的内容

处分决定应当包括下列内容：

(1)受处分事业单位工作人员的姓名、工作单位、原所聘岗位(所任职务)名称及等级、职员等级等基本情况；

(2)经查证的违规违纪违法事实；

(3)处分的种类、受处分的期间和依据；

(4)不服处分决定的申诉途径和期限；

(5)处分决定单位的名称、印章和作出决定的日期。

依据：2023 年《事业单位工作人员处分规定》第 30 条。

下篇　纪检监察办案程序规定

一、监 督 检 查

（一）党 内 监 督

285 党内监督的任务和主要内容

党内监督的任务是确保党章党规党纪在全党有效执行，维护党的团结统一，重点解决党的领导弱化、党的建设缺失、全面从严治党不力，党的观念淡漠、组织涣散、纪律松弛，管党治党宽松软问题，保证党的组织充分履行职能、发挥核心作用，保证全体党员发挥先锋模范作用，保证党的领导干部忠诚干净担当。

党内监督的主要内容是：

（1）遵守党章党规，坚定理想信念，践行党的宗旨，模范遵守宪法法律情况；

（2）维护党中央集中统一领导，牢固树立政治意识、大局意识、核心意识、看齐意识，贯彻落实党的理论和路线方针政策，确保全党令行禁止情况；

（3）坚持民主集中制，严肃党内政治生活，贯彻党员个人服从党的组织，少数服从多数，下级组织服从上级组织，全党各个组织和全体党员服从党的全国代表大会和中央委员会原则情况；

（4）落实全面从严治党责任，严明党的纪律特别是政治纪律和政治规矩，推进党风廉政建设和反腐败工作情况；

(5)落实中央八项规定精神,加强作风建设,密切联系群众,巩固党的执政基础情况;

(6)坚持党的干部标准,树立正确选人用人导向,执行干部选拔任用工作规定情况;

(7)廉洁自律、秉公用权情况;

(8)完成党中央和上级党组织部署的任务情况。

依据:2016 年《中国共产党党内监督条例》第 5 条。

286 党的中央组织的监督

1. 党的中央委员会、中央政治局、中央政治局常务委员会全面领导党内监督工作。中央委员会全体会议每年听取中央政治局工作报告,监督中央政治局工作,部署加强党内监督的重大任务。

2. 中央政治局、中央政治局常务委员会定期研究部署在全党开展学习教育,以整风精神查找问题、纠正偏差;听取和审议全党落实中央八项规定精神情况汇报,加强作风建设情况监督检查;听取中央纪律检查委员会常务委员会工作汇报;听取中央巡视情况汇报,在一届任期内实现中央巡视全覆盖。中央政治局每年召开民主生活会,进行对照检查和党性分析,研究加强自身建设措施。

3. 中央委员会成员必须严格遵守党的政治纪律和政治规矩,发现其他成员有违反党章、破坏党的纪律、危害党的团结统一的行为应当坚决抵制,并及时向党中央报告。对中央政治局委员的意见,署真实姓名以书面形式或者其他形式向中央政治局常务委员会或者中央纪律检查委员会常务委员会反映。

4. 中央政治局委员应当加强对直接分管部门、地方、领域党组织和领导班子成员的监督,定期同有关地方和部门主要负责人就其履行全面从严治党责任、廉洁自律等情况进行谈话。

5. 中央政治局委员应当严格执行中央八项规定,自觉参加双重组织生活,如实向党中央报告个人重要事项。带头树立良好家风,加强对亲属和身边工作人员的教育和约束,严格要求配偶、子女及其配偶不得违规经商办企业,不得违规任职、兼职取酬。

依据:2016 年《中国共产党党内监督条例》第 10 - 14 条。

287 党的各级纪律检查委员会承担的任务

党的各级纪律检查委员会是党内监督的专责机关,履行监督执纪问责职责,加强对所辖范围内党组织和领导干部遵守党章党规党纪、贯彻执行党的路线方针政策情况的监督检查,承担下列具体任务:

(1)加强对同级党委特别是常委会委员、党的工作部门和直接领导的党组织、党的领导干部履行职责、行使权力情况的监督;

(2)落实纪律检查工作双重领导体制,执纪审查工作以上级纪委领导为主,线索处置和执纪审查情况在向同级党委报告的同时向上级纪委报告,各级纪委书记、副书记的提名和考察以上级纪委会同组织部门为主;

(3)强化上级纪委对下级纪委的领导,纪委发现同级党委主要领导干部的问题,可以直接向上级纪委报告;下级纪委至少每半年向上级纪委报告一次工作,每年向上级纪委进行述职。

依据:2016 年《中国共产党党内监督条例》第 26 条。

288 党的基层组织的监督职责

党的基层组织应当发挥战斗堡垒作用,履行下列监督职责:

(1)严格党的组织生活,开展批评和自我批评,监督党员切实履行义务,保障党员权利不受侵犯;

(2)了解党员、群众对党的工作和党的领导干部的批评和意见,定期向上级党组织反映情况，提出意见和建议；

(3)维护和执行党的纪律，发现党员、干部违反纪律问题及时教育或者处理，问题严重的应当向上级党组织报告。

依据：2016年《中国共产党党内监督条例》第35条。

289 党员的监督义务

党员应当本着对党和人民事业高度负责的态度，积极行使党员权利，履行下列监督义务：

(1)加强对党的领导干部的民主监督，及时向党组织反映群众意见和诉求；

(2)在党的会议上有根据地批评党的任何组织和任何党员，揭露和纠正工作中存在的缺点和问题；

(3)参加党组织开展的评议领导干部活动，勇于触及矛盾问题、指出缺点错误，对错误言行敢于较真、敢于斗争；

(4)向党负责地揭发、检举党的任何组织和任何党员违纪违法的事实，坚决反对一切派别活动和小集团活动，同腐败现象作坚决斗争。

依据：2016年《中国共产党党内监督条例》第36条。

290 开展巡视工作的党组织的主要职责

开展巡视工作的党组织应当把巡视作为推进全面从严治党、履行全面监督职责的重要抓手，承担巡视工作的主体责任。主要职责是：

(1)贯彻落实党中央关于巡视工作的决策部署和习近平总书记关于巡视工作的重要指示要求；

(2)研究部署巡视工作的重大事项，按照权限制定巡视工作党内法规和规范性文件；

(3)审定巡视工作规划、年度计划和阶段任务安排,统筹谋划推进巡视全覆盖,定期听取巡视工作汇报;

(4)统筹加强巡视整改和成果运用;

(5)统筹构建巡视巡察上下联动工作格局;

(6)发挥巡视综合监督平台作用,推动巡视监督与其他监督贯通协调;

(7)统筹加强巡视机构和干部队伍建设;

(8)研究决定巡视工作其他重要事项。

党组织主要负责人承担巡视工作第一责任人责任。

依据:2024 年《中国共产党巡视工作条例》第 7 条。

291 中央巡视的对象

1. 省、自治区、直辖市党委及其领导班子,省、自治区、直辖市人大常委会、政府、政协党组,省、自治区、直辖市高级人民法院、人民检察院党组主要负责人,副省级城市党委和人大常委会、政府、政协党组主要负责人。

2. 中央部委领导班子,中央国家机关部门、人民团体党组(党委)。

3. 中管金融企业、中管企业、中管高校以及其他中管单位党委(党组)。

4. 党中央要求巡视的其他党组织。

依据:2024 年《中国共产党巡视工作条例》第 16 条。

292 省、自治区、直辖市党委巡视的对象

1. 市(地、州、盟)、县(市、区、旗)党委及其领导班子,市(地、州、盟)、县(市、区、旗)人大常委会、政府、政协党组,市(地、州、盟)中级人

民法院、人民检察院和县(市、区、旗)人民法院、人民检察院党组主要负责人。

2.省、自治区、直辖市党委工作部门领导班子,省一级国家机关部门、人民团体党组(党委)。

3.省、自治区、直辖市管理的国有企业、事业单位党委(党组)。

4.省、自治区、直辖市党委要求巡视的其他党组织。

依据:2024 年《中国共产党巡视工作条例》第 17 条。

293 巡视组了解情况的方式

巡视组采取下列方式了解情况:

(1)听取被巡视党组织的工作汇报和有关机关、部门的专题汇报;

(2)与被巡视党组织领导班子成员和其他干部群众进行个别谈话;

(3)受理反映被巡视党组织领导班子及其成员和下一级党组织领导班子主要负责人问题的来信、来电、来访等;

(4)抽查核实领导干部报告个人有关事项的情况;

(5)向有关知情人询问情况;

(6)调阅、复制有关文件、档案、会议记录等资料;

(7)召开座谈会;

(8)列席有关会议;

(9)进行民主测评、问卷调查;

(10)下沉调研了解情况;

(11)开展专项检查;

(12)提请有关单位予以协助;

(13)开展巡视工作的党组织批准的其他方式。

依据:2024 年《中国共产党巡视工作条例》第 23 条。

294 被巡视党组织集中整改

被巡视党组织应当自收到巡视反馈意见之日起，组织开展为期六个月的集中整改：

(1)研究制定巡视整改方案，建立问题清单、任务清单、责任清单，明确责任人、整改措施和时限；

(2)召开领导班子巡视整改专题民主生活会；

(3)全面抓好巡视反馈问题的整改落实；

(4)认真处置巡视移交的问题线索以及群众反映的信访事项；

(5)对巡视反馈的问题举一反三，健全制度、补齐短板、堵塞漏洞；

(6)向开展巡视工作的党组织的同级纪检监察机关、组织部门、巡视工作领导小组办公室报送集中整改进展情况报告。

集中整改结束后，被巡视党组织应当建立常态化、长效化整改工作机制，对尚未解决的问题持续抓好整改落实，根据工作实际适时报告后续整改情况。

依据：2024 年《中国共产党巡视工作条例》第 34 条。

295 巡视工作人员违反巡视工作纪律的情形及处理

巡视工作人员有下列情形之一的，视情节轻重，依据有关规定给予批评教育、责令检查、诫勉、组织处理或者党纪、政务处分；构成犯罪的，依法追究刑事责任：

(1)对应当发现的重要问题没有发现；

(2)不如实报告巡视情况，隐瞒、歪曲、捏造事实；

(3)私自留存巡视工作资料，泄露与巡视工作有关的国家秘密、工作秘密、商业秘密和个人隐私等未公开信息；

(4)工作中超越权限，造成不良后果；

(5)利用巡视工作的便利谋取私利或者为他人谋取不正当利益;

(6)违反巡视工作纪律的其他行为。

依据:2024年《中国共产党巡视工作条例》第45条。

296 被巡视党组织及其工作人员不配合或者干扰巡视工作的情形及处理

被巡视党组织及其工作人员有下列情形之一的,视情节轻重,依据有关规定对该党组织领导班子主要负责人或者其他有关责任人员,给予批评教育、责令检查、诫勉、组织处理或者党纪、政务处分;构成犯罪的,依法追究刑事责任:

(1)隐瞒不报或者故意向巡视组提供虚假情况;

(2)拒绝或者不按照要求向巡视组提供有关文件资料;

(3)指使、强令有关单位或者人员干扰、阻挠巡视工作,或者诬告、陷害他人;

(4)组织领导巡视整改不力,落实巡视整改要求不到位,敷衍应付、虚假整改;

(5)对反映问题的干部群众进行威胁、打击、报复、陷害;

(6)其他不配合或者干扰巡视工作的情形。

依据:2024年《中国共产党巡视工作条例》第46条。

297 重大事项、请示和报告

重大事项,是指超出党组织和党员、领导干部自身职权范围,或者虽在自身职权范围内但关乎全局、影响广泛的重要事情和重要情况,包括党组织贯彻执行党中央决策部署和上级党组织决定、领导经济社会发展事务、落实全面从严治党责任,党员履行义务、行使权利,领导干部行使权力、担负责任的重要事情和重要情况。

请示，是指下级党组织向上级党组织，党员、领导干部向党组织就重大事项请求指示或者批准。

报告，是指下级党组织向上级党组织，党员、领导干部向党组织呈报重要事情和重要情况。

依据：2019 年《中国共产党重大事项请示报告条例》第 3 条。

298 党组织请示报告主体

1. 党组织请示报告工作一般应当以组织名义进行，向负有领导或者监督指导职责的上级党组织请示报告。特殊情况下，可以根据工作需要以党组织负责同志名义代表党组织请示报告。

请示报告应当逐级进行，一般不得越级请示报告。特殊情况下，可以按照有关规定直接向更高层级党组织请示报告。

2. 接受双重领导的单位党组织，应当根据事项性质和内容向负有主要领导职责的上级党组织请示报告，同时抄送另一个上级党组织。特殊情况下，可以不抄送另一个上级党组织。

3. 接受归口领导、管理的单位党组织，必须服从批准其设立的党组织的领导，向其请示报告工作，并按照有关规定向归口领导、管理单位党组织请示报告。

4. 接受归口指导、协调或者监督的单位党组织，向上级党组织请示报告一般应当抄送负有指导、协调或者监督职责的单位党组织。

负有指导、协调或者监督职责的单位党组织应当统筹所负责区域、领域、行业、系统内各单位党组织的请示报告工作，归口统一向上级党组织请示报告总体情况、牵头事项完成情况等。

5. 涉及跨区域、跨领域、跨行业、跨系统的重大事项，应当由有关党组织向共同上级党组织联合请示报告。联合请示报告应当明确牵头党组织。

党政机关联合请示报告的，一般应当将上级党政机关同时列为请示报告对象。

6. 根据党内法规制度规定，党的决策议事协调机构和党的工作机关可以在其职权范围内接受下级党组织的请示报告并作出处理。

党组织主要负责同志可以就全面工作或者某些方面工作接受下级党组织请示报告；有关负责同志可以就分管领域工作接受下级党组织请示报告，也可以受党组织或者党组织主要负责同志委托，就全面工作接受下级党组织请示报告。

依据：2019 年《中国共产党重大事项请示报告条例》第 6－11 条。

299 向党中央请示报告的事项

涉及党和国家工作全局的重大方针政策，经济、政治、文化、社会、生态文明建设和党的建设中的重大原则和问题，国家安全、港澳台侨、外交、国防、军队等党中央集中统一管理的事项，以及其他只能由党中央领导和决策的重大事项，必须向党中央请示报告。

依据：2019 年《中国共产党重大事项请示报告条例》第 12 条。

300 党组织向上级党组织请示的事项

党组织应当向上级党组织请示下列事项：

（1）贯彻落实党中央决策部署和上级党组织决定中的重要情况和问题，需要作出调整的政策措施，需要支持解决的特殊困难；

（2）重大改革措施、重大立法事项、重大体制变动、重大项目推进、重大突发事件、重大机构调整、重要干部任免、重要表彰奖励、重大违纪违法和复杂敏感案件处理等；

（3）明确规定需要请示的重要会议、重要活动、重要文件等；

(4)重大活动、重要政策的宣传报道口径,新闻宣传和意识形态工作中的全局性问题和不易把握的问题;

(5)出台重大创新举措,特别是遇到新情况新问题且无明文规定、需要先行先试,或者创新举措可能与现行规定相冲突、需经授权才能实施的情况;

(6)属于自身职权范围内但事关重大或者特殊敏感的事项;

(7)重大决策时存在较大意见分歧的情况;

(8)跨区域、跨领域、跨行业、跨系统工作中需要上级党组织统筹推进的重大事项;

(9)调整上级党组织文件、会议精神的传达知悉范围,使用上级党组织负责同志未公开的讲话、音像资料等;

(10)其他应当请示的重大事项。

下列事项不必向上级党组织请示:属于自身职权范围内的日常工作;上级党组织就有关问题已经作出明确批复的;事后报告即可的事项等。

依据:2019年《中国共产党重大事项请示报告条例》第13条。

301 党组织向上级党组织报告的事项

党组织应当向上级党组织报告下列事项:

(1)学习贯彻习近平新时代中国特色社会主义思想,统筹推进"五位一体"总体布局和协调推进"四个全面"战略布局的重要情况;

(2)党中央以及上级党组织重要会议、重要文件、重大决策部署贯彻落实情况,习近平总书记重要指示批示贯彻落实情况,上级党组织负责同志交办事项的研究办理情况;

(3)加强党的建设,履行全面从严治党责任,包括集中学习教育活动、意识形态工作、党组织设置及隶属关系调整、民主生活会、党风廉政建设、落实中央八项规定精神、党员干部直接联系群众、巡视巡察整改、发现重大违纪违法问题等情况；

(4)全面工作总结和计划；

(5)重大专项工作开展情况；

(6)重大敏感事件、突发事件和群体性事件应对处置情况；

(7)经济社会发展中出现的重要情况和重大舆情；

(8)本地区、本部门、本单位工作中具有在更大范围推广价值的经验做法和意见建议；

(9)其他应当报告的重大事项。

下列事项不必向上级党组织报告：具体事务性工作；没有实质性内容的表态和情况反映等。

依据：2019 年《中国共产党重大事项请示报告条例》第 14 条。

302 党组织向上级党组织报备的事项

党组织应当按照有关规定向上级党组织报备下列事项：

(1)党内法规和规范性文件；

(2)领导班子成员分工；

(3)有关干部任免；

(4)党委委员、候补委员职务的辞去、免去或者自动终止；

(5)其他应当报备的重大事项。

依据：2019 年《中国共产党重大事项请示报告条例》第 15 条。

303 党员向党组织请示报告的事项

党员应当向党组织请示下列事项：

(1)从事党组织所分配的工作中的重要问题；

(2)代表党组织发表主张或者作出决定；

(3)按照规定需要请示的涉外工作交往活动;

(4)转移党的组织关系;

(5)其他应当向党组织请示的事项。

党员应当向党组织报告下列事项:

(1)贯彻执行党组织决议以及完成党组织交办工作任务情况;

(2)对党的工作和领导干部的意见建议;

(3)发现党员、领导干部违纪违法线索情况;

(4)流动外出情况;

(5)其他应当向党组织报告的事项。

依据:2019 年《中国共产党重大事项请示报告条例》第 35、36 条。

304 领导干部向党组织请示报告的事项

领导干部应当向党组织请示下列事项:

(1)超出自身职权范围,应当由所在党组织或者上级党组织作出决定的重大事项;

(2)属于自身职权范围但事关重大的问题和情况;

(3)代表党组织对外发表重要意见;

(4)因故无法履职或者离开工作所在地;

(5)其他应当向党组织请示的事项。

领导干部应当向党组织报告下列事项:

(1)学习贯彻习近平新时代中国特色社会主义思想,贯彻落实党中央决策部署和党组织决定中的重要情况和问题;

(2)遵守政治纪律和政治规矩,坚决维护习近平总书记党中央的核心、全党的核心地位,坚决维护党中央权威和集中统一领导情况;

(3)坚持民主集中制,发扬党内民主,正确行使权力,参与集体领导情况;

(4)参加领导班子民主生活会和所在党支部(党小组)组织生活会

情况；

（5）履行管党治党责任，加强党风廉政建设和反腐败工作以及遵守廉洁纪律情况；

（6）重大决策失误或者应对突发事件处置失当，纪检监察、巡视巡察和审计中发现重要问题，以及违纪违法情况；

（7）可能影响正常履职的重大疾病等情况；

（8）其他应当向党组织报告的事项。

党员、领导干部按照规定采用口头、书面方式进行请示报告。党组织应当及时办理党员、领导干部的请示事项，必要时可以对报告事项作出研究处理。

依据：2019年《中国共产党重大事项请示报告条例》第37－39条。

305 实行重大事项请示报告责任追究制度被追究责任的情形

实行重大事项请示报告责任追究制度，有下列情形之一的，应当依规依纪追究有关党组织和党员、领导干部以及工作人员的责任；涉嫌违法犯罪的，按照有关法律规定处理：

（1）违反政治纪律和政治规矩，擅自决定应当由党中央决定的重大事项，损害党中央权威和集中统一领导的；

（2）履行领导责任不到位，对重大事项请示报告不重视不部署，工作开展不力的；

（3）违反组织原则，该请示不请示，该报告不报告的；

（4）缺乏责任担当，推诿塞责、上交矛盾、消极作为的；

（5）搞形式主义、官僚主义，请示报告内容不实、信息不准，造成严重后果的；

(6)违反工作要求,不按规定程序和方式请示报告,造成严重后果的;

(7)其他应当追究责任的情形。

依据:2019 年《中国共产党重大事项请示报告条例》第 44 条。

306 监督执纪工作领导体制

1. 中央纪律检查委员会在党中央领导下进行工作。地方各级纪律检查委员会和基层纪律检查委员会在同级党的委员会和上级纪律检查委员会双重领导下进行工作。

党委应当定期听取、审议同级纪律检查委员会和监察委员会的工作报告,加强对纪委监委工作的领导、管理和监督。

2. 党的纪律检查机关和国家监察机关是党和国家自我监督的专责机关,中央纪委和地方各级纪委贯彻党中央关于国家监察工作的决策部署,审议决定监委依法履职中的重要事项,把执纪和执法贯通起来,实现党内监督和国家监察的有机统一。

依据:2018 年《中国共产党纪律检查机关监督执纪工作规则》第 5、6 条。

307 监督执纪工作分级负责制

监督执纪工作实行分级负责制:

(1)中央纪委国家监委负责监督检查和审查调查中央委员、候补中央委员,中央纪委委员,中央管理的领导干部,党中央工作部门、党中央批准设立的党组(党委),各省、自治区、直辖市党委、纪委等党组织的涉嫌违纪或者职务违法、职务犯罪问题。

(2)地方各级纪委监委负责监督检查和审查调查同级党委委员、候补委员,同级纪委委员,同级党委管理的党员、干部以及监察对象,同级党委工作部门、党委批准设立的党组(党委),下一级党委、纪委等党组织的涉嫌违纪或者职务违法、职务犯罪问题。

(3)基层纪委负责监督检查和审查同级党委管理的党员,同级党委下属的各级党组织的涉嫌违纪问题;未设立纪律检查委员会的党的基层委员会,由该委员会负责监督执纪工作。

地方各级纪委监委依照规定加强对同级党委履行职责、行使权力情况的监督。

依据:2018 年《中国共产党纪律检查机关监督执纪工作规则》第 7 条。

308 纪检监察机关应当严格执行请示报告制度

纪检监察机关应当严格执行请示报告制度。中央纪委定期向党中央报告工作,研究涉及全局的重大事项、遇有重要问题以及作出立案审查调查决定、给予党纪政务处分等事项应当及时向党中央请示报告,既要报告结果也要报告过程。执行党中央重要决定的情况应当专题报告。

地方各级纪检监察机关对作出立案审查调查决定、给予党纪政务处分等重要事项,应当向同级党委请示汇报并向上级纪委监委报告,形成明确意见后再正式行文请示。遇有重要事项应当及时报告。

纪检监察机关应当坚持民主集中制,对于线索处置、谈话函询、初步核实、立案审查调查、案件审理、处置执行中的重要问题,经集体研究后,报纪检监察机关相关负责人、主要负责人审批。

依据:2018 年《中国共产党纪律检查机关监督执纪工作规则》第 10 条。

309 纪检监察机关建立健全党员领导干部廉政档案

纪检监察机关应当建立健全党员领导干部廉政档案，主要内容包括：

(1)任免情况、人事档案情况、因不如实报告个人有关事项受到处理的情况等；

(2)巡视巡察、信访、案件监督管理以及其他方面移交的问题线索和处置情况；

(3)开展谈话函询、初步核实、审查调查以及其他工作形成的有关材料；

(4)党风廉政意见回复材料；

(5)其他反映廉政情况的材料。

廉政档案应当动态更新。

依据：2018 年《中国共产党纪律检查机关监督执纪工作规则》第 17 条。

310 对监察机关的监督

1. 各级监察委员会应当接受本级人民代表大会及其常务委员会的监督。

各级人民代表大会常务委员会听取和审议本级监察委员会的专项工作报告，组织执法检查。

县级以上各级人民代表大会及其常务委员会举行会议时，人民代表大会代表或者常务委员会组成人员可以依照法律规定的程序，就监察工作中的有关问题提出询问或者质询。

2. 监察机关应当依法公开监察工作信息，接受民主监督、社会监督、舆论监督。

3. 监察机关根据工作需要,可以从各方面代表中聘请特约监察员。特约监察员按照规定对监察机关及其工作人员履行职责情况实行监督。

4. 监察机关通过设立内部专门的监督机构等方式,加强对监察人员执行职务和遵守法律情况的监督,建设忠诚、干净、担当的监察队伍。

依据:2024 年《中华人民共和国监察法》第 60 – 63 条。

311 对监察人员的监督

1. 监察人员必须模范遵守宪法和法律,忠于职守、秉公执法,清正廉洁、保守秘密;必须具有良好的政治素质,熟悉监察业务,具备运用法律、法规、政策和调查取证等能力,自觉接受监督。

2. 对于监察人员打听案情、过问案件、说情干预的,办理监察事项的监察人员应当及时报告。有关情况应当登记备案。

发现办理监察事项的监察人员未经批准接触被调查人、涉案人员及其特定关系人,或者存在交往情形的,知情人应当及时报告。有关情况应当登记备案。

3. 监察机关涉密人员离岗离职后,应当遵守脱密期管理规定,严格履行保密义务,不得泄露相关秘密。

监察人员辞职、退休三年内,不得从事与监察和司法工作相关联且可能发生利益冲突的职业。

4. 对调查工作结束后发现立案依据不充分或者失实,案件处置出现重大失误,监察人员严重违法的,应当追究负有责任的领导人员和直接责任人员的责任。

依据:2024 年《中华人民共和国监察法》第 65、66、68、70 条。

312 被调查人及其近亲属、利害关系人向监察机关申诉的情形

监察机关及其工作人员有下列行为之一的，被调查人及其近亲属、利害关系人有权向该机关申诉：

(1)采取强制到案、责令候查、管护、留置或者禁闭措施法定期限届满，不予以解除或者变更的；

(2)查封、扣押、冻结与案件无关或者明显超出涉案范围的财物的；

(3)应当解除查封、扣押、冻结措施而不解除的；

(4)贪污、挪用、私分、调换或者违反规定使用查封、扣押、冻结的财物的；

(5)利用职权非法干扰企业生产经营或者侵害企业经营者人身权利、财产权利和其他合法权益的；

(6)其他违反法律法规、侵害被调查人合法权益的行为。

受理申诉的监察机关应当在受理申诉之日起一个月内作出处理决定。申诉人对处理决定不服的，可以在收到处理决定之日起一个月内向上一级监察机关申请复查，上一级监察机关应当在收到复查申请之日起二个月内作出处理决定，情况属实的，及时予以纠正。

依据：2024 年《中华人民共和国监察法》第 69 条。

313 监察机关根据结果依法作出处置

监察机关根据监督、调查结果，依法作出如下处置：

(1)对有职务违法行为但情节较轻的公职人员，按照管理权限，直接或者委托有关机关、人员，进行谈话提醒、批评教育、责令检查，或者予以诫勉；

(2)对违法的公职人员依照法定程序作出警告、记过、记大过、降级、

撤职、开除等政务处分决定；

(3)对不履行或者不正确履行职责负有责任的领导人员，按照管理权限对其直接作出问责决定，或者向有权作出问责决定的机关提出问责建议；

(4)对涉嫌职务犯罪的，监察机关经调查认为犯罪事实清楚，证据确实、充分的，制作起诉意见书，连同案卷材料、证据一并移送人民检察院依法审查、提起公诉；

(5)对监察对象所在单位廉政建设和履行职责存在的问题等提出监察建议。

监察机关经调查，对没有证据证明被调查人存在违法犯罪行为的，应当撤销案件，并通知被调查人所在单位。

依据：2024年《中华人民共和国监察法》第52条。

314 有关人员所在单位、主管部门、上级机关或者监察机关责令改正的情形

有关人员违反《中华人民共和国监察法》规定，有下列行为之一的，由其所在单位、主管部门、上级机关或者监察机关责令改正，依法给予处理：

(1)不按要求提供有关材料，拒绝、阻碍调查措施实施等拒不配合监察机关调查的；

(2)提供虚假情况，掩盖事实真相的；

(3)串供或者伪造、隐匿、毁灭证据的；

(4)阻止他人揭发检举、提供证据的；

(5)其他违反《中华人民共和国监察法》规定的行为，情节严重的。

依据：2024年《中华人民共和国监察法》第72条。

315 对监察机关负有责任的领导人员和直接责任人员滥用职权、玩忽职守、徇私舞弊的行为依法给予处理的情形

监察机关及其工作人员有下列行为之一的，对负有责任的领导人员和直接责任人员依法给予处理：

（1）未经批准、授权处置问题线索，发现重大案情隐瞒不报，或者私自留存、处理涉案材料的；

（2）利用职权或者职务上的影响干预调查工作、以案谋私的；

（3）违法窃取、泄露调查工作信息，或者泄露举报事项、举报受理情况以及举报人信息的；

（4）对被调查人或者涉案人员逼供、诱供，或者侮辱、打骂、虐待、体罚或者变相体罚的；

（5）违反规定处置查封、扣押、冻结的财物的；

（6）违反规定发生办案安全事故，或者发生安全事故后隐瞒不报、报告失实、处置不当的；

（7）违反规定采取强制到案、责令候查、管护、留置或者禁闭措施，或者法定期限届满，不予以解除或者变更的；

（8）违反规定采取技术调查、限制出境措施，或者不按规定解除技术调查、限制出境措施的；

（9）利用职权非法干扰企业生产经营或者侵害企业经营者人身权利、财产权利和其他合法权益的；

（10）其他滥用职权、玩忽职守、徇私舞弊的行为。

依据：2024 年《中华人民共和国监察法》第 74 条。

316 各级监察机关公开监察工作信息的内容

各级监察机关应当通过互联网政务媒体、报刊、广播、电视等途径，向社会及时准确公开下列监察工作信息：

(1)监察法规；

(2)依法应当向社会公开的案件调查信息；

(3)检举控告地址、电话、网站等信息；

(4)其他依法应当公开的信息。

依据：2025年《中华人民共和国监察法实施条例》第286条。

317 监察机关建立相关部门相互协调制约的工作机制

监察机关应当建立信访举报、监督检查、调查、案件监督管理、案件审理等部门相互协调制约的工作机制。

监督检查和调查部门实行分工协作、相互制约。监督检查部门主要负责联系地区、部门、单位的日常监督检查和对涉嫌一般违法问题线索处置。调查部门主要负责对涉嫌严重职务违法和职务犯罪问题线索进行初步核实和立案调查。

案件监督管理部门负责对监督检查、调查工作全过程进行监督管理，做好线索管理、组织协调、监督检查、督促办理、统计分析等工作。案件监督管理部门发现监察人员在监督检查、调查中有违规办案行为的，及时督促整改；涉嫌违纪违法的，根据管理权限移交相关部门处理。

依据：2025年《中华人民共和国监察法实施条例》第289条。

（二）信 访 举 报

318 任何组织和个人有权向纪检监察机关提出检举控告的行为

任何组织和个人对以下行为，有权向纪检监察机关提出检举控告：

(1)党组织、党员违反政治纪律、组织纪律、廉洁纪律、群众纪律、工作纪律、生活纪律等党的纪律行为；

(2)监察对象不依法履职，违反秉公用权、廉洁从政从业以及道德操守等规定，涉嫌贪污贿赂、滥用职权、玩忽职守、权力寻租、利益输送、徇私舞弊以及浪费国家资财等职务违法、职务犯罪行为；

(3)其他依照规定应当由纪检监察机关处理的违纪违法行为。

依据：2020年《纪检监察机关处理检举控告工作规则》第4条。

319 纪检监察机关接收检举控告的方式

纪检监察机关应当接收检举控告人通过以下方式提出的检举控告：

(1)向纪检监察机关邮寄信件反映的；

(2)到纪检监察机关指定的接待场所当面反映的；

(3)拨打纪检监察机关检举控告电话反映的；

(4)向纪检监察机关的检举控告网站、微信公众平台、手机客户端等网络举报受理平台发送电子材料反映的；

(5)通过纪检监察机关设立的其他渠道反映的。

对其他机关、部门、单位转送的属于纪检监察机关受理范围的检举控告，应当按规定予以接收。

依据：2020年《纪检监察机关处理检举控告工作规则》第7条。

320 检举控告工作分级受理

检举控告工作按照管理权限实行分级受理：

(1)中央纪委国家监委受理反映中央委员、候补中央委员，中央纪委委员，中央管理的领导干部，党中央工作机关、党中央批准设立的党组(党委)，各省、自治区、直辖市党委、纪委等涉嫌违纪或者职务违法、职务犯罪问题的检举控告。

(2)地方各级纪委监委受理反映同级党委委员、候补委员,同级纪委委员,同级党委管理的党员、干部以及监察对象,同级党委工作机关、党委批准设立的党组(党委),下一级党委、纪委等涉嫌违纪或者职务违法、职务犯罪问题的检举控告。

(3)基层纪委受理反映同级党委管理的党员,同级党委下属的各级党组织涉嫌违纪问题的检举控告;未设立纪律检查委员会的党的基层委员会,由该委员会受理检举控告。

各级纪委监委按照管理权限受理反映本机关干部涉嫌违纪或者职务违法、职务犯罪问题的检举控告。

依据:2020年《纪检监察机关处理检举控告工作规则》第11条。

321 纪检监察机关不予受理的事项

纪检监察机关对反映的以下事项,不予受理:

(1)已经或者依法应当通过诉讼、仲裁、行政裁决、行政复议等途径解决的;

(2)依照有关规定,属于其他机关或者单位职责范围的;

(3)仅列举出违纪或者职务违法、职务犯罪行为名称但无实质内容的。

对前述(1)、(2)所列事项,通过来信反映的,应当及时转有关机关或者单位处理;通过来访、来电、网络举报受理平台等方式反映的,应当告知检举控告人依规依法向有权处理的机关或者单位反映。

依据:2020年《纪检监察机关处理检举控告工作规则》第13条。

322 对交办的检举控告,纪检监察机关可以督办的情形

对交办的检举控告,有以下情形之一,经交办机关分管领导批准,可

以采取发函、听取汇报、审阅案卷、检查督促等方式督办：

(1)超过期限仍未办结的；

(2)组织不力、核查处理不认真，或者推诿敷衍的；

(3)需要补充核查、重新研究处理意见或者补报有关材料的；

(4)其他需要督办的情形。

依据：2020 年《纪检监察机关处理检举控告工作规则》第 22 条。

323 实名检举控告和匿名检举控告

检举控告人使用本人真实姓名或者本单位名称，有电话等具体联系方式的，属于实名检举控告。监察机关对实名检举控告应当优先办理、优先处置，依法给予答复。虽有署名但不是检举控告人真实姓名（单位名称）或者无法验证的检举控告，按照匿名检举控告处理。

信访举报部门对属于本机关受理的实名检举控告，应当在收到检举控告之日起十五个工作日以内按规定告知实名检举控告人受理情况，并做好记录。

调查人员应当将实名检举控告的处理结果在办结之日起十五个工作日以内向检举控告人反馈，并记录反馈情况。对检举控告人提出异议的应当如实记录，并向其进行说明；对提供新证据材料的，应当依法核查处理。

依据：2025 年《中华人民共和国监察法实施条例》第 209 条。

324 检举控告人享有的权利

检举控告人享有以下权利：

(1)对党组织和党员、干部以及监察对象涉嫌违纪违法的行为提出检举控告；

(2)申请与检举控告事项相关的工作人员回避;

(3)对受理机关以及处理检举控告工作人员的失职渎职等违纪违法行为提出检举控告;

(4)因检举控告致其合法权利受到威胁或者侵害的,可以提出保护申请;

(5)检举控告严重违纪违法问题,经查证属实的,按规定获得表扬或者奖励;

(6)党内法规和法律法规规定的其他权利。

依据:2020年《纪检监察机关处理检举控告工作规则》第35条。

325 检举控告人应当履行的义务

检举控告人应当履行以下义务:

(1)如实提供所掌握的全部情况和证据,对检举控告内容的真实性负责,不得夸大、歪曲事实,不得诬告陷害他人;

(2)自觉维护社会公共秩序和信访秩序,不得损害党、国家和人民的利益以及公民个人的合法权利;

(3)接受党组织、单位的正确处理意见,不得提出党内法规和法律法规规定以外的要求;

(4)对反馈的处理结果等情况予以保密;

(5)党内法规和法律法规规定的其他义务。

依据:2020年《纪检监察机关处理检举控告工作规则》第36条。

326 被检举控告人应当履行的义务

1. 正确对待检举控告,有则改之、无则加勉,习惯在受监督和约束的环境中工作生活;

2. 相信组织、依靠组织,配合做好了解核实工作,实事求是说明问题,不得对抗审查调查;

3. 尊重检举控告人和处理检举控告工作人员,不得进行打击报复;

4. 党内法规和法律法规规定的其他义务。

依据:2020 年《纪检监察机关处理检举控告工作规则》第 37 条。

327 被检举控告人享有的权利

1. 对被检举控告的问题作出说明、辩解;

2. 基层党组织讨论决定对自身处理、处分时,可以参加和进行申辩;

3. 申请反馈核查处理结论;

4. 对所受处理、处分不服的,可以申诉或者申请复审;

5. 对受理机关以及处理检举控告工作人员的失职渎职等违纪违法行为提出检举控告;

6. 党内法规和法律法规规定的其他权利。

依据:2020 年《纪检监察机关处理检举控告工作规则》第 38 条。

328 诬告陷害

采取捏造事实、伪造材料等方式反映问题,意图使他人受到不良政治影响、名誉损失或者责任追究的,属于诬告陷害。认定诬告陷害,应当经设区的市级以上党委或者纪检监察机关批准。

诬告陷害具有以下情形之一,应当从重处理:

(1)手段恶劣,造成不良影响的;

(2)严重干扰换届选举或者干部选拔任用工作的;

(3)经调查已有明确结论,仍诬告陷害他人的;

(4)强迫、唆使他人诬告陷害的;

(5)其他造成严重后果的。

依据:2020 年《纪检监察机关处理检举控告工作规则》第 39、41 条。

329 纪检监察机关如何落实保密要求

纪检监察机关应当建立健全检举控告保密制度,严格落实保密要求:

(1)对检举控告人的姓名(单位名称)、工作单位、住址等有关情况以及检举控告内容必须严格保密;

(2)严禁将检举控告材料、检举控告人信息转给或者告知被检举控告的组织、人员;

(3)受理检举控告或者开展核查工作,应当在不暴露检举控告人身份的情况下进行;

(4)宣传报道检举控告有功人员,涉及公开其姓名、单位等个人信息的,应当征得本人同意。

依据:2020 年《纪检监察机关处理检举控告工作规则》第 47 条。

330 处理检举控告工作人员应当回避的情形

处理检举控告工作人员有以下情形之一,应当主动提出回避,当事人有权要求其回避,回避决定由纪检监察机关作出:

(1)本人是被检举控告人或者其近亲属的;

(2)本人或者近亲属与被检举控告问题有利害关系的;

(3)其他可能影响检举控告问题公正处理的情形。

依据:2020 年《纪检监察机关处理检举控告工作规则》第 48 条。

331 党的各级纪律检查委员会畅通信访举报渠道和对信访举报情况的处理

党的各级纪律检查委员会应当畅通信访举报渠道，依规依纪受理党员群众的信访举报，健全分办、交办、督办、反馈等工作机制。

对信访举报情况应当定期分析研判，对反映的典型性、普遍性、苗头性问题提出有针对性的工作建议，形成综合分析或者专题分析材料，向同级党委、上级纪委报告或者向有关党组织通报。

对于信访举报反映、监督执纪中发现以及巡视巡察机构和其他单位移交的问题线索，应当实行集中管理，采取谈话函询、初步核实、暂存待查、予以了结等方式分类处置，做到件件有着落。

依据：2021 年《中国共产党纪律检查委员会工作条例》第 35 条。

332 纪检监察机关对信访举报事项的处理

纪检监察机关应当加强对问题线索的集中管理、分类处置、定期清理。信访举报部门归口受理同级党委管理的党组织和党员、干部以及监察对象涉嫌违纪或者职务违法、职务犯罪问题的信访举报，统一接收有关纪检监察机关、派驻或者派出机构以及其他单位移交的相关信访举报，移送本机关有关部门，深入分析信访形势，及时反映损害群众最关心、最直接、最现实的利益问题。

依据：2018 年《中国共产党纪律检查机关监督执纪工作规则》第 20 条。

333 纪检监察机关信访举报部门可以发函交办的检举控告的情形

纪检监察机关信访举报部门对属于下级纪检监察机关受理的检举控告，有以下情形之一，经本机关分管领导批准，可以发函交办：

（1）在落实党中央决策部署中，存在明显违纪违法问题的；

（2）问题典型、群众反映强烈的；

（3）对检举控告问题久拖不办，造成不良影响的；

（4）其他需要交办的情形。

依据：2020年《纪检监察机关处理检举控告工作规则》第20条。

二、谈 话 函 询

334 各级党委(党组)和纪检监察机关及时开展谈话提醒、约谈函询

各级党委(党组)和纪检监察机关应当推动加强和规范党内政治生活,经常拿起批评和自我批评的武器,及时开展谈话提醒、约谈函询,促使党员、干部以及监察对象增强党的观念和纪律意识。

依据:2018 年《中国共产党纪律检查机关监督执纪工作规则》第 26 条。

335 监察机关对监察对象进行谈话

监察机关对涉嫌职务违法的监察对象,可以依法进行谈话,要求其如实说明情况或者作出陈述。

谈话应当个别进行。负责谈话的人员不得少于二人。

依据:2025 年《中华人民共和国监察法实施条例》第 77 条。

336 采用谈话方式处置问题线索

1. 对一般性问题线索的处置,可以采取谈话方式进行,对监察对象给予警示、批评、教育。谈话应当在监察机关谈话场所、具备安全保障条件的

工作地点等场所进行,明确告知谈话事项,注重谈清问题、取得教育效果。

2. 采取谈话方式处置问题线索的,经审批可以由监察人员或者委托被谈话人所在单位主要负责人等进行谈话。

监察机关谈话应当形成谈话笔录或者记录。谈话结束后,可以根据需要要求被谈话人在十五个工作日以内作出书面说明。被谈话人应当在书面说明每页签名,修改的地方也应当签名。

委托谈话的,受委托人应当在收到委托函后的十五个工作日以内进行谈话。谈话结束后及时形成谈话情况材料报送监察机关,必要时附被谈话人的书面说明。

3. 监察机关开展初步核实工作,一般不与被核查人接触;确有需要与被核查人谈话的,应当按规定报批。

依据:2025 年《中华人民共和国监察法实施条例》第 78 – 80 条。

337 谈话负责人

谈话应当由纪检监察机关相关负责人或者承办部门负责人进行,可以由被谈话人所在党委(党组)、纪委监委(纪检监察组、纪检监察工委)有关负责人陪同;经批准也可以委托被谈话人所在党委(党组)主要负责人进行。

谈话应当在具备安全保障条件的场所进行。由纪检监察机关谈话的,应当制作谈话笔录,谈话后可以视情况由被谈话人写出书面说明。

依据:2018 年《中国共产党纪律检查机关监督执纪工作规则》第 28 条。

338 监察机关与被调查人进行谈话

1. 监察机关对涉嫌职务违法的被调查人立案后,可以依法进行谈话。

与被调查人首次谈话时,应当出示《被调查人权利义务告知书》,由其签名、捺指印。被调查人拒绝签名、捺指印的,调查人员应当在文书上记明。对于被调查人未被限制人身自由的,应当在首次谈话时出具《谈话通知书》。

与涉嫌严重职务违法的被调查人进行谈话的,应当全程同步录音录像,并告知被调查人。告知情况应当在录音录像中予以反映,并在笔录中记明。

2. 立案后,与被责令候查人员或者未被限制人身自由的被调查人谈话的,应当在具备安全保障条件的场所进行。

调查人员按规定通知被调查人所在单位派员或者被调查人家属陪同被调查人到指定场所的,应当与陪同人员办理交接手续,填写《陪送交接单》。

3. 与被调查人进行谈话,应当合理安排时间、控制时长,保证其饮食和必要的休息时间。

依据:2025 年《中华人民共和国监察法实施条例》第 81、82、84 条。

339 与被留置的被调查人谈话的程序

调查人员与被强制到案人员、被管护人员、被留置人员或者被禁闭人员谈话的,按照法定程序在执行相关监察强制措施的场所进行。

与在押的犯罪嫌疑人、被告人谈话的,应当持以监察机关名义出具的介绍信、工作证件,商请有关案件主管机关依法协助办理。

与在看守所、监狱服刑的人员谈话的,应当持以监察机关名义出具的介绍信、工作证件办理。

依据:2025 年《中华人民共和国监察法实施条例》第 83 条。

340 谈话笔录

谈话笔录应当在谈话现场制作。笔录应当详细具体，如实反映谈话情况。笔录制作完成后，应当交给被调查人核对。被调查人没有阅读能力的，应当向其宣读。

笔录记载有遗漏或者差错的，应当补充或者更正，由被调查人在补充或者更正处捺指印。被调查人核对无误后，应当在笔录中逐页签名、捺指印。被调查人拒绝签名、捺指印的，调查人员应当在笔录中记明。调查人员也应当在笔录中签名。

依据：2025 年《中华人民共和国监察法实施条例》第 85 条。

341 被调查人的说明材料

被调查人请求自行书写说明材料的，应当准许。必要时，调查人员可以要求被调查人自行书写说明材料。

被调查人应当在说明材料上逐页签名、捺指印，在末页写明日期。对说明材料有修改的，在修改之处应当捺指印。说明材料应当由二名调查人员接收，在首页记明接收的日期并签名。

依据：2025 年《中华人民共和国监察法实施条例》第 86 条。

342 函询

函询应当以监察机关办公厅（室）名义发函给被反映人，并抄送其所在单位和派驻监察机构主要负责人。被函询人应当在收到函件后十五个工作日以内写出说明材料，由其所在单位主要负责人签署意见后发函回复。被函询人为所在单位主要负责人的，或者被函询人所作说明涉及所在单位主要负责人的，应当直接发函回复监察机关。

被函询人已经退休的，按照《中华人民共和国监察法实施条例》第二百零六条第二款规定程序办理。

监察机关根据工作需要，经审批可以对谈话、函询情况进行抽查核实。

依据：2025年《中华人民共和国监察法实施条例》第206条。

343 纪检监察机关采取谈话函询方式处置问题线索的流程

纪检监察机关采取谈话函询方式处置问题线索，应当起草谈话函询报批请示，拟订谈话方案和相关工作预案，按程序报批。需要谈话函询下一级党委（党组）主要负责人的，应当报纪检监察机关主要负责人批准，必要时向同级党委主要负责人报告。

依据：2018年《中国共产党纪律检查机关监督执纪工作规则》第27条。

344 承办部门在谈话结束或者收到函询回复后的处理方式

承办部门应当在谈话结束或者收到函询回复后一个月内写出情况报告和处置意见，按程序报批。根据不同情形作出相应处理：

（1）反映不实，或者没有证据证明存在问题的，予以采信了结，并向被函询人发函反馈。

（2）问题轻微，不需要追究纪律责任的，采取谈话提醒、批评教育、责令检查、诫勉谈话等方式处理。

（3）反映问题比较具体，但被反映人予以否认且否认理由不充分具体的，或者说明存在明显问题的，一般应当再次谈话或者函询；发现被反映人涉嫌违纪或者职务违法、职务犯罪问题需要追究纪律和法律责任的，应当提出初步核实的建议。

(4)对诬告陷害者,依规依纪依法予以查处。

必要时可以对被反映人谈话函询的说明情况进行抽查核实。

谈话函询材料应当存入廉政档案。

依据:2018 年《中国共产党纪律检查机关监督执纪工作规则》第 30 条。

345 被谈话函询的党员干部进行说明

被谈话函询的党员干部应当在民主生活会、组织生活会上就本年度或者上年度谈话函询问题进行说明,讲清组织予以采信了结的情况;存在违纪问题的,应当进行自我批评,作出检讨。

依据:2018 年《中国共产党纪律检查机关监督执纪工作规则》第 31 条。

三、审 查 调 查

(一)综　　合

346 监察机关对已经立案的案件依法进行调查、处理

监察机关对已经立案的职务违法或者职务犯罪案件应当依法进行调查,收集证据查明违法犯罪事实。

调查职务违法或者职务犯罪案件,对被调查人没有采取留置措施的,应当在立案后一年以内作出处理决定;对被调查人解除留置措施的,应当在解除留置措施后一年以内作出处理决定。案情重大、复杂的案件,经上一级监察机关批准,可以适当延长,但延长期限不得超过六个月。

被调查人在监察机关立案调查以后逃匿的,调查期限自被调查人到案之日起重新计算。

监察机关应当加强监督执法调查工作规范化建设,严格按规定对监察措施进行审批和监管,依照法定的范围、程序和期限采取相关措施,出具、送达法律文书。

依据:2025 年《中华人民共和国监察法实施条例》第 57、215 条。

347 监察机关依法进行调查、处置的情形

监察机关发现公职人员存在其他违法行为，具有下列情形之一的，可以依法进行调查、处置：

(1)超过行政违法追究时效，或者超过犯罪追诉时效、未追究刑事责任，但需要依法给予政务处分的；

(2)被追究行政法律责任，需要依法给予政务处分的；

(3)监察机关调查职务违法或者职务犯罪时，对被调查人实施的事实简单、清楚，需要依法给予政务处分的其他违法行为一并查核的。

监察机关发现公职人员成为监察对象前有前述规定的违法行为的，依照前述规定办理。

依据：2025 年《中华人民共和国监察法实施条例》第 27 条。

348 开展调查取证工作应当全程同步录音录像

开展讯问、搜查、查封、扣押以及重要的谈话、询问等调查取证工作，应当全程同步录音录像，并保持录音录像资料的完整性。

对谈话、讯问、询问进行同步录音录像的，谈话笔录、讯问笔录、询问笔录记载的起止时间应当与录音录像资料反映的起止时间一致。谈话笔录、讯问笔录、询问笔录内容应当与录音录像资料内容相符。

同步录音录像资料应当妥善保管、及时归档，留存备查。监察机关案件监督管理部门应当开展常态化检查。人民检察院、人民法院需要调取同步录音录像的，监察机关应当依法予以提供。

依据：2025 年《中华人民共和国监察法实施条例》第 60 条。

349 监督执纪工作线索处置

1. 纪检监察机关应当结合问题线索所涉及地区、部门、单位总体情况，综合分析，按照谈话函询、初步核实、暂存待查、予以了结4类方式进行处置。

线索处置不得拖延和积压，处置意见应当在收到问题线索之日起一个月内提出，并制定处置方案，履行审批手续。

2. 纪检监察机关对反映同级党委委员、候补委员，纪委常委、监委委员，以及所辖地区、部门、单位主要负责人的问题线索和线索处置情况，应当及时向上级纪检监察机关报告。

3. 案件监督管理部门对问题线索实行集中管理、动态更新、定期汇总核对，提出分办意见，报纪检监察机关主要负责人批准，按程序移送承办部门。承办部门应当指定专人负责管理问题线索，逐件编号登记、建立管理台账。线索管理处置各环节应当由经手人员签名，全程登记备查。

4. 纪检监察机关应当根据工作需要，定期召开专题会议，听取问题线索综合情况汇报，进行分析研判，对重要检举事项和反映问题集中的领域深入研究，提出处置要求，做到件件有着落。

5. 承办部门应当做好线索处置归档工作，归档材料齐全完整，载明领导批示和处置过程。案件监督管理部门定期汇总、核对问题线索及处置情况，向纪检监察机关主要负责人报告，并向相关部门通报。

依据：2018年《中国共产党纪律检查机关监督执纪工作规则》第21－25条。

350 监察机关对于其他机关移送的问题线索的处理

监察机关对于执法机关、司法机关等其他机关移送的问题线索，应当及时审核，并按照下列方式办理：

(1)本单位有管辖权的,及时研究提出处置意见;

(2)本单位没有管辖权但其他监察机关有管辖权的,在五个工作日以内转送有管辖权的监察机关;

(3)本单位对部分问题线索有管辖权的,对有管辖权的部分提出处置意见,并及时将其他问题线索转送有管辖权的机关;

(4)监察机关没有管辖权的,及时退回移送机关。

依据:2025 年《中华人民共和国监察法实施条例》第 201 条。

351 监督执纪工作初步核实

1. 党委(党组)、纪委监委(纪检监察组)应当对具有可查性的涉嫌违纪或者职务违法、职务犯罪问题线索,扎实开展初步核实工作,收集客观性证据,确保真实性和准确性。

2. 纪检监察机关采取初步核实方式处置问题线索,应当制定工作方案,成立核查组,履行审批程序。被核查人为下一级党委(党组)主要负责人的,纪检监察机关应当报同级党委主要负责人批准。

3. 核查组经批准可以采取必要措施收集证据,与相关人员谈话了解情况,要求相关组织作出说明,调取个人有关事项报告,查阅复制文件、账目、档案等资料,查核资产情况和有关信息,进行鉴定勘验。对被核查人及相关人员主动上交的财物,核查组应当予以暂扣。

需要采取技术调查或者限制出境等措施的,纪检监察机关应当严格履行审批手续,交有关机关执行。

4. 初步核实工作结束后,核查组应当撰写初步核实情况报告,列明被核查人基本情况、反映的主要问题、办理依据以及初步核实结果、存在疑点、处理建议,由核查组全体人员签名备查。

承办部门应当综合分析初步核实情况,按照拟立案审查调查、予以了结、谈话提醒、暂存待查,或者移送有关党组织处理等方式提出处置建议。

初步核实情况报告应当报纪检监察机关主要负责人审批，必要时向同级党委主要负责人报告。

依据：2018 年《中国共产党纪律检查机关监督执纪工作规则》第 32－35 条。

352 监察机关在初步核实中可以采取的措施

监察机关在初步核实中，可以依法采取谈话、询问、查询、调取、勘验检查、调查实验、鉴定措施；立案后可以采取讯问、强制到案、责令候查、管护、留置、禁闭、冻结、搜查、查封、扣押、通缉措施。发现存在逃跑、自杀等重大安全风险，在立案前依法对《中华人民共和国监察法》第二十五条第一款第一项、第二项规定的人员采取管护措施的，符合立案条件的应当及时立案。需要采取技术调查、限制出境措施的，应当按照规定交有关机关依法执行。设区的市级以下监察机关在初步核实中不得采取技术调查措施。监察机关采取谈话、函询方式处置问题线索的，适用监察法和本条例关于采取该两项措施的相关规定。

开展问责调查，根据具体情况可以依法采取相关监察措施。

依据：2025 年《中华人民共和国监察法实施条例》第 59 条。

353 调查方案与调查工作

案件立案后，监察机关主要负责人应当依照法定程序批准确定调查方案。

监察机关应当组成调查组依法开展调查。调查工作应当严格按照批准的方案执行，不得随意扩大调查范围、变更调查对象和事项，对重要事项应当及时请示报告。调查人员在调查工作期间，未经批准不得单独接触任何涉案人员及其特定关系人，不得擅自采取调查措施。

依据:2025 年《中华人民共和国监察法实施条例》第 216 条。

354 涉嫌违法犯罪书面材料

调查组应当将调查认定的涉嫌违法犯罪事实形成书面材料,交给被调查人核对,听取其意见。被调查人应当在书面材料上签署意见。对被调查人签署不同意见或者拒不签署意见的,调查组应当作出说明或者注明情况。对被调查人提出申辩的事实、理由和证据应当进行核实,成立的予以采纳。

依据:2025 年《中华人民共和国监察法实施条例》第 217 条。

355 调查报告

调查组在调查工作结束后应当集体讨论,形成调查报告。调查报告应当列明被调查人基本情况、问题线索来源及调查依据、调查过程,涉嫌的主要职务违法或者职务犯罪事实,被调查人的态度和认识,处置建议及法律依据,并由调查组组长以及有关人员签名。

对调查过程中发现的重要问题和形成的意见建议,应当形成专题报告。

依据:2025 年《中华人民共和国监察法实施条例》第 218 条。

356 起诉建议书

调查组对被调查人涉嫌职务犯罪拟依法移送人民检察院审查起诉的,应当起草《起诉建议书》。《起诉建议书》应当载明被调查人基本情况,调查简况,认罪认罚情况,采取监察强制措施的时间,涉嫌职务犯罪事实以及证据,对被调查人从重、从轻、减轻或者免除处罚等情节,提出对被调查人移送起诉的理由和法律依据，采取刑事强制措施的建议，并注明移送案卷数及涉案财物等内容。

调查组应当形成被调查人到案经过及量刑情节方面的材料，包括案件来源、到案经过，自动投案、如实供述、立功等量刑情节，认罪悔罪态度、退赃、避免和减少损害结果发生等方面的情况说明及相关材料。被检举揭发的问题已被立案、查破，被检举揭发人已被采取调查措施或者刑事强制措施、起诉或者审判的，还应当附有关法律文书。

依据：2025 年《中华人民共和国监察法实施条例》第 219 条。

357 监察机关保护证人、鉴定人、被害人的情形及措施

证人、鉴定人、被害人因作证，本人或者近亲属人身安全面临危险，向监察机关请求保护的，监察机关应当受理并及时进行审查；对于确实存在人身安全危险的，监察机关应当采取必要的保护措施。监察机关发现存在上述情形的，应当主动采取保护措施。

监察机关可以采取下列一项或者多项保护措施：

（1）不公开真实姓名、住址和工作单位等个人信息；

（2）禁止特定的人员接触证人、鉴定人、被害人及其近亲属；

（3）对人身和住宅采取专门性保护措施；

（4）其他必要的保护措施。

依法决定不公开证人、鉴定人、被害人的真实姓名、住址和工作单位等个人信息的，可以在询问笔录等法律文书、证据材料中使用化名。但是应当另行书面说明使用化名的情况并标明密级，单独成卷。

监察机关采取保护措施需要协助的，可以提请公安机关等有关单位和要求有关个人依法予以协助。

依据：2025 年《中华人民共和国监察法实施条例》第 97 条。

358 监察机关办理立案手续

监察机关立案调查职务违法或者职务犯罪案件,需要对涉嫌行贿犯罪、介绍贿赂犯罪或者共同职务犯罪的涉案人员立案调查的,应当一并办理立案手续。需要交由下级监察机关立案的,经审批交由下级监察机关办理立案手续。

对单位涉嫌受贿、行贿等职务犯罪,需要追究法律责任的,依法对该单位办理立案调查手续。对事故(事件)中存在职务违法或者职务犯罪问题,需要追究法律责任,但相关责任人员尚不明确的,可以以事立案。对单位立案或者以事立案后,经调查确定相关责任人员的,按照管理权限报批确定被调查人。

监察机关根据人民法院生效刑事判决、裁定和人民检察院不起诉决定认定的事实,需要对监察对象给予政务处分的,可以由相关监督检查部门依据司法机关的生效判决、裁定、决定及其认定的事实、性质和情节,提出给予政务处分的意见,按程序移送审理。对依法被追究行政法律责任的监察对象,需要给予政务处分的,应当依法办理立案手续。

依据:2025 年《中华人民共和国监察法实施条例》第 211 条。

359 证据

可以用于证明案件事实的材料都是证据,包括:

(1)物证;

(2)书证;

(3)证人证言;

(4)被害人陈述;

(5)被调查人陈述、供述和辩解;

(6)鉴定意见;

(7)勘验检查、辨认、调查实验等笔录;

(8)视听资料、电子数据。

监察机关依照《中华人民共和国监察法》《中华人民共和国监察法实施条例》的规定收集的证据材料,经审查符合法定要求的,在刑事诉讼中可以作为证据使用。

监察机关在收集、固定、审查、运用证据时,应当与刑事审判关于证据的要求和标准相一致。以非法方法收集的证据应当依法予以排除,不得作为案件处置的依据。

监察机关向有关单位和个人收集、调取证据时,应当告知其必须依法如实提供证据。对于不按要求提供有关材料,泄露相关信息,伪造、隐匿、毁灭证据,提供虚假情况或者阻止他人提供证据的,依法追究法律责任。

依据:2024年《中华人民共和国监察法》第36条;2025年《中华人民共和国监察法实施条例》第66条。

(二)询　　问

360 询问的地点

证人未被限制人身自由的,可以在其工作地点、住所或者其提出的地点进行询问,也可以通知其到指定地点接受询问。到证人提出的地点或者调查人员指定的地点进行询问的,应当在笔录中记明。

调查人员认为有必要或者证人提出需要由所在单位派员或者其家属陪同到询问地点的,应当办理交接手续并填写《陪送交接单》。

依据:2025年《中华人民共和国监察法实施条例》第93条。

361 询问证人

询问应当个别进行。负责询问的调查人员不得少于二人。

首次询问时,应当向证人出示《证人权利义务告知书》,由其签名、捺指印。证人拒绝签名、捺指印的,调查人员应当在文书上记明。证人未被限制人身自由的,应当在首次询问时向其出具《询问通知书》。

询问时,应当核实证人身份,问明证人的基本情况,告知证人应当如实提供证据、证言,以及作伪证或者隐匿证据应当承担的法律责任。不得向证人泄露案情,不得采用非法方法获取证言。

询问重大或者有社会影响案件的重要证人,应当对询问过程全程同步录音录像,并告知证人。告知情况应当在录音录像中予以反映,并在笔录中记明。

依据:2025 年《中华人民共和国监察法实施条例》第 94 条。

362 询问未成年人,聋、哑人

询问未成年人,应当通知其法定代理人到场。无法通知或者法定代理人不能到场的,应当通知未成年人的其他成年亲属或者所在学校、居住地基层组织的代表等有关人员到场。询问结束后,由法定代理人或者有关人员在笔录中签名。调查人员应当将到场情况记录在案。

询问聋、哑人,应当有通晓聋、哑手势的人员参加。调查人员应当在笔录中记明证人的聋、哑情况,以及翻译人员的姓名、工作单位和职业。询问不通晓当地通用语言、文字的证人,应当有翻译人员。询问结束后,由翻译人员在笔录中签名。

依据:2025 年《中华人民共和国监察法实施条例》第 95 条。

（三）查询、冻结

363 查询、冻结财产

1. 监察机关调查涉嫌贪污贿赂、失职渎职等严重职务违法或者职务犯罪，根据工作需要，可以依照规定查询、冻结涉案单位和个人的存款、汇款、债券、股票、基金份额等财产。有关单位和个人应当配合。

冻结的财产经查明与案件无关的，应当在查明后三日内解除冻结，予以退还。

2. 查询、冻结财产时，调查人员不得少于二人。调查人员应当出具《协助查询财产通知书》或者《协助冻结财产通知书》，送交银行或者其他金融机构、邮政部门等单位执行。有关单位和个人应当予以配合，并严格保密。

查询财产应当在《协助查询财产通知书》中填写查询账号、查询内容等信息。没有具体账号的，应当填写足以确定账户或者权利人的自然人姓名、身份证件号码或者市场主体名称、统一社会信用代码等信息。

冻结财产应当在《协助冻结财产通知书》中填写冻结账户名称、冻结账号、冻结数额、冻结期限起止时间等信息。冻结数额应当具体、明确，暂时无法确定具体数额的，应当在《协助冻结财产通知书》上明确写明"只收不付"。冻结证券和交易结算资金时，应当明确冻结的范围是否及于孳息。

冻结财产，应当为被调查人及其所扶养的亲属保留必需的生活费用。

依据：2024 年《中华人民共和国监察法》第 26 条；2025 年《中华人民共和国监察法实施条例》第 136 条。

364 轮候冻结

已被冻结的财产可以轮候冻结，不得重复冻结。轮候冻结的，监察机关应当要求有关银行或者其他金融机构等单位在解除冻结或者作出处理前予以通知。

监察机关接受司法机关、其他监察机关等国家机关移送的涉案财物后，该国家机关采取的冻结期限届满，监察机关续行冻结的顺位与该国家机关冻结的顺位相同。

依据：2025 年《中华人民共和国监察法实施条例》第 140 条。

（四）勘 验 检 查

365 勘验检查

监察机关按规定报批后，可以依法对与违法犯罪有关的场所、物品、人身、尸体、电子数据等进行勘验检查。

依法需要勘验检查的，应当制作《勘验检查证》；需要委托勘验检查的，应当出具《委托勘验检查书》，送具有专门知识的人办理。

勘验检查应当由二名以上调查人员主持，邀请与案件无关的见证人在场。勘验检查情况应当制作笔录，并由参加勘验检查人员和见证人签名或者盖章。

勘验检查现场、拆封电子数据存储介质应当全程同步录音录像。对现场情况应当拍摄现场照片、制作现场图，并由勘验检查人员签名或者盖章。

依据：2025 年《中华人民共和国监察法实施条例》第 166－168 条。

366 人身检查

为了确定被调查人或者相关人员的某些特征、伤害情况或者生理状态,可以依法对其人身进行检查。必要时可以聘请法医或者医师进行人身检查。检查女性身体,应当由女性工作人员或者医师进行。被调查人拒绝检查的,可以依法强制检查。

人身检查不得采用损害被检查人生命、健康或者贬低其名誉、人格的方法。对人身检查过程中知悉的个人隐私,应当严格保密。

对人身检查的情况应当制作笔录,由参加检查的调查人员、检查人员、被检查人员和见证人签名或者盖章。被检查人员拒绝签名、盖章的,调查人员应当在笔录中记明。

依据:2025 年《中华人民共和国监察法实施条例》第 169 条。

(五)鉴 定 措 施

367 监察机关鉴定的范围

监察机关可以依法开展下列鉴定:

(1)对笔迹、印刷文件、污损文件、制成时间不明的文件和以其他形式表现的文件等进行鉴定;

(2)对案件中涉及的财务会计资料及相关财物进行会计鉴定;

(3)对被调查人、证人的行为能力进行精神病鉴定;

(4)对人体造成的损害或者死因进行人身伤亡医学鉴定;

(5)对录音录像资料进行鉴定;

(6)对因电子信息技术应用而出现的材料及其派生物进行电子数据鉴定;

(7)其他可以依法进行的专业鉴定。

依据:2025 年《中华人民共和国监察法实施条例》第 176 条。

368 补充鉴定

经审查具有下列情形之一的,应当补充鉴定:

(1)鉴定内容有明显遗漏的;

(2)发现新的有鉴定意义的证物的;

(3)对鉴定证物有新的鉴定要求的;

(4)鉴定意见不完整,委托事项无法确定的;

(5)其他需要补充鉴定的情形。

依据:2025 年《中华人民共和国监察法实施条例》第 180 条。

369 重新鉴定

经审查具有下列情形之一的,应当重新鉴定:

(1)鉴定程序违法或者违反相关专业技术要求的;

(2)鉴定机构、鉴定人不具备鉴定资质和条件的;

(3)鉴定人故意作出虚假鉴定或者违反回避规定的;

(4)鉴定意见依据明显不足的;

(5)检材虚假或者被损坏的;

(6)其他应当重新鉴定的情形。

决定重新鉴定的,应当另行确定鉴定机构和鉴定人。

依据:2025 年《中华人民共和国监察法实施条例》第 181 条。

（六）讯　　问

370 监察机关讯问的流程及顺序

1. 监察机关对涉嫌职务犯罪的被调查人，可以依法进行讯问，要求其如实供述涉嫌犯罪的情况。

2. 讯问应当个别进行，调查人员不得少于二人。

首次讯问时，应当向被讯问人出示《被调查人权利义务告知书》，由其签名、捺指印。被讯问人拒绝签名、捺指印的，调查人员应当在文书上记明。被讯问人未被限制人身自由的，应当在首次讯问时向其出具《讯问通知书》。

讯问一般按照下列顺序进行：

（1）核实被讯问人的基本情况，包括姓名、曾用名、出生年月日、户籍地、身份证件号码、民族、职业、政治面貌、文化程度、工作单位及职务、住所、家庭情况、社会经历，是否属于党代表大会代表、人大代表、政协委员，是否受到过党纪政务处分，是否受到过刑事处罚等；

（2）告知被讯问人如实供述自己罪行可以依法从宽处理和认罪认罚的法律规定；

（3）讯问被讯问人是否有犯罪行为，让其陈述有罪的事实或者无罪的辩解，应当允许其连贯陈述。

调查人员的提问应当与调查的案件相关。被讯问人对调查人员的提问应当如实回答。调查人员对被讯问人的辩解，应当如实记录，认真查核。

发现涉嫌职务犯罪的被调查人自动投案、如实供述监察机关还未掌握的违法犯罪行为、揭发他人犯罪行为或者提供重要线索等，可能具有自首、立功等法定情节的，应当依法及时讯问。对某一具体涉嫌职务犯罪事实初步查清后,应当在全面梳理分析在案证据的基础上进行讯问。

讯问时,应当告知被讯问人将进行全程同步录音录像。告知情况应当在录音录像中予以反映,并在笔录中记明。

依据:2025年《中华人民共和国监察法实施条例》第88、90条。

(七)强制到案

371 监察机关采取强制到案强制被调查人接受调查

监察机关调查严重职务违法或者职务犯罪,对于经通知无正当理由不到案的被调查人,经依法审批,可以强制其到监察机关谈话场所或者留置场所接受调查。

首次通知到案一般应当以书面方式,确因情况紧急无法书面通知的,可以通过电话等方式通知,并将相关情况制作工作记录。

采取强制到案措施时,调查人员不得少于二人,应当向被强制到案人员出具《强制到案决定书》。

依据:2025年《中华人民共和国监察法实施条例》第99条。

372 被强制到案人员到案的处置

监察机关应当立即将被强制到案人员送至监察机关谈话场所或者留置场所。强制到案的时间自被强制到案人员到达相关场所时起算。

被强制到案人员到案后,应当要求其在《强制到案决定书》上填写到案时间,并签名、捺指印;强制到案结束后,应当要求被强制到案人员在《强制到案决定书》上填写结束时间,并签名、捺指印。被强制到案人员拒绝填写或者签名、捺指印的,调查人员应当在文书上记明。

一次强制到案持续的时间不得超过十二小时;依法需要采取管护或

者留置措施的，按规定报批后，强制到案持续的时间不得超过二十四小时。两次强制到案间隔的时间不得少于二十四小时，不得以连续强制到案的方式变相拘禁被调查人。两次强制到案的间隔时间从第一次强制到案结束时起算。

依据：2025年《中华人民共和国监察法实施条例》第100条。

（八）责令候查

373 采取责令候查的情形

被调查人涉嫌严重职务违法或者职务犯罪，并有下列情形之一的，经监察机关依法审批，可以对其采取责令候查措施：

（1）不具有《中华人民共和国监察法》第二十四条第一款所列情形的；

（2）符合留置条件，但患有严重疾病、生活不能自理的，系怀孕或者正在哺乳自己婴儿的妇女，或者生活不能自理的人的唯一扶养人；

（3）案件尚未办结，但留置期限届满或者对被留置人员不需要继续采取留置措施的；

（4）符合留置条件，但因为案件的特殊情况或者办理案件的需要，采取责令候查措施更为适宜的。

被责令候查人员应当遵守以下规定：

（1）未经监察机关批准不得离开所居住的直辖市、设区的市的城市市区或者不设区的市、县的辖区；

（2）住址、工作单位和联系方式发生变动的，在二十四小时以内向监察机关报告；

（3）在接到通知的时候及时到案接受调查；

（4）不得以任何形式干扰证人作证；

(5)不得串供或者伪造、隐匿、毁灭证据。

被责令候查人员违反前述规定,情节严重的,可以依法予以留置。

需要注意的是,被责令候查人员具有下列情形之一的,可以认定为《中华人民共和国监察法》第二十三条第三款所规定的违反责令候查规定,情节严重:

(1)企图逃跑、自杀的;

(2)实施伪造、隐匿、毁灭证据或者串供、干扰证人作证行为,严重影响调查工作正常进行的;

(3)对举报人、控告人、被害人、证人、鉴定人等相关人员实施打击报复的;

(4)未经批准,擅自离开所居住的市、县,严重影响调查工作正常进行,或者两次未经批准,擅自离开所居住的市、县的;

(5)经通知无正当理由不到案,严重影响调查工作正常进行,或者两次经通知无正当理由不到案的;

(6)住址、工作单位和联系方式等发生变动,未按规定向监察机关报告,导致无法通知到案,严重影响调查工作正常进行的。

依照《中华人民共和国监察法》第二十三条第一款第三项规定被责令候查的人员,违反责令候查规定,情节严重,依法应予留置的,省级监察机关应当报请国家监察委员会批准,设区的市级以下监察机关应当逐级报送省级监察机关批准。

依据:2024 年《中华人民共和国监察法》第 23 条;2025 年《中华人民共和国监察法实施条例》第 109 条。

374 执行责令候查的监察机关应当履行的职责

责令候查应当由决定采取责令候查措施的监察机关执行。

执行责令候查的监察机关应当履行下列职责:

(1)监督、考察被责令候查人员遵守有关规定,及时掌握其活动、住址、工作单位、联系方式及变动情况；

(2)审批被责令候查人员离开所居住的直辖市、设区的市的城市市区或者不设区的市、县的辖区(以下统称所居住的市、县)的申请；

(3)被责令候查人员违反应当遵守的规定的,及时制止或者纠正；

(4)会同被责令候查人员所在单位、家属等对被责令候查人员开展思想教育、心理疏导工作。

依据:2025 年《中华人民共和国监察法实施条例》第 106 条。

(九)管　　护

375 监察机关进行管护的情形

对于未被留置的下列人员,监察机关发现存在逃跑、自杀等重大安全风险的,经依法审批,可以进行管护：

(1)涉嫌严重职务违法或者职务犯罪的自动投案人员；

(2)在接受谈话、函询、询问过程中,交代涉嫌严重职务违法或者职务犯罪问题的人员；

(3)在接受讯问过程中,主动交代涉嫌重大职务犯罪问题的人员。

采取管护措施后,应当立即将被管护人员送留置场所,至迟不得超过二十四小时。

依据:2024 年《中华人民共和国监察法》第 25 条。

376 管护时间

管护时间不得超过七日,自向被管护人员宣布之日起算。因案情复杂、疑难,在七日以内无法作出留置或者解除管护决定的,经审批可以延长一日至三日。

延长管护时间的，应当在管护期满前向被管护人员宣布延长管护时间的决定，要求其在《延长管护时间决定书》上签名、捺指印。被管护人员拒绝签名、捺指印的，调查人员应当在文书上记明。

延长管护时间的，应当及时通知被管护人员所在单位和家属。

依据：2025年《中华人民共和国监察法实施条例》第118条。

（十）留　　置

377 留置被调查人

被调查人涉嫌贪污贿赂、失职渎职等严重职务违法或者职务犯罪，监察机关已经掌握其部分违法犯罪事实及证据，仍有重要问题需要进一步调查，并有下列情形之一的，经监察机关依法审批，可以将其留置在特定场所：

（1）涉及案情重大、复杂的；

（2）可能逃跑、自杀的；

（3）可能串供或者伪造、隐匿、毁灭证据的；

（4）可能有其他妨碍调查行为的。

需要注意的是，“严重职务违法”，是指根据监察机关已经掌握的事实及证据，被调查人涉嫌的职务违法行为情节严重，可能被给予撤职以上政务处分。“重要问题”，是指对被调查人涉嫌的严重职务违法或者职务犯罪，在定性处置、定罪量刑等方面有重要影响的事实、情节及证据。

“已经掌握其部分违法犯罪事实及证据”，是指同时具备下列情形：

（1）有证据证明发生了违法犯罪事实；

（2）有证据证明该违法犯罪事实是被调查人实施；

（3）证明被调查人实施违法犯罪行为的证据已经查证属实。

部分违法犯罪事实,既可以是单一违法犯罪行为的事实,也可以是数个违法犯罪行为中任何一个违法犯罪行为的事实。

“可能逃跑、自杀”是指以下行为:

(1)着手准备自杀、自残或者逃跑的;

(2)曾经有自杀、自残或者逃跑行为的;

(3)有自杀、自残或者逃跑意图的;

(4)其他可能逃跑、自杀的情形。

“可能串供或者伪造、隐匿、毁灭证据”是指以下行为:

(1)曾经或者企图串供,伪造、隐匿、毁灭、转移证据的;

(2)曾经或者企图威逼、恐吓、利诱、收买证人,干扰证人作证的;

(3)有同案人或者与被调查人存在密切关联违法犯罪的涉案人员在逃,重要证据尚未收集完成的;

(4)其他可能串供或者伪造、隐匿、毁灭证据的情形。

“可能有其他妨碍调查行为”是指以下行为:

(1)可能继续实施违法犯罪行为的;

(2)有危害国家安全、公共安全等现实危险的;

(3)可能对举报人、控告人、被害人、证人、鉴定人等相关人员实施打击报复的;

(4)无正当理由拒不到案,严重影响调查的;

(5)其他可能妨碍调查的行为。

依据:2024 年《中华人民共和国监察法》第 24 条;2025 年《中华人民共和国监察法实施条例》第 121 - 124、323 条。

378 不得被采取留置措施的人员

对下列人员不得采取留置措施:

(1)患有严重疾病、生活不能自理的;

(2)怀孕或者正在哺乳自己婴儿的妇女;

(3)生活不能自理的人的唯一扶养人。

上述情形消失后,根据调查需要可以对相关人员采取留置措施。

依据: 2025 年《中华人民共和国监察法实施条例》第 125 条。

379 延长留置时间

留置时间不得超过三个月,自向被留置人员宣布之日起算。具有下列情形之一的,经审批可以延长一次,延长时间不得超过三个月:

(1)案情重大,严重危害国家利益或者公共利益的;

(2)案情复杂,涉案人员多、金额巨大,涉及范围广的;

(3) 重要证据尚未收集完成,或者重要涉案人员尚未到案,导致违法犯罪的主要事实仍须继续调查的;

(4)其他需要延长留置时间的情形。

省级以下监察机关采取留置措施的,延长留置时间应当报请上一级监察机关批准。延长留置时间的,应当在留置期满前向被留置人员宣布延长留置时间的决定,要求其在《延长留置时间决定书》上签名、捺指印。被留置人员拒绝签名、捺指印的,调查人员应当在文书上记明。

延长留置时间的,应当及时通知被留置人员所在单位和家属。

依据: 2025 年《中华人民共和国监察法实施条例》第 129 条。

380 解除留置

对被留置人员不需要继续采取留置措施的,应当按规定报批后解除留置或者变更为责令候查措施。留置期满的,应当按规定报批后予以解除。

解除留置措施的,调查人员应当向被留置人员宣布解除留置措施的决定,由其在《解除留置决定书》上签名、捺指印;变更为责令候查措施的,应当向被留置人员宣布变更为责令候查措施的决定,由其在《变更留置决定书》上签名、捺指印。被留置人员拒绝签名、捺指印的，调查人员应当在文书上记明。

解除留置措施或者变更为责令候查措施的，应当及时通知被留置人员所在单位和家属、申请人。调查人员应当与交接人办理交接手续，并由其在《解除留置通知书》或者《变更留置通知书》上签名。无法通知或者有关人员拒绝签名的，调查人员应当在文书上记明。不得因办理交接手续延迟解除或者变更留置措施。

案件依法移送人民检察院审查起诉的，留置措施自犯罪嫌疑人被执行拘留时自动解除，不再办理解除法律手续。

依据：2025 年《中华人民共和国监察法实施条例》第 134 条。

（十一）搜　　查

381 搜查的范围及程序

监察机关可以对涉嫌职务犯罪的被调查人以及可能隐藏被调查人或者犯罪证据的人的身体、物品、住处和其他有关地方进行搜查。在搜查时，应当出示搜查证，并有被搜查人或者其家属等见证人在场。

搜查女性身体，应当由女性工作人员进行。

监察机关进行搜查时，可以根据工作需要提请公安机关配合。公安机关应当依法予以协助。

依据：2024 年《中华人民共和国监察法》第 27 条。

382 搜查的执行

1. 搜查应当在调查人员主持下进行，调查人员不得少于二人。搜查女性的身体，由女性工作人员进行。

搜查时，应当有被搜查人或者其家属、其所在单位工作人员或者其他见证人在场。调查人员应当向被搜查人或者其家属、见证人出示《搜查证》，要求其签名或者盖章。被搜查人或者其家属不在场，或者拒绝签名、盖章的，调查人员应当在文书上记明。

2. 搜查时，应当要求在场人员予以配合，不得进行阻碍。对以暴力、威胁等方法阻碍搜查的，应当依法制止。对阻碍搜查构成违法犯罪的，依法追究法律责任。

依据：2025 年《中华人民共和国监察法实施条例》第 144 – 145 条。

（十二）调取、查封、扣押

383 调取、查封、扣押被调查人相关物品

监察机关在调查过程中，可以调取、查封、扣押用以证明被调查人涉嫌违法犯罪的财物、文件和电子数据等信息。采取调取、查封、扣押措施，应当收集原物原件，会同持有人或者保管人、见证人，当面逐一拍照、登记、编号，开列清单，由在场人员当场核对、签名，并将清单副本交财物、文件的持有人或者保管人。

对调取、查封、扣押的财物、文件，监察机关应当设立专用账户、专门场所，确定专门人员妥善保管，严格履行交接、调取手续，定期对账核实，不得毁损或者用于其他目的。对价值不明物品应当及时鉴定，专门封存保管。

查封、扣押的财物、文件经查明与案件无关的，应当在查明后三日内解除查封、扣押，予以退还。

依据：2024 年《中华人民共和国监察法》第 28 条。

384 调取证据

1. 调取证据材料时，调查人员不得少于二人。调查人员应当依法出具《调取证据通知书》，必要时附《调取证据清单》。

有关单位和个人配合监察机关调取证据，应当严格保密。

2. 调取物证应当调取原物。原物不便搬运、保存，或者依法应当返还，或者因保密工作需要不能调取原物的，可以将原物封存，并拍照、录像。对原物拍照或者录像时，应当足以反映原物的外形、内容。

调取书证、视听资料应当调取原件。取得原件确有困难或者因保密工作需要不能调取原件的，可以调取副本或者复制件。

调取物证的照片、录像和书证、视听资料的副本、复制件的，应当书面记明不能调取原物、原件的原因，原物、原件存放地点，制作过程，是否与原物、原件相符，并由调查人员和物证、书证、视听资料原持有人签名或者盖章。持有人无法签名、盖章或者拒绝签名、盖章的，应当在笔录中记明，由见证人签名。

依据：2025 年《中华人民共和国监察法实施条例》第 150－151 条。

385 查封、扣押的执行

监察机关按规定报批后，可以依法查封、扣押用以证明被调查人涉嫌违法犯罪以及情节轻重的财物、文件、电子数据等证据材料。

对于被调查人到案时随身携带的物品，以及被调查人或者其他相关人员主动上交的财物和文件，依法需要扣押的，依照前述规定办理。对于被调查人随身携带的与案件无关的个人用品，应当逐件登记，随案移交或者退还。

依据：2025 年《中华人民共和国监察法实施条例》第 155 条。

386 查封、扣押物品的处理

查封、扣押下列物品,应当依法进行相应的处理:

(1)查封、扣押外币、金银珠宝、文物、名贵字画以及其他不易辨别真伪的贵重物品,具备当场密封条件的,应当当场密封,由二名以上调查人员在密封材料上签名并记明密封时间。不具备当场密封条件的,应当在笔录中记明,以拍照、录像等方法加以保全后进行封存。查封、扣押的贵重物品需要鉴定的,应当及时鉴定。

(2)查封、扣押存折、银行卡、有价证券等支付凭证和具有一定特征能够证明案情的现金,应当记明特征、编号、种类、面值、张数、金额等,当场密封,由二名以上调查人员在密封材料上签名并记明密封时间。

(3)查封、扣押易损毁、灭失、变质等不宜长期保存的物品以及有消费期限的卡、券,应当在笔录中记明,以拍照、录像等方法加以保全后进行封存,或者经审批委托有关机构变卖、拍卖。变卖、拍卖的价款存入专用账户保管,待调查终结后一并处理。

(4)对于可以作为证据使用的录音录像、电子数据存储介质,应当记明案由、对象、内容,录制、复制的时间、地点、规格、类别、应用长度、文件格式及长度等,制作清单。具备查封、扣押条件的电子设备、存储介质应当密封保存。必要时,可以请有关机关协助。

(5)对被调查人使用违法犯罪所得与合法收入共同购置的不可分割的财产,可以先行查封、扣押。对无法分割退还的财产,涉及违法的,可以经被调查人申请并经监察机关批准,由被调查人亲属或者被调查人委托的其他人员在监察机关监督下自行变现后上缴违法所得及孳息,也可以由监察机关在结案后委托有关单位拍卖、变卖,退还不属于违法所得的部分及孳息;涉及职务犯罪的,依法移送司法机关处置,并说明涉嫌犯罪所得及孳息数额。

(6)查封、扣押危险品、违禁品,应当及时送交有关部门,或者根据工作需要严格封存保管。

依据：2025 年《中华人民共和国监察法实施条例》第 158 条。

（十三）通　　缉

387 监察机关交由公安机关执行通缉决定的程序

1. 县级以上监察机关对在逃的应当被留置人员，依法决定在本行政区域内通缉的，应当按规定报批，送交同级公安机关执行。送交执行时，应当出具《通缉决定书》，附《留置决定书》等法律文书和被通缉人员信息，以及承办单位、承办人员等有关情况。

通缉范围超出本行政区域的，应当报有决定权的上级监察机关出具《通缉决定书》，并附《留置决定书》及相关材料，送交同级公安机关执行。

2. 国家监察委员会依法需要提请公安部对在逃人员发布公安部通缉令的，应当先提请公安部采取网上追逃措施。如情况紧急，可以向公安部同时出具《通缉决定书》和《提请采取网上追逃措施函》。

省级以下监察机关报请国家监察委员会提请公安部发布公安部通缉令的，应当先提请本地公安机关采取网上追逃措施。

依据：2025 年《中华人民共和国监察法实施条例》第 188－189 条。

（十四）技 术 调 查

388 采取技术调查措施

1. 监察机关根据调查涉嫌重大贪污贿赂等职务犯罪需要，依照规定的权限和程序报经批准，可以依法采取技术调查措施，按照规定交公安机关或者国家有关执法机关依法执行。

2. 依法采取技术调查措施的，监察机关应当出具《采取技术调查措施委托函》《采取技术调查措施决定书》和《采取技术调查措施适用对象情况表》，送交有关机关执行。其中，设区的市级以下监察机关委托有关执行机关采取技术调查措施，还应当提供《立案决定书》。

依据：2025 年《中华人民共和国监察法实施条例》第 183－184 条。

（十五）限 制 出 境

389 限制出境措施

1. 监察机关为防止被调查人及相关人员逃匿境外，按规定报批后，可以依法决定采取限制出境措施，交由移民管理机构依法执行。

2. 监察机关采取限制出境措施应当出具有关函件，与采取限制出境措施决定书等文书材料一并送交移民管理机构执行。其中，采取边控措施的，应当附《边控对象通知书》；采取法定不批准出境措施的，应当附《法定不准出境人员报备表》。

3. 限制出境措施有效期不超过三个月，到期自动解除。

到期后仍有必要继续采取边控措施的，应当按原程序报批。承办部门应当出具有关函件，在到期前与《延长限制出境措施期限决定书》一并送交移民管理机构执行。延长期限每次不得超过三个月。

到期后仍有必要继续采取法定不批准出境措施的，应当在报备期满三日前按规定再次办理法定不批准出境人员报备手续。

依据：2025 年《中华人民共和国监察法实施条例》第 192－194 条。

四、案 件 审 理

390 监察管辖

监察机关开展监督、调查、处置,按照管理权限与属地管辖相结合的原则,实行分级负责制。

设区的市级以上监察委员会按照管理权限,依法管辖同级党委管理的公职人员涉嫌职务违法和职务犯罪案件。

县级监察委员会和直辖市所辖区(县)监察委员会按照管理权限,依法管辖本辖区内公职人员涉嫌职务违法和职务犯罪案件。

地方各级监察委员会按照《中华人民共和国监察法实施条例》第十三条、第五十二条规定,可以依法管辖工作单位在本辖区内的有关公职人员涉嫌职务违法和职务犯罪案件。

监察机关调查公职人员涉嫌职务犯罪案件,可以依法对涉嫌行贿犯罪、介绍贿赂犯罪或者共同职务犯罪的涉案人员中的非公职人员一并管辖并进行调查处置。非公职人员涉嫌利用影响力受贿罪的,监察机关按照其所利用的公职人员的管理权限确定管辖并进行调查处置。

依据:2025 年《中华人民共和国监察法实施条例》第 48 – 49 条。

391 提级管辖

上级监察机关对于下一级监察机关管辖范围内的职务违法和职务犯罪案件,具有下列情形之一的,可以依法提级管辖:

（1）在本辖区有重大影响的；

（2）涉及多个下级监察机关管辖的监察对象，调查难度大的；

（3）其他需要提级管辖的重大、复杂案件。

上级监察机关对于所辖各级监察机关管辖范围内有重大影响的案件，必要时可以依法直接调查或者组织、指挥、参与调查。

地方各级监察机关所管辖的职务违法和职务犯罪案件，具有《中华人民共和国监察法实施条例》第五十条第一款规定情形的，可以依法报请上一级监察机关管辖。

依据：2025 年《中华人民共和国监察法实施条例》第 50 条。

392 指定管辖

上级监察机关可以依法将其所管辖的案件指定下级监察机关管辖。

设区的市级监察委员会将同级党委管理的公职人员涉嫌职务违法或者职务犯罪案件指定下级监察委员会管辖的，应当报请省级监察委员会批准；省级监察委员会将同级党委管理的公职人员涉嫌职务违法或者职务犯罪案件指定下级监察委员会管辖的，应当报送国家监察委员会相关监督检查部门备案。

上级监察机关对于下级监察机关管辖的职务违法和职务犯罪案件，具有下列情形之一，认为由其他下级监察机关管辖更为适宜的，可以依法指定给其他下级监察机关管辖：

（1）管辖有争议的；

（2）指定管辖有利于案件公正处理的；

（3）下级监察机关报请指定管辖的；

（4）其他有必要指定管辖的。

被指定的下级监察机关未经指定管辖的监察机关批准，不得将案件再行指定管辖。发现新的职务违法或者职务犯罪线索，以及其他重要情况、重大问题，应当及时向指定管辖的监察机关请示报告。

依据：2025 年《中华人民共和国监察法实施条例》第 51 条。

393 在移送人民检察院时可以对被调查人提出从宽处罚建议的情形

涉嫌职务犯罪的被调查人主动认罪认罚，有下列情形之一的，监察机关经领导人员集体研究，并报上一级监察机关批准，可以在移送人民检察院时提出从宽处罚的建议：

(1)自动投案，真诚悔罪悔过的；

(2)积极配合调查工作，如实供述监察机关还未掌握的违法犯罪行为的；

(3)积极退赃，减少损失的；

(4)具有重大立功表现或者案件涉及国家重大利益等情形的。

职务违法犯罪的涉案人员揭发有关被调查人职务违法犯罪行为，查证属实的，或者提供重要线索，有助于调查其他案件的，监察机关经领导人员集体研究，并报上一级监察机关批准，可以在移送人民检察院时提出从宽处罚的建议。

需要注意的是：

“自动投案，真诚悔罪悔过”，是指涉嫌职务犯罪的被调查人有下列情形之一，并且如实交代自己主要犯罪事实：

(1)职务犯罪问题未被监察机关掌握或者监察机关正在就有关问题线索进行适当了解时，向监察机关投案的；

(2)在监察机关谈话、函询过程中，如实交代监察机关未掌握的涉嫌职务犯罪问题的；

(3)在初步核实阶段，尚未受到监察机关谈话时投案的；

(4) 职务犯罪问题虽被监察机关立案，但尚未受到讯问或者采取监察强制措施，向监察机关投案的；

（5）因伤病等客观原因无法前往投案，先委托他人代为表达投案意愿，或者以书信、网络、电话、传真等方式表达投案意愿，后到监察机关接受处理的；

（6）涉嫌职务犯罪潜逃后又投案，包括在被通缉、抓捕过程中投案的；

（7）经查实确已准备去投案，或者正在投案途中被有关机关抓获的；

（8）经他人规劝或者在他人陪同下投案的；

（9）虽未向监察机关投案，但向其所在党组织、单位或者有关负责人员投案，向有关巡视巡察机构投案，以及向公安机关、人民检察院、人民法院投案的；

（10）具有其他应当视为自动投案的情形的。

被调查人自动投案后不能如实交代自己的主要犯罪事实，或者自动投案并如实供述自己的罪行后又翻供的，不能适用《中华人民共和国监察法实施条例》第二百四十五条第一款规定。

“积极配合调查工作，如实供述监察机关还未掌握的违法犯罪行为”，是指涉嫌职务犯罪的被调查人有下列情形之一：

（1）监察机关所掌握线索针对的犯罪事实不成立，在此范围外被调查人主动交代其他罪行的；

（2）主动交代监察机关尚未掌握的犯罪事实，与监察机关已掌握的犯罪事实属不同种罪行的；

（3）主动交代监察机关尚未掌握的犯罪事实，与监察机关已掌握的犯罪事实属同种罪行的；

（4）监察机关掌握的证据不充分，被调查人如实交代有助于收集定案证据的。

“积极退赃，减少损失”，是指涉嫌职务犯罪的被调查人有下列情形之一：

(1)全额退赃的；

(2)退赃能力不足,但被调查人及其亲友在监察机关追缴赃款赃物过程中积极配合,且大部分已追缴到位的；

(3)犯罪后主动采取措施避免损失发生,或者积极采取有效措施减少、挽回大部分损失的。

“具有重大立功表现”,是指涉嫌职务犯罪的被调查人有下列情形之一：

(1)检举揭发他人重大犯罪行为且经查证属实的；

(2)提供其他重大案件的重要线索且经查证属实的；

(3)阻止他人重大犯罪活动的；

(4)协助抓捕其他重大职务犯罪案件被调查人、重大犯罪嫌疑人(包括同案犯)的；

(5)为国家挽回重大损失等对国家和社会有其他重大贡献的。

《中华人民共和国监察法实施条例》第二百四十八条第一款所称重大犯罪一般是指依法可能被判处无期徒刑以上刑罚的犯罪行为；重大案件一般是指在本省、自治区、直辖市或者全国范围内有较大影响的案件；查证属实一般是指有关案件已被监察机关或者司法机关立案调查、侦查,被调查人、犯罪嫌疑人被监察机关采取监察强制措施或者被司法机关采取刑事强制措施,或者被告人被人民法院作出有罪判决,并结合案件事实、证据进行判断。

“案件涉及国家重大利益”,是指案件涉及国家主权和领土完整、国家安全、外交、社会稳定、经济发展等情形。

依据:2024 年《中华人民共和国监察法》第 34 – 35 条;2025 年《中华人民共和国监察法实施条例》第 245 – 248 条。

394 案件审理部门收到移送审理的案件后的审核和处理

案件审理部门收到移送审理的案件后，应当审核材料是否齐全、手续是否完备。对被调查人涉嫌职务犯罪的，还应当审核相关案卷材料是否符合职务犯罪案件立卷要求，是否在调查报告中单独表述已查明的涉嫌犯罪问题，是否形成《起诉建议书》。

经审核符合移送条件的，应当予以受理；不符合移送条件的，经审批可以暂缓受理或者不予受理，并要求承办部门补充完善材料。

依据：2025 年《中华人民共和国监察法实施条例》第 221 条。

395 全面审理

案件审理部门受理案件后，应当成立由二人以上组成的审理组，全面审理案卷材料。

案件审理部门对于受理的案件，应当以《中华人民共和国监察法》《中华人民共和国公职人员政务处分法》《中华人民共和国刑法》《中华人民共和国刑事诉讼法》等法律法规为准绳，对案件事实和证据、性质认定、程序手续、涉案财物等进行全面审理。

案件审理部门应当强化监督制约职能，对案件严格审核把关，坚持实事求是、独立审理，依法提出审理意见。坚持调查与审理相分离的原则，案件调查人员不得参与审理。

依据：2025 年《中华人民共和国监察法实施条例》第 222 条。

396 案件审理部门应当与被调查人谈话的情形

案件审理部门根据案件审理情况，经审批可以与被调查人谈话，告知其在审理阶段的权利义务，核对涉嫌违法犯罪事实，听取其辩解意见，了解有关情况。与被调查人谈话应当在具备安全保障条件的场所进行，被调查人为在押的犯罪嫌疑人、被告人或者在看守所、监狱服刑人员的，按照《中华人民共和国监察法实施条例》第八十三条规定办理。谈话时，案件审理人员不得少于二人。

具有下列情形之一的，一般应当与被调查人谈话：

(1)对被调查人采取留置措施，拟移送起诉的；

(2)可能存在以非法方法收集证据情形的；

(3)被调查人对涉嫌违法犯罪事实材料签署不同意见或者拒不签署意见的；

(4)被调查人要求向案件审理人员当面陈述的；

(5)其他有必要与被调查人进行谈话的情形。

依据：2025年《中华人民共和国监察法实施条例》第225条。

397 重新调查和退回补充调查

经审理认为主要违法犯罪事实不清、证据不足的，应当经审批将案件退回承办部门重新调查。

有下列情形之一，需要补充完善证据的，经审批可以退回补充调查：

(1)部分事实不清、证据不足的；

(2)遗漏违法犯罪事实的；

(3)其他需要进一步查清案件事实的情形。

案件审理部门将案件退回重新调查或者补充调查的，应当出具审核意见，写明调查事项、理由、调查方向、需要补充收集的证据及其证明作用等，连同案卷材料一并送交承办部门。

承办部门补充调查结束后，应当经审批将补证情况报告及相关证据材料，连同案卷材料一并移送案件审理部门；对确实无法查明的事项或者无法补充的证据，应当作出书面说明。重新调查终结后，应当重新形成调查报告，依法移送审理。

重新调查完毕移送审理的，审理期限重新计算。补充调查期间不计入审理期限。

依据：2025年《中华人民共和国监察法实施条例》第226条。

398 审理报告及处理

审理工作结束后应当形成审理报告，载明被调查人基本情况、调查简况、涉嫌违法或者犯罪事实、被调查人态度和认识、涉案财物处置、承办部门意见、审理意见等内容，提请监察机关集体审议。

对被调查人涉嫌职务犯罪需要追究刑事责任的，应当形成《起诉意见书》，作为审理报告附件。《起诉意见书》应当忠实于事实真象，载明被调查人基本情况，调查简况，采取监察强制措施的时间，依法查明的犯罪事实和证据，从重、从轻、减轻或者免除处罚等情节，涉案财物情况，涉嫌罪名和法律依据，采取刑事强制措施的建议，以及其他需要说明的情况。案件审理部门经审理认为现有证据不足以证明被调查人存在违法犯罪行为，且通过退回补充调查仍无法达到证明标准的，应当提出撤销案件的建议。

依据：2025年《中华人民共和国监察法实施条例》第227条。

399 被指定管辖的监察机关在调查结束后应当将案件移送审理

被指定管辖的监察机关在调查结束后应当将案件移送审理，提请监察机关集体审议。

上级监察机关将其所管辖的案件指定管辖的，被指定管辖的下级监察机关应当按照《中华人民共和国监察法实施条例》第二百二十九条第一款规定办理后，将案件报上级监察机关依法作出政务处分决定。上级监察机关在作出决定前,应当进行审理。

上级监察机关将下级监察机关管辖的案件指定其他下级监察机关管辖的,被指定管辖的监察机关应当按照《中华人民共和国监察法实施条例》第二百二十九条第一款规定办理后,将案件送交有管理权限的监察机关依法作出政务处分决定。有管理权限的监察机关应当进行审理,审理意见与被指定管辖的监察机关意见不一致的,双方应当进行沟通;经沟通不能取得一致意见的,报请有权决定的上级监察机关决定。经协商,有管理权限的监察机关在被指定管辖的监察机关审理阶段可以提前阅卷,沟通了解情况。

对于《中华人民共和国监察法实施条例》第二百二十九条第二款规定的重大、复杂案件,被指定管辖的监察机关经集体审议后将处理意见报有权决定的上级监察机关审核同意的,有管理权限的监察机关可以经集体审议后依法处置。

依据:2025 年《中华人民共和国监察法实施条例》第 229 条。

400 对情节较轻的职务违法行为的处置方式

监察机关对于公职人员有职务违法行为但情节较轻的,可以依法进行谈话提醒、批评教育、责令检查,或者予以诫勉。上述方式可以单独使用,也可以依据规定合并使用。

谈话提醒、批评教育应当由监察机关相关负责人或者承办部门负责人进行,可以由被谈话提醒、批评教育人所在单位有关负责人陪同;经批准也可以委托其所在单位主要负责人进行。对谈话提醒、批评教育情况应当制作记录。

被责令检查的公职人员应当作出书面检查并进行整改。整改情况在一定范围内通报。

诫勉由监察机关以谈话或者书面方式进行。采取谈话方式予以诫勉的,应当由监察机关相关负责人或者承办部门负责人进行;经批准也可以委托诫勉对象所在单位主要负责人进行。对谈话情况应当制作记录。

依据:2025 年《中华人民共和国监察法实施条例》第 231 条。

401 监察建议书

监察机关依法向监察对象所在单位提出监察建议的,应当经审批制作监察建议书。

监察建议书一般应当包括下列内容:

(1)监督调查情况;

(2) 发现的主要问题及其产生的原因;

(3)整改建议内容和要求;

(4)整改期限和反馈整改情况的要求;

(5)提出异议的期限和方式。

依据:2025 年《中华人民共和国监察法实施条例》第 235 条。

402 从宽处罚建议

从宽处罚建议一般应当在移送起诉时作为《起诉意见书》内容一并提出,特殊情况下也可以在案件移送后、人民检察院提起公诉前,单独形成从宽处罚建议书移送人民检察院。对于从宽处罚建议所依据的证据材料,应当一并移送人民检察院。

监察机关对于被调查人在调查阶段认罪认罚,但不符合监察法规定的提出从宽处罚建议条件,在移送起诉时没有提出从宽处罚建议的,应当在《起诉意见书》中写明其自愿认罪认罚的情况。

依据:2025 年《中华人民共和国监察法实施条例》第 250 条。

403 补充移送起诉

监察机关对已经移送起诉的职务犯罪案件，发现遗漏被调查人罪行需要补充移送起诉的，应当经审批出具《补充起诉意见书》，连同相关案卷材料、证据等一并移送同级人民检察院。

对于经人民检察院指定管辖的案件需要补充移送起诉的，可以直接移送原受理移送起诉的人民检察院；需要追加犯罪嫌疑人、被告人的，应当再次商请人民检察院办理指定管辖手续。

依据：2025年《中华人民共和国监察法实施条例》第254条。

404 对人民检察院退回补充调查的案件的处理

对人民检察院退回补充调查的案件，经审批分别作出下列处理：

(1) 认定犯罪事实的证据不够充分的，应当在补充证据后，制作补充调查报告书，连同相关材料一并移送人民检察院审查，对无法补充完善的证据，应当作出书面情况说明并加盖监察机关或者承办部门公章。

(2)在补充调查中发现新的同案犯或者增加、变更犯罪事实，需要追究刑事责任的，应当重新提出处理意见，移送人民检察院审查。

(3)犯罪事实的认定出现重大变化，认为不应当追究被调查人刑事责任的，应当在补充调查期限内重新提出处理意见，将处理结果书面通知人民检察院并说明理由。

(4)认为移送起诉的犯罪事实清楚，证据确实、充分的，应当说明理由，移送人民检察院依法审查。

依据：2025年《中华人民共和国监察法实施条例》第258条。

405 监督执纪审理工作程序

审理工作按照以下程序进行：

（1）案件审理部门收到审查调查报告后，经审核符合移送条件的予以受理，不符合移送条件的可以暂缓受理或者不予受理。

（2）对于重大、复杂、疑难案件，监督检查、审查调查部门已查清主要违纪或者职务违法、职务犯罪事实并提出倾向性意见的，对涉嫌违纪或者职务违法、职务犯罪行为性质认定分歧较大的，经批准案件审理部门可以提前介入。

（3）案件审理部门受理案件后，应当成立由两人以上组成的审理组，全面审理案卷材料，提出审理意见。

（4）坚持集体审议原则，在民主讨论基础上形成处理意见；对争议较大的应当及时报告，形成一致意见后再作出决定。案件审理部门根据案件审理情况，应当与被审查调查人谈话，核对违纪或者职务违法、职务犯罪事实，听取辩解意见，了解有关情况。

（5）对主要事实不清、证据不足的，经纪检监察机关主要负责人批准，退回监督检查、审查调查部门重新审查调查；需要补充完善证据的，经纪检监察机关相关负责人批准，退回监督检查、审查调查部门补充审查调查。

（6）审理工作结束后应当形成审理报告，内容包括被审查调查人基本情况、审查调查简况、违纪违法或者职务犯罪事实、涉案财物处置、监督检查或者审查调查部门意见、审理意见等。审理报告应当体现党内审查特色，依据《中国共产党纪律处分条例》认定违纪事实性质，分析被审查调查人违反党章、背离党的性质宗旨的错误本质，反映其态度、认识以及思想转变过程。涉嫌职务犯罪需要追究刑事责任的，还应当形成《起诉意见书》，作为审理报告附件。

对给予同级党委委员、候补委员，同级纪委委员、监委委员处分的，在同级党委审议前，应当与上级纪委监委沟通并形成处理意见。

审理工作应当在受理之日起一个月内完成，重大复杂案件经批准可以适当延长。

依据：2018 年《中国共产党纪律检查机关监督执纪工作规则》第 55 条。

406 监督执纪工作的审理

1. 纪检监察机关应当对涉嫌违纪或者违法、犯罪案件严格依规依纪依法审核把关，提出纪律处理或者处分的意见，做到事实清楚、证据确凿、定性准确、处理恰当、手续完备、程序合规。

纪律处理或者处分必须坚持民主集中制原则，集体讨论决定，不允许任何个人或者少数人决定和批准。

2. 坚持审查调查与审理相分离的原则，审查调查人员不得参与审理。纪检监察机关案件审理部门对涉嫌违纪或者职务违法、职务犯罪问题，依照规定应当给予纪律处理或者处分的案件和复议复查案件进行审核处理。

3. 审理报告报经纪检监察机关主要负责人批准后，提请纪委常委会会议审议。需报同级党委审批的，应当在报批前以纪检监察机关办公厅（室）名义征求同级党委组织部门和被审查调查人所在党委（党组）意见。

处分决定作出后，纪检监察机关应当通知受处分党员所在党委（党组），抄送同级党委组织部门，并依照规定在一个月内向其所在党的基层组织中的全体党员以及本人宣布。处分决定执行情况应当及时报告。

4. 被审查调查人涉嫌职务犯罪的，应当由案件监督管理部门协调办理移送司法机关事宜。对于采取留置措施的案件，在人民检察院对犯罪嫌疑人先行拘留后，留置措施自动解除。

案件移送司法机关后，审查调查部门应当跟踪了解处理情况，发现问题及时报告，不得违规过问、干预处理工作。

审理工作完成后,对涉及的其他问题线索,经批准应当及时移送有关纪检监察机关处置。

5. 对被审查调查人违规违纪违法所得财物,应当依规依纪依法予以收缴、责令退赔或者登记上交。

对涉嫌职务犯罪所得财物,应当随案移送司法机关。

对经认定不属于违规违纪违法所得的,应当在案件审结后依规依纪依法予以返还,并办理签收手续。

6. 对不服处分决定的申诉,由批准或者决定处分的党委(党组)或者纪检监察机关受理;需要复议复查的,由纪检监察机关相关负责人批准后受理。

申诉办理部门成立复查组,调阅原案案卷,必要时可以进行取证,经集体研究后,提出办理意见,报纪检监察机关相关负责人批准或者纪委常委会会议研究决定,作出复议复查决定。决定应当告知申诉人,抄送相关单位,并在一定范围内宣布。

坚持复议复查与审查审理分离,原案审查、审理人员不得参与复议复查。

复议复查工作应当在三个月内办结。

依据:2018 年《中国共产党纪律检查机关监督执纪工作规则》第 53、54、56 - 59 条。

五、反腐败国际合作

407 反腐败国际合作的统筹协调

国家监察委员会统筹协调与其他国家、地区、国际组织开展的反腐败国际交流、合作，组织反腐败国际条约实施工作。

国家监察委员会会同有关单位加强与有关国家、地区、国际组织在反腐败方面开展引渡、移管被判刑人、遣返、联合调查、调查取证、资产追缴和信息交流等执法司法合作和司法协助。

国家监察委员会组织《联合国反腐败公约》等反腐败国际条约的实施以及履约审议等工作，承担《联合国反腐败公约》司法协助中央机关有关工作。

依据：2024 年《中华人民共和国监察法》第 57－58 条；2025 年《中华人民共和国监察法实施条例》第 265 条。

408 国家监察委员会在涉外案件办理工作中履行的职责

国家监察委员会组织协调有关单位建立集中统一、高效顺畅的反腐败国际追逃追赃和防逃协调机制，统筹协调、督促指导各级监察机关反腐败国际追逃追赃等涉外案件办理工作，具体履行下列职责：

(1)制定反腐败国际追逃追赃和防逃工作计划，研究工作中的重要问题；

(2) 会同有关单位开展反腐败国际追逃追赃等重大涉外案件办理工作；

(3)办理由国家监察委员会管辖的涉外案件；

(4)指导地方各级监察机关依法开展涉外案件办理工作；

(5)汇总和通报全国职务犯罪外逃案件信息和追逃追赃工作信息；

(6)建立健全反腐败国际追逃追赃和防逃合作网络；

(7)承担监察机关开展国际刑事司法协助的主管机关职责；

(8)承担其他与反腐败国际追逃追赃等涉外案件办理工作相关的职责。

依据:2025 年《中华人民共和国监察法实施条例》第 265 条。

409 国家监察委员会督促有关单位做好相关工作

国家监察委员会加强对反腐败国际追逃追赃和防逃工作的组织协调,督促有关单位做好相关工作:

(1)对于重大贪污贿赂、失职渎职等职务犯罪案件,被调查人逃匿到国(境)外,掌握证据比较确凿的,通过开展境外追逃合作,追捕归案;

(2)向赃款赃物所在国请求查询、冻结、扣押、没收、追缴、返还涉案资产;

(3)查询、监控涉嫌职务犯罪的公职人员及其相关人员进出国(境)和跨境资金流动情况,在调查案件过程中设置防逃程序。

依据:2024 年《中华人民共和国监察法》第 59 条。

410 地方各级监察机关在涉外案件办理工作中履行的职责

地方各级监察机关在国家监察委员会领导下,统筹协调、督促指导本地区反腐败国际追逃追赃等涉外案件办理工作,具体履行下列职责:

(1)落实上级监察机关关于反腐败国际追逃追赃和防逃工作部署，制定工作计划；

(2)按照管辖权限或者上级监察机关指定管辖，办理涉外案件；

(3)按照上级监察机关要求，协助配合其他监察机关开展涉外案件办理工作；

(4)汇总和通报本地区职务犯罪外逃案件信息和追逃追赃工作信息；

(5)承担本地区其他与反腐败国际追逃追赃等涉外案件办理工作相关的职责。

省级监察委员会应当会同有关单位，建立健全本地区反腐败国际追逃追赃和防逃协调机制。

国家监察委员会派驻或者派出的监察机构、监察专员统筹协调、督促指导驻在单位反腐败国际追逃追赃等涉外案件办理工作，参照《中华人民共和国监察法实施条例》第二百六十六条第一款规定执行。

依据：2025 年《中华人民共和国监察法实施条例》第 266 条。

411 监察机关建立追逃追赃和防逃工作内部联络机制

监察机关应当建立追逃追赃和防逃工作内部联络机制。承办部门在调查过程中，发现被调查人或者重要涉案人员外逃、违法所得及其他涉案财产被转移到境外的，可以请追逃追赃部门提供工作协助。监察机关将案件移送人民检察院审查起诉后，仍有重要涉案人员外逃或者未追缴的违法所得及其他涉案财产的，应当由追逃追赃部门继续办理，或者由追逃追赃部门指定协调有关单位办理。

依据：2025 年《中华人民共和国监察法实施条例》第 268 条。

412 监察机关督促相关机关建立健全防逃责任机制

监察机关应当将防逃工作纳入日常监督内容,督促相关机关、单位建立健全防逃责任机制。

监察机关在监督、调查工作中,应当根据情况制定对监察对象、重要涉案人员的防逃方案,防范人员外逃和资金外流风险。监察机关应当会同同级组织人事、外事、公安、移民管理等单位健全防逃预警机制,对存在外逃风险的监察对象早发现、早报告、早处置。

依据:2025 年《中华人民共和国监察法实施条例》第 269 条。

413 监察机关应当加强与相关单位的沟通协作

监察机关应当加强与同级人民银行、公安等单位的沟通协作,推动预防、打击利用离岸公司和地下钱庄等向境外转移违法所得及其他涉案财产,对涉及职务违法和职务犯罪的行为依法进行调查。

依据:2025 年《中华人民共和国监察法实施条例》第 270 条。

414 监察机关或者监察专员发现监察对象出逃、失踪、出走的处理

国家监察委员会派驻或者派出的监察机构、监察专员和地方各级监察委员会发现监察对象出逃、失踪、出走,或者违法所得及其他涉案财产被转移至境外的,应当在二十四小时以内将有关信息逐级报送至国家监察委员会国际合作局,并迅速开展相关工作。

依据:2025 年《中华人民共和国监察法实施条例》第 271 条。

415 红色通报

监察机关对依法应当留置或者已经决定留置的外逃人员，需要申请发布国际刑警组织红色通报的，应当逐级报送国家监察委员会审核。国家监察委员会审核后，依法通过公安部向国际刑警组织提出申请。

需要延期、暂停、撤销红色通报的，申请发布红色通报的监察机关应当逐级报送国家监察委员会审核，由国家监察委员会依法通过公安部联系国际刑警组织办理。

依据：2025年《中华人民共和国监察法实施条例》第276条。

416 地方各级监察机关通过引渡方式办理相关涉外案件

地方各级监察机关通过引渡方式办理相关涉外案件的，应当按照《中华人民共和国引渡法》、相关双边及多边国际条约等规定准备引渡请求书及相关材料，逐级报送国家监察委员会审核。由国家监察委员会依法通过外交途径向外国提出引渡请求。

依据：2025年《中华人民共和国监察法实施条例》第277条。

417 地方各级监察机关通过刑事司法协助方式办理相关涉外案件

地方各级监察机关通过刑事司法协助方式办理相关涉外案件的，应当按照《中华人民共和国国际刑事司法协助法》、相关双边及多边国际条约等规定准备刑事司法协助请求书及相关材料，逐级报送国家监察委员会审核。由国家监察委员会依法直接或者通过对外联系机关等渠道，向外国提出刑事司法协助请求。

国家监察委员会收到外国提出的刑事司法协助请求书及所附材料，

经审查认为符合有关规定的，作出决定并交由省级监察机关执行，或者转交其他有关主管机关。省级监察机关应当立即执行，或者交由下级监察机关执行，并将执行结果或者妨碍执行的情形及时报送国家监察委员会。在执行过程中，需要依法采取查询、调取、查封、扣押、冻结等措施或者需要返还涉案财物的，根据我国法律规定和国家监察委员会的执行决定办理有关法律手续。

依据：2025 年《中华人民共和国监察法实施条例》第 278 条。

418 地方各级监察机关通过执法合作方式办理相关涉外案件

地方各级监察机关通过执法合作方式办理相关涉外案件的，应当将合作事项及相关材料逐级报送国家监察委员会审核。由国家监察委员会依法直接或者协调有关单位，向有关国家（地区）相关机构提交并开展合作。

依据：2025 年《中华人民共和国监察法实施条例》第 279 条。

419 地方各级监察机关通过境外追诉方式办理相关涉外案件

地方各级监察机关通过境外追诉方式办理相关涉外案件的，应当提供外逃人员相关违法线索和证据，逐级报送国家监察委员会审核。由国家监察委员会按照国际刑事司法协助法等规定直接或者协调有关单位向有关国家（地区）相关机构提交，请其依法对外逃人员调查、起诉、审判，移管被判刑人或者遣返外逃人员。

依据：2025 年《中华人民共和国监察法实施条例》第 280 条。

420 涉案人员拒不退赔涉案财产的追缴方式

监察机关对依法应当追缴的境外违法所得及其他涉案财产，应当责令涉案人员以合法方式退赔。涉案人员拒不退赔的，可以依法通过下列方式追缴：

(1)在开展引渡等追逃合作时，随附请求有关国家(地区)移交相关违法所得及其他涉案财产；

(2) 依法启动违法所得没收程序，申请由人民法院对相关违法所得及其他涉案财产作出没收裁定，请有关国家(地区)承认和执行，并予以返还；

(3)请有关国家(地区)依法追缴相关违法所得及其他涉案财产，并予以返还；

(4)通过其他合法方式追缴。

依据：2025 年《中华人民共和国监察法实施条例》第 281 条。

附　　录

附录一　相关法规

中华人民共和国监察法

（2018 年 3 月 20 日第十三届全国人民代表大会第一次会议通过　根据 2024 年 12 月 25 日第十四届全国人民代表大会常务委员会第十三次会议《关于修改〈中华人民共和国监察法〉的决定》修正）

目　　录

第一章　总　　则
第二章　监察机关及其职责
第三章　监察范围和管辖
第四章　监察权限
第五章　监察程序
第六章　反腐败国际合作
第七章　对监察机关和监察人员的监督
第八章　法律责任
第九章　附　　则

第一章　总　　则

第一条　【立法目的】[1]为了深入开展廉政建设和反腐败工作，加强对所有行使公权力的公职人员的监督，实现国家监察全面覆盖，持续深化国家监察体制改革，推进国家治理体系和治理能力现代化，根据宪法，制定本法。

第二条　【指导思想】坚持中国共产党对国家监察工作的领导，以马克思列宁主义、毛泽东思想、邓小平理论、"三个代表"重要思想、科学发展观、习近平新时代中国特色社会主义思想为指导，构建集中统一、权威高效的中国特色国家监察体制。

第三条　【法律地位】各级监

① 条文主旨为编者所加，下同。

察委员会是行使国家监察职能的专责机关，依照本法对所有行使公权力的公职人员（以下称公职人员）进行监察，调查职务违法和职务犯罪，开展廉政建设和反腐败工作，维护宪法和法律的尊严。

第四条　【依法独立行使监察权】监察委员会依照法律规定独立行使监察权，不受行政机关、社会团体和个人的干涉。

监察机关办理职务违法和职务犯罪案件，应当与审判机关、检察机关、执法部门互相配合，互相制约。

监察机关在工作中需要协助的，有关机关和单位应当根据监察机关的要求依法予以协助。

第五条　【监察原则】国家监察工作严格遵照宪法和法律，以事实为根据，以法律为准绳；权责对等，严格监督；遵守法定程序，公正履行职责；尊重和保障人权，在适用法律上一律平等，保障监察对象及相关人员的合法权益；惩戒与教育相结合，宽严相济。

第六条　【监察地位】国家监察工作坚持标本兼治、综合治理，强化监督问责，严厉惩治腐败；深化改革、健全法治，有效制约和监督权力；加强法治教育和道德教育，弘扬中华优秀传统文化，构建不敢腐、不能腐、不想腐的长效机制。

第二章　监察机关及其职责

第七条　【监察机关设置】中华人民共和国国家监察委员会是最高监察机关。

省、自治区、直辖市、自治州、县、自治县、市、市辖区设立监察委员会。

第八条　【国家监察委员会】国家监察委员会由全国人民代表大会产生，负责全国监察工作。

国家监察委员会由主任、副主任若干人、委员若干人组成，主任由全国人民代表大会选举，副主任、委员由国家监察委员会主任提请全国人民代表大会常务委员会任免。

国家监察委员会主任每届任期同全国人民代表大会每届任期相同，连续任职不得超过两届。

国家监察委员会对全国人民代表大会及其常务委员会负责，并接受其监督。

第九条　【地方各级监察委员会】地方各级监察委员会由本级人

民代表大会产生，负责本行政区域内的监察工作。

地方各级监察委员会由主任、副主任若干人、委员若干人组成，主任由本级人民代表大会选举，副主任、委员由监察委员会主任提请本级人民代表大会常务委员会任免。

地方各级监察委员会主任每届任期同本级人民代表大会每届任期相同。

地方各级监察委员会对本级人民代表大会及其常务委员会和上一级监察委员会负责，并接受其监督。

第十条　【上下级关系】国家监察委员会领导地方各级监察委员会的工作，上级监察委员会领导下级监察委员会的工作。

第十一条　【法定职责】监察委员会依照本法和有关法律规定履行监督、调查、处置职责：

（一）对公职人员开展廉政教育，对其依法履职、秉公用权、廉洁从政从业以及道德操守情况进行监督检查；

（二）对涉嫌贪污贿赂、滥用职权、玩忽职守、权力寻租、利益输送、徇私舞弊以及浪费国家资财等职务违法和职务犯罪进行调查；

（三）对违法的公职人员依法作出政务处分决定；对履行职责不力、失职失责的领导人员进行问责；对涉嫌职务犯罪的，将调查结果移送人民检察院依法审查、提起公诉；向监察对象所在单位提出监察建议。

第十二条　【派驻派出】各级监察委员会可以向本级中国共产党机关、国家机关、中国人民政治协商会议委员会机关、法律法规授权或者委托管理公共事务的组织和单位以及辖区内特定区域、国有企业、事业单位等派驻或者派出监察机构、监察专员。

经国家监察委员会批准，国家监察委员会派驻本级实行垂直管理或者双重领导并以上级单位领导为主的单位、国有企业的监察机构、监察专员，可以向驻在单位的下一级单位再派出。

经国家监察委员会批准，国家监察委员会派驻监察机构、监察专员，可以向驻在单位管理领导班子的普通高等学校再派出；国家监察委员会派驻国务院国有资产监督管理机构的监察机构,可以向驻在单位管理领导班子的国有企业再派出。

监察机构、监察专员对派驻或者派出它的监察委员会或者监察机构、监察专员负责。

第十三条 【授权监察】派驻或者派出的监察机构、监察专员根据授权,按照管理权限依法对公职人员进行监督,提出监察建议,依法对公职人员进行调查、处置。

第十四条 【监察官制度】国家实行监察官制度,依法确定监察官的等级设置、任免、考评和晋升等制度。

第三章 监察范围和管辖

第十五条 【监察对象】监察机关对下列公职人员和有关人员进行监察:

(一)中国共产党机关、人民代表大会及其常务委员会机关、人民政府、监察委员会、人民法院、人民检察院、中国人民政治协商会议各级委员会机关、民主党派机关和工商业联合会机关的公务员,以及参照《中华人民共和国公务员法》管理的人员;

(二)法律、法规授权或者受国家机关依法委托管理公共事务的组织中从事公务的人员;

(三)国有企业管理人员;

(四)公办的教育、科研、文化、医疗卫生、体育等单位中从事管理的人员;

(五)基层群众性自治组织中从事管理的人员;

(六)其他依法履行公职的人员。

第十六条 【级别管辖】各级监察机关按照管理权限管辖本辖区内本法第十五条规定的人员所涉监察事项。

上级监察机关可以办理下一级监察机关管辖范围内的监察事项,必要时也可以办理所辖各级监察机关管辖范围内的监察事项。

监察机关之间对监察事项的管辖有争议的,由其共同的上级监察机关确定。

第十七条 【指定管辖】上级监察机关可以将其所管辖的监察事项指定下级监察机关管辖,也可以将下级监察机关有管辖权的监察事项指定给其他监察机关管辖。

监察机关认为所管辖的监察

事项重大、复杂,需要由上级监察机关管辖的,可以报请上级监察机关管辖。

第四章　监察权限

第十八条　【监察调查权】监察机关行使监督、调查职权,有权依法向有关单位和个人了解情况,收集、调取证据。有关单位和个人应当如实提供。

监察机关及其工作人员对监督、调查过程中知悉的国家秘密、工作秘密、商业秘密、个人隐私和个人信息,应当保密。

任何单位和个人不得伪造、隐匿或者毁灭证据。

第十九条　【谈话、函询】对可能发生职务违法的监察对象,监察机关按照管理权限,可以直接或者委托有关机关、人员进行谈话,或者进行函询,要求说明情况。

第二十条　【谈话、讯问】在调查过程中,对涉嫌职务违法的被调查人,监察机关可以进行谈话,要求其就涉嫌违法行为作出陈述,必要时向被调查人出具书面通知。

对涉嫌贪污贿赂、失职渎职等职务犯罪的被调查人,监察机关可以进行讯问,要求其如实供述涉嫌犯罪的情况。

第二十一条　【强制到案】监察机关根据案件情况,经依法审批,可以强制涉嫌严重职务违法或者职务犯罪的被调查人到案接受调查。

第二十二条　【询问】在调查过程中,监察机关可以询问证人等人员。

第二十三条　【责令候查】被调查人涉嫌严重职务违法或者职务犯罪,并有下列情形之一的,经监察机关依法审批,可以对其采取责令候查措施:

(一)不具有本法第二十四条第一款所列情形的;

(二)符合留置条件,但患有严重疾病、生活不能自理的,系怀孕或者正在哺乳自己婴儿的妇女,或者生活不能自理的人的唯一扶养人;

(三)案件尚未办结,但留置期限届满或者对被留置人员不需要继续采取留置措施的;

(四)符合留置条件,但因为案件的特殊情况或者办理案件的需要,采取责令候查措施更为适宜的。

被责令候查人员应当遵守以下规定：

（一）未经监察机关批准不得离开所居住的直辖市、设区的市的城市市区或者不设区的市、县的辖区；

（二）住址、工作单位和联系方式发生变动的，在二十四小时以内向监察机关报告；

（三）在接到通知的时候及时到案接受调查；

（四）不得以任何形式干扰证人作证；

（五）不得串供或者伪造、隐匿、毁灭证据。

被责令候查人员违反前款规定，情节严重的，可以依法予以留置。

第二十四条　【留置】被调查人涉嫌贪污贿赂、失职渎职等严重职务违法或者职务犯罪，监察机关已经掌握其部分违法犯罪事实及证据，仍有重要问题需要进一步调查，并有下列情形之一的，经监察机关依法审批，可以将其留置在特定场所：

（一）涉及案情重大、复杂的；

（二）可能逃跑、自杀的；

（三）可能串供或者伪造、隐匿、毁灭证据的；

（四）可能有其他妨碍调查行为的。

对涉嫌行贿犯罪或者共同职务犯罪的涉案人员，监察机关可以依照前款规定采取留置措施。

留置场所的设置、管理和监督依照国家有关规定执行。

第二十五条　【管护】对于未被留置的下列人员，监察机关发现存在逃跑、自杀等重大安全风险的，经依法审批，可以进行管护：

（一）涉嫌严重职务违法或者职务犯罪的自动投案人员；

（二）在接受谈话、函询、询问过程中，交代涉嫌严重职务违法或者职务犯罪问题的人员；

（三）在接受讯问过程中，主动交代涉嫌重大职务犯罪问题的人员。

采取管护措施后，应当立即将被管护人员送留置场所，至迟不得超过二十四小时。

第二十六条　【查询、冻结】监察机关调查涉嫌贪污贿赂、失职渎职等严重职务违法或者职务犯罪，根据工作需要，可以依照规定查询、冻结涉案单位和个人的存款、汇款、债券、股票、基金份额等财产。有关单位和个人应当配合。

冻结的财产经查明与案件无关的，应当在查明后三日内解除冻结，予以退还。

第二十七条　【搜查】监察机关可以对涉嫌职务犯罪的被调查人以及可能隐藏被调查人或者犯罪证据的人的身体、物品、住处和其他有关地方进行搜查。在搜查时，应当出示搜查证，并有被搜查人或者其家属等见证人在场。

搜查女性身体，应当由女性工作人员进行。

监察机关进行搜查时，可以根据工作需要提请公安机关配合。公安机关应当依法予以协助。

第二十八条　【调取、查封、扣押】监察机关在调查过程中，可以调取、查封、扣押用以证明被调查人涉嫌违法犯罪的财物、文件和电子数据等信息。采取调取、查封、扣押措施，应当收集原物原件，会同持有人或者保管人、见证人，当面逐一拍照、登记、编号，开列清单，由在场人员当场核对、签名，并将清单副本交财物、文件的持有人或者保管人。

对调取、查封、扣押的财物、文件，监察机关应当设立专用账户、专门场所，确定专门人员妥善保管，严格履行交接、调取手续，定期对账核实，不得毁损或者用于其他目的。对价值不明物品应当及时鉴定，专门封存保管。

查封、扣押的财物、文件经查明与案件无关的，应当在查明后三日内解除查封、扣押，予以退还。

第二十九条　【勘验检查、调查实验】监察机关在调查过程中，可以直接或者指派、聘请具有专门知识的人在调查人员主持下进行勘验检查。勘验检查情况应当制作笔录，由参加勘验检查的人员和见证人签名或者盖章。

必要时，监察机关可以进行调查实验。调查实验情况应当制作笔录，由参加实验的人员签名或者盖章。

第三十条　【鉴定】监察机关在调查过程中，对于案件中的专门性问题，可以指派、聘请有专门知识的人进行鉴定。鉴定人进行鉴定后，应当出具鉴定意见，并且签名。

第三十一条 【技术调查措施】监察机关调查涉嫌重大贪污贿赂等职务犯罪，根据需要，经过严格的批准手续，可以采取技术调查措施，按照规定交有关机关执行。

批准决定应当明确采取技术调查措施的种类和适用对象，自签发之日起三个月以内有效；对于复杂、疑难案件，期限届满仍有必要继续采取技术调查措施的，经过批准，有效期可以延长，每次不得超过三个月。对于不需要继续采取技术调查措施的，应当及时解除。

第三十二条 【通缉】依法应当留置的被调查人如果在逃，监察机关可以决定在本行政区域内通缉，由公安机关发布通缉令，追捕归案。通缉范围超出本行政区域的，应当报请有权决定的上级监察机关决定。

第三十三条 【限制出境】监察机关为防止被调查人及相关人员逃匿境外，经省级以上监察机关批准，可以对被调查人及相关人员采取限制出境措施，由公安机关依法执行。对于不需要继续采取限制出境措施的，应当及时解除。

第三十四条 【涉嫌职务犯罪的被调查人从宽处罚情形】涉嫌职务犯罪的被调查人主动认罪认罚，有下列情形之一的，监察机关经领导人员集体研究，并报上一级监察机关批准，可以在移送人民检察院时提出从宽处罚的建议：

（一）自动投案，真诚悔罪悔过的；

（二）积极配合调查工作，如实供述监察机关还未掌握的违法犯罪行为的；

（三）积极退赃，减少损失的；

（四）具有重大立功表现或者案件涉及国家重大利益等情形的。

第三十五条 【职务违法犯罪的涉案人员从宽处罚情形】职务违法犯罪的涉案人员揭发有关被调查人职务违法犯罪行为，查证属实的，或者提供重要线索，有助于调查其他案件的，监察机关经领导人员集体研究，并报上一级监察机关批准，可以在移送人民检察院时提出从宽处罚的建议。

第三十六条 【证据】监察机关依照本法规定收集的物证、书证、证人证言、被调查人供述和辩解、视听资料、电子数据等证据材料，在刑事诉讼中可以作为证据使用。

监察机关在收集、固定、审查、运用证据时，应当与刑事审判关于证据的要求和标准相一致。

以非法方法收集的证据应当依法予以排除，不得作为案件处置的依据。

第三十七条　【公职人员涉嫌职务违法或者职务犯罪问题线索移送及管辖】人民法院、人民检察院、公安机关、审计机关等国家机关在工作中发现公职人员涉嫌贪污贿赂、失职渎职等职务违法或者职务犯罪的问题线索，应当移送监察机关，由监察机关依法调查处置。

被调查人既涉嫌严重职务违法或者职务犯罪，又涉嫌其他违法犯罪的，一般应当由监察机关为主调查，其他机关予以协助。

第五章　监察程序

第三十八条　【报案与举报】监察机关对于报案或者举报，应当接受并按照有关规定处理。对于不属于本机关管辖的，应当移送主管机关处理。

第三十九条　【线索管理】监察机关应当严格按照程序开展工作，建立问题线索处置、调查、审理各部门相互协调、相互制约的工作机制。

监察机关应当加强对调查、处置工作全过程的监督管理，设立相应的工作部门履行线索管理、监督检查、督促办理、统计分析等管理协调职能。

第四十条　【线索处置】监察机关对监察对象的问题线索，应当按照有关规定提出处置意见，履行审批手续，进行分类办理。线索处置情况应当定期汇总、通报，定期检查、抽查。

第四十一条　【线索初步核实】需要采取初步核实方式处置问题线索的，监察机关应当依法履行审批程序，成立核查组。初步核实工作结束后，核查组应当撰写初步核实情况报告，提出处理建议。承办部门应当提出分类处理意见。初步核实情况报告和分类处理意见报监察机关主要负责人审批。

第四十二条　【立案】经过初步核实，对监察对象涉嫌职务违法犯罪，需要追究法律责任的，监察机关应当按照规定的权限和程序办理立案手续。

监察机关主要负责人依法批准立案后，应当主持召开专题会议，研究确定调查方案，决定需要采取的调查措施。

立案调查决定应当向被调查人宣布，并通报相关组织。涉嫌严重职务违法或者职务犯罪的，应当通知被调查人家属，并向社会公开发布。

第四十三条 【调查取证】监察机关对职务违法和职务犯罪案件，应当进行调查，收集被调查人有无违法犯罪以及情节轻重的证据，查明违法犯罪事实，形成相互印证、完整稳定的证据链。

调查人员应当依法文明规范开展调查工作。严禁以暴力、威胁、引诱、欺骗及其他非法方式收集证据，严禁侮辱、打骂、虐待、体罚或者变相体罚被调查人和涉案人员。

监察机关及其工作人员在履行职责过程中应当依法保护企业产权和自主经营权，严禁利用职权非法干扰企业生产经营。需要企业经营者协助调查的，应当保障其人身权利、财产权利和其他合法权益，避免或者尽量减少对企业正常生产经营活动的影响。

第四十四条 【调查程序】调查人员采取讯问、询问、强制到案、责令候查、管护、留置、搜查、调取、查封、扣押、勘验检查等调查措施，均应当依照规定出示证件，出具书面通知，由二人以上进行，形成笔录、报告等书面材料，并由相关人员签名、盖章。

调查人员进行讯问以及搜查、查封、扣押等重要取证工作，应当对全过程进行录音录像，留存备查。

第四十五条 【调查限定原则】调查人员应当严格执行调查方案，不得随意扩大调查范围、变更调查对象和事项。

对调查过程中的重要事项，应当集体研究后按程序请示报告。

第四十六条 【强制到案、责令候查以及管护的审批及时间】采取强制到案、责令候查或者管护措施，应当按照规定的权限和程序，经监察机关主要负责人批准。

强制到案持续的时间不得超过十二小时；需要采取管护或者留

置措施的，强制到案持续的时间不得超过二十四小时。不得以连续强制到案的方式变相拘禁被调查人。

责令候查最长不得超过十二个月。

监察机关采取管护措施的，应当在七日以内依法作出留置或者解除管护的决定，特殊情况下可以延长一日至三日。

第四十七条　【留置措施的报批】监察机关采取留置措施，应当由监察机关领导人员集体研究决定。设区的市级以下监察机关采取留置措施，应当报上一级监察机关批准。省级监察机关采取留置措施，应当报国家监察委员会备案。

第四十八条　【留置时间】留置时间不得超过三个月。在特殊情况下，可以延长一次，延长时间不得超过三个月。省级以下监察机关采取留置措施的，延长留置时间应当报上一级监察机关批准。监察机关发现采取留置措施不当或者不需要继续采取留置措施的，应当及时解除或者变更为责令候查措施。

对涉嫌职务犯罪的被调查人可能判处十年有期徒刑以上刑罚，监察机关依照前款规定延长期限届满，仍不能调查终结的，经国家监察委员会批准或者决定，可以再延长二个月。

省级以上监察机关在调查期间，发现涉嫌职务犯罪的被调查人另有与留置时的罪行不同种的重大职务犯罪或者同种的影响罪名认定、量刑档次的重大职务犯罪，经国家监察委员会批准或者决定，自发现之日起依照本条第一款的规定重新计算留置时间。留置时间重新计算以一次为限。

第四十九条　【公安机关协助】监察机关采取强制到案、责令候查、管护、留置措施，可以根据工作需要提请公安机关配合。公安机关应当依法予以协助。

省级以下监察机关留置场所的看护勤务由公安机关负责，国家监察委员会留置场所的看护勤务由国家另行规定。留置看护队伍的管理依照国家有关规定执行。

第五十条　【管护或者留置的执行】采取管护或者留置措施后，应当在二十四小时以内，通知被管护人员、被留置人员所在单位和家属，但有可能伪造、隐匿、毁灭证据，干扰证人作证或者串供等有碍调查情形的除外。有碍调查的情形消失后，应当立即通知被管护人员、被留置人员所在单位和家属。解除管护或者留置的，应当及时通知被管护人员、被留置人员所在单位和家属。

被管护人员、被留置人员及其近亲属有权申请变更管护、留置措施。监察机关收到申请后，应当在三日以内作出决定；不同意变更措施的，应当告知申请人，并说明不同意的理由。

监察机关应当保障被强制到案人员、被管护人员以及被留置人员的饮食、休息和安全，提供医疗服务。对其谈话、讯问的，应当合理安排时间和时长，谈话笔录、讯问笔录由被谈话人、被讯问人阅看后签名。

被管护人员、被留置人员涉嫌犯罪移送司法机关后，被依法判处管制、拘役或者有期徒刑的，管护、留置一日折抵管制二日，折抵拘役、有期徒刑一日。

第五十一条 【审理审议】监察机关在调查工作结束后，应当依法对案件事实和证据、性质认定、程序手续、涉案财物等进行全面审理，形成审理报告，提请集体审议。

第五十二条 【调查处置】监察机关根据监督、调查结果，依法作出如下处置：

（一）对有职务违法行为但情节较轻的公职人员，按照管理权限，直接或者委托有关机关、人员，进行谈话提醒、批评教育、责令检查，或者予以诫勉；

（二）对违法的公职人员依照法定程序作出警告、记过、记大过、降级、撤职、开除等政务处分决定；

（三）对不履行或者不正确履行职责负有责任的领导人员，按照管理权限对其直接作出问责决定，或者向有权作出问责决定的机关提出问责建议；

（四）对涉嫌职务犯罪的，监察机关经调查认为犯罪事实清楚，证据确实、充分的，制作起诉意见书，连同案卷材料、证据一并移送人民检察院依法审查、提起公诉；

（五）对监察对象所在单位廉政建设和履行职责存在的问题等提出监察建议。

监察机关经调查，对没有证据证明被调查人存在违法犯罪行为的，应当撤销案件，并通知被调查人所在单位。

第五十三条　【违法财物处置】监察机关经调查，对违法取得的财物，依法予以没收、追缴或者责令退赔；对涉嫌犯罪取得的财物，应当随案移送人民检察院。

第五十四条　【审查起诉】对监察机关移送的案件，人民检察院依照《中华人民共和国刑事诉讼法》对被调查人采取强制措施。

人民检察院经审查，认为犯罪事实已经查清，证据确实、充分，依法应当追究刑事责任的，应当作出起诉决定。

人民检察院经审查，认为需要补充核实的，应当退回监察机关补充调查，必要时可以自行补充侦查。对于补充调查的案件，应当在一个月内补充调查完毕。补充调查以二次为限。

人民检察院对于有《中华人民共和国刑事诉讼法》规定的不起诉的情形的，经上一级人民检察院批准，依法作出不起诉的决定。监察机关认为不起诉的决定有错误的，可以向上一级人民检察院提请复议。

第五十五条　【被调查人逃匿或者死亡情况的处理】监察机关在调查贪污贿赂、失职渎职等职务犯罪案件过程中，被调查人逃匿或者死亡，有必要继续调查的，应当继续调查并作出结论。被调查人逃匿，在通缉一年后不能到案，或者死亡的，由监察机关提请人民检察院依照法定程序，向人民法院提出没收违法所得的申请。

第五十六条　【处理决定的救济】监察对象对监察机关作出的涉及本人的处理决定不服的，可以在收到处理决定之日起一个月内，向作出决定的监察机关申请复审，复审机关应当在一个月内作出复审决定；监察对象对复审决定仍不服的，可以在收到复审决定之日起一个月内，向上一级监察机关申请复核，复核机关应当在二个月内作出复核决定。复审、复核期间，不停止原处理决定的执行。复核机关经审查，认定处理决定有错误的，原处理机关应当及时予以纠正。

第六章　反腐败国际合作

第五十七条　【国际交流、合作】国家监察委员会统筹协调与其他国家、地区、国际组织开展的反腐败国际交流、合作，组织反腐败国际条约实施工作。

第五十八条　【国际执法司法合作和司法协助】国家监察委员会会同有关单位加强与有关国家、地区、国际组织在反腐败方面开展引渡、移管被判刑人、遣返、联合调查、调查取证、资产追缴和信息交流等执法司法合作和司法协助。

第五十九条　【国际追逃追赃防逃组织协调】国家监察委员会加强对反腐败国际追逃追赃和防逃工作的组织协调，督促有关单位做好相关工作：

（一）对于重大贪污贿赂、失职渎职等职务犯罪案件，被调查人逃匿到国（境）外，掌握证据比较确凿的，通过开展境外追逃合作，追捕归案；

（二）向赃款赃物所在国请求查询、冻结、扣押、没收、追缴、返还涉案资产；

（三）查询、监控涉嫌职务犯罪的公职人员及其相关人员进出国（境）和跨境资金流动情况，在调查案件过程中设置防逃程序。

第七章　对监察机关和监察人员的监督

第六十条　【人大监督】各级监察委员会应当接受本级人民代表大会及其常务委员会的监督。

各级人民代表大会常务委员会听取和审议本级监察委员会的专项工作报告，组织执法检查。

县级以上各级人民代表大会及其常务委员会举行会议时，人民代表大会代表或者常务委员会组成人员可以依照法律规定的程序，就监察工作中的有关问题提出询问或者质询。

第六十一条　【社会监督】监察机关应当依法公开监察工作信息，接受民主监督、社会监督、舆论监督。

第六十二条　【特约监察员监督】监察机关根据工作需要，可以从各方面代表中聘请特约监察员。特约监察员按照规定对监察机关及其工作人员履行职责情况实行监督。

第六十三条　【内部监督】监察机关通过设立内部专门的监督机构等方式，加强对监察人员执行职务和遵守法律情况的监督，建设忠诚、干净、担当的监察队伍。

第六十四条　【禁闭】监察人员涉嫌严重职务违法或者职务犯罪，为防止造成更为严重的后果或者恶劣影响，监察机关经依法审批，可以对其采取禁闭措施。禁闭的期限不得超过七日。

被禁闭人员应当配合监察机关调查。监察机关经调查发现被禁闭人员符合管护或者留置条件的，可以对其采取管护或者留置措施。

本法第五十条的规定，适用于禁闭措施。

第六十五条　【监察人员法定义务】监察人员必须模范遵守宪法和法律，忠于职守、秉公执法，清正廉洁、保守秘密；必须具有良好的政治素质，熟悉监察业务，具备运用法律、法规、政策和调查取证等能力，自觉接受监督。

第六十六条　【登记备案制度】对于监察人员打听案情、过问案件、说情干预的，办理监察事项的监察人员应当及时报告。有关情况应当登记备案。

发现办理监察事项的监察人员未经批准接触被调查人、涉案人员及其特定关系人，或者存在交往情形的，知情人应当及时报告。有关情况应当登记备案。

第六十七条　【回避制度】办理监察事项的监察人员有下列情形之一的，应当自行回避，监察对象、检举人及其他有关人员也有权要求其回避：

（一）是监察对象或者检举人的近亲属的；

（二）担任过本案的证人的；

（三）本人或者其近亲属与办理的监察事项有利害关系的；

（四）有可能影响监察事项公正处理的其他情形的。

第六十八条　【离任后的义务】监察机关涉密人员离岗离职后，应当遵守脱密期管理规定，严格履行保密义务，不得泄露相关秘密。

监察人员辞职、退休三年内，不得从事与监察和司法工作相关联且可能发生利益冲突的职业。

第六十九条　【申诉权】监察

机关及其工作人员有下列行为之一的，被调查人及其近亲属、利害关系人有权向该机关申诉：

（一）采取强制到案、责令候查、管护、留置或者禁闭措施法定期限届满，不予以解除或者变更的；

（二）查封、扣押、冻结与案件无关或者明显超出涉案范围的财物的；

（三）应当解除查封、扣押、冻结措施而不解除的；

（四）贪污、挪用、私分、调换或者违反规定使用查封、扣押、冻结的财物的；

（五）利用职权非法干扰企业生产经营或者侵害企业经营者人身权利、财产权利和其他合法权益的；

（六）其他违反法律法规、侵害被调查人合法权益的行为。

受理申诉的监察机关应当在受理申诉之日起一个月内作出处理决定。申诉人对处理决定不服的，可以在收到处理决定之日起一个月内向上一级监察机关申请复查，上一级监察机关应当在收到复查申请之日起二个月内作出处理决定，情况属实的，及时予以纠正。

第七十条　【错案追责】对调查工作结束后发现立案依据不充分或者失实，案件处置出现重大失误，监察人员严重违法的，应当追究负有责任的领导人员和直接责任人员的责任。

第八章　法 律 责 任

第七十一条　【拒不执行监察决定、无正当理由拒不采纳监察建议的法律责任】有关单位拒不执行监察机关作出的处理决定，或者无正当理由拒不采纳监察建议的，由其主管部门、上级机关责令改正，对单位给予通报批评；对负有责任的领导人员和直接责任人员依法给予处理。

第七十二条　【妨害监察行为的法律责任】有关人员违反本法规定，有下列行为之一的，由其所在单位、主管部门、上级机关或者监察机关责令改正，依法给予处理：

（一）不按要求提供有关材料，拒绝、阻碍调查措施实施等拒不配合监察机关调查的；

（二）提供虚假情况，掩盖事实

真相的；

（三）串供或者伪造、隐匿、毁灭证据的；

（四）阻止他人揭发检举、提供证据的；

（五）其他违反本法规定的行为，情节严重的。

第七十三条　【诬告陷害行为的法律责任】监察对象对控告人、检举人、证人或者监察人员进行报复陷害的；控告人、检举人、证人捏造事实诬告陷害监察对象的，依法给予处理。

第七十四条　【负有责任的领导人员和直接责任人员的法律责任】监察机关及其工作人员有下列行为之一的，对负有责任的领导人员和直接责任人员依法给予处理：

（一）未经批准、授权处置问题线索，发现重大案情隐瞒不报，或者私自留存、处理涉案材料的；

（二）利用职权或者职务上的影响干预调查工作、以案谋私的；

（三）违法窃取、泄露调查工作信息，或者泄露举报事项、举报受理情况以及举报人信息的；

（四）对被调查人或者涉案人员逼供、诱供，或者侮辱、打骂、虐待、体罚或者变相体罚的；

（五）违反规定处置查封、扣押、冻结的财物的；

（六）违反规定发生办案安全事故，或者发生安全事故后隐瞒不报、报告失实、处置不当的；

（七）违反规定采取强制到案、责令候查、管护、留置或者禁闭措施，或者法定期限届满，不予以解除或者变更的；

（八）违反规定采取技术调查、限制出境措施，或者不按规定解除技术调查、限制出境措施的；

（九）利用职权非法干扰企业生产经营或者侵害企业经营者人身权利、财产权利和其他合法权益的；

（十）其他滥用职权、玩忽职守、徇私舞弊的行为。

第七十五条　【刑事责任】违反本法规定，构成犯罪的，依法追究刑事责任。

第七十六条　【国家赔偿责任】监察机关及其工作人员行使职权，侵犯公民、法人和其他组织的合法权益造成损害的，依法给予国家赔偿。

第九章 附 则

第七十七条 【具体授权】中国人民解放军和中国人民武装警察部队开展监察工作，由中央军事委员会根据本法制定具体规定。

第七十八条 【施行日期】本法自公布之日起施行。《中华人民共和国行政监察法》同时废止。

中华人民共和国监察法实施条例

（2021年7月20日国家监察委员会全体会议决定 2021年9月20日国家监察委员会公告第1号公布 2025年4月27日国家监察委员会全体会议修订 2025年6月1日国家监察委员会公告第2号公布）

目 录

第一章 总 则
第二章 监察机关及其职责
第三章 监察范围和管辖
第四章 监察权限
第五章 监察程序
第六章 反腐败国际合作
第七章 对监察机关和监察人员的监督
第八章 法律责任
第九章 附 则

第一章 总 则

第一条 为了推动监察工作法治化、规范化，保障依法公正行使监察权，根据《中华人民共和国监察法》（以下简称监察法），结合工作实际，制定本条例。

第二条 坚持中国共产党对监察工作的全面领导，增强政治意识、大局意识、核心意识、看齐意识，坚定中国特色社会主义道路自信、理论自信、制度自信、文化自信，坚决维护习近平总书记党中央的核心、全党的核心地位，坚决维护以习近平同志为核心的党中央权威和集中统一领导，把党的领导贯彻到监察工作各方面和全过程。

第三条　监察机关与党的纪律检查机关合署办公，坚持法治思维和法治方式，促进执纪执法贯通、有效衔接司法，实现依纪监督和依法监察、适用纪律和适用法律有机融合。

第四条　监察机关应当依法履行监督、调查、处置职责，坚持实事求是，坚持惩前毖后、治病救人，坚持惩戒与教育相结合，实现政治效果、法律效果和社会效果相统一。

第五条　监察机关应当坚定不移惩治腐败，推动深化改革、完善制度，规范权力运行，加强新时代廉洁文化建设，引导公职人员提高觉悟、担当作为、依法履职，一体推进不敢腐、不能腐、不想腐，着力铲除腐败滋生的土壤和条件。

第六条　监察机关坚持民主集中制，对于线索处置、立案调查、案件审理、处置执行、复审复核中的重要事项应当集体研究，严格按照权限履行请示报告程序。

第七条　监察机关应当尊重和保障人权，在适用法律上一律平等，充分保障监察对象以及相关人员的人身权、知情权、财产权、申辩权、申诉权以及申请复审复核权等合法权益。

第八条　监察机关办理职务犯罪案件，应当与人民法院、人民检察院互相配合、互相制约，在案件管辖、证据审查、案件移送、涉案财物处置等方面加强沟通协调，对于人民法院、人民检察院提出的退回补充调查、排除非法证据、调取同步录音录像、要求调查人员出庭等意见依法办理。

第九条　监察机关开展监察工作，可以依法提请组织人事、公安、国家安全、移民管理、审计、统计、市场监管、金融监管、财政、税务、自然资源、银行、证券、保险等有关部门、单位予以协助配合。

有关部门、单位应当根据监察机关的要求，依法协助采取有关措施、共享相关信息、提供相关资料和专业技术支持，配合开展监察工作。

第二章　监察机关及其职责

第一节　领 导 体 制

第十条　国家监察委员会在党中央领导下开展工作。地方各级监察委员会在同级党委和上级监察委员会双重领导下工作，监督执法调查工作以上级监察委员会领导为主，线索处置和案件查办在向同级党委报告的同时应当一并向上一级监察委员会报告。

上级监察委员会应当加强对下级监察委员会的领导。下级监察委员会对上级监察委员会的决定必须执行，认为决定不当的，应当在执行的同时向上级监察委员会反映。上级监察委员会对下级监察委员会作出的错误决定，应当按程序予以纠正，或者要求下级监察委员会予以纠正。

第十一条　上级监察委员会可以依法统一调用所辖各级监察机关的监察人员办理监察事项。调用决定应当以书面形式作出。

监察机关办理监察事项应当加强互相协作和配合，对于重要、复杂事项可以提请上级监察机关予以协调。

第十二条　各级监察委员会依法向本级中国共产党机关、国家机关、中国人民政治协商会议委员会机关、法律法规授权或者受委托管理公共事务的组织和单位以及所管辖的国有企业、事业单位等派驻或者派出监察机构、监察专员。

省级和设区的市级监察委员会依法向地区、盟、开发区等不设置人民代表大会的区域派出监察机构或者监察专员。县级监察委员会和直辖市所辖区(县)监察委员会可以向街道、乡镇等区域派出监察机构或者监察专员。

监察机构、监察专员开展监察工作，受派出机关领导。

第十三条　各级监察委员会派驻或者派出的监察机构、监察专员根据派出机关授权，按照管理权限依法对派驻或者派出监督单位、区域等的公职人员开展监督，对职务违法和职务犯罪进行调查、处置。监察机构、监察专员可以按规定与地方监察委员会联合调查严重职务违法、职务犯罪，或者移交地方监察委员会调查。

前款规定的监察机构、监察专

员未被授予职务犯罪调查权的，其发现监察对象涉嫌职务犯罪线索，应当及时向派出机关报告，由派出机关调查或者依法移交有关地方监察委员会调查。

第十四条　经国家监察委员会批准，国家监察委员会有关派驻监察机构、监察专员可以按照监察法第十二条第二款、第三款规定再派出。

再派出监察机构、监察专员开展监察工作，受派出它的监察机构、监察专员领导。

再派出监察机构、监察专员根据授权，按照管理权限依法对再派出监督单位的公职人员开展监督，对职务违法进行调查、处置。职务犯罪的调查、处置，按照本条例第五十二条第二款规定办理。

第二节　监察监督

第十五条　监察机关依法履行监察监督职责，对公职人员政治品行、行使公权力和道德操守情况进行监督检查，督促有关机关、单位加强对所属公职人员的教育、管理、监督。

第十六条　监察机关应当坚决维护宪法确立的国家指导思想，加强对公职人员特别是领导人员坚持党的领导、坚持中国特色社会主义制度，贯彻落实党和国家路线方针政策、重大决策部署，履行从严管理监督职责，依法行使公权力等情况的监督。

第十七条　监察机关应当加强对公职人员理想信念教育、为人民服务教育、宪法法律法规教育和社会主义先进文化、革命文化、中华优秀传统文化教育，弘扬社会主义核心价值观，深入开展警示教育，教育引导公职人员树立正确的权力观、政绩观、事业观，保持为民务实清廉本色。

第十八条　监察机关应当结合公职人员的职责加强日常监督，通过收集群众反映、座谈走访、查阅资料、召集或者列席会议、听取工作汇报和述责述廉、开展监督检查等方式，促进公职人员依法用权、公正用权、为民用权、廉洁用权。

第十九条　监察机关可以与公职人员进行谈心谈话，发现政治品行、行使公权力和道德操守方面有苗头性、倾向性问题的，及时进行教育提醒。

第二十条 监察机关对于发现的行业性、系统性、区域性的突出问题，以及群众反映强烈的问题，可以通过专项监督进行深入了解，督促有关机关、单位强化治理，促进公职人员履职尽责。

第二十一条 监察机关应当加强基层监督工作，促进基层监督资源和力量整合，有效衔接村（居）务监督等各类基层监督，畅通群众监督渠道，及时发现、处理侵害群众利益的不正之风和腐败问题。

第二十二条 监察机关应当以办案促进整改、以监督促进治理，在查清问题、依法处置的同时，剖析问题发生的原因，发现制度建设、权力配置、监督机制等方面存在的问题，向有关机关、单位提出改进工作的意见或者监察建议，促进完善制度，提高治理效能。

对同一行业、系统、区域相关职务违法或者职务犯罪案件，监察机关应当加强类案分析，深入挖掘存在的共性问题，提出综合性改进工作的意见或者监察建议。

第二十三条 监察机关应当依法运用大数据、人工智能等信息化手段，整合各类监督信息资源，强化数据综合分析研判，促进及时预警风险、精准发现问题。

第二十四条 监察机关开展监察监督，应当与纪律监督、派驻监督、巡视监督统筹衔接，与人大监督、民主监督、行政监督、司法监督、审计监督、财会监督、统计监督、群众监督和舆论监督等贯通协调，健全信息、资源、成果共享等机制，形成监督合力。

第三节 监察调查

第二十五条 监察机关依法履行监察调查职责，依据监察法、《中华人民共和国公职人员政务处分法》（以下简称政务处分法）和《中华人民共和国刑法》（以下简称刑法）等规定对职务违法和职务犯罪进行调查。

第二十六条 监察机关负责调查的职务违法是指公职人员实施的与其职务相关联，虽不构成犯罪但依法应当承担法律责任的下列违法行为：

（一）利用职权实施的违法行为；

（二）利用职务上的影响实施

的违法行为；

（三）履行职责不力、失职失责的违法行为；

（四）其他违反与公职人员职务相关的特定义务的违法行为。

第二十七条　监察机关发现公职人员存在其他违法行为，具有下列情形之一的，可以依法进行调查、处置：

（一）超过行政违法追究时效，或者超过犯罪追诉时效、未追究刑事责任，但需要依法给予政务处分的；

（二）被追究行政法律责任，需要依法给予政务处分的；

（三）监察机关调查职务违法或者职务犯罪时，对被调查人实施的事实简单、清楚，需要依法给予政务处分的其他违法行为一并查核的。

监察机关发现公职人员成为监察对象前有前款规定的违法行为的，依照前款规定办理。

第二十八条　监察机关依法对监察法第十一条第二项规定的职务犯罪进行调查。

第二十九条　监察机关依法调查涉嫌贪污贿赂犯罪，包括贪污罪，挪用公款罪，受贿罪，单位受贿罪，利用影响力受贿罪，行贿罪，对有影响力的人行贿罪，对单位行贿罪，介绍贿赂罪，单位行贿罪，巨额财产来源不明罪，隐瞒境外存款罪，私分国有资产罪，私分罚没财物罪，以及公职人员在行使公权力过程中实施的职务侵占罪，挪用资金罪，对外国公职人员、国际公共组织官员行贿罪，非国家工作人员受贿罪和相关联的对非国家工作人员行贿罪。

第三十条　监察机关依法调查公职人员涉嫌滥用职权犯罪，包括滥用职权罪，国有公司、企业、事业单位人员滥用职权罪，滥用管理公司、证券职权罪，食品、药品监管渎职罪，故意泄露国家秘密罪，报复陷害罪，阻碍解救被拐卖、绑架妇女、儿童罪，帮助犯罪分子逃避处罚罪，违法发放林木采伐许可证罪，办理偷越国（边）境人员出入境证件罪，放行偷越国（边）境人员罪，挪用特定款物罪，非法剥夺公民宗教信仰自由罪，侵犯少数民族风俗习惯罪，打击报复会计、统计人员罪，以及司法工作人员以外的公职人员利用职权实施的非法拘禁罪、虐待被监管人罪、非法搜查罪。

第三十一条 监察机关依法调查公职人员涉嫌玩忽职守犯罪，包括玩忽职守罪，国有公司、企业、事业单位人员失职罪，签订、履行合同失职被骗罪，国家机关工作人员签订、履行合同失职被骗罪，环境监管失职罪，传染病防治失职罪，商检失职罪，动植物检疫失职罪，不解救被拐卖、绑架妇女、儿童罪，失职造成珍贵文物损毁、流失罪，过失泄露国家秘密罪。

第三十二条 监察机关依法调查公职人员涉嫌徇私舞弊犯罪，包括徇私舞弊低价折股、出售公司、企业资产罪，非法批准征收、征用、占用土地罪，非法低价出让国有土地使用权罪，非法经营同类营业罪，为亲友非法牟利罪，枉法仲裁罪，徇私舞弊发售发票、抵扣税款、出口退税罪，商检徇私舞弊罪，动植物检疫徇私舞弊罪，放纵走私罪，放纵制售伪劣商品犯罪行为罪，招收公务员、学生徇私舞弊罪，徇私舞弊不移交刑事案件罪，违法提供出口退税凭证罪，徇私舞弊不征、少征税款罪。

第三十三条 监察机关依法调查公职人员在行使公权力过程中涉及的重大责任事故犯罪，包括重大责任事故罪，教育设施重大安全事故罪，消防责任事故罪，重大劳动安全事故罪，强令、组织他人违章冒险作业罪，危险作业罪，不报、谎报安全事故罪，铁路运营安全事故罪，重大飞行事故罪，大型群众性活动重大安全事故罪，危险物品肇事罪，工程重大安全事故罪。

第三十四条 监察机关依法调查公职人员在行使公权力过程中涉及的其他犯罪，包括破坏选举罪，背信损害上市公司利益罪，金融工作人员购买假币、以假币换取货币罪，利用未公开信息交易罪，诱骗投资者买卖证券、期货合约罪，背信运用受托财产罪，违法运用资金罪，违法发放贷款罪，吸收客户资金不入账罪，违规出具金融票证罪，对违法票据承兑、付款、保证罪，非法转让、倒卖土地使用权罪，私自开拆、隐匿、毁弃邮件、电报罪，故意延误投递邮件罪，泄露不应公开的案件信息罪，披露、报道不应公开的案件信息罪，接送不合格兵员罪。

第三十五条　监察机关发现依法由其他机关管辖的违法犯罪线索，应当及时移送有管辖权的机关。

监察机关调查结束后，对于应当给予被调查人或者涉案人员行政处罚等其他处理的，依法移送有关机关。

第四节　监察处置

第三十六条　监察机关对违法的公职人员，依据监察法、政务处分法等规定作出政务处分决定。

第三十七条　监察机关在追究违法的公职人员直接责任的同时，依法对履行职责不力、失职失责，造成严重后果或者恶劣影响的领导人员予以问责。

监察机关应当组成调查组依法开展问责调查。调查结束后经集体讨论形成调查报告，需要进行问责的按照管理权限作出问责决定，或者向有权作出问责决定的机关、单位书面提出问责建议。

第三十八条　监察机关对涉嫌职务犯罪的人员，经调查认为犯罪事实清楚，证据确实、充分，需要追究刑事责任的，依法移送人民检察院审查起诉。

第三十九条　监察机关根据监督、调查结果，发现监察对象所在单位具有下列情形之一，需要整改纠正的，依法提出监察建议，推动以案促改工作：

（一）廉政建设方面存在突出问题的；

（二）权力运行制约监督方面存在较大风险的；

（三）监察对象教育管理监督方面存在突出问题的；

（四）执行法律法规制度不到位的；

（五）不履行或者不正确履行法定职责的；

（六）其他需要提出监察建议的情形。

监察机关应当跟踪了解监察建议的采纳情况，指导、督促有关单位限期整改，对未达到整改要求的提出进一步整改意见，推动监察建议落实到位。

第三章　监察范围和管辖

第一节　监察对象

第四十条　监察机关依法对

所有行使公权力的公职人员进行监察，实现国家监察全面覆盖。

第四十一条 监察法第十五条第一项所称公务员范围，依据《中华人民共和国公务员法》（以下简称公务员法）确定。

监察法第十五条第一项所称参照公务员法管理的人员，是指有关单位中经批准参照公务员法进行管理的工作人员。

第四十二条 监察法第十五条第二项所称法律、法规授权或者受国家机关依法委托管理公共事务的组织中从事公务的人员，是指在上述组织中，除参照公务员法管理的人员外，对公共事务履行组织、领导、管理、监督等职责的人员，包括具有公共事务管理职能的行业协会等组织中从事公务的人员，以及法定检验检测、检疫等机构中从事公务的人员。

第四十三条 监察法第十五条第三项所称国有企业管理人员，是指国家出资企业中的下列人员：

（一）在国有独资、全资公司、企业中履行组织、领导、管理、监督等职责的人员；

（二）经党组织或者国家机关，国有独资、全资公司、企业，事业单位提名、推荐、任命、批准等，在国有控股、参股公司及其分支机构中履行组织、领导、管理、监督等职责的人员；

（三）经国家出资企业中负有管理、监督国有资产职责的组织批准或者研究决定，代表其在国有控股、参股公司及其分支机构中从事组织、领导、管理、监督等工作的人员。

第四十四条 监察法第十五条第四项所称公办的教育、科研、文化、医疗卫生、体育等单位中从事管理的人员，是指国家为了社会公益目的，由国家机关举办或者其他组织利用国有资产举办的教育、科研、文化、医疗卫生、体育等事业单位中，从事组织、领导、管理、监督等工作的人员。

第四十五条 监察法第十五条第五项所称基层群众性自治组织中从事管理的人员，是指该组织中的下列人员：

（一）从事集体事务和公益事业管理的人员；

（二）从事集体资金、资产、资源管理的人员；

（三）协助人民政府从事行政管理工作的人员，包括从事救灾、防疫、抢险、防汛、优抚、帮扶、移民、救济款物的管理，社会捐助公益事业款物的管理，国有土地的经营和管理，土地征收、征用补偿费用的管理，代征、代缴税款，有关计划生育、户籍、征兵工作，协助人民政府等国家机关在基层群众性自治组织中从事的其他管理工作。

第四十六条　下列人员属于监察法第十五条第六项所称其他依法履行公职的人员：

（一）履行人民代表大会职责的各级人民代表大会代表，履行公职的中国人民政治协商会议各级委员会委员、人民陪审员、人民监督员；

（二）虽未列入党政机关人员编制，但在党政机关中从事公务的人员；

（三）在集体经济组织等单位、组织中，由党组织或者国家机关，国有独资、全资公司、企业，国家出资企业中负有管理监督国有和集体资产职责的组织，事业单位提名、推荐、任命、批准等，从事组织、领导、管理、监督等工作的人员；

（四）在依法组建的评标、谈判、询价等组织中代表国家机关，国有独资、全资公司、企业，事业单位，人民团体临时履行公共事务组织、领导、管理、监督等职责的人员；

（五）其他依法行使公权力的人员。

第四十七条　有关机关、单位、组织集体作出的决定违法或者实施违法行为的，监察机关应当对负有责任的领导人员和直接责任人员中的公职人员依法追究法律责任。

第二节　管　　辖

第四十八条　监察机关开展监督、调查、处置，按照管理权限与属地管辖相结合的原则，实行分级负责制。

第四十九条　设区的市级以上监察委员会按照管理权限，依法管辖同级党委管理的公职人员涉嫌职务违法和职务犯罪案件。

县级监察委员会和直辖市所辖区（县）监察委员会按照管理权限，依法管辖本辖区内公职人员涉嫌职务违法和职务犯罪案件。

地方各级监察委员会按照本条例第十三条、第五十二条规定，可以依法管辖工作单位在本辖区内的有关公职人员涉嫌职务违法和职务犯罪案件。

监察机关调查公职人员涉嫌职务犯罪案件，可以依法对涉嫌行贿犯罪、介绍贿赂犯罪或者共同职务犯罪的涉案人员中的非公职人员一并管辖并进行调查处置。非公职人员涉嫌利用影响力受贿罪的，监察机关按照其所利用的公职人员的管理权限确定管辖并进行调查处置。

第五十条　上级监察机关对于下一级监察机关管辖范围内的职务违法和职务犯罪案件，具有下列情形之一的，可以依法提级管辖：

（一）在本辖区有重大影响的；

（二）涉及多个下级监察机关管辖的监察对象，调查难度大的；

（三）其他需要提级管辖的重大、复杂案件。

上级监察机关对于所辖各级监察机关管辖范围内有重大影响的案件，必要时可以依法直接调查或者组织、指挥、参与调查。

地方各级监察机关所管辖的职务违法和职务犯罪案件，具有第一款规定情形的，可以依法报请上一级监察机关管辖。

第五十一条　上级监察机关可以依法将其所管辖的案件指定下级监察机关管辖。

设区的市级监察委员会将同级党委管理的公职人员涉嫌职务违法或者职务犯罪案件指定下级监察委员会管辖的，应当报请省级监察委员会批准；省级监察委员会将同级党委管理的公职人员涉嫌职务违法或者职务犯罪案件指定下级监察委员会管辖的，应当报送国家监察委员会相关监督检查部门备案。

上级监察机关对于下级监察机关管辖的职务违法和职务犯罪案件，具有下列情形之一，认为由其他下级监察机关管辖更为适宜的，可以依法指定给其他下级监察机关管辖：

（一）管辖有争议的；

（二）指定管辖有利于案件公正处理的；

（三）下级监察机关报请指定管辖的；

（四）其他有必要指定管辖的。

被指定的下级监察机关未经指定管辖的监察机关批准，不得将案件再行指定管辖。发现新的职务违法或者职务犯罪线索，以及其他重要情况、重大问题，应当及时向指定管辖的监察机关请示报告。

第五十二条　工作单位在地方、管理权限在主管部门的公职人员涉嫌职务违法和职务犯罪，一般由驻在主管部门、有管辖权的监察机构、监察专员管辖；经协商，监察机构、监察专员可以按规定移交公职人员工作单位所在地的地方监察委员会调查，或者与地方监察委员会联合调查。地方监察委员会在工作中发现上述公职人员有关问题线索，应当向驻在主管部门、有管辖权的监察机构、监察专员通报，并协商确定管辖。

前款规定单位的其他公职人员涉嫌职务违法的，可以由公职人员工作单位所在地的地方监察委员会管辖。涉嫌职务犯罪的，一般由公职人员工作单位所在地的地方监察委员会管辖；因涉及主管部门管理的公职人员等特殊情形，驻在主管部门的监察机构、监察专员认为由自己管辖或者其他地方监察委员会管辖更为适宜的，经与公职人员工作单位所在地的地方监察委员会协商，可以自行调查或者依法办理指定管辖。

地方监察委员会调查前两款规定案件，应当按程序将立案、留置、移送审查起诉、撤销案件等重要情况通报相关监察机构、监察专员。

第五十三条　监察机关办理案件中涉及无隶属关系的其他监察机关的监察对象，认为需要立案调查的，应当商请有管理权限的监察机关依法立案调查。商请立案时，应当提供涉案人员基本情况、已经查明的涉嫌违法犯罪事实以及相关证据材料。

承办案件的监察机关认为由其一并调查更为适宜的，可以报请有权决定的上级监察机关指定管辖。

第五十四条　公职人员既涉嫌贪污贿赂、失职渎职等严重职务违法和职务犯罪，又涉嫌公安机关、人民检察院等机关管辖的犯罪，依法由监察机关为主调查的，应当由监察机关和其他机关分别依职权立案,监察机关承担组织协调职责,协调调查和侦查工作进度、重要调查和侦查措施使用等重要事项。

第五十五条 监察机关必要时可以依法调查司法工作人员利用职权实施的涉嫌非法拘禁、刑讯逼供、非法搜查等侵犯公民权利、损害司法公正的犯罪,并在立案后及时通报同级人民检察院。

监察机关在调查司法工作人员涉嫌贪污贿赂等职务犯罪中,可以对其涉嫌的前款规定的犯罪一并调查,并及时通报同级人民检察院。人民检察院在办理直接受理侦查的案件中,发现犯罪嫌疑人同时涉嫌监察机关管辖的其他职务犯罪,经沟通全案移送监察机关管辖的,监察机关应当依法进行调查。

第五十六条 监察机关对于退休公职人员在退休前或者退休后,或者离职、死亡的公职人员在履职期间实施的涉嫌职务违法或者职务犯罪行为,可以依法进行调查。

对前款规定人员,按照其原任职务的管辖规定确定管辖的监察机关;由其他监察机关管辖更为适宜的,可以依法指定或者交由其他监察机关管辖。

第四章 监察权限

第一节 一般要求

第五十七条 监察机关应当加强监督执法调查工作规范化建设,严格按规定对监察措施进行审批和监管,依照法定的范围、程序和期限采取相关措施,出具、送达法律文书。

第五十八条 监察机关应当根据开展监督执法调查工作的需要、涉嫌职务违法或者职务犯罪行为的严重程度、监察措施适用对象与案件的关联程度,以及采取监察措施的紧急程度等情况,合理确定采取监察措施的对象、种类和期限,不得超过必要限度。禁止违反规定滥用监察措施。

第五十九条 监察机关在初步核实中,可以依法采取谈话、询问、查询、调取、勘验检查、调查实验、鉴定措施;立案后可以采取讯问、强制到案、责令候查、管护、留置、禁闭、冻结、搜查、查封、扣押、通缉措施。发现存在逃跑、自杀等重大安全风险，在立案前依法对监察法第二十五条第一款第一项、第二项规定的人员采取管护措施的，符合立案条件的应当及时立案。需要采取技术调查、限制出境措施的，应当按照规定交有关机关依法执行。设区的市级以下监察机关在初步核实中不得采取技术调查措施。监察机关采取谈话、函询方式处置问题线索的，适用监察法和本条例关于采取该两项措施的相关规定。

开展问责调查，根据具体情况可以依法采取相关监察措施。

第六十条　开展讯问、搜查、查封、扣押以及重要的谈话、询问等调查取证工作，应当全程同步录音录像，并保持录音录像资料的完整性。

对谈话、讯问、询问进行同步录音录像的，谈话笔录、讯问笔录、询问笔录记载的起止时间应当与录音录像资料反映的起止时间一致。谈话笔录、讯问笔录、询问笔录内容应当与录音录像资料内容相符。

同步录音录像资料应当妥善保管、及时归档，留存备查。监察机关案件监督管理部门应当开展常态化检查。人民检察院、人民法院需要调取同步录音录像的，监察机关应当依法予以提供。

第六十一条　需要商请其他监察机关协助收集证据材料的，应当依法出具《委托调查函》；商请其他监察机关对采取措施提供一般性协助的，应当依法出具《商请协助采取措施函》。商请协助事项涉及协助地监察机关管辖的监察对象的，应当由协助地监察机关按照所涉人员的管理权限报批。协助地监察机关对于协助请求，应当依法予以协助配合。

第六十二条　采取、解除或者变更监察措施需要告知、通知相关人员的，应当依法办理。告知包括口头、书面两种方式，除本条例另有规定外，通知应当采取书面方式。采取口头方式告知、通知的，应当将相关情况制作工作记录；采取书面方式告知、通知的，可以通过直接送交、邮寄、转交等途径送达，将有关回执或者凭证附卷。

无法告知、通知，或者相关人员拒绝接收的，调查人员应当在工作记录或者有关文书上记明。

第六十三条 监察机关采取监察措施,依法需要见证人在场的,应当邀请合适的见证人在场。下列人员不得担任见证人:

(一)生理上、精神上有缺陷或者未成年,不具有相应辨别能力或者不能正确表达的人;

(二)与案件有利害关系,可能影响案件公正处理的人;

(三)监察机关的工作人员或者其聘用的人员;

(四)依法协助监察机关采取监察措施的工作人员。

第六十四条 监察机关依法变更强制到案、责令候查、管护、留置以及禁闭等监察强制措施的,原监察强制措施自监察机关采取新的监察强制措施之时自动解除。

第六十五条 县级以上监察机关需要提请公安机关协助采取强制到案、责令候查、管护、留置、搜查措施的,应当按规定报批,请同级公安机关依法予以协助。提请协助时,应当出具提请协助函,列明提请协助的具体事项和建议,协助采取措施的时间、地点等内容,附采取监察措施决定书复印件。

因保密需要,不宜在采取监察措施前向公安机关告知采取措施对象姓名的,可以作出说明,进行保密处理。

需要提请异地公安机关协助采取监察措施的,应当按规定报批,向协作地同级监察机关出具协作函件和相关文书,由协作地监察机关提请当地公安机关依法予以协助。

第二节 证 据

第六十六条 可以用于证明案件事实的材料都是证据,包括:

(一)物证;

(二)书证;

(三)证人证言;

(四)被害人陈述;

(五)被调查人陈述、供述和辩解;

(六)鉴定意见;

(七)勘验检查、辨认、调查实验等笔录;

(八)视听资料、电子数据。

监察机关向有关单位和个人收集、调取证据时,应当告知其必须依法如实提供证据。对于不按要求提供有关材料,泄露相关信息,伪造、隐匿、毁灭证据,提供虚假情况或者阻止他人提供证据的,依法追究法律责任。

监察机关依照监察法和本条例规定收集的证据材料,经审查符合法定要求的,在刑事诉讼中可以作为证据使用。

第六十七条　监察机关认定案件事实应当以证据为根据,全面、客观地收集、固定被调查人有无违法犯罪以及情节轻重的各种证据,形成相互印证、完整稳定的证据链。

只有被调查人陈述或者供述,没有其他证据的,不能认定案件事实;没有被调查人陈述或者供述,证据符合法定标准的,可以认定案件事实。

第六十八条　证据必须经过查证属实,才能作为定案的根据。审查认定证据,应当结合案件的具体情况,从证据与待证事实的关联程度、各证据之间的联系、是否依照法定程序收集等方面进行综合判断。

第六十九条　监察机关调查终结的职务违法案件,应当事实清楚、证据确凿。证据确凿,应当符合下列条件:

(一)定性处置的事实都有证据证实;

(二)定案证据真实、合法;

(三)据以定案的证据之间不存在无法排除的矛盾;

(四)综合全案证据,所认定事实清晰且令人信服。

第七十条　监察机关调查终结的职务犯罪案件,应当事实清楚,证据确实、充分。证据确实、充分,应当符合下列条件:

(一)定罪量刑的事实都有证据证明;

(二)据以定案的证据均经法定程序查证属实;

(三)综合全案证据,对所认定事实已排除合理怀疑。

证据不足的,不得移送人民检察院审查起诉。

第七十一条　调查人员应当依法文明规范开展调查工作。严禁以暴力、威胁、引诱、欺骗以及非法限制人身自由等非法方法收集证据,严禁侮辱、打骂、虐待、体罚或者变相体罚被调查人、涉案人员和证人。

监察机关应当保障被强制到

案人员、被管护人员、被留置人员以及被禁闭人员的合法权益，尊重其人格和民族习俗，保障饮食、休息和安全，提供医疗服务。

第七十二条 对于调查人员采用暴力、威胁以及非法限制人身自由等非法方法收集的被调查人供述、证人证言、被害人陈述，应当依法予以排除。

前款所称暴力的方法，是指采用殴打、违法使用戒具等方法或者变相肉刑的恶劣手段，使人遭受难以忍受的痛苦而违背意愿作出供述、证言、陈述；威胁的方法，是指采用以暴力或者严重损害本人及其近亲属合法权益等进行威胁的方法，使人遭受难以忍受的痛苦而违背意愿作出供述、证言、陈述。

收集物证、书证不符合法定程序，可能严重影响案件公正处理的，应当予以补正或者作出合理解释；不能补正或者作出合理解释的，对该证据应当予以排除。

第七十三条 监察机关监督检查、调查、案件审理、案件监督管理等部门发现监察人员在办理案件中，可能存在以非法方法收集证据情形的，应当依据职责进行调查核实。对于被调查人控告、举报调查人员采用非法方法收集证据，并提供涉嫌非法取证的人员、时间、地点、方式和内容等材料或者线索的，应当受理并进行审核。根据现有材料无法证明证据收集合法性的，应当进行调查核实。

经调查核实，确认或者不能排除以非法方法收集证据的，对有关证据依法予以排除，不得作为案件定性处置、移送审查起诉的依据。认定调查人员非法取证的，应当依法处理，另行指派调查人员重新调查取证。

监察机关接到对下级监察机关调查人员采用非法方法收集证据的控告、举报，可以直接进行调查核实，也可以交由下级监察机关调查核实。交由下级监察机关调查核实的，下级监察机关应当及时将调查结果报告上级监察机关。

第七十四条 对收集的证据材料及扣押的财物应当妥善保管，严格履行交接、调用手续，定期对账核实，不得违规使用、调换、损毁或者自行处理。

第七十五条 监察机关对行政机关在行政执法和查办案件中

收集的物证、书证、视听资料、电子数据,勘验、检查等笔录,以及鉴定意见等证据材料,经审查符合法定要求的,可以作为证据使用。

根据法律、行政法规规定行使国家行政管理职权的组织在行政执法和查办案件中收集的证据材料,视为行政机关收集的证据材料。

第七十六条　监察机关对人民法院、人民检察院、公安机关、国家安全机关等在刑事诉讼中收集的物证、书证、视听资料、电子数据,勘验、检查、辨认、侦查实验等笔录,以及鉴定意见等证据材料,经审查符合法定要求的,可以作为证据使用。

监察机关办理职务违法案件,对于人民法院生效刑事判决、裁定和人民检察院不起诉决定采信的证据材料,可以直接作为证据使用。

第三节　谈　　话

第七十七条　监察机关对涉嫌职务违法的监察对象,可以依法进行谈话,要求其如实说明情况或者作出陈述。

谈话应当个别进行。负责谈话的人员不得少于二人。

第七十八条　对一般性问题线索的处置,可以采取谈话方式进行,对监察对象给予警示、批评、教育。谈话应当在监察机关谈话场所、具备安全保障条件的工作地点等场所进行,明确告知谈话事项,注重谈清问题、取得教育效果。

第七十九条　采取谈话方式处置问题线索的,经审批可以由监察人员或者委托被谈话人所在单位主要负责人等进行谈话。

监察机关谈话应当形成谈话笔录或者记录。谈话结束后,可以根据需要要求被谈话人在十五个工作日以内作出书面说明。被谈话人应当在书面说明每页签名,修改的地方也应当签名。

委托谈话的,受委托人应当在收到委托函后的十五个工作日以内进行谈话。谈话结束后及时形成谈话情况材料报送监察机关,必要时附被谈话人的书面说明。

第八十条　监察机关开展初步核实工作,一般不与被核查人接触;确有需要与被核查人谈话的,应当按规定报批。

第八十一条 监察机关对涉嫌职务违法的被调查人立案后，可以依法进行谈话。

与被调查人首次谈话时，应当出示《被调查人权利义务告知书》，由其签名、捺指印。被调查人拒绝签名、捺指印的，调查人员应当在文书上记明。对于被调查人未被限制人身自由的，应当在首次谈话时出具《谈话通知书》。

与涉嫌严重职务违法的被调查人进行谈话的，应当全程同步录音录像，并告知被调查人。告知情况应当在录音录像中予以反映，并在笔录中记明。

第八十二条 立案后，与被责令候查人员或者未被限制人身自由的被调查人谈话的，应当在具备安全保障条件的场所进行。

调查人员按规定通知被调查人所在单位派员或者被调查人家属陪同被调查人到指定场所的，应当与陪同人员办理交接手续，填写《陪送交接单》。

第八十三条 调查人员与被强制到案人员、被管护人员、被留置人员或者被禁闭人员谈话的，按照法定程序在执行相关监察强制措施的场所进行。

与在押的犯罪嫌疑人、被告人谈话的，应当持以监察机关名义出具的介绍信、工作证件，商请有关案件主管机关依法协助办理。

与在看守所、监狱服刑的人员谈话的，应当持以监察机关名义出具的介绍信、工作证件办理。

第八十四条 与被调查人进行谈话，应当合理安排时间、控制时长，保证其饮食和必要的休息时间。

第八十五条 谈话笔录应当在谈话现场制作。笔录应当详细具体，如实反映谈话情况。笔录制作完成后，应当交给被调查人核对。被调查人没有阅读能力的，应当向其宣读。

笔录记载有遗漏或者差错的，应当补充或者更正，由被调查人在补充或者更正处捺指印。被调查人核对无误后，应当在笔录中逐页签名、捺指印。被调查人拒绝签名、捺指印的，调查人员应当在笔录中记明。调查人员也应当在笔录中签名。

第八十六条 被调查人请求自行书写说明材料的，应当准许。

必要时,调查人员可以要求被调查人自行书写说明材料。

被调查人应当在说明材料上逐页签名、捺指印,在末页写明日期。对说明材料有修改的,在修改之处应当捺指印。说明材料应当由二名调查人员接收,在首页记明接收的日期并签名。

第八十七条　本条例第八十一条至第八十六条的规定,也适用于在初步核实中开展的谈话。

第四节　讯　问

第八十八条　监察机关对涉嫌职务犯罪的被调查人,可以依法进行讯问,要求其如实供述涉嫌犯罪的情况。

第八十九条　讯问被管护人员、被留置人员,应当在留置场所进行。

第九十条　讯问应当个别进行,调查人员不得少于二人。

首次讯问时,应当向被讯问人出示《被调查人权利义务告知书》,由其签名、捺指印。被讯问人拒绝签名、捺指印的,调查人员应当在文书上记明。被讯问人未被限制人身自由的,应当在首次讯问时向其出具《讯问通知书》。

讯问一般按照下列顺序进行:

(一)核实被讯问人的基本情况,包括姓名、曾用名、出生年月日、户籍地、身份证件号码、民族、职业、政治面貌、文化程度、工作单位及职务、住所、家庭情况、社会经历,是否属于党代表大会代表、人大代表、政协委员,是否受到过党纪政务处分,是否受到过刑事处罚等;

(二)告知被讯问人如实供述自己罪行可以依法从宽处理和认罪认罚的法律规定;

(三)讯问被讯问人是否有犯罪行为,让其陈述有罪的事实或者无罪的辩解,应当允许其连贯陈述。

调查人员的提问应当与调查的案件相关。被讯问人对调查人员的提问应当如实回答。调查人员对被讯问人的辩解,应当如实记录,认真查核。

发现涉嫌职务犯罪的被调查人自动投案、如实供述监察机关还未掌握的违法犯罪行为、揭发他人犯罪行为或者提供重要线索等,可能具有自首、立功等法定情节的,应当依法及时讯问。对某一具体涉嫌职务犯罪事实初步查清后，应当在全面梳理分析在案证据的基础上进行讯问。

讯问时，应当告知被讯问人将进行全程同步录音录像。告知情况应当在录音录像中予以反映，并在笔录中记明。

第九十一条 本条例第八十二条至第八十六条的要求，也适用于讯问。

第五节 询 问

第九十二条 监察机关按规定报批后，可以依法对证人、被害人等人员进行询问，了解核实有关问题或者案件情况。

第九十三条 证人未被限制人身自由的，可以在其工作地点、住所或者其提出的地点进行询问，也可以通知其到指定地点接受询问。到证人提出的地点或者调查人员指定的地点进行询问的，应当在笔录中记明。

调查人员认为有必要或者证人提出需要由所在单位派员或者其家属陪同到询问地点的，应当办理交接手续并填写《陪送交接单》。

第九十四条 询问应当个别进行。负责询问的调查人员不得少于二人。

首次询问时，应当向证人出示《证人权利义务告知书》，由其签名、捺指印。证人拒绝签名、捺指印的，调查人员应当在文书上记明。证人未被限制人身自由的，应当在首次询问时向其出具《询问通知书》。

询问时，应当核实证人身份，问明证人的基本情况，告知证人应当如实提供证据、证言，以及作伪证或者隐匿证据应当承担的法律责任。不得向证人泄露案情，不得采用非法方法获取证言。

询问重大或者有社会影响案件的重要证人，应当对询问过程全程同步录音录像，并告知证人。告知情况应当在录音录像中予以反映，并在笔录中记明。

第九十五条 询问未成年人，应当通知其法定代理人到场。无法通知或者法定代理人不能到场的，应当通知未成年人的其他成年亲属或者所在学校、居住地基层组织的代表等有关人员到场。询问结束后，由法定代理人或者有关人员在笔录中签名。调查人员应当将到场情况记录在案。

询问聋、哑人，应当有通晓聋、哑手势的人员参加。调查人员应当在笔录中记明证人的聋、哑情况，以及翻译人员的姓名、工作单位和职业。询问不通晓当地通用语言、文字的证人，应当有翻译人员。询问结束后，由翻译人员在笔录中签名。

第九十六条　凡是知道案件情况的人，都有如实作证的义务。对故意提供虚假证言的证人，应当依法追究法律责任。

证人或者其他任何人不得帮助被调查人伪造、隐匿、毁灭证据或者串供，不得实施其他干扰调查活动的行为。

第九十七条　证人、鉴定人、被害人因作证，本人或者近亲属人身安全面临危险，向监察机关请求保护的，监察机关应当受理并及时进行审查；对于确实存在人身安全危险的，监察机关应当采取必要的保护措施。监察机关发现存在上述情形的，应当主动采取保护措施。

监察机关可以采取下列一项或者多项保护措施：

（一）不公开真实姓名、住址和工作单位等个人信息；

（二）禁止特定的人员接触证人、鉴定人、被害人及其近亲属；

（三）对人身和住宅采取专门性保护措施；

（四）其他必要的保护措施。

依法决定不公开证人、鉴定人、被害人的真实姓名、住址和工作单位等个人信息的，可以在询问笔录等法律文书、证据材料中使用化名。但是应当另行书面说明使用化名的情况并标明密级，单独成卷。

监察机关采取保护措施需要协助的，可以提请公安机关等有关单位和要求有关个人依法予以协助。

第九十八条　本条例第八十三条至第八十六条的要求，也适用于询问。询问重要涉案人员，根据情况适用本条例第八十二条的规定。

询问被害人，适用询问证人的规定。

第六节　强制到案

第九十九条　监察机关调查

严重职务违法或者职务犯罪，对于经通知无正当理由不到案的被调查人，经依法审批，可以强制其到监察机关谈话场所或者留置场所接受调查。

首次通知到案一般应当以书面方式，确因情况紧急无法书面通知的，可以通过电话等方式通知，并将相关情况制作工作记录。

采取强制到案措施时，调查人员不得少于二人，应当向被强制到案人员出具《强制到案决定书》。

第一百条 监察机关应当立即将被强制到案人员送至监察机关谈话场所或者留置场所。强制到案的时间自被强制到案人员到达相关场所时起算。

被强制到案人员到案后，应当要求其在《强制到案决定书》上填写到案时间，并签名、捺指印；强制到案结束后，应当要求被强制到案人员在《强制到案决定书》上填写结束时间，并签名、捺指印。被强制到案人员拒绝填写或者签名、捺指印的，调查人员应当在文书上记明。

一次强制到案持续的时间不得超过十二小时；依法需要采取管护或者留置措施的，按规定报批后，强制到案持续的时间不得超过二十四小时。两次强制到案间隔的时间不得少于二十四小时，不得以连续强制到案的方式变相拘禁被调查人。两次强制到案的间隔时间从第一次强制到案结束时起算。

第一百零一条 监察机关强制被调查人到案后，应当对涉嫌职务违法的被调查人及时谈话，对涉嫌职务犯罪的被调查人及时讯问。

第一百零二条 监察机关在强制到案期限内未作出采取其他监察强制措施决定的，强制到案期满，应当立即结束强制到案。

第七节 责令候查

第一百零三条 监察机关调查严重职务违法或者职务犯罪，对于符合监察法第二十三条第一款规定的，经依法审批，可以对被调查人采取责令候查措施。

第一百零四条 采取责令候查措施时，调查人员不得少于二人，应当向被责令候查人员宣布《责令候查决定书》，出示《被责令候查人员权利义务告知书》，由被责令候查人员签名、捺指印，要求其遵守监察法第二十三条第二款的规定，告知其违反规定应负的法律责任。被责令候查人员拒绝签名、捺指印的，调查人员应当在文书上记明。

监察机关将其他监察强制措施变更为责令候查措施的，应当按照前款规定履行权利义务告知程序。

责令候查最长不得超过十二个月，自向被责令候查人员宣布之日起算。

第一百零五条　除无法通知的以外，监察机关应当在采取责令候查措施后二十四小时以内，通知被责令候查人员所在单位和家属。当面通知的，由有关人员在《责令候查通知书》上签名。无法当面通知的，可以先以电话等方式通知，并通过邮寄、转交等方式送达《责令候查通知书》，要求有关人员在《责令候查通知书》上签名。有关人员拒绝签名的，调查人员应当在文书上记明。

第一百零六条　责令候查应当由决定采取责令候查措施的监察机关执行。

执行责令候查的监察机关应当履行下列职责：

（一）监督、考察被责令候查人员遵守有关规定，及时掌握其活动、住址、工作单位、联系方式及变动情况；

（二）审批被责令候查人员离开所居住的直辖市、设区的市的城市市区或者不设区的市、县的辖区（以下统称所居住的市、县）的申请；

（三）被责令候查人员违反应当遵守的规定的，及时制止或者纠正；

（四）会同被责令候查人员所在单位、家属等对被责令候查人员开展思想教育、心理疏导工作。

第一百零七条　被责令候查人员未经批准不得离开所居住的市、县。确有正当理由需要离开的，应当经决定采取责令候查措施的监察机关批准。

在同一直辖市、设区的市内跨区活动的，不属于离开所居住的市、县。

本条第一款所称正当理由，是指就医、就学、参与诉讼、往返居住地与工作地、处理重要家庭事务或者参加重要公务、商务活动等。

第一百零八条 被责令候查人员需要离开所居住的市、县的，应当向监察机关提出书面申请，并注明事由、目的地、路线、交通方式、往返日期、联系方式等。监察机关应当自收到书面申请之日起三日以内作出决定。被责令候查人员有紧急事由，无法及时提出书面申请的，可以先行通过电话等方式提出申请，并及时补办书面申请手续。

监察机关批准被责令候查人员离开所居住的市、县的申请后，应当告知其遵守下列要求：

（一）保持联系方式畅通，并在接到通知后及时到案接受调查；

（二）严格按照批准的地点、路线、往返日期出行；

（三）不得从事妨碍调查的活动；

（四）返回居住地后及时向执行机关报告。

对于被责令候查人员因正常工作或者生活需要经常性离开所居住的市、县的，可以根据情况简化批准程序，一次性审批其在特定期间内按照批准的地点、路线出行。

第一百零九条 被责令候查人员具有下列情形之一的，可以认定为监察法第二十三条第三款所规定的违反责令候查规定，情节严重：

（一）企图逃跑、自杀的；

（二）实施伪造、隐匿、毁灭证据或者串供、干扰证人作证行为，严重影响调查工作正常进行的；

（三）对举报人、控告人、被害人、证人、鉴定人等相关人员实施打击报复的；

（四）未经批准，擅自离开所居住的市、县，严重影响调查工作正常进行，或者两次未经批准，擅自离开所居住的市、县的；

（五）经通知无正当理由不到案，严重影响调查工作正常进行，或者两次经通知无正当理由不到案的；

（六）住址、工作单位和联系方式等发生变动，未按规定向监察机关报告，导致无法通知到案，严重影响调查工作正常进行的。

依照监察法第二十三条第一款第三项规定被责令候查的人员，违反责令候查规定，情节严重，依法应予留置的，省级监察机关应当报请国家监察委员会批准，设区的市级以下监察机关应当逐级报送省级监察机关批准。

第一百一十条　被管护人员、被留置人员、被禁闭人员及其近亲属向监察机关申请变更为责令候查措施的，应当以书面方式提出。监察机关收到申请后，应当在三日以内作出决定。经审查，符合责令候查条件的，可以将管护、留置或者禁闭措施依法变更为责令候查措施；不符合责令候查条件的，应当告知申请人，并说明不同意的理由。

第一百一十一条　对被责令候查人员不需要继续采取责令候查措施或者责令候查期满的，应当按规定报批后解除责令候查措施。调查人员应当向被责令候查人员宣布《解除责令候查决定书》，由其签名、捺指印。被责令候查人员拒绝签名、捺指印的，调查人员应当在文书上记明。

解除责令候查措施的，应当及时通知被责令候查人员所在单位和家属。当面通知的，由有关人员在《解除责令候查通知书》上签名。无法当面通知的，可以先以电话等方式通知，并通过邮寄、转交等方式送达《解除责令候查通知书》，要求有关人员在《解除责令候查通知书》上签名。有关人员拒绝签名的，调查人员应当在文书上记明。

第一百一十二条　案件依法移送人民检察院审查起诉的，责令候查措施自移送之日自动解除，不再办理解除法律手续。

第八节　管　　护

第一百一十三条　监察机关对于符合监察法第二十五条第一款规定的未被留置人员，经依法审批，可以对其采取管护措施。

第一百一十四条　采取管护措施时，调查人员不得少于二人，应当向被管护人员宣布《管护决定书》，告知被管护人员权利义务，要求其在《管护决定书》上签名、捺指印。被管护人员拒绝签名、捺指印的，调查人员应当在文书上记明。

第一百一十五条　采取管护措施后，应当立即将被管护人员送留置场所，至迟不得超过二十四小时。

第一百一十六条　采取管护措施后，应当在二十四小时以内通知被管护人员所在单位和家属。当面通知的，由有关人员在《管护通知书》上签名。无法当面通知的，可以先以电话等方式通知，并通过邮寄、转交等方式送达《管护通知书》，要求有关人员在《管护通知书》上签名。有关人员拒绝签名的，调查人员应当在文书上记明。

因可能伪造、隐匿、毁灭证据，干扰证人作证或者串供等有碍调查情形而不宜通知的，应当按规定报批，记录在案。有碍调查的情形消失后，应当立即通知被管护人员所在单位和家属。

第一百一十七条 监察机关采取管护措施后，应当在二十四小时以内对被管护人员进行谈话、讯问。

第一百一十八条 管护时间不得超过七日，自向被管护人员宣布之日起算。因案情复杂、疑难，在七日以内无法作出留置或者解除管护决定的，经审批可以延长一日至三日。

延长管护时间的，应当在管护期满前向被管护人员宣布延长管护时间的决定，要求其在《延长管护时间决定书》上签名、捺指印。被管护人员拒绝签名、捺指印的，调查人员应当在文书上记明。

延长管护时间的，应当及时通知被管护人员所在单位和家属。

第一百一十九条 对被管护人员不需要继续采取管护措施的，应当按规定报批后解除管护或者变更为责令候查措施。管护期满的，应当按规定报批后予以解除。

解除管护措施的，调查人员应当向被管护人员宣布解除管护措施的决定，由其在《解除管护决定书》上签名、捺指印；变更为责令候查措施的，应当向被管护人员宣布变更为责令候查措施的决定，由其在《变更管护决定书》上签名、捺指印。被管护人员拒绝签名、捺指印的，调查人员应当在文书上记明。

解除管护措施或者变更为责令候查措施的，应当及时通知被管护人员所在单位和家属、申请人。调查人员应当与交接人办理交接手续，并由其在《解除管护通知书》或者《变更管护通知书》上签名。无法通知或者有关人员拒绝签名的，调查人员应当在文书上记明。不得因办理交接手续延迟解除或者变更管护措施。

第一百二十条　在管护期满前，将管护措施变更为留置措施的，按照本条例关于采取留置措施的规定执行。

第九节　留　　置

第一百二十一条　监察机关调查严重职务违法或者职务犯罪，对于符合监察法第二十四条第一款规定的，经依法审批，可以对被调查人采取留置措施。

监察法第二十四条第一款规定的已经掌握其部分违法犯罪事实及证据，是指同时具备下列情形：

（一）有证据证明发生了违法犯罪事实；

（二）有证据证明该违法犯罪事实是被调查人实施；

（三）证明被调查人实施违法犯罪行为的证据已经查证属实。

部分违法犯罪事实，既可以是单一违法犯罪行为的事实，也可以是数个违法犯罪行为中任何一个违法犯罪行为的事实。

监察法第二十四条第一款规定的重要问题，是指对被调查人涉嫌的严重职务违法或者职务犯罪，在定性处置、定罪量刑等方面有重要影响的事实、情节及证据。

第一百二十二条　被调查人具有下列情形之一的，可以认定为监察法第二十四条第一款第二项所规定的可能逃跑、自杀：

（一）着手准备自杀、自残或者逃跑的；

（二）曾经有自杀、自残或者逃跑行为的；

（三）有自杀、自残或者逃跑意图的；

（四）其他可能逃跑、自杀的情形。

第一百二十三条　被调查人具有下列情形之一的，可以认定为监察法第二十四条第一款第三项所规定的可能串供或者伪造、隐匿、毁灭证据：

（一）曾经或者企图串供，伪造、隐匿、毁灭、转移证据的；

（二）曾经或者企图威逼、恐吓、利诱、收买证人，干扰证人作证的；

（三）有同案人或者与被调查人存在密切关联违法犯罪的涉案人员在逃，重要证据尚未收集完成的；

（四）其他可能串供或者伪造、隐匿、毁灭证据的情形。

第一百二十四条 被调查人具有下列情形之一的，可以认定为监察法第二十四条第一款第四项所规定的可能有其他妨碍调查行为：

（一）可能继续实施违法犯罪行为的；

（二）有危害国家安全、公共安全等现实危险的；

（三）可能对举报人、控告人、被害人、证人、鉴定人等相关人员实施打击报复的；

（四）无正当理由拒不到案，严重影响调查的；

（五）其他可能妨碍调查的行为。

第一百二十五条 对下列人员不得采取留置措施：

（一）患有严重疾病、生活不能自理的；

（二）怀孕或者正在哺乳自己婴儿的妇女；

（三）生活不能自理的人的唯一扶养人。

上述情形消失后，根据调查需要可以对相关人员采取留置措施。

第一百二十六条 采取留置措施时，调查人员不得少于二人，应当向被留置人员宣布《留置决定书》，告知被留置人员权利义务，要求其在《留置决定书》上签名、捺指印。被留置人员拒绝签名、捺指印的，调查人员应当在文书上记明。

第一百二十七条 采取留置措施后，应当在二十四小时以内通知被留置人员所在单位和家属。当面通知的，由有关人员在《留置通知书》上签名。无法当面通知的，可以先以电话等方式通知，并通过邮寄、转交等方式送达《留置通知书》，要求有关人员在《留置通知书》上签名。有关人员拒绝签名的，调查人员应当在文书上记明。

因可能伪造、隐匿、毁灭证据，干扰证人作证或者串供等有碍调查情形而不宜通知的，应当按规定报批，记录在案。有碍调查的情形消失后，应当立即通知被留置人员所在单位和家属。

第一百二十八条 监察机关采取留置措施后，应当在二十四小时以内对涉嫌职务违法的被调查人进行谈话，对涉嫌职务犯罪的被调查人进行讯问。

第一百二十九条　留置时间不得超过三个月，自向被留置人员宣布之日起算。具有下列情形之一的，经审批可以延长一次，延长时间不得超过三个月：

（一）案情重大，严重危害国家利益或者公共利益的；

（二）案情复杂，涉案人员多、金额巨大，涉及范围广的；

（三）重要证据尚未收集完成，或者重要涉案人员尚未到案，导致违法犯罪的主要事实仍须继续调查的；

（四）其他需要延长留置时间的情形。

省级以下监察机关采取留置措施的，延长留置时间应当报请上一级监察机关批准。

延长留置时间的，应当在留置期满前向被留置人员宣布延长留置时间的决定，要求其在《延长留置时间决定书》上签名、捺指印。被留置人员拒绝签名、捺指印的，调查人员应当在文书上记明。

延长留置时间的，应当及时通知被留置人员所在单位和家属。

第一百三十条　对涉嫌职务犯罪的被调查人可能判处十年有期徒刑以上刑罚，监察机关按照本条例第一百二十九条规定延长期限届满，仍不能调查终结的，经审批可以再延长，再延长时间不得超过二个月。

省级以下监察机关需要再延长留置时间的，应当逐级报送国家监察委员会批准。

再延长留置时间的，应当在留置期满前向被留置人员宣布再延长留置时间的决定，要求其在《再延长留置时间决定书》上签名、捺指印。被留置人员拒绝签名、捺指印的，调查人员应当在文书上记明。

再延长留置时间的，应当及时通知被留置人员所在单位和家属。

第一百三十一条　报请批准延长或者再延长留置时间，应当在报请材料中写明被留置人员基本情况、主要案情和留置后调查工作进展情况、下一步调查工作计划、延长或者再延长留置时间的具体理由及起止时间。

报请批准延长或者再延长留置时间，应当根据案件具体情况和实际工作需要，提出合理、必要的时间建议。

上级监察机关收到报请批准延长或者再延长留置时间的申请后，应当及时研究，在原留置期限届满前按程序作出决定。

第一百三十二条 省级以上监察机关在调查期间，发现涉嫌职务犯罪的被调查人另有与留置时的罪行不同种的重大职务犯罪或者同种的影响罪名认定、量刑档次的重大职务犯罪，经审批可以依照监察法第四十八条第三款的规定重新计算留置时间。留置时间重新计算以一次为限。

依照前款规定重新计算留置时间的，国家监察委员会调查部门应当自发现之日起五日以内履行报批程序，省级监察机关应当自发现之日起五日以内报请国家监察委员会批准。

重新计算留置时间的，应当自作出决定之日起五日以内向被留置人员宣布，要求其在《重新计算留置时间决定书》上签名、捺指印，并及时通知被留置人员所在单位和家属。被留置人员拒绝签名、捺指印的，调查人员应当在文书上记明。

第一百三十三条 重新计算留置时间的，留置时间不得超过三个月。新发现的罪行具有本条例第一百二十九条、第一百三十条规定情形的，可以依法延长和再延长留置时间。但是，此前已经根据本条例第一百三十条规定再延长留置时间的，不得再次适用该规定再延长留置时间。

第一百三十四条 对被留置人员不需要继续采取留置措施的，应当按规定报批后解除留置或者变更为责令候查措施。留置期满的，应当按规定报批后予以解除。

解除留置措施的，调查人员应当向被留置人员宣布解除留置措施的决定，由其在《解除留置决定书》上签名、捺指印；变更为责令候查措施的，应当向被留置人员宣布变更为责令候查措施的决定，由其在《变更留置决定书》上签名、捺指印。被留置人员拒绝签名、捺指印的，调查人员应当在文书上记明。

解除留置措施或者变更为责令候查措施的，应当及时通知被留置人员所在单位和家属、申请人。调查人员应当与交接人办理交接手续，并由其在《解除留置通知书》或者《变更留置通知书》上签名。

无法通知或者有关人员拒绝签名的，调查人员应当在文书上记明。不得因办理交接手续延迟解除或者变更留置措施。

案件依法移送人民检察院审查起诉的，留置措施自犯罪嫌疑人被执行拘留时自动解除，不再办理解除法律手续。

第十节　查询、冻结

第一百三十五条　监察机关调查严重职务违法或者职务犯罪，根据工作需要，按规定报批后，可以依法查询、冻结涉案单位和个人的存款、汇款、债券、股票、基金份额等财产。

第一百三十六条　查询、冻结财产时，调查人员不得少于二人。调查人员应当出具《协助查询财产通知书》或者《协助冻结财产通知书》，送交银行或者其他金融机构、邮政部门等单位执行。有关单位和个人应当予以配合，并严格保密。

查询财产应当在《协助查询财产通知书》中填写查询账号、查询内容等信息。没有具体账号的，应当填写足以确定账户或者权利人的自然人姓名、身份证件号码或者市场主体名称、统一社会信用代码等信息。

冻结财产应当在《协助冻结财产通知书》中填写冻结账户名称、冻结账号、冻结数额、冻结期限起止时间等信息。冻结数额应当具体、明确，暂时无法确定具体数额的，应当在《协助冻结财产通知书》上明确写明“只收不付”。冻结证券和交易结算资金时，应当明确冻结的范围是否及于孳息。

冻结财产，应当为被调查人及其所扶养的亲属保留必需的生活费用。

第一百三十七条　调查人员可以根据需要对查询结果进行打印、抄录、复制、拍照，要求相关单位在有关材料上加盖证明印章。对查询结果有疑问的，可以要求相关单位进行书面解释并加盖印章。

第一百三十八条　监察机关对查询信息应当加强管理，规范信息交接、调阅、使用程序和手续，防止滥用和泄露。

调查人员不得查询与案件调查工作无关的信息。

第一百三十九条　冻结财产

的期限不得超过六个月。冻结期限到期未办理续冻手续的，冻结自动解除。

有特殊原因需要延长冻结期限的，应当在到期前按原程序报批，办理续冻手续。每次续冻期限不得超过六个月。

第一百四十条 已被冻结的财产可以轮候冻结，不得重复冻结。轮候冻结的，监察机关应当要求有关银行或者其他金融机构等单位在解除冻结或者作出处理前予以通知。

监察机关接受司法机关、其他监察机关等国家机关移送的涉案财物后，该国家机关采取的冻结期限届满，监察机关续行冻结的顺位与该国家机关冻结的顺位相同。

第一百四十一条 冻结财产应当通知权利人或者其法定代理人、委托代理人，要求其在《冻结财产告知书》上签名。冻结股票、债券、基金份额等财产，应当告知权利人或者其法定代理人、委托代理人有权申请出售。

对于被冻结的股票、债券、基金份额等财产，权利人或者其法定代理人、委托代理人申请出售，不损害国家利益、被害人利益，不影响调查正常进行的，经审批可以在案件办结前由相关机构依法出售或者变现。对于被冻结的汇票、本票、支票即将到期的，经审批可以在案件办结前由相关机构依法出售或者变现。出售上述财产的，应当出具《许可出售冻结财产通知书》。

出售或者变现所得价款应当继续冻结在其对应的银行账户中；没有对应的银行账户的，应当存入监察机关指定的专用账户保管，并将存款凭证送监察机关登记。监察机关应当及时向权利人或者其法定代理人、委托代理人出具《出售冻结财产通知书》，并要求其签名。拒绝签名的，调查人员应当在文书上记明。

第一百四十二条 对于冻结的财产，应当及时核查。经查明与案件无关的，经审批，应当在查明后三日以内将《解除冻结财产通知书》送交有关单位执行。解除情况应当告知被冻结财产的权利人或者其法定代理人、委托代理人。

第十一节 搜　　查

第一百四十三条 监察机关

调查职务犯罪案件，为了收集犯罪证据、查获被调查人，按规定报批后，可以依法对被调查人以及可能隐藏被调查人或者犯罪证据的人的身体、物品、住处、工作地点和其他有关地方进行搜查。

第一百四十四条　搜查应当在调查人员主持下进行，调查人员不得少于二人。搜查女性的身体，由女性工作人员进行。

搜查时，应当有被搜查人或者其家属、其所在单位工作人员或者其他见证人在场。调查人员应当向被搜查人或者其家属、见证人出示《搜查证》，要求其签名或者盖章。被搜查人或者其家属不在场，或者拒绝签名、盖章的，调查人员应当在文书上记明。

第一百四十五条　搜查时，应当要求在场人员予以配合，不得进行阻碍。对以暴力、威胁等方法阻碍搜查的，应当依法制止。对阻碍搜查构成违法犯罪的，依法追究法律责任。

第一百四十六条　对搜查取证工作，应当全程同步录音录像。

对搜查情况应当制作《搜查笔录》，由调查人员和被搜查人或者其家属、见证人签名或者盖章。被搜查人或者其家属不在场，或者拒绝签名、盖章的，调查人员应当在笔录中记明。

对于查获的重要物证、书证、视听资料、电子数据及其放置、存储位置应当拍照，并在《搜查笔录》中作出文字说明。

第一百四十七条　搜查时，应当避免未成年人或者其他不适宜在搜查现场的人在场。

搜查人员应当服从指挥、文明执法，不得擅自变更搜查对象和扩大搜查范围，严禁单独进入搜查区域。搜查的具体时间、方法，在实施前应当严格保密。

第一百四十八条　在搜查过程中查封、扣押财物和文件的，按照查封、扣押的有关规定办理。

第十二节　调　　取

第一百四十九条　监察机关按规定报批后，可以依法向有关单位和个人调取用以证明案件事实的证据材料。

第一百五十条　调取证据材料时，调查人员不得少于二人。调查人员应当依法出具《调取证据通知书》，必要时附《调取证据清单》。

有关单位和个人配合监察机关调取证据，应当严格保密。

第一百五十一条 调取物证应当调取原物。原物不便搬运、保存，或者依法应当返还，或者因保密工作需要不能调取原物的，可以将原物封存，并拍照、录像。对原物拍照或者录像时，应当足以反映原物的外形、内容。

调取书证、视听资料应当调取原件。取得原件确有困难或者因保密工作需要不能调取原件的，可以调取副本或者复制件。

调取物证的照片、录像和书证、视听资料的副本、复制件的，应当书面记明不能调取原物、原件的原因，原物、原件存放地点，制作过程，是否与原物、原件相符，并由调查人员和物证、书证、视听资料原持有人签名或者盖章。持有人无法签名、盖章或者拒绝签名、盖章的，应当在笔录中记明，由见证人签名。

第一百五十二条 调取外文材料作为证据使用的，应当交由具有资质的机构和人员出具中文译本。中文译本应当加盖翻译机构公章。

第一百五十三条 收集、提取电子数据，能够扣押原始存储介质的，应当予以扣押、封存并在笔录中记录封存状态。无法扣押原始存储介质的，可以采取调取、勘验检查措施，通过现场或者网络远程收集、提取电子数据，但应当在笔录中记明不能扣押的原因、原始存储介质的存放地点或者电子数据的来源等情况。

由于客观原因无法或者不宜采取前款规定方式收集、提取电子数据的，可以采取打印、拍照或者录像等方式固定相关证据，并在笔录中说明原因。

收集、提取的电子数据，足以保证完整性，无删除、修改、增加等情形的，可以作为证据使用。

收集、提取电子数据，应当制作笔录，记录案由、对象、内容，收集、提取电子数据的时间、地点、方法、过程，并附电子数据清单，注明类别、文件格式、完整性校验值等，由调查人员、电子数据持有人（提供人）签名或者盖章；电子数据持有人（提供人）无法签名或者拒绝签名的，应当在笔录中记明，由见证人签名或者盖章。有条件的，应当对相关活动进行录像。

第一百五十四条　调取的物证、书证、视听资料等原件，经查明与案件无关的，经审批，应当在查明后三日以内退还，并办理交接手续。

第十三节　查封、扣押

第一百五十五条　监察机关按规定报批后，可以依法查封、扣押用以证明被调查人涉嫌违法犯罪以及情节轻重的财物、文件、电子数据等证据材料。

对于被调查人到案时随身携带的物品，以及被调查人或者其他相关人员主动上交的财物和文件，依法需要扣押的，依照前款规定办理。对于被调查人随身携带的与案件无关的个人用品，应当逐件登记，随案移交或者退还。

第一百五十六条　对查封、扣押工作，应当全程同步录音录像。

查封、扣押时，应当出具《查封/扣押通知书》，调查人员不得少于二人。持有人拒绝交出应当查封、扣押的财物和文件的，可以依法强制查封、扣押。

调查人员对于查封、扣押的财物和文件，应当会同在场见证人和被查封、扣押财物持有人进行清点核对，开列《查封/扣押财物、文件清单》，由调查人员、见证人和持有人签名或者盖章。持有人不在场或者拒绝签名、盖章的，调查人员应当在清单上记明。

查封、扣押财物，应当为被调查人及其所扶养的亲属保留必需的生活费用和物品。

第一百五十七条　查封、扣押不动产和置于该不动产上不宜移动的设施、家具和其他相关财物，以及车辆、船舶、航空器和大型机械、设备等财物，必要时可以依法扣押其权利证书，经拍照或者录像后原地封存。调查人员应当在查封清单上记明相关财物的所在地址和特征，已经拍照或者录像及其权利证书被扣押的情况，由调查人员、见证人和持有人签名或者盖章。持有人不在场或者拒绝签名、盖章的，调查人员应当在清单上记明。

查封、扣押前款规定财物的，必要时可以将被查封财物交给持有人或者其近亲属保管。调查人员应当告知保管人妥善保管，不得对被查封财物进行转移、变卖、毁损、抵押、赠予等处理。

调查人员应当将《查封/扣押通知书》送达不动产、生产设备或者车辆、船舶、航空器等财物的登记、管理部门，告知其在查封期间禁止办理抵押、转让、出售等权属关系变更、转移登记手续。相关情况应当在查封清单上记明。被查封、扣押的财物已经办理抵押登记的，监察机关在执行没收、追缴、责令退赔等决定时应当及时通知抵押权人。

第一百五十八条 查封、扣押下列物品，应当依法进行相应的处理：

（一）查封、扣押外币、金银珠宝、文物、名贵字画以及其他不易辨别真伪的贵重物品，具备当场密封条件的，应当当场密封，由二名以上调查人员在密封材料上签名并记明密封时间。不具备当场密封条件的，应当在笔录中记明，以拍照、录像等方法加以保全后进行封存。查封、扣押的贵重物品需要鉴定的，应当及时鉴定。

（二）查封、扣押存折、银行卡、有价证券等支付凭证和具有一定特征能够证明案情的现金，应当记明特征、编号、种类、面值、张数、金额等，当场密封，由二名以上调查人员在密封材料上签名并记明密封时间。

（三）查封、扣押易损毁、灭失、变质等不宜长期保存的物品以及有消费期限的卡、券，应当在笔录中记明，以拍照、录像等方法加以保全后进行封存，或者经审批委托有关机构变卖、拍卖。变卖、拍卖的价款存入专用账户保管，待调查终结后一并处理。

（四）对于可以作为证据使用的录音录像、电子数据存储介质，应当记明案由、对象、内容，录制、复制的时间、地点、规格、类别、应用长度、文件格式及长度等，制作清单。具备查封、扣押条件的电子设备、存储介质应当密封保存。必要时，可以请有关机关协助。

（五）对被调查人使用违法犯罪所得与合法收入共同购置的不可分割的财产，可以先行查封、扣押。对无法分割退还的财产，涉及违法的，可以经被调查人申请并经监察机关批准，由被调查人亲属或者被调查人委托的其他人员在监察机关监督下自行变现后上缴违法所得及孳息，也可以由监察机关在结案后委托有关单位拍卖、变卖，退还不属于违法所得的部分及孳息；涉及职务犯罪的，依法移送司法机关处置，并说明涉嫌犯罪所得及孳息数额。

（六）查封、扣押危险品、违禁品，应当及时送交有关部门，或者根据工作需要严格封存保管。

第一百五十九条　对于需要启封的财物和文件，应当由二名以上调查人员共同办理。重新密封时，由二名以上调查人员在密封材料上签名、记明时间。

第一百六十条　查封、扣押涉案财物，应当按规定将涉案财物详细信息、《查封/扣押财物、文件清单》录入并上传监察机关涉案财物信息管理系统。

对于涉案款项，应当在采取措施后十五日以内存入监察机关指定的专用账户。对于涉案物品，应当在采取措施后三十日以内移交涉案财物保管部门保管。因特殊原因不能按时存入专用账户或者移交保管的，应当按规定报批，将保管情况录入涉案财物信息管理系统，在原因消除后及时存入或者移交。

第一百六十一条　对于已移交涉案财物保管部门保管的涉案财物，根据调查工作需要，经审批可以临时调用，并应当确保完好。调用结束后，应当及时归还。调用和归还时，调查人员、保管人员应当当面清点查验。保管部门应当对调用和归还情况进行登记，全程录像并上传涉案财物信息管理系统。

第一百六十二条　对于被扣押的股票、债券、基金份额等财产，以及即将到期的汇票、本票、支票，依法需要出售或者变现的，按照本条例关于出售冻结财产的规定办理。

第一百六十三条　监察机关接受司法机关、其他监察机关等国家机关移送的涉案财物后，该国家机关采取的查封、扣押期限届满，监察机关续行查封、扣押的顺位与该国家机关查封、扣押的顺位相同。

第一百六十四条　对查封、扣押的财物和文件，应当及时进行核查。经查明与案件无关的，经审批，应当在查明后三日以内解除查封、扣押，予以退还。解除查封、扣押的，应当向有关单位、原持有人或者近亲属送达《解除查封/扣押通知书》，附《解除查封/扣押财物、文件清单》，要求其签名或者盖章。

第一百六十五条 在立案调查之前，对监察对象及相关人员主动上交的涉案财物，经审批可以接收。

接收时，应当由二名以上调查人员，会同持有人和见证人进行清点核对，当场填写《主动上交财物登记表》。调查人员、持有人和见证人应当在登记表上签名或者盖章。

对于主动上交的财物，应当根据立案及调查情况及时决定是否依法查封、扣押。

第十四节 勘验检查、调查实验

第一百六十六条 监察机关按规定报批后，可以依法对与违法犯罪有关的场所、物品、人身、尸体、电子数据等进行勘验检查。

第一百六十七条 依法需要勘验检查的，应当制作《勘验检查证》；需要委托勘验检查的，应当出具《委托勘验检查书》，送具有专门知识的人办理。

第一百六十八条 勘验检查应当由二名以上调查人员主持，邀请与案件无关的见证人在场。勘验检查情况应当制作笔录，并由参加勘验检查人员和见证人签名或者盖章。

勘验检查现场、拆封电子数据存储介质应当全程同步录音录像。对现场情况应当拍摄现场照片、制作现场图，并由勘验检查人员签名或者盖章。

第一百六十九条 为了确定被调查人或者相关人员的某些特征、伤害情况或者生理状态，可以依法对其人身进行检查。必要时可以聘请法医或者医师进行人身检查。检查女性身体，应当由女性工作人员或者医师进行。被调查人拒绝检查的，可以依法强制检查。

人身检查不得采用损害被检查人生命、健康或者贬低其名誉、人格的方法。对人身检查过程中知悉的个人隐私，应当严格保密。

对人身检查的情况应当制作笔录，由参加检查的调查人员、检查人员、被检查人员和见证人签名或者盖章。被检查人员拒绝签名、盖章的，调查人员应当在笔录中记明。

第一百七十条　为查明案情，在必要的时候，经审批可以依法进行调查实验。调查实验，可以聘请有关专业人员参加，也可以要求被调查人、被害人、证人参加。

进行调查实验，应当全程同步录音录像，制作调查实验笔录，由参加实验的人签名或者盖章。进行调查实验，禁止一切足以造成危险、侮辱人格的行为。

调查实验的条件与事件发生时的条件有明显差异，或者存在影响实验结论科学性的其他情形的，调查实验笔录不得作为认定案件的依据。

第一百七十一条　调查人员在必要时，可以依法让被害人、证人和被调查人对与违法犯罪有关的物品、文件、尸体或者场所进行辨认；也可以让被害人、证人对被调查人进行辨认，或者让被调查人对涉案人员进行辨认。

辨认工作应当由二名以上调查人员主持进行。在辨认前，应当向辨认人详细询问辨认对象的具体特征，避免辨认人见到辨认对象，并告知辨认人作虚假辨认应当承担的法律责任。几名辨认人对同一辨认对象进行辨认时，应当由辨认人个别进行。辨认应当形成笔录，并由调查人员、辨认人签名或者盖章。

第一百七十二条　辨认人员时，被辨认的人数不得少于七人，照片不得少于十张。

辨认人不愿公开进行辨认时，应当在不暴露辨认人的情况下进行辨认，并为其保守秘密。

第一百七十三条　组织辨认物品时一般应当辨认实物。被辨认的物品系名贵字画等贵重物品或者存在不便搬运等情况的，可以对实物照片进行辨认。辨认人进行辨认时，应当在辨认出的实物照片与附纸骑缝上捺指印予以确认，在附纸上写明该实物涉案情况并签名、捺指印。

辨认物品时，同类物品不得少于五件，照片不得少于五张。

对于难以找到相似物品的特定物，可以将该物品照片交由辨认人进行确认后，在照片与附纸骑缝上捺指印，在附纸上写明该物品涉案情况并签名、捺指印。在辨认人确认前，应当向其详细询问物品的具体特征，并对确认过程和结果形成笔录。

第一百七十四条 辨认笔录具有下列情形之一的，不得作为认定案件的依据：

（一）辨认开始前使辨认人见到辨认对象的；

（二）辨认活动没有个别进行的；

（三）辨认对象没有混杂在具有类似特征的其他对象中，或者供辨认的对象数量不符合规定的，但特定辨认对象除外；

（四）辨认中给辨认人明显暗示或者明显有指认嫌疑的；

（五）辨认不是在调查人员主持下进行的；

（六）违反有关规定，不能确定辨认笔录真实性的其他情形。

辨认笔录存在其他瑕疵的，应当结合全案证据审查其真实性和关联性，作出综合判断。

第十五节　鉴　　定

第一百七十五条 监察机关为解决案件中的专门性问题，按规定报批后，可以依法进行鉴定。

鉴定时应当出具《委托鉴定书》，由二名以上调查人员送交具有鉴定资格的鉴定机构、鉴定人进行鉴定。

第一百七十六条 监察机关可以依法开展下列鉴定：

（一）对笔迹、印刷文件、污损文件、制成时间不明的文件和以其他形式表现的文件等进行鉴定；

（二）对案件中涉及的财务会计资料及相关财物进行会计鉴定；

（三）对被调查人、证人的行为能力进行精神病鉴定；

（四）对人体造成的损害或者死因进行人身伤亡医学鉴定；

（五）对录音录像资料进行鉴定；

（六）对因电子信息技术应用而出现的材料及其派生物进行电子数据鉴定；

（七）其他可以依法进行的专业鉴定。

第一百七十七条 监察机关应当为鉴定提供必要条件，向鉴定人送交有关检材和对比样本等原始材料，介绍与鉴定有关的情况。调查人员应当明确提出要求鉴定事项,但不得暗示或者强迫鉴定人作出某种鉴定意见。

监察机关应当做好检材的保管和送检工作,记明检材送检环节的责任人,确保检材在流转环节的同一性和不被污染。

第一百七十八条　鉴定人应当在出具的鉴定意见上签名,并附鉴定机构和鉴定人的资质证明或者其他证明文件。多个鉴定人的鉴定意见不一致的,应当在鉴定意见上记明分歧的内容和理由,并且分别签名。

监察机关对于法庭审理中依法决定鉴定人出庭作证的,应当予以协调。

鉴定人故意作虚假鉴定的,应当依法追究法律责任。

第一百七十九条　调查人员应当对鉴定意见进行审查。对经审查作为证据使用的鉴定意见,应当告知被调查人及相关单位、人员,送达《鉴定意见告知书》。

被调查人或者相关单位、人员提出补充鉴定或者重新鉴定申请,经审查符合法定要求的,应当按规定报批,进行补充鉴定或者重新鉴定。

对鉴定意见告知情况可以制作笔录,载明告知内容和被告知人的意见等。

第一百八十条　经审查具有下列情形之一的,应当补充鉴定:

(一)鉴定内容有明显遗漏的;

(二)发现新的有鉴定意义的证物的;

(三)对鉴定证物有新的鉴定要求的;

(四)鉴定意见不完整,委托事项无法确定的;

(五)其他需要补充鉴定的情形。

第一百八十一条　经审查具有下列情形之一的,应当重新鉴定:

(一)鉴定程序违法或者违反相关专业技术要求的;

(二)鉴定机构、鉴定人不具备鉴定资质和条件的;

(三)鉴定人故意作出虚假鉴定或者违反回避规定的;

(四)鉴定意见依据明显不足的;

(五)检材虚假或者被损坏的;

(六)其他应当重新鉴定的情形。

决定重新鉴定的，应当另行确定鉴定机构和鉴定人。

第一百八十二条 因无鉴定机构，或者根据法律法规等规定，监察机关可以指派、聘请具有专门知识的人就案件的专门性问题出具报告。

第十六节 技术调查

第一百八十三条 监察机关根据调查涉嫌重大贪污贿赂等职务犯罪需要，依照规定的权限和程序报经批准，可以依法采取技术调查措施，按照规定交公安机关或者国家有关执法机关依法执行。

第一百八十四条 依法采取技术调查措施的，监察机关应当出具《采取技术调查措施委托函》《采取技术调查措施决定书》和《采取技术调查措施适用对象情况表》，送交有关机关执行。其中，设区的市级以下监察机关委托有关执行机关采取技术调查措施，还应当提供《立案决定书》。

第一百八十五条 技术调查措施的期限按照监察法的规定执行，期限届满前未办理延期手续的，到期自动解除。

对于不需要继续采取技术调查措施的，监察机关应当按规定及时报批，将《解除技术调查措施决定书》送交有关机关执行。

需要依法变更技术调查措施种类或者增加适用对象的，监察机关应当重新办理报批和委托手续，依法送交有关机关执行。

第一百八十六条 对于采取技术调查措施收集的信息和材料，依法需要作为刑事诉讼证据使用的，监察机关应当按规定报批，出具《调取技术调查证据材料通知书》向有关执行机关调取。

对于采取技术调查措施收集的物证、书证及其他证据材料，监察机关应当制作书面说明，写明获取证据的时间、地点、数量、特征以及采取技术调查措施的批准机关、种类等。调查人员应当在书面说明上签名。

对于采取技术调查措施获取的证据材料，如果使用该证据材料可能危及有关人员的人身安全，或者可能产生其他严重后果的，应当采取不暴露有关人员身份、技术方法等保护措施。必要时，可以建议由审判人员在庭外进行核实。

第一百八十七条　调查人员对采取技术调查措施过程中知悉的国家秘密、工作秘密、商业秘密、个人隐私和个人信息，应当严格保密。

采取技术调查措施获取的证据、线索及其他有关材料，只能用于对违法犯罪的调查、起诉和审判，不得用于其他用途。

对采取技术调查措施获取的与案件无关的材料，应当经审批及时销毁。对销毁情况应当制作记录，由调查人员签名。

第十七节　通　　缉

第一百八十八条　县级以上监察机关对在逃的应当被留置人员，依法决定在本行政区域内通缉的，应当按规定报批，送交同级公安机关执行。送交执行时，应当出具《通缉决定书》，附《留置决定书》等法律文书和被通缉人员信息，以及承办单位、承办人员等有关情况。

通缉范围超出本行政区域的，应当报有决定权的上级监察机关出具《通缉决定书》，并附《留置决定书》及相关材料，送交同级公安机关执行。

第一百八十九条　国家监察委员会依法需要提请公安部对在逃人员发布公安部通缉令的，应当先提请公安部采取网上追逃措施。如情况紧急，可以向公安部同时出具《通缉决定书》和《提请采取网上追逃措施函》。

省级以下监察机关报请国家监察委员会提请公安部发布公安部通缉令的，应当先提请本地公安机关采取网上追逃措施。

第一百九十条　监察机关接到公安机关抓获被通缉人员的通知后，应当立即核实被抓获人员身份，并在接到通知后二十四小时以内派员办理交接手续。边远或者交通不便地区，至迟不得超过三日。

公安机关在移交前，将被抓获人员送往当地监察机关留置场所临时看管的，当地监察机关应当接收，并保障临时看管期间的安全，对工作信息严格保密。

监察机关需要提请公安机关协助将被抓获人员带回的，应当按规定报批，请本地同级公安机关依法予以协助。提请协助时，应当出具《提请协助采取留置措施函》，附《留置决定书》复印件及相关材料。

第一百九十一条 监察机关对于被通缉人员已经归案、死亡，或者依法撤销留置决定以及发现有其他不需要继续采取通缉措施情形的，应当经审批出具《撤销通缉通知书》，送交协助采取原措施的公安机关执行。需要撤销网上追逃措施的，监察机关应当出具《撤销网上追逃通知书》，送交协助采取原措施的公安机关执行。

第十八节 限制出境

第一百九十二条 监察机关为防止被调查人及相关人员逃匿境外，按规定报批后，可以依法决定采取限制出境措施，交由移民管理机构依法执行。

第一百九十三条 监察机关采取限制出境措施应当出具有关函件，与采取限制出境措施决定书等文书材料一并送交移民管理机构执行。其中，采取边控措施的，应当附《边控对象通知书》；采取法定不批准出境措施的，应当附《法定不准出境人员报备表》。

第一百九十四条 限制出境措施有效期不超过三个月，到期自动解除。

到期后仍有必要继续采取边控措施的，应当按原程序报批。承办部门应当出具有关函件，在到期前与《延长限制出境措施期限决定书》一并送交移民管理机构执行。延长期限每次不得超过三个月。

到期后仍有必要继续采取法定不批准出境措施的，应当在报备期满三日前按规定再次办理法定不批准出境人员报备手续。

第一百九十五条 监察机关接到口岸移民管理机构查获被决定采取留置措施的边控对象的通知后，应当于二十四小时以内到达口岸办理移交手续。无法及时到达的，应当委托当地监察机关及时前往口岸办理移交手续。当地监察机关应当予以协助。

第一百九十六条 对于不需要继续采取限制出境措施的，应当按规定报批，及时予以解除。承办部门应当出具有关函件，与《解除限制出境措施决定书》一并送交移民管理机构执行。

第一百九十七条 县级以上监察机关在重要紧急情况下，经审批可以依法直接向口岸所在地口岸移民管理机构提请办理临时限制出境措施，期限不超过七日，不能延期。

第五章　监 察 程 序

第一节　线 索 处 置

第一百九十八条　监察机关应当对问题线索归口受理、集中管理、分类处置、定期清理。

第一百九十九条　监察机关对于报案或者举报应当依法接受。属于本级监察机关管辖的，依法予以受理；属于其他监察机关管辖的，应当在五个工作日以内予以转送。

监察机关可以向下级监察机关发函交办检举控告，并进行督办，下级监察机关应当按期回复办理结果。

第二百条　对于涉嫌职务违法或者职务犯罪的公职人员自动投案的，应当依法接待和办理。

第二百零一条　监察机关对于执法机关、司法机关等其他机关移送的问题线索，应当及时审核，并按照下列方式办理：

（一）本单位有管辖权的，及时研究提出处置意见；

（二）本单位没有管辖权但其他监察机关有管辖权的，在五个工作日以内转送有管辖权的监察机关；

（三）本单位对部分问题线索有管辖权的，对有管辖权的部分提出处置意见，并及时将其他问题线索转送有管辖权的机关；

（四）监察机关没有管辖权的，及时退回移送机关。

第二百零二条　信访举报部门归口受理本机关管辖监察对象涉嫌职务违法和职务犯罪问题的检举控告，统一接收有关监察机关以及其他单位移送的相关检举控告，移交本机关监督检查部门或者相关部门，并将移交情况通报案件监督管理部门。

案件监督管理部门统一接收巡视巡察机构和审计机关、执法机关、司法机关等其他机关移送的职务违法和职务犯罪问题线索，按程序移交本机关监督检查部门或者相关部门办理。

监督检查部门、调查部门在工作中发现的相关问题线索，属于本部门受理范围的，应当报送案件监督管理部门备案；属于本机关其他部门受理范围的，经审批后移交案件监督管理部门分办。

第二百零三条 案件监督管理部门应当对问题线索实行集中管理、动态更新，定期汇总、核对问题线索及处置情况，向监察机关主要负责人报告，并向相关部门通报。

问题线索承办部门应当指定专人负责管理线索，逐件编号登记、建立管理台账。线索管理处置各环节应当由经手人员签名，全程登记备查，及时与案件监督管理部门核对。

第二百零四条 监督检查部门应当结合问题线索所涉及地区、部门、单位总体情况进行综合分析，提出处置意见并制定处置方案，经审批按照适当了解、谈话、函询、初步核实、暂存待查、予以了结等方式进行处置，或者按照职责移送调查部门处置。

第二百零五条 采取适当了解方式处置问题线索，应当按规定报批后，依法依规向有关单位和个人了解情况，验证问题的真实性，不得采取限制人身、财产权利的措施，不得与被反映人接触。

承办部门应当根据适当了解的情况，提出谈话、函询、初步核实、拟立案调查、予以了结、暂存待查，或者移送有关部门、机关处理等建议，按程序报批后办理。

第二百零六条 采取谈话方式处置问题线索的，按照本条例第七十八条、第七十九条规定办理。

函询应当以监察机关办公厅(室)名义发函给被反映人，并抄送其所在单位和派驻监察机构主要负责人。被函询人应当在收到函件后十五个工作日以内写出说明材料，由其所在单位主要负责人签署意见后发函回复。被函询人为所在单位主要负责人的，或者被函询人所作说明涉及所在单位主要负责人的，应当直接发函回复监察机关。

被函询人已经退休的，按照第二款规定程序办理。

监察机关根据工作需要，经审批可以对谈话、函询情况进行抽查核实。

承办部门应当根据谈话、函询的情况，提出初步核实、拟立案调查、予以了结、暂存待查,或者移送有关部门、机关处理等建议,按程序报批后办理。

第二百零七条　监察机关对具有可查性的职务违法和职务犯罪问题线索,应当按规定报批后,依法开展初步核实工作。采取初步核实方式处置问题线索,应当确定初步核实对象,制定工作方案,明确需要核实的问题和采取的措施,成立核查组。

在初步核实中应当注重收集客观性证据,确保真实性和准确性。在初步核实中发现或者受理被核查人新的具有可查性的问题线索的,应当经审批纳入原初核方案开展核查。

核查组在初步核实工作结束后应当撰写初步核实情况报告,列明被核查人基本情况、反映的主要问题、办理依据、初步核实结果、存在疑点、处理建议,由全体人员签名。

承办部门应当综合分析初步核实情况,提出拟立案调查、予以了结、暂存待查,或者移送有关部门、机关处理等建议,按照批准初步核实的程序报批。

第二百零八条　监察机关根据适当了解、谈话、函询或者初步核实情况,发现公职人员有职务违法行为但情节较轻的,可以按照本条例第二百三十一条规定处理,予以了结。

第二百零九条　检举控告人使用本人真实姓名或者本单位名称,有电话等具体联系方式的,属于实名检举控告。监察机关对实名检举控告应当优先办理、优先处置,依法给予答复。虽有署名但不是检举控告人真实姓名(单位名称)或者无法验证的检举控告,按照匿名检举控告处理。

信访举报部门对属于本机关受理的实名检举控告,应当在收到检举控告之日起十五个工作日以内按规定告知实名检举控告人受理情况,并做好记录。

调查人员应当将实名检举控告的处理结果在办结之日起十五个工作日以内向检举控告人反馈,并记录反馈情况。对检举控告人提出异议的应当如实记录,并向其进行说明;对提供新证据材料的,应当依法核查处理。

第二节　立　　案

第二百一十条　监察机关已经掌握监察对象涉嫌职务违法或者职务犯罪的部分事实和证据，认为需要追究其法律责任的，应当按规定报批后，依法立案调查。

第二百一十一条　监察机关立案调查职务违法或者职务犯罪案件，需要对涉嫌行贿犯罪、介绍贿赂犯罪或者共同职务犯罪的涉案人员立案调查的，应当一并办理立案手续。需要交由下级监察机关立案的，经审批交由下级监察机关办理立案手续。

对单位涉嫌受贿、行贿等职务犯罪，需要追究法律责任的，依法对该单位办理立案调查手续。对事故（事件）中存在职务违法或者职务犯罪问题，需要追究法律责任，但相关责任人员尚不明确的，可以以事立案。对单位立案或者以事立案后，经调查确定相关责任人员的，按照管理权限报批确定被调查人。

监察机关根据人民法院生效刑事判决、裁定和人民检察院不起诉决定认定的事实，需要对监察对象给予政务处分的，可以由相关监督检查部门依据司法机关的生效判决、裁定、决定及其认定的事实、性质和情节，提出给予政务处分的意见，按程序移送审理。对依法被追究行政法律责任的监察对象，需要给予政务处分的，应当依法办理立案手续。

第二百一十二条　对案情简单、经过初步核实已查清主要职务违法事实，应当追究监察对象法律责任，不再需要开展调查的，立案和移送审理可以一并报批，履行立案程序后再移送审理。

第二百一十三条　上级监察机关需要指定下级监察机关立案调查的，应当按规定报批，向被指定管辖的监察机关出具《指定管辖决定书》，由其办理立案手续。

第二百一十四条　批准立案后，应当由二名以上调查人员出示证件，向被调查人宣布立案决定。宣布立案决定后，应当及时向被调查人所在单位等相关组织送达《立案通知书》，并向被调查人所在单位主要负责人通报。

对涉嫌严重职务违法或者职务犯罪的公职人员立案调查并采

取留置措施的，应当按规定通知被调查人所在单位和家属，并向社会公开发布。

第三节　调　　查

第二百一十五条　监察机关对已经立案的职务违法或者职务犯罪案件应当依法进行调查，收集证据查明违法犯罪事实。

调查职务违法或者职务犯罪案件，对被调查人没有采取留置措施的，应当在立案后一年以内作出处理决定；对被调查人解除留置措施的，应当在解除留置措施后一年以内作出处理决定。案情重大、复杂的案件，经上一级监察机关批准，可以适当延长，但延长期限不得超过六个月。

被调查人在监察机关立案调查以后逃匿的，调查期限自被调查人到案之日起重新计算。

第二百一十六条　案件立案后，监察机关主要负责人应当依照法定程序批准确定调查方案。

监察机关应当组成调查组依法开展调查。调查工作应当严格按照批准的方案执行，不得随意扩大调查范围、变更调查对象和事项，对重要事项应当及时请示报告。调查人员在调查工作期间，未经批准不得单独接触任何涉案人员及其特定关系人，不得擅自采取调查措施。

第二百一十七条　调查组应当将调查认定的涉嫌违法犯罪事实形成书面材料，交给被调查人核对，听取其意见。被调查人应当在书面材料上签署意见。对被调查人签署不同意见或者拒不签署意见的，调查组应当作出说明或者注明情况。对被调查人提出申辩的事实、理由和证据应当进行核实，成立的予以采纳。

调查组对于立案调查的涉嫌行贿犯罪、介绍贿赂犯罪或者共同职务犯罪的涉案人员，在查明其涉嫌犯罪问题后，依照前款规定办理。

对于按照本条例规定，对立案和移送审理一并报批的案件，应当在报批前履行本条第一款规定的程序。

第二百一十八条　调查组在调查工作结束后应当集体讨论，形成调查报告。调查报告应当列明被调查人基本情况、问题线索来源及调查依据、调查过程，涉嫌的主要职务违法或者职务犯罪事实，被调查人的态度和认识，处置建议及法律依据，并由调查组组长以及有关人员签名。

对调查过程中发现的重要问题和形成的意见建议，应当形成专题报告。

第二百一十九条 调查组对被调查人涉嫌职务犯罪拟依法移送人民检察院审查起诉的，应当起草《起诉建议书》。《起诉建议书》应当载明被调查人基本情况，调查简况，认罪认罚情况，采取监察强制措施的时间，涉嫌职务犯罪事实以及证据，对被调查人从重、从轻、减轻或者免除处罚等情节，提出对被调查人移送起诉的理由和法律依据，采取刑事强制措施的建议，并注明移送案卷数及涉案财物等内容。

调查组应当形成被调查人到案经过及量刑情节方面的材料，包括案件来源、到案经过，自动投案、如实供述、立功等量刑情节，认罪悔罪态度、退赃、避免和减少损害结果发生等方面的情况说明及相关材料。被检举揭发的问题已被立案、查破，被检举揭发人已被采取调查措施或者刑事强制措施、起诉或者审判的，还应当附有关法律文书。

第二百二十条 经调查认为被调查人构成职务违法或者职务犯罪的，应当区分不同情况提出相应处理意见，经审批将调查报告、职务违法或者职务犯罪事实材料、涉案财物报告、涉案人员处理意见等材料，连同全部证据和文书手续移送审理。

对涉嫌职务犯罪的案件材料应当按照刑事诉讼要求单独立卷，与《起诉建议书》、涉案财物报告、同步录音录像资料及其自查报告等材料一并移送审理。

调查全过程形成的材料应当案结卷成、事毕归档。

第四节 审　　理

第二百二十一条 案件审理部门收到移送审理的案件后，应当审核材料是否齐全、手续是否完备。对被调查人涉嫌职务犯罪的，还应当审核相关案卷材料是否符合职务犯罪案件立卷要求，是否在调查报告中单独表述已查明的涉嫌犯罪问题，是否形成《起诉建议书》。

经审核符合移送条件的，应当予以受理；不符合移送条件的，经审批可以暂缓受理或者不予受理，并要求承办部门补充完善材料。

第二百二十二条　案件审理部门受理案件后，应当成立由二人以上组成的审理组，全面审理案卷材料。

案件审理部门对于受理的案件，应当以监察法、政务处分法、刑法、《中华人民共和国刑事诉讼法》等法律法规为准绳，对案件事实和证据、性质认定、程序手续、涉案财物等进行全面审理。

案件审理部门应当强化监督制约职能，对案件严格审核把关，坚持实事求是、独立审理，依法提出审理意见。坚持调查与审理相分离的原则，案件调查人员不得参与审理。

第二百二十三条　审理工作应当坚持民主集中制原则，经集体审议形成审理意见。

第二百二十四条　审理工作应当在受理之日起一个月以内完成，重大、复杂案件经批准可以适当延长。

第二百二十五条　案件审理部门根据案件审理情况，经审批可以与被调查人谈话，告知其在审理阶段的权利义务，核对涉嫌违法犯罪事实，听取其辩解意见，了解有关情况。与被调查人谈话应当在具备安全保障条件的场所进行，被调查人为在押的犯罪嫌疑人、被告人或者在看守所、监狱服刑人员的，按照本条例第八十三条规定办理。谈话时，案件审理人员不得少于二人。

具有下列情形之一的，一般应当与被调查人谈话：

（一）对被调查人采取留置措施，拟移送起诉的；

（二）可能存在以非法方法收集证据情形的；

（三）被调查人对涉嫌违法犯罪事实材料签署不同意见或者拒不签署意见的；

（四）被调查人要求向案件审理人员当面陈述的；

（五）其他有必要与被调查人进行谈话的情形。

第二百二十六条　经审理认为主要违法犯罪事实不清、证据不足的,应当经审批将案件退回承办部门重新调查。

具有下列情形之一,需要补充完善证据的,经审批可以退回补充调查:

(一)部分事实不清、证据不足的;

(二)遗漏违法犯罪事实的;

(三)其他需要进一步查清案件事实的情形。

案件审理部门将案件退回重新调查或者补充调查的,应当出具审核意见,写明调查事项、理由、调查方向、需要补充收集的证据及其证明作用等,连同案卷材料一并送交承办部门。

承办部门补充调查结束后,应当经审批将补证情况报告及相关证据材料,连同案卷材料一并移送案件审理部门;对确实无法查明的事项或者无法补充的证据,应当作出书面说明。重新调查终结后,应当重新形成调查报告,依法移送审理。

重新调查完毕移送审理的,审理期限重新计算。补充调查期间不计入审理期限。

第二百二十七条 审理工作结束后应当形成审理报告,载明被调查人基本情况、调查简况、涉嫌违法或者犯罪事实、被调查人态度和认识、涉案财物处置、承办部门意见、审理意见等内容,提请监察机关集体审议。

对被调查人涉嫌职务犯罪需要追究刑事责任的,应当形成《起诉意见书》,作为审理报告附件。《起诉意见书》应当忠实于事实真象,载明被调查人基本情况,调查简况,采取监察强制措施的时间,依法查明的犯罪事实和证据,从重、从轻、减轻或者免除处罚等情节,涉案财物情况,涉嫌罪名和法律依据,采取刑事强制措施的建议,以及其他需要说明的情况。

案件审理部门经审理认为现有证据不足以证明被调查人存在违法犯罪行为,且通过退回补充调查仍无法达到证明标准的,应当提出撤销案件的建议。

第二百二十八条 上级监察机关办理下级监察机关管辖案件的,可以经审理后按程序直接进行处置,也可以经审理形成处置意见后,交由下级监察机关办理。

第二百二十九条 被指定管

辖的监察机关在调查结束后应当将案件移送审理，提请监察机关集体审议。

上级监察机关将其所管辖的案件指定管辖的，被指定管辖的下级监察机关应当按照前款规定办理后，将案件报上级监察机关依法作出政务处分决定。上级监察机关在作出决定前，应当进行审理。

上级监察机关将下级监察机关管辖的案件指定其他下级监察机关管辖的，被指定管辖的监察机关应当按照第一款规定办理后，将案件送交有管理权限的监察机关依法作出政务处分决定。有管理权限的监察机关应当进行审理，审理意见与被指定管辖的监察机关意见不一致的，双方应当进行沟通；经沟通不能取得一致意见的，报请有权决定的上级监察机关决定。经协商，有管理权限的监察机关在被指定管辖的监察机关审理阶段可以提前阅卷，沟通了解情况。

对于前款规定的重大、复杂案件，被指定管辖的监察机关经集体审议后将处理意见报有权决定的上级监察机关审核同意的，有管理权限的监察机关可以经集体审议后依法处置。

第五节　处　　置

第二百三十条　监察机关根据监督、调查结果，依据监察法、政务处分法等规定进行处置。

第二百三十一条　监察机关对于公职人员有职务违法行为但情节较轻的，可以依法进行谈话提醒、批评教育、责令检查，或者予以诫勉。上述方式可以单独使用，也可以依据规定合并使用。

谈话提醒、批评教育应当由监察机关相关负责人或者承办部门负责人进行，可以由被谈话提醒、批评教育人所在单位有关负责人陪同；经批准也可以委托其所在单位主要负责人进行。对谈话提醒、批评教育情况应当制作记录。

被责令检查的公职人员应当作出书面检查并进行整改。整改情况在一定范围内通报。

诫勉由监察机关以谈话或者书面方式进行。采取谈话方式予以诫勉的，应当由监察机关相关负责人或者承办部门负责人进行；经批准也可以委托诫勉对象所在单位主要负责人进行。对谈话情况应当制作记录。

第二百三十二条 对违法的公职人员依法需要给予政务处分的,应当根据情节轻重作出警告、记过、记大过、降级、撤职、开除的政务处分决定,制作政务处分决定书。

第二百三十三条 监察机关应当将政务处分决定书在作出后一个月以内送达被处分人和被处分人所在机关、单位,并依法履行宣布、书面告知程序。

政务处分决定自作出之日起生效。有关机关、单位、组织应当依法及时执行处分决定,并将执行情况向监察机关报告。处分决定应当在作出之日起一个月以内执行完毕,特殊情况下经监察机关批准可以适当延长办理期限,最迟不得超过六个月。

第二百三十四条 监察机关对不履行或者不正确履行职责造成严重后果或者恶劣影响的领导人员,可以按照管理权限采取通报、诫勉、政务处分等方式进行问责;提出组织处理的建议。

第二百三十五条 监察机关依法向监察对象所在单位提出监察建议的,应当经审批制作监察建议书。

监察建议书一般应当包括下列内容:

(一)监督调查情况;

(二)发现的主要问题及其产生的原因;

(三)整改建议内容和要求;

(四)整改期限和反馈整改情况的要求;

(五)提出异议的期限和方式。

第二百三十六条 监察机关在研究提出监察建议过程中,应当坚持问题导向、系统观念,加强分析研判,保证监察建议质量。

监察机关可以采取专题调研、部门会商、征求特约监察员等有关人员意见,以及与被建议单位或者其他有关方面沟通等方式,提高监察建议的针对性、可行性。

第二百三十七条 监察机关经调查,对没有证据证明或者现有证据不足以证明被调查人存在违法犯罪行为的,应当依法撤销案件。省级以下监察机关撤销案件后,应当在七个工作日以内向上一级监察机关报送备案报告。上一级监察机关监督检查部门负责备案工作。

省级以下监察机关拟撤销上级监察机关指定管辖或者交办案件的，应当将《撤销案件意见书》连同案卷材料，在法定调查期限到期七个工作日前报指定管辖或者交办案件的监察机关审查。对于重大、复杂案件，在法定调查期限到期十个工作日前报指定管辖或者交办案件的监察机关审查。

指定管辖或者交办案件的监察机关由监督检查部门负责审查工作。指定管辖或者交办案件的监察机关同意撤销案件的，下级监察机关应当作出撤销案件决定，制作《撤销案件决定书》；指定管辖或者交办案件的监察机关不同意撤销案件的，下级监察机关应当执行该决定。

监察机关对于撤销案件的决定应当向被调查人宣布，由其在《撤销案件决定书》上签名、捺指印，立即解除监察强制措施，并通知其所在单位。

撤销案件后又发现重要事实或者有充分证据，认为被调查人有违法犯罪事实需要追究法律责任的，应当重新立案调查。

第二百三十八条　对于涉嫌行贿等犯罪的非监察对象，案件调查终结后依法移送起诉。综合考虑行为性质、手段、后果、时间节点、认罪悔罪态度等具体情况，对于情节较轻，经审批不予移送起诉的，应当采取批评教育、责令具结悔过等方式处置；应当给予行政处罚的，依法移送有关行政执法部门。

对于有行贿行为的涉案单位和人员，按规定记入相关信息记录，可以作为信用评价的依据。

对于涉案单位和人员通过行贿等非法手段取得的财物及孳息，应当依法予以没收、追缴或者责令退赔，不得没收、追缴与案件无关的财物。对于涉案单位和人员主动上交的涉案财物，应当严格核查，确系违法所得及孳息的，依法予以没收、追缴。对于违法取得的经营资格、资质、荣誉、奖励、学历学位、职称或者职务职级等其他不正当利益，应当建议有关机关、单位、组织依照法律法规及有关规定予以纠正处理。

第二百三十九条　对查封、扣

押、冻结的涉嫌职务犯罪所得财物及孳息应当妥善保管，并制作《移送司法机关涉案财物清单》随案移送人民检察院。对作为证据使用的实物应当随案移送；对不宜移送的，应当将清单、照片和其他证明文件随案移送。

对于移送人民检察院的涉案财物，价值不明的，应当在移送起诉前委托进行价格认定。在价格认定过程中，需要对涉案财物先行作出真伪鉴定或者出具技术、质量检测报告的，应当委托有关鉴定机构或者检测机构进行真伪鉴定或者技术、质量检测。

对不属于犯罪所得但属于违法取得的财物及孳息，应当依法予以没收、追缴或者责令退赔，并出具有关法律文书。

对经认定不属于违法所得的财物及孳息，应当及时予以返还，并办理签收手续。

第二百四十条 监察机关经调查，对违法取得的财物及孳息决定追缴或者责令退赔的，可以依法要求公安、自然资源、住房城乡建设、市场监管、金融监管等部门以及银行等机构、单位予以协助。

追缴涉案财物以追缴原物为原则，原物已经转化为其他财物的，应当追缴转化后的财物。涉案财物已被用于清偿合法债务、转让或者设置其他权利负担，善意第三人通过正常市场交易、支付合理对价，并实际取得相应权利的，不得对善意取得的财物进行追缴。

有证据证明依法应当追缴、没收的涉案财物无法找到、被他人善意取得、价值灭失减损或者与其他合法财产混合且不可分割的，可以依法追缴、没收被调查人的其他等值财产。

追缴或者责令退赔应当自处置决定作出之日起一个月以内执行完毕。因被调查人的原因逾期执行的除外。

人民检察院、人民法院依法将不认定为犯罪所得的相关涉案财物退回监察机关的，监察机关应当依法处理。

第二百四十一条 监察对象对监察机关作出的涉及本人的处理决定不服的，可以在收到处理决定之日起一个月以内，向作出决定的监察机关申请复审。复审机关应当依法受理，并在受理后一个月以内作出复审决定。监察对象对复审决定仍不服的，可以在收到复审决定之日起一个月以内，向上一级监察机关申请复核。复核机关应当依法受理，并在受理后二个月以内作出复核决定。

上一级监察机关的复核决定和国家监察委员会的复审、复核决定为最终决定。

第二百四十二条　复审、复核机关承办部门应当成立工作组，调阅原案卷宗，必要时可以进行调查取证。承办部门应当集体研究，提出办理意见，经审批作出复审、复核决定。决定应当送达申请人，抄送相关单位，并在一定范围内宣布。

复审、复核期间，不停止原处理决定的执行。复审、复核机关经审查认定处理决定有错误或者不当的，应当依法撤销、变更原处理决定，或者责令原处理机关及时予以纠正。复审、复核机关经审查认定处理决定事实清楚、适用法律正确的，应当予以维持。

坚持复审复核与调查审理分离，原案调查、审理人员不得参与复审复核。

第六节　移送审查起诉

第二百四十三条　监察机关决定对涉嫌职务犯罪的被调查人移送起诉的，应当出具《起诉意见书》，连同案卷材料、证据及到案经过材料等，一并移送同级人民检察院。

监察机关案件审理部门负责与人民检察院审查起诉的衔接工作，调查、案件监督管理等部门应当予以协助。

国家监察委员会派驻或者派出的监察机构、监察专员调查的职务犯罪案件，应当依法移送省级人民检察院审查起诉。

第二百四十四条　涉嫌职务犯罪的被调查人和涉案人员符合监察法第三十四条、第三十五条规定情形的，结合其案发前的一贯表现、违法犯罪行为的情节、后果和影响等因素，监察机关经综合研判和集体审议，报请上一级监察机关批准，可以在移送人民检察院时依法提出从轻、减轻或者免除处罚等从宽处罚建议。报请批准时，应当一并提供主要证据材料、忏悔反思材料。

上级监察机关相关监督检查部门负责审查工作，重点审核拟认定的从宽处罚情形、提出的从宽处罚建议，经审批在十五个工作日以内作出批复。

第二百四十五条 涉嫌职务犯罪的被调查人具有下列情形之一，如实交代自己主要犯罪事实的，可以认定为监察法第三十四条第一项规定的自动投案，真诚悔罪悔过：

（一）职务犯罪问题未被监察机关掌握或者监察机关正在就有关问题线索进行适当了解时，向监察机关投案的；

（二）在监察机关谈话、函询过程中，如实交代监察机关未掌握的涉嫌职务犯罪问题的；

（三）在初步核实阶段，尚未受到监察机关谈话时投案的；

（四）职务犯罪问题虽被监察机关立案，但尚未受到讯问或者采取监察强制措施，向监察机关投案的；

（五）因伤病等客观原因无法前往投案，先委托他人代为表达投案意愿，或者以书信、网络、电话、传真等方式表达投案意愿，后到监察机关接受处理的；

（六）涉嫌职务犯罪潜逃后又投案，包括在被通缉、抓捕过程中投案的；

（七）经查实确已准备去投案，或者正在投案途中被有关机关抓获的；

（八）经他人规劝或者在他人陪同下投案的；

（九）虽未向监察机关投案，但向其所在党组织、单位或者有关负责人员投案，向有关巡视巡察机构投案，以及向公安机关、人民检察院、人民法院投案的；

（十）具有其他应当视为自动投案的情形的。

被调查人自动投案后不能如实交代自己的主要犯罪事实，或者自动投案并如实供述自己的罪行后又翻供的，不能适用前款规定。

第二百四十六条 涉嫌职务犯罪的被调查人具有下列情形之一的，可以认定为监察法第三十四条第二项规定的积极配合调查工作，如实供述监察机关还未掌握的违法犯罪行为：

（一）监察机关所掌握线索针对的犯罪事实不成立，在此范围外被调查人主动交代其他罪行的；

（二）主动交代监察机关尚未掌握的犯罪事实，与监察机关已掌握的犯罪事实属不同种罪行的；

（三）主动交代监察机关尚未掌握的犯罪事实，与监察机关已掌握的犯罪事实属同种罪行的；

（四）监察机关掌握的证据不充分，被调查人如实交代有助于收集定案证据的。

第二百四十七条　涉嫌职务犯罪的被调查人具有下列情形之一的，可以认定为监察法第三十四条第三项规定的积极退赃，减少损失：

（一）全额退赃的；

（二）退赃能力不足，但被调查人及其亲友在监察机关追缴赃款赃物过程中积极配合，且大部分已追缴到位的；

（三）犯罪后主动采取措施避免损失发生，或者积极采取有效措施减少、挽回大部分损失的。

第二百四十八条　涉嫌职务犯罪的被调查人具有下列情形之一的，可以认定为监察法第三十四条第四项规定的具有重大立功表现：

（一）检举揭发他人重大犯罪行为且经查证属实的；

（二）提供其他重大案件的重要线索且经查证属实的；

（三）阻止他人重大犯罪活动的；

（四）协助抓捕其他重大职务犯罪案件被调查人、重大犯罪嫌疑人（包括同案犯）的；

（五）为国家挽回重大损失等对国家和社会有其他重大贡献的。

前款所称重大犯罪一般是指依法可能被判处无期徒刑以上刑罚的犯罪行为；重大案件一般是指在本省、自治区、直辖市或者全国范围内有较大影响的案件；查证属实一般是指有关案件已被监察机关或者司法机关立案调查、侦查，被调查人、犯罪嫌疑人被监察机关采取监察强制措施或者被司法机关采取刑事强制措施，或者被告人被人民法院作出有罪判决，并结合案件事实、证据进行判断。

监察法第三十四条第四项规定的案件涉及国家重大利益，是指案件涉及国家主权和领土完整、国家安全、外交、社会稳定、经济发展等情形。

第二百四十九条 涉嫌行贿等犯罪的涉案人员具有下列情形之一的，可以认定为监察法第三十五条规定的揭发有关被调查人职务违法犯罪行为，查证属实或者提供重要线索，有助于调查其他案件：

（一）揭发所涉案件以外的被调查人职务犯罪行为，经查证属实的；

（二）提供的重要线索指向具体的职务犯罪事实，对调查其他案件起到实质性推动作用的；

（三）提供的重要线索有助于加快其他案件办理进度，或者对其他案件固定关键证据、挽回损失、追逃追赃等起到积极作用的。

第二百五十条 从宽处罚建议一般应当在移送起诉时作为《起诉意见书》内容一并提出，特殊情况下也可以在案件移送后、人民检察院提起公诉前，单独形成从宽处罚建议书移送人民检察院。对于从宽处罚建议所依据的证据材料，应当一并移送人民检察院。

监察机关对于被调查人在调查阶段认罪认罚，但不符合监察法规定的提出从宽处罚建议条件，在移送起诉时没有提出从宽处罚建议的，应当在《起诉意见书》中写明其自愿认罪认罚的情况。

第二百五十一条 监察机关一般应当在正式移送起诉十日前，向拟移送的人民检察院采取书面通知等方式预告移送事宜。监察机关发现被调查人因身体等原因存在不适宜羁押等可能影响刑事强制措施执行情形的，应当通报人民检察院；被调查人已被采取留置措施的，可以在移送起诉前依法变更为责令候查措施。对于未采取监察强制措施的案件，可以根据案件具体情况，向人民检察院提出对被调查人采取刑事强制措施的建议。

第二百五十二条 监察机关办理的职务犯罪案件移送起诉，需要指定起诉、审判管辖的，应当与同级人民检察院协商有关程序事宜。需要由同级人民检察院的上级人民检察院指定管辖的，应当商请同级人民检察院办理指定管辖事宜。

监察机关一般应当在移送起诉二十日前，将商请指定管辖函送交同级人民检察院。商请指定管辖函应当附案件基本情况，对于被调查人已被其他机关立案侦查的犯罪认为需要并案审查起诉的，一并进行说明。

派驻或者派出的监察机构、监察专员调查的职务犯罪案件需要指定起诉、审判管辖的，应当报派出机关办理指定管辖手续。

第二百五十三条　上级监察机关指定下级监察机关进行调查，移送起诉时需要人民检察院依法指定管辖的，应当按规定办理有关程序事宜。

第二百五十四条　监察机关对已经移送起诉的职务犯罪案件，发现遗漏被调查人罪行需要补充移送起诉的，应当经审批出具《补充起诉意见书》，连同相关案卷材料、证据等一并移送同级人民检察院。

对于经人民检察院指定管辖的案件需要补充移送起诉的，可以直接移送原受理移送起诉的人民检察院；需要追加犯罪嫌疑人、被告人的，应当再次商请人民检察院办理指定管辖手续。

第二百五十五条　对于涉嫌行贿犯罪、介绍贿赂犯罪或者共同职务犯罪等关联案件的涉案人员，移送起诉时一般应当随主案确定管辖。

主案与关联案件由不同监察机关立案调查的，调查关联案件的监察机关在移送起诉前，应当报告或者通报调查主案的监察机关，由其统一协调案件管辖事宜。因特殊原因，关联案件不宜随主案确定管辖的，调查主案的监察机关应当及时通报和协调有关事项。

第二百五十六条　监察机关对于人民检察院在审查起诉中书面提出的下列要求应当予以配合：

（一）认为可能存在以非法方法收集证据情形，要求监察机关对证据收集的合法性作出说明或者提供相关证明材料的；

（二）排除非法证据后，要求监察机关另行指派调查人员重新取证的；

（三）对物证、书证、视听资料、电子数据及勘验检查、辨认、调查实验等笔录存在疑问，要求调查人员提供获取、制作的有关情况的；

（四）要求监察机关对案件中某些专门性问题进行鉴定，或者对勘验检查进行复验、复查的；

（五）认为主要犯罪事实已经查清，仍有部分证据需要补充完善，要求监察机关补充提供证据的；

（六）人民检察院依法提出的其他工作要求。

第二百五十七条 监察机关对于人民检察院依法退回补充调查的案件，应当向主要负责人报告，并积极开展补充调查工作。

第二百五十八条 对人民检察院退回补充调查的案件，经审批分别作出下列处理：

（一）认定犯罪事实的证据不够充分的，应当在补充证据后，制作补充调查报告书，连同相关材料一并移送人民检察院审查，对无法补充完善的证据，应当作出书面情况说明并加盖监察机关或者承办部门公章；

（二）在补充调查中发现新的同案犯或者增加、变更犯罪事实，需要追究刑事责任的，应当重新提出处理意见，移送人民检察院审查；

（三）犯罪事实的认定出现重大变化，认为不应当追究被调查人刑事责任的，应当在补充调查期限内重新提出处理意见，将处理结果书面通知人民检察院并说明理由；

（四）认为移送起诉的犯罪事实清楚，证据确实、充分的，应当说明理由，移送人民检察院依法审查。

第二百五十九条 人民检察院在审查起诉过程中发现新的职务违法或者职务犯罪问题线索并移送监察机关的，监察机关应当依法处置。

第二百六十条 在案件审判过程中，人民检察院书面要求监察机关补充提供证据，对证据进行补正、解释，或者协助人民检察院补充侦查的，监察机关应当予以配合。监察机关不能提供有关证据材料的，应当书面说明情况。

人民法院在审判过程中就证据收集合法性问题要求有关调查人员出庭说明情况时，监察机关应当依法予以配合。

第二百六十一条 监察机关认为人民检察院不起诉决定有错误的，应当在收到不起诉决定书后三十日以内，依法向其上一级人民检察院提请复议。监察机关应当将上述情况及时向上一级监察机关书面报告。

第二百六十二条　对于监察机关移送起诉的案件，人民检察院作出不起诉决定，人民法院作出无罪判决，或者监察机关经人民检察院退回补充调查后不再移送起诉，涉及对被调查人已生效政务处分事实认定的，监察机关应当依法对政务处分决定进行审核。认为原政务处分决定认定事实清楚、适用法律正确的，不再改变；认为原政务处分决定确有错误或者不当的，依法予以撤销或者变更。

第二百六十三条　对于贪污贿赂、失职渎职等职务犯罪案件，被调查人逃匿，在通缉一年后不能到案，或者被调查人死亡，依法应当追缴其违法所得及其他涉案财产的，承办部门在调查终结后应当依法移送审理。

监察机关应当经集体审议，出具《没收违法所得意见书》，连同案卷材料、证据等，一并移送人民检察院依法提出没收违法所得的申请。

监察机关将《没收违法所得意见书》移送人民检察院后，在逃的被调查人自动投案或者被抓获的，监察机关应当及时通知人民检察院。

第二百六十四条　监察机关立案调查拟适用缺席审判程序的贪污贿赂犯罪案件，应当逐级报送国家监察委员会同意。

监察机关承办部门认为在境外的被调查人犯罪事实已经查清，证据确实、充分，依法应当追究刑事责任的，应当依法移送审理。

监察机关应当经集体审议，出具《起诉意见书》，连同案卷材料、证据等，一并移送人民检察院审查起诉。

在审查起诉或者缺席审判过程中，犯罪嫌疑人、被告人向监察机关自动投案或者被抓获的，监察机关应当立即通知人民检察院、人民法院。

第六章　反腐败国际合作

第一节　工作职责和领导体制

第二百六十五条　国家监察委员会统筹协调与其他国家、地区、国际组织开展反腐败国际交流、合作。

国家监察委员会组织《联合国反腐败公约》等反腐败国际条约的实施以及履约审议等工作，承担《联合国反腐败公约》司法协助中央机关有关工作。

国家监察委员会组织协调有关单位建立集中统一、高效顺畅的反腐败国际追逃追赃和防逃协调机制，统筹协调、督促指导各级监察机关反腐败国际追逃追赃等涉外案件办理工作，具体履行下列职责：

（一）制定反腐败国际追逃追赃和防逃工作计划，研究工作中的重要问题；

（二）会同有关单位开展反腐败国际追逃追赃等重大涉外案件办理工作；

（三）办理由国家监察委员会管辖的涉外案件；

（四）指导地方各级监察机关依法开展涉外案件办理工作；

（五）汇总和通报全国职务犯罪外逃案件信息和追逃追赃工作信息；

（六）建立健全反腐败国际追逃追赃和防逃合作网络；

（七）承担监察机关开展国际刑事司法协助的主管机关职责；

（八）承担其他与反腐败国际追逃追赃等涉外案件办理工作相关的职责。

第二百六十六条 地方各级监察机关在国家监察委员会领导下，统筹协调、督促指导本地区反腐败国际追逃追赃等涉外案件办理工作，具体履行下列职责：

（一）落实上级监察机关关于反腐败国际追逃追赃和防逃工作部署，制定工作计划；

（二）按照管辖权限或者上级监察机关指定管辖，办理涉外案件；

（三）按照上级监察机关要求，协助配合其他监察机关开展涉外案件办理工作；

（四）汇总和通报本地区职务犯罪外逃案件信息和追逃追赃工作信息；

（五）承担本地区其他与反腐败国际追逃追赃等涉外案件办理工作相关的职责。

省级监察委员会应当会同有关单位，建立健全本地区反腐败国际追逃追赃和防逃协调机制。

国家监察委员会派驻或者派出的监察机构、监察专员统筹协调、督促指导驻在单位反腐败国际追逃追赃等涉外案件办理工作，参照第一款规定执行。

第二百六十七条　国家监察委员会国际合作局归口管理监察机关反腐败国际追逃追赃等涉外案件办理工作。地方各级监察委员会应当明确专责部门，归口管理本地区涉外案件办理工作。

国家监察委员会派驻或者派出的监察机构、监察专员和地方各级监察机关办理涉外案件中有关执法司法国际合作事项，应当逐级报送国家监察委员会审批。由国家监察委员会依法直接或者协调有关单位与有关国家（地区）相关机构沟通，以双方认可的方式实施。

第二百六十八条　监察机关应当建立追逃追赃和防逃工作内部联络机制。承办部门在调查过程中，发现被调查人或者重要涉案人员外逃、违法所得及其他涉案财产被转移到境外的，可以请追逃追赃部门提供工作协助。监察机关将案件移送人民检察院审查起诉后，仍有重要涉案人员外逃或者未追缴的违法所得及其他涉案财产的，应当由追逃追赃部门继续办理，或者由追逃追赃部门指定协调有关单位办理。

第二节　国（境）内工作

第二百六十九条　监察机关应当将防逃工作纳入日常监督内容，督促相关机关、单位建立健全防逃责任机制。

监察机关在监督、调查工作中，应当根据情况制定对监察对象、重要涉案人员的防逃方案，防范人员外逃和资金外流风险。监察机关应当会同同级组织人事、外事、公安、移民管理等单位健全防逃预警机制，对存在外逃风险的监察对象早发现、早报告、早处置。

第二百七十条　监察机关应当加强与同级人民银行、公安等单位的沟通协作，推动预防、打击利用离岸公司和地下钱庄等向境外转移违法所得及其他涉案财产，对涉及职务违法和职务犯罪的行为依法进行调查。

第二百七十一条　国家监察委员会派驻或者派出的监察机构、监察专员和地方各级监察委员会发现监察对象出逃、失踪、出走，或者违法所得及其他涉案财产被转移至境外的，应当在二十四小时以内将有关信息逐级报送至国家监察委员会国际合作局，并迅速开展相关工作。

第二百七十二条 监察机关追逃追赃部门统一接收巡视巡察机构、审计机关、执法机关、司法机关等单位移交的外逃信息。

监察机关对涉嫌职务违法和职务犯罪的外逃人员，应当明确承办部门，建立案件档案。

第二百七十三条 监察机关应当依法全面收集外逃人员涉嫌职务违法和职务犯罪证据。

第二百七十四条 开展反腐败国际追逃追赃等涉外案件办理工作，应当把思想教育贯穿始终，落实宽严相济刑事政策，依法适用认罪认罚从宽制度，促使外逃人员回国投案或者配合调查、主动退赃。开展相关工作，应当尊重所在国家（地区）的法律规定。

第二百七十五条 外逃人员归案、违法所得及其他涉案财产被追缴后，承办案件的监察机关应当将情况逐级报送国家监察委员会国际合作局。监察机关应当依法对涉案人员和违法所得及其他涉案财产作出处置，或者请有关单位依法处置。对不需要继续采取相关措施的，应当及时解除或者撤销。

第三节 对外合作

第二百七十六条 监察机关对依法应当留置或者已经决定留置的外逃人员，需要申请发布国际刑警组织红色通报的，应当逐级报送国家监察委员会审核。国家监察委员会审核后，依法通过公安部向国际刑警组织提出申请。

需要延期、暂停、撤销红色通报的，申请发布红色通报的监察机关应当逐级报送国家监察委员会审核，由国家监察委员会依法通过公安部联系国际刑警组织办理。

第二百七十七条 地方各级监察机关通过引渡方式办理相关涉外案件的，应当按照《中华人民共和国引渡法》、相关双边及多边国际条约等规定准备引渡请求书及相关材料，逐级报送国家监察委员会审核。由国家监察委员会依法通过外交途径向外国提出引渡请求。

第二百七十八条　地方各级监察机关通过刑事司法协助方式办理相关涉外案件的，应当按照《中华人民共和国国际刑事司法协助法》（以下简称国际刑事司法协助法）、相关双边及多边国际条约等规定准备刑事司法协助请求书及相关材料，逐级报送国家监察委员会审核。由国家监察委员会依法直接或者通过对外联系机关等渠道，向外国提出刑事司法协助请求。

国家监察委员会收到外国提出的刑事司法协助请求书及所附材料，经审查认为符合有关规定的，作出决定并交由省级监察机关执行，或者转交其他有关主管机关。省级监察机关应当立即执行，或者交由下级监察机关执行，并将执行结果或者妨碍执行的情形及时报送国家监察委员会。在执行过程中，需要依法采取查询、调取、查封、扣押、冻结等措施或者需要返还涉案财物的，根据我国法律规定和国家监察委员会的执行决定办理有关法律手续。

第二百七十九条　地方各级监察机关通过执法合作方式办理相关涉外案件的，应当将合作事项及相关材料逐级报送国家监察委员会审核。由国家监察委员会依法直接或者协调有关单位，向有关国家（地区）相关机构提交并开展合作。

第二百八十条　地方各级监察机关通过境外追诉方式办理相关涉外案件的，应当提供外逃人员相关违法线索和证据，逐级报送国家监察委员会审核。由国家监察委员会按照国际刑事司法协助法等规定直接或者协调有关单位向有关国家（地区）相关机构提交，请其依法对外逃人员调查、起诉、审判，移管被判刑人或者遣返外逃人员。

第二百八十一条　监察机关对依法应当追缴的境外违法所得及其他涉案财产，应当责令涉案人员以合法方式退赔。涉案人员拒不退赔的，可以依法通过下列方式追缴：

（一）在开展引渡等追逃合作时，随附请求有关国家（地区）移交相关违法所得及其他涉案财产；

（二）依法启动违法所得没收程序，申请由人民法院对相关违法

所得及其他涉案财产作出没收裁定,请有关国家(地区)承认和执行,并予以返还;

(三)请有关国家(地区)依法追缴相关违法所得及其他涉案财产,并予以返还;

(四)通过其他合法方式追缴。

第七章　对监察机关和监察人员的监督

第二百八十二条　监察机关和监察人员必须自觉坚持党的领导,在党组织的管理、监督下开展工作,依法接受本级人民代表大会及其常务委员会的监督,接受民主监督、司法监督、社会监督、舆论监督,加强内部监督制约机制建设,确保权力受到严格的约束和监督。

第二百八十三条　各级监察委员会应当按照监察法第六十条第二款规定,由主要负责人在本级人民代表大会常务委员会全体会议上报告专项工作。

在报告专项工作前,应当与本级人民代表大会有关专门委员会、常务委员会有关工作机构沟通协商,并配合开展专题调查研究等工作。各级人民代表大会常务委员会审议专项工作报告时,本级监察委员会应当根据要求派出负责人列席相关会议,听取意见。

各级监察委员会应当认真研究处理本级人民代表大会常务委员会反馈的审议意见,并按照要求书面报告研究处理情况。本级人民代表大会常务委员会对专项工作报告作出决议的,监察委员会应当在决议规定的期限内,将执行决议的情况向其报告。

第二百八十四条　各级监察委员会应当积极接受、配合本级人民代表大会常务委员会组织的执法检查。对本级人民代表大会常务委员会的执法检查报告,应当认真研究处理,并向其报告研究处理情况。本级人民代表大会常务委员会对执法检查报告作出决议的,监察委员会应当在决议规定的期限内,将执行决议的情况向其报告。

第二百八十五条　各级监察委员会在本级人民代表大会常务委员会会议审议与监察工作有关的议案和报告时,应当派相关负责人到会听取意见,回答询问。

本级人民代表大会常务委员

会就与监察工作有关的重大问题，召开全体会议、联组会议或者分组会议进行专题询问的，监察委员会负责人应当到会，听取意见，回答询问。各级监察委员会应当及时向本级人民代表大会常务委员会提交专题询问中提出意见的研究处理情况报告。

监察机关对依法交由监察机关答复的质询案应当按照要求进行答复。口头答复的，由监察机关主要负责人或者委派相关负责人到会答复。书面答复的，由监察机关主要负责人签署。

第二百八十六条　各级监察机关应当通过互联网政务媒体、报刊、广播、电视等途径，向社会及时准确公开下列监察工作信息：

（一）监察法规；

（二）依法应当向社会公开的案件调查信息；

（三）检举控告地址、电话、网站等信息；

（四）其他依法应当公开的信息。

第二百八十七条　各级监察机关可以根据工作需要，按程序选聘特约监察员履行监督、咨询等职责。特约监察员名单应当向社会公布。

监察机关应当为特约监察员依法开展工作提供必要条件和便利。特约监察员对监察机关提出的意见、建议和批评，监察机关应当及时办理和反馈。

第二百八十八条　监察机关实行严格的人员准入制度，严把政治关、品行关、能力关、作风关、廉洁关。监察人员必须忠诚坚定、担当尽责、遵纪守法、清正廉洁。

第二百八十九条　监察机关应当建立信访举报、监督检查、调查、案件监督管理、案件审理等部门相互协调制约的工作机制。

监督检查和调查部门实行分工协作、相互制约。监督检查部门主要负责联系地区、部门、单位的日常监督检查和对涉嫌一般违法问题线索处置。调查部门主要负责对涉嫌严重职务违法和职务犯罪问题线索进行初步核实和立案调查。

案件监督管理部门负责对监督检查、调查工作全过程进行监督管理，做好线索管理、组织协调、监督检查、督促办理、统计分析等工作。案件监督管理部门发现监察人员在监督检查、调查中有违规办案行为的,及时督促整改;涉嫌违纪违法的,根据管理权限移交相关部门处理。

第二百九十条 监察机关应当部署使用覆盖信访举报、线索处置、监督检查、调查、案件审理等监察执法主要流程和关键要素的监察一体化工作平台,推动数字技术融入监察工作,通过信息化手段加强对监督、调查、处置工作的全过程监督管理。

第二百九十一条 监察机关应当对监察权运行关键环节进行经常性监督检查,适时开展专项督查。案件监督管理、案件审理等部门应当按照各自职责,对问题线索处置、调查措施使用、涉案财物管理等进行监督检查,建立常态化、全覆盖的案件质量评查机制。

第二百九十二条 监察机关应当加强对监察人员执行职务和遵纪守法情况的监督,按照管理权限依法对监察人员涉嫌违法犯罪问题进行调查处置。

第二百九十三条 监察机关及其监督检查、调查部门负责人应当定期检查调查期间的录音录像、谈话笔录、讯问笔录、询问笔录、涉案财物登记资料,加强对调查全过程的监督,发现问题及时纠正并报告。

对谈话、讯问和询问的同步录音录像,应当重点检查是否存在以下情形:

(一)以暴力、威胁等非法方法收集证据;

(二)未保证被调查人的饮食和必要的休息时间;

(三)谈话笔录、讯问笔录、询问笔录记载的起止时间与谈话、讯问、询问录音录像资料反映的起止时间不一致;

(四)谈话笔录、讯问笔录、询问笔录与谈话、讯问、询问录音录像资料内容存在实质性差异。

第二百九十四条 对监察人员打听案情、过问案件、说情干预的,办理监察事项的监察人员应当及时向上级负责人报告。有关情况应当登记备案。

发现办理监察事项的监察人员未经批准接触被调查人、涉案人员及其特定关系人,或者存在交往情形的,知情的监察人员应当及时向上级负责人报告。有关情况应当登记备案。

第二百九十五条　办理监察事项的监察人员有监察法第六十七条所列情形之一的，应当自行提出回避；没有自行提出回避的，监察机关应当依法决定其回避，监察对象、检举人及其他有关人员也有权要求其回避。

选用借调人员、看护人员、调查场所，应当严格执行回避制度。

第二百九十六条　监察人员自行提出回避，或者监察对象、检举人及其他有关人员要求监察人员回避的，应当书面或者口头提出，并说明理由。口头提出的，应当形成记录。

监察机关主要负责人的回避，由上级监察机关主要负责人决定；其他监察人员的回避，由本级监察机关主要负责人决定。

第二百九十七条　上级监察机关应当通过专项检查、业务考评、开展复查等方式，强化对下级监察机关及监察人员执行职务和遵纪守法情况的监督。

第二百九十八条　监察机关应当对监察人员有计划地进行政治、理论和业务培训。培训应当坚持理论联系实际、按需施教、讲求实效，突出政治机关特色，建设忠诚干净担当、敢于善于斗争的高素质专业化监察队伍，全面提高监察工作规范化法治化正规化水平。

第二百九十九条　监察机关应当严格执行保密制度，控制监察事项知悉范围和时间。监察人员不准私自留存、隐匿、查阅、摘抄、复制、携带问题线索和涉案资料，严禁泄露监察工作秘密。

监察机关应当建立健全检举控告保密制度，对检举控告人的姓名（单位名称）、工作单位、住址、电话和邮箱等有关情况以及检举控告内容必须严格保密。

第三百条　监察机关涉密人员离岗离职后，应当遵守脱密期管理规定，严格履行保密义务，不得泄露相关秘密。

第三百零一条　监察人员离任三年以内，不得从事与监察和司法工作相关联且可能发生利益冲突的职业。

监察人员离任后，不得担任原任职监察机关办理案件的诉讼代理人或者辩护人，但是作为当事人的监护人或者近亲属代理诉讼或者进行辩护的除外。

第三百零二条 监察人员应当严格遵守有关规范领导干部配偶、子女及其配偶经商办企业行为的规定。

第三百零三条 监察机关及其工作人员在履行职责过程中应当依法保护企业产权和自主经营权，严禁利用职权非法干扰企业生产经营。需要企业经营者协助调查的，应当依法保障其人身权利、财产权利和其他合法权益，避免或者尽量减少对涉案企业正常生产经营活动的影响。

监察机关查封、扣押、冻结以及追缴涉案财物，应当严格区分企业财产与经营者个人财产，被调查人个人财产与家庭成员财产，违法所得、其他涉案财产与合法财产。

查封经营性涉案财物，企业继续使用对该涉案财物价值无重大影响的，可以允许其使用。对于按规定不应交由企业保管使用的涉案财物，监察机关应当采取合理的保管保值措施。对于正在运营或者正在用于科技创新、产品研发的设备和技术资料等，一般不予查封、扣押，确需调取违法犯罪证据的，可以采取拍照、复制等方式。

第三百零四条 监察机关根据已经掌握的事实及证据，发现涉嫌严重职务违法或者职务犯罪的监察人员可能实施下列行为之一的，经依法审批，可以在具备安全保障条件的场所对其采取禁闭措施：

（一）继续实施违法犯罪行为的；

（二）为被调查人或者涉案人员通风报信等泄露监察工作秘密的；

（三）威胁、恐吓、蓄意报复举报人、控告人、被害人、证人、鉴定人等相关人员的；

（四）其他可能造成更为严重的后果或者恶劣影响的行为。

第三百零五条 采取禁闭措施时，调查人员不得少于二人，应当向被禁闭人员宣布《禁闭决定书》，告知被禁闭人员权利义务，要求其在《禁闭决定书》上签名、捺指印。被禁闭人员拒绝签名、捺指印的，调查人员应当在文书上记明。

禁闭的期限不得超过七日，自向被禁闭人员宣布之日起算。

第三百零六条　采取禁闭措施后，应当在二十四小时以内通知被禁闭人员所在单位和家属。当面通知的，由有关人员在《禁闭通知书》上签名。无法当面通知的，可以先以电话等方式通知，并通过邮寄、转交等方式送达《禁闭通知书》，要求有关人员在《禁闭通知书》上签名。有关人员拒绝签名的，调查人员应当在文书上记明。

因可能伪造、隐匿、毁灭证据，干扰证人作证或者串供等有碍调查情形而不宜通知的，应当按规定报批，记录在案。有碍调查的情形消失后，应当立即通知被禁闭人员所在单位和家属。

第三百零七条　对被禁闭人员不需要继续采取禁闭措施的，应当按规定报批后解除禁闭或者变更为责令候查措施。禁闭期满的，应当按规定报批后予以解除。

解除禁闭措施的，调查人员应当向被禁闭人员宣布解除禁闭措施的决定，由其在《解除禁闭决定书》上签名、捺指印；变更为责令候查措施的，应当向被禁闭人员宣布变更为责令候查措施的决定，由其在《变更禁闭决定书》上签名、捺指印。被禁闭人员拒绝签名、捺指印的，调查人员应当在文书上记明。

解除禁闭措施或者变更为责令候查措施的，应当及时通知被禁闭人员所在单位和家属、申请人。调查人员应当与交接人办理交接手续，并由其在《解除禁闭通知书》或者《变更禁闭通知书》上签名。无法通知或者有关人员拒绝签名的，调查人员应当在文书上记明。不得因办理交接手续延迟解除或者变更禁闭措施。

在禁闭期满前，对被禁闭人员采取管护、留置措施的，按照本条例关于采取管护、留置措施的规定执行。

第三百零八条　被调查人及其近亲属、利害关系人认为监察机关及其工作人员存在监察法第六十九条第一款规定的有关情形，向监察机关提出申诉的，由监察机关案件监督管理部门依法受理。监察机关应当自受理申诉之日起一个月以内作出处理决定。

前款规定的利害关系人，是指与有关涉案财产存在利害关系的自然人、法人或者其他组织。

第三百零九条　监察机关案

件监督管理部门受理申诉后，应当组织成立核查组，对申诉反映的问题进行核实。根据工作需要，核查组可以调阅相关措施文书等材料，听取申诉人意见和承办部门工作人员的情况说明。案件监督管理部门应当集体研究，提出办理意见，经审批作出决定。

第三百一十条 监察机关应当自申诉处理决定作出之日起七日以内，向申诉人送达申诉处理决定书，要求其在申诉处理决定书上签名。申诉人拒绝签名的，工作人员应当在文书上记明。

第三百一十一条 申诉人对申诉处理决定不服的，可以自收到申诉处理决定书之日起一个月以内向上一级监察机关申请复查。上一级监察机关应当进行核实，并自收到复查申请之日起二个月以内作出处理决定。

第三百一十二条 监察机关应当加强留置场所管理和监督工作，依法规范管理、使用留置场所。

留置场所应当建立健全保密、消防、医疗、防疫、餐饮及安保等方面安全制度，制定突发事件处置预案，采取安全防范措施，严格落实安全工作责任制。

发生被强制到案人员、被管护人员、被留置人员或者被禁闭人员死亡、伤残、脱逃等办案安全事故、事件的，应当及时做好处置、处理工作。相关情况应当立即报告监察机关主要负责人，并在二十四小时以内逐级上报至国家监察委员会。

第三百一十三条 监察机关在维护监督执法调查工作纪律方面失职失责的，依法追究责任。监察人员涉嫌严重职务违法、职务犯罪或者对案件处置出现重大失误的，既应当追究直接责任，还应当严肃追究负有责任的领导人员责任。

监察机关应当建立办案质量责任制，对滥用职权、失职失责造成严重后果的，实行终身责任追究。

第八章　法 律 责 任

第三百一十四条 有关单位拒不执行监察机关依法作出的下列处理决定的，应当由其主管部门、上级机关责令改正，对单位给予通报批评，对负有责任的领导人员和直接责任人员依法给予处理：

（一）政务处分决定；

（二）问责决定；

（三）谈话提醒、批评教育、责令检查，或者予以诫勉的决定；

（四）采取调查措施的决定；

（五）复审、复核决定；

（六）监察机关依法作出的其他处理决定。

第三百一十五条　监察对象对控告人、申诉人、批评人、检举人、证人、监察人员进行打击、压制等报复陷害的，监察机关应当依法给予政务处分。构成犯罪的，依法追究刑事责任。

第三百一十六条　控告人、检举人、证人采取捏造事实、伪造材料等方式诬告陷害的，监察机关应当依法给予政务处分，或者移送有关机关处理。构成犯罪的，依法追究刑事责任。

监察人员因依法履行职责遭受不实举报、诬告陷害、侮辱诽谤，致使名誉受到损害的，监察机关应当会同有关部门及时澄清事实，消除不良影响，并依法追究相关单位或者个人的责任。

第三百一十七条　监察机关应当建立健全办案安全责任制。承办部门主要负责人和调查组组长是调查安全第一责任人。调查组应当指定专人担任安全员。

地方各级监察机关履行管理、监督职责不力发生严重办案安全事故、事件的，或者办案中存在严重违规违纪违法行为的，省级监察机关主要负责人应当按规定向国家监察委员会作出检讨，并予以通报、严肃追责问责。

案件监督管理部门应当对办案安全责任制落实情况组织经常性检查和不定期抽查，发现问题及时报告并督促整改。

第三百一十八条　监察人员在履行职责中有下列行为之一的，依法严肃处理；构成犯罪的，依法追究刑事责任：

（一）贪污贿赂、徇私舞弊的；

（二）不履行或者不正确履行监督职责，应当发现的问题没有发现，或者发现问题不报告、不处置，造成严重影响的；

（三）未经批准、授权处置问题线索，发现重大案情隐瞒不报，或者私自留存、处理涉案材料的；

（四）利用职权或者职务上的影响干预调查工作的；

（五）违法窃取、泄露调查工作信息，或者泄露举报事项、举报受理情况以及举报人信息的；

（六）对被调查人或者涉案人员等逼供、诱供，或者侮辱、打骂、虐待、体罚或者变相体罚的；

（七）违反规定处置查封、扣押、冻结的财物的；

（八）违反规定导致发生办案安全事故、事件，或者发生安全事故、事件后隐瞒不报、报告失实、处置不当的；

（九）违反规定采取强制到案、责令候查、管护、留置或者禁闭措施，或者法定期限届满，不予以解除或者变更的；

（十）违反规定采取技术调查、限制出境措施，或者不按规定解除技术调查、限制出境措施的；

（十一）利用职权非法干扰企业生产经营或者侵害企业经营者人身权利、财产权利和其他合法权益的；

（十二）其他职务违法和职务犯罪行为。

第三百一十九条 对监察人员在履行职责中存在违法行为的，可以根据情节轻重，依法进行谈话提醒、批评教育、责令检查、诫勉，或者给予政务处分。构成犯罪的，依法追究刑事责任。

第三百二十条 监察机关及其工作人员在行使职权时，具有下列情形之一的，受害人可以申请国家赔偿：

（一）违法采取管护、禁闭措施，或者依照法定条件和程序采取管护、禁闭措施，但是管护时间、禁闭时间超过法定时限，其后决定撤销案件的；

（二）采取留置措施后，决定撤销案件的；

（三）违法没收、追缴或者违法查封、扣押、冻结财物造成损害的；

（四）违法行使职权，造成被调查人、涉案人员或者证人身体伤害或者死亡的；

（五）其他侵犯公民、法人和其他组织合法权益造成损害的。

受害人死亡的，其继承人和其他有扶养关系的亲属有权要求赔偿；受害的法人或者其他组织终止的，其权利承受人有权要求赔偿。

第三百二十一条 监察机关及其工作人员违法行使职权侵犯公民、法人和其他组织的合法权益造成损害的，该机关为赔偿义务机关。申请赔偿应当向赔偿义务机关提出，由该机关负责复审复核工作的部门受理。

赔偿以支付赔偿金为主要方式。能够返还财产或者恢复原状的，予以返还财产或者恢复原状。

第九章 附 则

第三百二十二条 本条例所称监察机关，包括各级监察委员会及其派驻或者派出监察机构、监察专员，以及再派出的监察机构、监察专员。

第三百二十三条 本条例所称严重职务违法，是指根据监察机关已经掌握的事实及证据，被调查人涉嫌的职务违法行为情节严重，可能被给予撤职以上政务处分。

本条例所称重大职务犯罪、重大贪污贿赂等职务犯罪，是指具有下列情形之一的职务犯罪：

（一）案情重大、复杂，涉及国家利益、重大公共利益或者犯罪行为致使公共财产、国家和人民利益遭受特别重大损失的；

（二）被调查人可能被判处十年有期徒刑以上刑罚的；

（三）案件在全国或者本省、自治区、直辖市范围内有较大影响的。

第三百二十四条 本条例所称同种罪行和不同种罪行，应当以罪名区分，但属选择性罪名或者在法律、事实上密切关联的犯罪，应当认定为同种罪行。

第三百二十五条 本条例所称近亲属，是指夫、妻、父、母、子、女、同胞兄弟姊妹。

第三百二十六条 本条例所称以上、以下、以内，包括本级、本数。

第三百二十七条 期间以时、日、月、年计算，期间开始的时和日不算在期间以内。本条例另有规定的除外。

按照年、月计算期间的，到期月的对应日为期间的最后一日；没有对应日的，月末日为期间的最后一日。

期间的最后一日是节假日的，以节假日结束的次日为期间的最后一日。但被调查人被采取责令候查、管护、留置或者禁闭措施的期间应当至期满之日为止，不得因节假日而延长。

第三百二十八条 本条例由国家监察委员会负责解释。

第三百二十九条 本条例自发布之日起施行。

中国共产党纪律处分条例

（2003年12月23日中共中央政治局会议审议批准 2003年12月31日中共中央发布 2023年12月8日中共中央政治局会议第三次修订 2023年12月19日中共中央发布）

第一编 总 则

第一章 总体要求和适用范围

第一条 为了维护党章和其他党内法规，严肃党的纪律，纯洁党的组织，保障党员民主权利，教育党员遵纪守法，维护党的团结统一，保证党的理论、路线、方针、政策、决议和国家法律法规的贯彻执行，根据《中国共产党章程》，制定本条例。

第二条 党的纪律建设必须坚持以马克思列宁主义、毛泽东思想、邓小平理论、“三个代表”重要思想、科学发展观、习近平新时代中国特色社会主义思想为指导，坚持和加强党的全面领导，坚决维护习近平总书记党中央的核心、全党的核心地位，坚决维护以习近平同志为核心的党中央权威和集中统一领导，弘扬伟大建党精神，坚持自我革命，贯彻全面从严治党战略方针，落实新时代党的建设总要求，推动解决大党独有难题、健全全面从严治党体系，全面加强党的纪律建设，为以中国式现代化全面推进强国建设、民族复兴伟业提供坚强纪律保障。

第三条 党章是最根本的党内法规，是管党治党的总规矩。党的纪律是党的各级组织和全体党员必须遵守的行为规则。党组织和党员必须坚守初心使命，牢固树立政治意识、大局意识、核心意识、看齐意识，始终坚定道路自信、理论自信、制度自信、文化自信，切实践行正确的权力观、政绩观、事业观，自觉遵守和维护党章，严格执行和维护党的纪律，自觉接受党的纪律约束，模范遵守国家法律法规。

第四条　党的纪律处分工作遵循下列原则：

（一）坚持党要管党、全面从严治党。把严的基调、严的措施、严的氛围长期坚持下去，加强对党的各级组织和全体党员的教育、管理和监督，把纪律挺在前面，抓早抓小、防微杜渐。

（二）党纪面前一律平等。对违犯党纪的党组织和党员必须严肃、公正执行纪律，党内不允许有任何不受纪律约束的党组织和党员。

（三）实事求是。对党组织和党员违犯党纪的行为，应当以事实为依据，以党章、其他党内法规和国家法律法规为准绳，执纪执法贯通，准确认定行为性质，区别不同情况，恰当予以处理。

（四）民主集中制。实施党纪处分，应当按照规定程序经党组织集体讨论决定，不允许任何个人或者少数人擅自决定和批准。上级党组织对违犯党纪的党组织和党员作出的处理决定，下级党组织必须执行。

（五）惩前毖后、治病救人。处理违犯党纪的党组织和党员，应当实行惩戒与教育相结合，做到宽严相济。

第五条　深化运用监督执纪“四种形态”，经常开展批评和自我批评，及时进行谈话提醒、批评教育、责令检查、诫勉，让“红红脸、出出汗”成为常态；党纪轻处分、组织调整成为违纪处理的大多数；党纪重处分、重大职务调整的成为少数；严重违纪涉嫌犯罪追究刑事责任的成为极少数。

第六条　本条例适用于违犯党纪应当受到党纪责任追究的党组织和党员。

第二章　违纪与纪律处分

第七条　党组织和党员违反党章和其他党内法规，违反国家法律法规，违反党和国家政策，违反社会主义道德，危害党、国家和人民利益的行为，依照规定应当给予纪律处理或者处分的，都必须受到追究。

重点查处党的十八大以来不收敛、不收手，问题线索反映集中、群众反映强烈，政治问题和经济问题交织的腐败案件，违反中央八项规定精神的问题。

第八条 对党员的纪律处分种类：

（一）警告；

（二）严重警告；

（三）撤销党内职务；

（四）留党察看；

（五）开除党籍。

第九条 对于违犯党纪的党组织，上级党组织应当责令其作出书面检查或者给予通报批评。对于严重违犯党纪、本身又不能纠正的党组织，上一级党的委员会在查明核实后，根据情节严重的程度，可以予以：

（一）改组；

（二）解散。

第十条 党员受到警告处分一年内、受到严重警告处分一年半内，不得在党内提拔职务或者进一步使用，也不得向党外组织推荐担任高于其原任职务的党外职务或者进一步使用。

第十一条 撤销党内职务处分，是指撤销受处分党员由党内选举或者组织任命的党内职务。对于在党内担任两个以上职务的，党组织在作处分决定时，应当明确是撤销其一切职务还是一个或者几个职务。如果决定撤销其一个职务，必须撤销其担任的最高职务。如果决定撤销其两个以上职务，则必须从其担任的最高职务开始依次撤销。对于在党外组织担任职务的，应当建议党外组织撤销其党外职务。

对于在立案审查中因涉嫌违犯党纪被免职的党员，审查后依照本条例规定应当给予撤销党内职务处分的，应当按照其原任职务给予撤销党内职务处分。对于应当受到撤销党内职务处分，但是本人没有担任党内职务的，应当给予其严重警告处分。同时，在党外组织担任职务的，应当建议党外组织撤销其党外职务。

党员受到撤销党内职务处分，

或者依照前款规定受到严重警告处分的，二年内不得在党内担任和向党外组织推荐担任与其原任职务相当或者高于其原任职务的职务。

第十二条　留党察看处分，分为留党察看一年、留党察看二年。对于受到留党察看处分一年的党员，期满后仍不符合恢复党员权利条件的，应当延长一年留党察看期限。留党察看期限最长不得超过二年。

党员受留党察看处分期间，没有表决权、选举权和被选举权。留党察看期间，确有悔改表现的，期满后恢复其党员权利；坚持不改或者又发现其他应当受到党纪处分的违纪行为的，应当开除党籍。

党员受到留党察看处分，其党内职务自然撤销。对于担任党外职务的，应当建议党外组织撤销其党外职务。受到留党察看处分的党员，恢复党员权利后二年内，不得在党内担任和向党外组织推荐担任与其原任职务相当或者高于其原任职务的职务。

第十三条　党员受到开除党籍处分，五年内不得重新入党，也不得推荐担任与其原任职务相当或者高于其原任职务的党外职务。另有规定不准重新入党的，依照规定。

第十四条　党员干部受到党纪处分，需要同时进行组织处理的，党组织应当按照规定给予组织处理。

党的各级代表大会的代表受到留党察看以上处分的，党组织应当终止其代表资格。

第十五条　对于受到改组处理的党组织领导机构成员，除应当受到撤销党内职务以上处分的外，均自然免职。

第十六条　对于受到解散处理的党组织中的党员，应当逐个审查。其中，符合党员条件的，应当重新登记，并参加新的组织过党的生活；不符合党员条件的，应当对其进行教育、限期改正，经教育仍无转变的，予以劝退或者除名；有违纪行为的，依照规定予以追究。

第三章　纪律处分运用规则

第十七条　有下列情形之一的，可以从轻或者减轻处分：

（一）主动交代本人应当受到

党纪处分的问题；

（二）在组织谈话函询、初步核实、立案审查过程中，能够配合核实审查工作，如实说明本人违纪违法事实；

（三）检举同案人或者其他人应当受到党纪处分或者法律追究的问题，经查证属实，或者有其他立功表现；

（四）主动挽回损失、消除不良影响或者有效阻止危害结果发生；

（五）主动上交或者退赔违纪所得；

（六）党内法规规定的其他从轻或者减轻处分情形。

第十八条 根据案件的特殊情况，由中央纪委决定或者经省（部）级纪委（不含副省级市纪委）决定并呈报中央纪委批准，对违纪党员也可以在本条例规定的处分幅度以外减轻处分。

第十九条 对于党员违犯党纪应当给予警告或者严重警告处分，但是具有本条例第十七条规定的情形之一或者本条例分则中另有规定的，可以给予批评教育、责令检查、诫勉或者组织处理，免予党纪处分。对违纪党员免予处分，应当作出书面结论。

党员有作风纪律方面的苗头性、倾向性问题或者违犯党纪情节轻微的，可以给予谈话提醒、批评教育、责令检查等，或者予以诫勉，不予党纪处分。

党员行为虽然造成损失或者后果，但不是出于故意或者过失，而是由于不可抗力等原因所引起的，不追究党纪责任。

第二十条 有下列情形之一的，应当从重或者加重处分：

（一）强迫、唆使他人违纪；

（二）拒不上交或者退赔违纪所得；

（三）违纪受处分后又因故意违纪应当受到党纪处分；

（四）违纪受处分后，又被发现其受处分前没有交代的其他应当受到党纪处分的问题；

（五）党内法规规定的其他从重或者加重处分情形。

第二十一条 党员在党纪处分影响期内又受到党纪处分的，其影响期为原处分尚未执行的影响期与新处分影响期之和。

第二十二条 从轻处分，是指在本条例规定的违纪行为应当受到的处分幅度以内,给予较轻的处分。

从重处分,是指在本条例规定的违纪行为应当受到的处分幅度以内,给予较重的处分。

第二十三条　减轻处分,是指在本条例规定的违纪行为应当受到的处分幅度以外,减轻一档给予处分。

加重处分,是指在本条例规定的违纪行为应当受到的处分幅度以外,加重一档给予处分。

本条例规定的只有开除党籍处分一个档次的违纪行为,不适用第一款减轻处分的规定。

第二十四条　一人有本条例规定的两种以上应当受到党纪处分的违纪行为,应当合并处理,按其数种违纪行为中应当受到的最高处分加重一档给予处分;其中一种违纪行为应当受到开除党籍处分的,应当给予开除党籍处分。

第二十五条　一个违纪行为同时触犯本条例两个以上条款的,依照处分较重的条款定性处理。

一个条款规定的违纪构成要件全部包含在另一个条款规定的违纪构成要件中,特别规定与一般规定不一致的,适用特别规定。

第二十六条　二人以上共同故意违纪的,对为首者,从重处分,本条例另有规定的除外;对其他成员,按照其在共同违纪中所起的作用和应负的责任,分别给予处分。

对于经济方面共同违纪的,按照个人参与数额及其所起作用,分别给予处分。对共同违纪的为首者,情节严重的,按照共同违纪的总数额处分。

教唆他人违纪的,应当按照其在共同违纪中所起的作用追究党纪责任。

第二十七条　党组织领导机构集体作出违犯党纪的决定或者实施其他违犯党纪的行为,对具有共同故意的成员,按共同违纪处理;对过失违纪的成员,按照各自在集体违纪中所起的作用和应负的责任分别给予处分。

第四章　对违法犯罪党员的纪律处分

第二十八条　对违法犯罪的党员,应当按照规定给予党纪处分,做到适用纪律和适用法律有机融合,党纪政务等处分相匹配。

第二十九条 党组织在纪律审查中发现党员有贪污贿赂、滥用职权、玩忽职守、权力寻租、利益输送、徇私舞弊、浪费国家资财等违反法律涉嫌犯罪行为的，应当给予撤销党内职务、留党察看或者开除党籍处分。

第三十条 党组织在纪律审查中发现党员有刑法规定的行为，虽不构成犯罪但须追究党纪责任的，或者有其他破坏社会主义市场经济秩序、违反治安管理等违法行为，损害党、国家和人民利益的，应当视具体情节给予警告直至开除党籍处分。

违反国家财经纪律，在公共资金收支、税务管理、国有资产管理、政府采购管理、金融管理、财务会计管理等财经活动中有违法行为的，依照前款规定处理。

党员有嫖娼或者吸食、注射毒品等丧失党员条件，严重败坏党的形象行为的，应当给予开除党籍处分。

第三十一条 党组织在纪律审查中发现党员严重违纪涉嫌违法犯罪的，原则上先作出党纪处分决定，并按照规定由监察机关给予政务处分或者由任免机关（单位）给予处分后，再移送有关国家机关依法处理。

第三十二条 党员被依法留置、逮捕的，党组织应当按照管理权限中止其表决权、选举权和被选举权等党员权利。根据监察机关、司法机关处理结果，可以恢复其党员权利的，应当及时予以恢复。

第三十三条 党员犯罪情节轻微，人民检察院依法作出不起诉决定的，或者人民法院依法作出有罪判决并免予刑事处罚的，应当给予撤销党内职务、留党察看或者开除党籍处分。

党员犯罪，被单处罚金的，依照前款规定处理。

第三十四条 党员犯罪，有下列情形之一的，应当给予开除党籍处分：

（一）因故意犯罪被依法判处刑法规定的主刑（含宣告缓刑）；

（二）被单处或者附加剥夺政治权利；

（三）因过失犯罪，被依法判处三年以上（不含三年）有期徒刑。

因过失犯罪被判处三年以下有期徒刑或者被判处管制、拘役的，一般应当开除党籍。对于个别可以不开除党籍的，应当对照处分违纪党员批准权限的规定，报请再上一级党组织批准。

第三十五条 党员依法受到刑事责任追究的，党组织应当根据司法机关的生效判决、裁定、决定及其认定的事实、性质和情节，依照本条例规定给予党纪处分，是公职人员的由监察机关给予相应政务处分或者由任免机关（单位）给予相应处分。

党员依法受到政务处分、任免机关（单位）给予的处分、行政处罚，应当追究党纪责任的，党组织可以根据生效的处分、行政处罚决定认定的事实、性质和情节，经核实后依照规定给予相应党纪处分或者组织处理。其中，党员依法受到撤职以上处分的，应当依照本条例规定给予撤销党内职务以上处分。

党员违反国家法律法规、企事业单位或者其他社会组织的规章制度受到其他处分，应当追究党纪责任的，党组织在对有关方面认定的事实、性质和情节进行核实后，依照规定给予相应党纪处分或者组织处理。

党组织作出党纪处分或者组织处理决定后，监察机关、司法机关、行政机关等依法改变原生效判决、裁定、决定等，对原党纪处分或者组织处理决定产生影响的，党组织应当根据改变后的生效判决、裁定、决定等重新作出相应处理。

第五章　其他规定

第三十六条 预备党员违犯党纪，情节较轻，可以保留预备党员资格的，党组织应当对其批评教育或者延长预备期；情节较重的，应当取消其预备党员资格。

第三十七条 对违纪后下落不明的党员，应当区别情况作出处理：

（一）对有严重违纪行为，应当给予开除党籍处分的，党组织应当作出决定，开除其党籍；

（二）除前项规定的情况外，下落不明时间超过六个月的，党组织应当按照党章规定对其予以除名。

第三十八条 违纪党员在党组织作出处分决定前死亡，或者在死亡之后发现其曾有严重违纪行为，对于应当给予开除党籍处分的，开除其党籍；对于应当给予留党察看以下处分的，作出违犯党纪的书面结论和相应处理。

第三十九条 违纪行为有关责任人员的区分：

（一）直接责任者，是指在其职责范围内，不履行或者不正确履行自己的职责，对造成的损失或者后果起决定性作用的党员或者党员领导干部；

（二）主要领导责任者，是指在其职责范围内，对主管的工作不履行或者不正确履行职责，对造成的损失或者后果负直接领导责任的党员领导干部；

（三）重要领导责任者，是指在其职责范围内，对应管的工作或者参与决定的工作不履行或者不正确履行职责，对造成的损失或者后果负次要领导责任的党员领导干部。

本条例所称领导责任者，包括主要领导责任者和重要领导责任者。

第四十条 本条例所称主动交代，是指涉嫌违纪的党员在组织谈话函询、初步核实前向有关组织交代自己的问题，或者在谈话函询、初步核实和立案审查期间交代组织未掌握的问题。

第四十一条 担任职级、单独职务序列等级的党员干部违犯党纪受到处分，需要对其职级、单独职务序列等级进行调整的，参照本条例关于党外职务的规定执行。

第四十二条 计算经济损失应当计算立案时已经实际造成的全部财产损失，包括为挽回违纪行为所造成损失而支付的各种开支、费用。立案后至处理前持续发生的经济损失，应当一并计算在内。

第四十三条 对于违纪行为所获得的经济利益，应当收缴或者责令退赔。对于主动上交的违纪所得和经济损失赔偿，应当予以接收，并按照规定收缴或者返还有关单位、个人。

对于违纪行为所获得的职务、职级、职称、学历、学位、奖励、资格等其他利益，应当由承办案件的纪检机关或者由其上级纪检机关建议有关组织、部门、单位按照规定予以纠正。

对于依照本条例第三十七条、第三十八条规定处理的党员，经调查确属其实施违纪行为获得的利益,依照本条规定处理。

第四十四条　党纪处分决定作出后,应当在一个月内向受处分党员所在党的基层组织中的全体党员及其本人宣布,是领导班子成员的还应当向所在党组织领导班子宣布,并按照干部管理权限和组织关系将处分决定材料归入受处分者档案;对于受到撤销党内职务以上处分的,还应当在一个月内办理职务、工资、工作及其他有关待遇等相应变更手续;涉及撤销或者调整其党外职务的,应当建议党外组织及时撤销或者调整其党外职务。特殊情况下,经作出或者批准作出处分决定的组织批准,可以适当延长办理期限。办理期限最长不得超过六个月。

第四十五条　执行党纪处分决定的机关或者受处分党员所在单位,应当在六个月内将处分决定的执行情况向作出或者批准处分决定的机关报告。

党员对所受党纪处分不服的,可以依照党章及有关规定提出申诉。

第四十六条　党员因违犯党纪受到处分,影响期满后,党组织无需取消对其的处分。

第四十七条　本条例所称以上、以下,除有特别标明外均含本级、本数。

第四十八条　本条例总则适用于有党纪处分规定的其他党内法规,但是中共中央发布或者批准发布的其他党内法规有特别规定的除外。

第二编　分　则

第六章　对违反政治纪律行为的处分

第四十九条　在重大原则问题上不同党中央保持一致且有实际言论、行为或者造成不良后果的,给予警告或者严重警告处分;情节较重的,给予撤销党内职务或者留党察看处分;情节严重的,给予开除党籍处分。

第五十条　通过网络、广播、电视、报刊、传单、书籍等,或者利用讲座、论坛、报告会、座谈会等方式,公开发表坚持资产阶级自由化立场、反对四项基本原则,反对党的改革开放决策的文章、演说、宣言、声明等的,给予开除党籍处分。

发布、播出、刊登、出版前款所列文章、演说、宣言、声明等或者为上述行为提供方便条件的，对直接责任者和领导责任者，给予严重警告或者撤销党内职务处分；情节严重的，给予留党察看或者开除党籍处分。

第五十一条 通过网络、广播、电视、报刊、传单、书籍等，或者利用讲座、论坛、报告会、座谈会等方式，有下列行为之一，情节较轻的，给予警告或者严重警告处分；情节较重的，给予撤销党内职务或者留党察看处分；情节严重的，给予开除党籍处分：

（一）公开发表违背四项基本原则，违背、歪曲党的改革开放决策，或者其他有严重政治问题的文章、演说、宣言、声明等；

（二）妄议党中央大政方针，破坏党的集中统一；

（三）丑化党和国家形象，或者诋毁、诬蔑党和国家领导人、英雄模范，或者歪曲党的历史、中华人民共和国历史、人民军队历史。

发布、播出、刊登、出版前款所列内容或者为上述行为提供方便条件的，对直接责任者和领导责任者，给予严重警告或者撤销党内职务处分；情节严重的，给予留党察看或者开除党籍处分。

第五十二条 制作、贩卖、传播第五十条、第五十一条所列内容之一的报刊、书籍、音像制品、电子读物，以及网络文本、图片、音频、视频资料等，情节较轻的，给予警告或者严重警告处分；情节较重的，给予撤销党内职务或者留党察看处分；情节严重的，给予开除党籍处分。

私自携带、寄递第五十条、第五十一条所列内容之一的报刊、书籍、音像制品、电子读物等入出境，情节较重的，给予警告或者严重警告处分；情节严重的，给予撤销党内职务、留党察看或者开除党籍处分。

私自阅看、浏览、收听第五十条、第五十一条所列内容之一的报刊、书籍、音像制品、电子读物，以及网络文本、图片、音频、视频资料等，情节严重的，给予警告、严重警告或者撤销党内职务处分。

第五十三条 在党内组织秘密集团或者组织其他分裂党的活动的，给予开除党籍处分。

参加秘密集团或者参加其他分裂党的活动的，给予留党察看或者开除党籍处分。

第五十四条 在党内搞团团伙伙、结党营私、拉帮结派、政治攀附、培植个人势力等非组织活动，或者通过搞利益交换、为自己营造声势等活动捞取政治资本的，给予严重警告或者撤销党内职务处分；导致本地区、本部门、本单位政治生态恶化的，给予留党察看或者开除党籍处分。

第五十五条 搞投机钻营，结交政治骗子或者被政治骗子利用的，给予严重警告或者撤销党内职务处分；情节严重的，给予留党察看或者开除党籍处分。

充当政治骗子的，给予撤销党内职务、留党察看或者开除党籍处分。

第五十六条 党员领导干部在本人主政的地方或者分管的部门自行其是，搞山头主义，拒不执行党中央确定的大政方针，甚至背着党中央另搞一套的，给予撤销党内职务、留党察看或者开除党籍处分。

贯彻党中央决策部署只表态不落实，或者落实党中央决策部署不坚决，打折扣、搞变通，在政治上造成不良影响或者严重后果的，给予警告或者严重警告处分；情节严重的，给予撤销党内职务、留党察看或者开除党籍处分。

不顾党和国家大局，搞部门或者地方保护主义的，依照前款规定处理。

第五十七条 党员领导干部政绩观错位，违背新发展理念、背离高质量发展要求，给党、国家和人民利益造成较大损失的，给予警告或者严重警告处分；情节较重的，给予撤销党内职务或者留党察看处分；情节严重的，给予开除党籍处分。

搞劳民伤财的“形象工程”、“政绩工程”的，从重或者加重处分。

第五十八条 对党不忠诚不老实，表里不一，阳奉阴违，欺上瞒下，搞两面派，做两面人，在政治上造成不良影响的，给予警告或者严重警告处分；情节较重的，给予撤销党内职务或者留党察看处分；情节严重的，给予开除党籍处分。

第五十九条 制造、散布、传

播政治谣言，破坏党的团结统一的，给予警告或者严重警告处分；情节较重的，给予撤销党内职务或者留党察看处分；情节严重的，给予开除党籍处分。

政治品行恶劣，匿名诬告，有意陷害或者制造其他谣言，造成损害或者不良影响的，依照前款规定处理。

第六十条 擅自对应当由党中央决定的重大政策问题作出决定、对外发表主张的，对直接责任者和领导责任者，给予严重警告或者撤销党内职务处分；情节严重的，给予留党察看或者开除党籍处分。

第六十一条 不按照有关规定向组织请示、报告重大事项，对直接责任者和领导责任者，情节较重的，给予警告或者严重警告处分；情节严重的，给予撤销党内职务或者留党察看处分。

第六十二条 干扰巡视巡察工作或者不落实巡视巡察整改要求，对直接责任者和领导责任者，情节较轻的，给予警告或者严重警告处分；情节较重的，给予撤销党内职务或者留党察看处分；情节严重的，给予开除党籍处分。

第六十三条 对抗组织审查，有下列行为之一的，给予警告或者严重警告处分；情节较重的，给予撤销党内职务或者留党察看处分；情节严重的，给予开除党籍处分：

（一）串供或者伪造、销毁、转移、隐匿证据；

（二）阻止他人揭发检举、提供证据材料；

（三）包庇同案人员；

（四）向组织提供虚假情况，掩盖事实；

（五）其他对抗组织审查行为。

第六十四条 组织、参加反对党的基本理论、基本路线、基本方略或者重大方针政策的集会、游行、示威等活动的，或者以组织讲座、论坛、报告会、座谈会等方式，反对党的基本理论、基本路线、基本方略或者重大方针政策，造成严重不良影响的，对策划者、组织者和骨干分子，给予开除党籍处分。

对其他参加人员或者以提供信息、资料、财物、场地等方式支持上述活动者，情节较轻的，给予警告或者严重警告处分；情节较重的，给予撤销党内职务或者留党察看处分；情节严重的，给予开除党籍处分。

对不明真相被裹挟参加，经批评教育后确有悔改表现的，可以免予处分或者不予处分。

未经组织批准参加其他集会、游行、示威等活动，情节较轻的，给予警告或者严重警告处分；情节较重的，给予撤销党内职务或者留党察看处分；情节严重的，给予开除党籍处分。

第六十五条　组织、参加旨在反对党的领导、反对社会主义制度或者敌视政府等组织的，对策划者、组织者和骨干分子，给予开除党籍处分。

对其他参加人员，情节较轻的，给予警告或者严重警告处分；情节较重的，给予撤销党内职务或者留党察看处分；情节严重的，给予开除党籍处分。

第六十六条　组织、参加会道门或者邪教组织的，对策划者、组织者和骨干分子，给予开除党籍处分。

对其他参加人员，情节较轻的，给予警告或者严重警告处分；情节较重的，给予撤销党内职务或者留党察看处分；情节严重的，给予开除党籍处分。

对不明真相的参加人员，经批评教育后确有悔改表现的，可以免予处分或者不予处分。

第六十七条　从事、参与挑拨破坏民族关系制造事端或者参加民族分裂活动的，对策划者、组织者和骨干分子，给予开除党籍处分。

对其他参加人员，情节较轻的，给予警告或者严重警告处分；情节较重的，给予撤销党内职务或者留党察看处分；情节严重的，给予开除党籍处分。

对不明真相被裹挟参加，经批评教育后确有悔改表现的，可以免予处分或者不予处分。

有其他违反党和国家民族政策的行为，情节较轻的，给予警告或者严重警告处分；情节较重的，给予撤销党内职务或者留党察看处分；情节严重的，给予开除党籍处分。

第六十八条　组织、利用宗教活动反对党的理论、路线、方针、政策和决议，破坏民族团结的，对策划者、组织者和骨干分子，给予开除党籍处分。

对其他参加人员，给予撤销党内职务或者留党察看处分；情节严重的，给予开除党籍处分。

对不明真相被裹挟参加，经批评教育后确有悔改表现的，可以免予处分或者不予处分。

有其他违反党和国家宗教政策的行为，情节较轻的，给予警告或者严重警告处分；情节较重的，给予撤销党内职务或者留党察看处分；情节严重的，给予开除党籍处分。

第六十九条 对信仰宗教的党员，应当加强思想教育，要求其限期改正；经党组织帮助教育仍没有转变的，应当劝其退党；劝而不退的，予以除名；参与利用宗教搞煽动活动的，给予开除党籍处分。

第七十条 组织迷信活动的，给予撤销党内职务或者留党察看处分；情节严重的，给予开除党籍处分。

参加迷信活动或者个人搞迷信活动，造成不良影响的，给予警告或者严重警告处分；情节较重的，给予撤销党内职务或者留党察看处分；情节严重的，给予开除党籍处分。

对不明真相的参加人员，经批评教育后确有悔改表现的，可以免予处分或者不予处分。

第七十一条 组织、利用宗族势力对抗党和政府，妨碍党和国家的方针政策以及决策部署的实施，或者破坏党的基层组织建设的，对策划者、组织者和骨干分子，给予开除党籍处分。

对其他参加人员，给予撤销党内职务或者留党察看处分；情节严重的，给予开除党籍处分。

对不明真相被裹挟参加，经批评教育后确有悔改表现的，可以免予处分或者不予处分。

第七十二条 在国（境）外、外国驻华使（领）馆申请政治避难，或者违纪后逃往国（境）外、外国驻华使（领）馆的，给予开除党籍处分。

在国（境）外公开发表反对党和政府的文章、演说、宣言、声明等的，依照前款规定处理。

故意为上述行为提供方便条件的，给予留党察看或者开除党籍处分。

第七十三条 在涉外活动中，其言行在政治上造成恶劣影响，损害党和国家尊严、利益的，给予撤销党内职务或者留党察看处分；情节严重的，给予开除党籍处分。

第七十四条　不履行全面从严治党主体责任、监督责任或者履行全面从严治党主体责任、监督责任不力，给党组织造成严重损害或者严重不良影响的，对直接责任者和领导责任者，给予警告或者严重警告处分；情节严重的，给予撤销党内职务或者留党察看处分。

第七十五条　党员领导干部对违反政治纪律和政治规矩等错误思想和行为不报告、不抵制、不斗争，放任不管，搞无原则一团和气，造成不良影响的，给予警告或者严重警告处分；情节严重的，给予撤销党内职务或者留党察看处分。

第七十六条　违反党的优良传统和工作惯例等党的规矩，在政治上造成不良影响或者严重后果的，给予警告或者严重警告处分；情节较重的，给予撤销党内职务或者留党察看处分；情节严重的，给予开除党籍处分。

第七章　对违反组织纪律行为的处分

第七十七条　违反民主集中制原则，有下列行为之一的，给予警告或者严重警告处分；情节严重的，给予撤销党内职务或者留党察看处分：

（一）拒不执行或者擅自改变党组织作出的重大决定；

（二）违反议事规则，个人或者少数人决定重大问题；

（三）故意规避集体决策，决定重大事项、重要干部任免、重要项目安排和大额资金使用；

（四）借集体决策名义集体违规。

第七十八条　下级党组织拒不执行或者擅自改变上级党组织决定的，对直接责任者和领导责任者，给予警告或者严重警告处分；情节严重的，给予撤销党内职务或者留党察看处分。

第七十九条　拒不执行党组织的分配、调动、交流等决定的，给予警告、严重警告或者撤销党内职务处分。

在特殊时期或者紧急状况下，拒不执行党组织上述决定的，给予留党察看或者开除党籍处分。

第八十条　在党组织纪律审查中，依法依规负有作证义务的党员拒绝作证或者故意提供虚假情况，情节较重的，给予警告或者严重警告处分；情节严重的，给予撤销党内职务、留党察看或者开除党籍处分。

第八十一条 有下列行为之一，情节较重的，给予警告或者严重警告处分：

（一）违反个人有关事项报告规定，隐瞒不报；

（二）在组织进行谈话函询时，不如实向组织说明问题；

（三）不按要求报告或者不如实报告个人去向；

（四）不如实填报个人档案资料。

有前款第二项规定的行为，同时向组织提供虚假情况、掩盖事实的，依照本条例第六十三条规定处理。

篡改、伪造个人档案资料的，给予严重警告处分；情节严重的，给予撤销党内职务或者留党察看处分。

隐瞒入党前严重错误的，一般应当予以除名；对入党多年且一贯表现好，或者在工作中作出突出贡献的，给予严重警告、撤销党内职务或者留党察看处分。

第八十二条 党员领导干部违反有关规定组织、参加自发成立的老乡会、校友会、战友会等，情节严重的，给予警告、严重警告或者撤销党内职务处分。

第八十三条 有下列行为之一的，给予警告或者严重警告处分；情节较重的，给予撤销党内职务或者留党察看处分；情节严重的，给予开除党籍处分：

（一）在民主推荐、民主测评、组织考察和党内选举中搞拉票、助选等非组织活动；

（二）在法律规定的投票、选举活动中违背组织原则搞非组织活动，组织、怂恿、诱使他人投票、表决；

（三）在选举中进行其他违反党章、其他党内法规和有关章程活动。

搞有组织的拉票贿选，或者用公款拉票贿选的，从重或者加重处分。

第八十四条 在干部选拔任用工作中，有任人唯亲、排斥异己、封官许愿、说情干预、跑官要官、突击提拔或者调整干部等违反干部选拔任用规定行为，对直接责任者和领导责任者，情节较轻的，给予警告或者严重警告处分；情节较重的，给予撤销党内职务或者留党察看处分；情节严重的，给予开除党籍处分。

用人失察失误造成严重后果的，对直接责任者和领导责任者，依照前款规定处理。

第八十五条　在推进领导干部能上能下工作中，搞好人主义，有下列行为之一，对直接责任者和领导责任者，情节较重的，给予警告或者严重警告处分；情节严重的，给予撤销党内职务或者留党察看处分：

（一）以党纪政务等处分规避组织调整；

（二）以组织调整代替党纪政务等处分；

（三）其他避重就轻作出处理行为。

第八十六条　在干部、职工的录用、考核、职务职级晋升、职称评聘、荣誉表彰，授予学术称号和征兵、安置退役军人等工作中，隐瞒、歪曲事实真相，或者利用职权或者职务上的影响违反有关规定为本人或者其他人谋取利益的，给予警告或者严重警告处分；情节较重的，给予撤销党内职务或者留党察看处分；情节严重的，给予开除党籍处分。

弄虚作假，骗取职务、职级、职称、待遇、资格、学历、学位、荣誉、称号或者其他利益的，依照前款规定处理。

第八十七条　侵犯党员的表决权、选举权和被选举权，情节较重的，给予警告或者严重警告处分；情节严重的，给予撤销党内职务处分。

以强迫、威胁、欺骗、拉拢等手段，妨害党员自主行使表决权、选举权和被选举权的，给予撤销党内职务、留党察看或者开除党籍处分。

第八十八条　有下列行为之一的，对直接责任者和领导责任者，给予警告或者严重警告处分；情节较重的，给予撤销党内职务或者留党察看处分；情节严重的，给予开除党籍处分：

（一）对批评、检举、控告进行阻挠、压制，或者将批评、检举、控告材料私自扣压、销毁，或者故意将其泄露给他人；

（二）对党员的申辩、辩护、作证等进行压制，造成不良后果；

（三）压制党员申诉，造成不良后果，或者不按照有关规定处理党员申诉；

（四）其他侵犯党员权利行为，造成不良后果。

对批评人、检举人、控告人、证人及其他人员打击报复的，从重或者加重处分。

第八十九条 违反党章和其他党内法规的规定，采取弄虚作假或者其他手段把不符合党员条件的人发展为党员，或者为非党员出具党员身份证明的，对直接责任者和领导责任者，给予警告或者严重警告处分；情节严重的，给予撤销党内职务处分。

违反有关规定程序发展党员的，对直接责任者和领导责任者，依照前款规定处理。

第九十条 违反有关规定取得外国国籍或者获取国（境）外永久居留资格、长期居留许可的，给予撤销党内职务、留党察看或者开除党籍处分。

第九十一条 违反有关规定办理因私出国（境）证件、前往港澳通行证，或者未经批准出入国（边）境，情节较轻的，给予警告或者严重警告处分；情节较重的，给予撤销党内职务或者留党察看处分；情节严重的，给予开除党籍处分。

虽经批准因私出国（境）但存在擅自变更路线、无正当理由超期未归等超出批准范围出国（境）行为，情节较重的，给予警告或者严重警告处分；情节严重的，给予撤销党内职务处分。

第九十二条 驻外机构或者临时出国（境）团（组）中的党员擅自脱离组织，或者从事外事、机要、军事等工作的党员违反有关规定同国（境）外机构、人员联系和交往的，给予警告、严重警告或者撤销党内职务处分。

第九十三条 驻外机构或者临时出国（境）团（组）中的党员，脱离组织出走时间不满六个月又自动回归的，给予撤销党内职务或者留党察看处分；脱离组织出走时间超过六个月的，按照自行脱党处理，党内予以除名。

故意为他人脱离组织出走提供方便条件的，给予警告、严重警告或者撤销党内职务处分。

第八章　对违反廉洁纪律行为的处分

第九十四条　党员干部必须正确行使人民赋予的权力，清正廉洁，反对特权思想和特权现象，反对任何滥用职权、谋求私利的行为。

利用职权或者职务上的影响为他人谋取利益，本人的配偶、子女及其配偶等亲属和其他特定关系人收受对方财物，情节较重的，给予警告或者严重警告处分；情节严重的，给予撤销党内职务、留党察看或者开除党籍处分。

第九十五条　相互利用职权或者职务上的影响为对方及其配偶、子女及其配偶等亲属、身边工作人员和其他特定关系人谋取利益搞权权交易的，给予警告或者严重警告处分；情节较重的，给予撤销党内职务或者留党察看处分；情节严重的，给予开除党籍处分。

第九十六条　纵容、默许配偶、子女及其配偶等亲属、身边工作人员和其他特定关系人利用党员干部本人职权或者职务上的影响谋取私利，情节较轻的，给予警告或者严重警告处分；情节较重的，给予撤销党内职务或者留党察看处分；情节严重的，给予开除党籍处分。

党员干部的配偶、子女及其配偶等亲属和其他特定关系人不实际工作而获取薪酬或者虽实际工作但领取明显超出同职级标准薪酬，党员干部知情未予纠正的，依照前款规定处理。

第九十七条　收受可能影响公正执行公务的礼品、礼金、消费卡（券）和有价证券、股权、其他金融产品等财物，情节较轻的，给予警告或者严重警告处分；情节较重的，给予撤销党内职务或者留党察看处分；情节严重的，给予开除党籍处分。

收受其他明显超出正常礼尚往来的财物的，依照前款规定处理。

第九十八条　向从事公务的人员及其配偶、子女及其配偶等亲属和其他特定关系人赠送明显超出正常礼尚往来的礼品、礼金、消费卡（券）和有价证券、股权、其他金融产品等财物，情节较重的，给予警告或者严重警告处分；情节严重的，给予撤销党内职务或者留党察看处分。

以讲课费、课题费、咨询费等名义变相送礼的，依照前款规定处理。

第九十九条 借用管理和服务对象的钱款、住房、车辆等，可能影响公正执行公务，情节较重的，给予警告或者严重警告处分；情节严重的，给予撤销党内职务、留党察看或者开除党籍处分。

通过民间借贷等金融活动获取大额回报，可能影响公正执行公务的，依照前款规定处理。

第一百条 利用职权或者职务上的影响操办婚丧喜庆事宜，造成不良影响的，给予警告或者严重警告处分；情节严重的，给予撤销党内职务处分；借机敛财或者有其他侵犯国家、集体和人民利益行为的，从重或者加重处分，直至开除党籍。

第一百零一条 接受、提供可能影响公正执行公务的宴请或者旅游、健身、娱乐等活动安排，情节较重的，给予警告或者严重警告处分；情节严重的，给予撤销党内职务或者留党察看处分。

第一百零二条 违反有关规定取得、持有、实际使用运动健身卡、会所和俱乐部会员卡、高尔夫球卡等各种消费卡（券），或者违反有关规定出入私人会所，情节较重的，给予警告或者严重警告处分；情节严重的，给予撤销党内职务或者留党察看处分。

第一百零三条 违反有关规定从事营利活动，有下列行为之一，情节较轻的，给予警告或者严重警告处分；情节较重的，给予撤销党内职务或者留党察看处分；情节严重的，给予开除党籍处分：

（一）经商办企业；

（二）拥有非上市公司（企业）的股份或者证券；

（三）买卖股票或者进行其他证券投资；

（四）从事有偿中介活动；

（五）在国（境）外注册公司或者投资入股；

（六）其他违反有关规定从事营利活动的行为。

利用参与企业重组改制、定向增发、兼并投资、土地使用权出让等工作中掌握的信息买卖股票，利用职权或者职务上的影响通过购买信托产品、基金等方式非正常获利的，依照前款规定处理。

违反有关规定在经济组织、社会组织等单位中兼职，或者经批准兼职但获取薪酬、奖金、津贴等额外利益的，依照第一款规定处理。

第一百零四条　利用职权或者职务上的影响，为配偶、子女及其配偶等亲属和其他特定关系人在审批监管、资源开发、金融信贷、大宗采购、土地使用权出让、房地产开发、工程招投标以及公共财政收支等方面谋取利益，情节较轻的，给予警告或者严重警告处分；情节较重的，给予撤销党内职务或者留党察看处分；情节严重的，给予开除党籍处分。

利用职权或者职务上的影响，为配偶、子女及其配偶等亲属和其他特定关系人吸收存款、推销金融产品、经营名贵特产类特殊资源等提供帮助谋取利益的，依照前款规定处理。

第一百零五条　离职或者退（离）休后违反有关规定接受原任职务管辖的地区和业务范围内或者与原工作业务直接相关的企业和中介机构等单位的聘用，或者个人从事与原任职务管辖业务或者与原工作业务直接相关的营利活动，情节较轻的，给予警告或者严重警告处分；情节较重的，给予撤销党内职务处分；情节严重的，给予留党察看处分。

党员领导干部离职或者退（离）休后违反有关规定担任上市公司、基金管理公司独立董事、独立监事等职务，情节较轻的，给予警告或者严重警告处分；情节较重的，给予撤销党内职务处分；情节严重的，给予留党察看处分。

第一百零六条　离职或者退（离）休后利用原职权或者职务上的影响，为配偶、子女及其配偶等亲属和其他特定关系人从事经营活动谋取利益，情节较轻的，给予警告或者严重警告处分；情节较重的，给予撤销党内职务或者留党察看处分；情节严重的，给予开除党籍处分。

离职或者退（离）休后利用原职权或者职务上的影响为他人谋取利益，本人的配偶、子女及其配偶等亲属和其他特定关系人收受对方财物，情节较重的，给予警告或者严重警告处分；情节严重的，给予撤销党内职务、留党察看或者开除党籍处分。

第一百零七条 党员领导干部的配偶、子女及其配偶，违反有关规定在该党员领导干部管辖的地区和业务范围内从事可能影响其公正执行公务的经营活动，或者有其他违反经商办企业禁业规定行为的，该党员领导干部应当按照规定予以纠正；拒不纠正的，其本人应当辞去现任职务或者由组织予以调整职务；不辞去现任职务或者不服从组织调整职务的，给予撤销党内职务处分。

第一百零八条 党和国家机关违反有关规定经商办企业的，对直接责任者和领导责任者，给予警告或者严重警告处分；情节严重的，给予撤销党内职务处分。

第一百零九条 党员领导干部违反工作、生活保障制度，在交通、医疗、警卫等方面为本人、配偶、子女及其配偶等亲属、身边工作人员和其他特定关系人谋求特殊待遇，情节较重的，给予警告或者严重警告处分；情节严重的，给予撤销党内职务或者留党察看处分。

第一百一十条 在分配、购买住房中侵犯国家、集体利益，情节较轻的，给予警告或者严重警告处分；情节较重的，给予撤销党内职务或者留党察看处分；情节严重的，给予开除党籍处分。

第一百一十一条 利用职权或者职务上的影响，侵占非本人经管的公私财物，或者以象征性地支付钱款等方式侵占公私财物，或者无偿、象征性地支付报酬接受服务、使用劳务，情节较轻的，给予警告或者严重警告处分；情节较重的，给予撤销党内职务或者留党察看处分；情节严重的，给予开除党籍处分。

利用职权或者职务上的影响，将应当由本人、配偶、子女及其配偶等亲属、身边工作人员和其他特定关系人个人支付的费用，由下属单位、其他单位或者他人支付、报销的，依照前款规定处理。

第一百一十二条 利用职权或者职务上的影响，违反有关规定占用公物归个人使用，时间超过六个月，情节较重的，给予警告或者严重警告处分；情节严重的，给予撤销党内职务处分。

占用公物进行营利活动的，给予警告或者严重警告处分；情节较重的，给予撤销党内职务或者留党察看处分；情节严重的，给予开除党籍处分。

将公物借给他人进行营利活动的，依照前款规定处理。

第一百一十三条　违反有关规定组织、参加用公款支付的宴请、娱乐、健身活动，或者用公款购买赠送或者发放礼品、消费卡（券）等，对直接责任者和领导责任者，情节较轻的，给予警告或者严重警告处分；情节较重的，给予撤销党内职务或者留党察看处分；情节严重的，给予开除党籍处分。

第一百一十四条　违反有关规定自定薪酬或者滥发津贴、补贴、奖金、福利等，对直接责任者和领导责任者，情节较轻的，给予警告或者严重警告处分；情节较重的，给予撤销党内职务或者留党察看处分；情节严重的，给予开除党籍处分。

第一百一十五条　有下列行为之一，对直接责任者和领导责任者，情节较轻的，给予警告或者严重警告处分；情节较重的，给予撤销党内职务或者留党察看处分；情节严重的，给予开除党籍处分：

（一）公款旅游或者以学习培训、考察调研、职工疗养等为名变相公款旅游；

（二）改变公务行程，借机旅游；

（三）参加所管理企业、下属单位组织的考察活动，借机旅游。

以考察、学习、培训、研讨、招商、参展等名义变相用公款出国（境）旅游的，对直接责任者和领导责任者，依照前款规定处理。

第一百一十六条　违反接待管理规定，超标准、超范围接待或者借机大吃大喝，对直接责任者和领导责任者，情节较重的，给予警告或者严重警告处分；情节严重的，给予撤销党内职务处分。

第一百一十七条　违反有关规定配备、购买、更换、装饰、使用公务交通工具或者有其他违反公务交通工具管理规定的行为，对直接责任者和领导责任者，情节较重的，给予警告或者严重警告处分；情节严重的，给予撤销党内职务或者留党察看处分。

第一百一十八条　违反会议

活动管理规定，有下列行为之一，对直接责任者和领导责任者，情节较重的，给予警告或者严重警告处分；情节严重的，给予撤销党内职务处分：

（一）到禁止召开会议的风景名胜区开会；

（二）决定或者批准举办各类节会、庆典活动；

（三）其他违反会议活动管理规定行为。

擅自举办评比达标表彰、创建示范活动或者借评比达标表彰、创建示范活动收取费用的，对直接责任者和领导责任者，依照前款规定处理。

第一百一十九条 违反办公用房管理等规定，有下列行为之一，对直接责任者和领导责任者，情节较重的，给予警告或者严重警告处分；情节严重的，给予撤销党内职务处分：

（一）决定或者批准兴建、装修办公楼、培训中心等楼堂馆所；

（二）超标准配备、使用办公用房；

（三）未经批准租用、借用办公用房；

（四）用公款包租、占用客房或者其他场所供个人使用；

（五）其他违反办公用房管理等规定行为。

第一百二十条 搞权色交易或者给予财物搞钱色交易的，给予警告或者严重警告处分；情节较重的，给予撤销党内职务或者留党察看处分；情节严重的，给予开除党籍处分。

第一百二十一条 有其他违反廉洁纪律规定行为的，应当视具体情节给予警告直至开除党籍处分。

第九章 对违反群众纪律行为的处分

第一百二十二条 有下列行为之一，对直接责任者和领导责任者，情节较轻的，给予警告或者严重警告处分；情节较重的，给予撤销党内职务或者留党察看处分；情节严重的，给予开除党籍处分：

（一）超标准、超范围向群众筹资筹劳、摊派费用，加重群众负担；

（二）违反有关规定扣留、收缴群众款物或者处罚群众；

（三）克扣群众财物，或者违反

有关规定拖欠群众钱款；

（四）在管理、服务活动中违反有关规定收取费用；

（五）在办理涉及群众事务时刁难群众、吃拿卡要；

（六）其他侵害群众利益行为。

在乡村振兴领域有上述行为的，从重或者加重处分。

第一百二十三条　干涉生产经营自主权，致使群众财产遭受较大损失的，对直接责任者和领导责任者，给予警告或者严重警告处分；情节严重的，给予撤销党内职务或者留党察看处分。

第一百二十四条　在社会保障、社会救助、政策扶持、救灾救济款物分配等事项中优亲厚友、明显有失公平的，给予警告或者严重警告处分；情节较重的，给予撤销党内职务或者留党察看处分；情节严重的，给予开除党籍处分。

第一百二十五条　利用宗族或者黑恶势力等欺压群众，或者纵容涉黑涉恶活动、为黑恶势力充当“保护伞”的，给予撤销党内职务或者留党察看处分；情节严重的，给予开除党籍处分。

第一百二十六条　有下列行为之一，对直接责任者和领导责任者，情节较重的，给予警告或者严重警告处分；情节严重的，给予撤销党内职务或者留党察看处分：

（一）对涉及群众生产、生活等切身利益的问题依照政策或者有关规定能解决而不及时解决，庸懒无为、效率低下，造成不良影响；

（二）对符合政策的群众诉求消极应付、推诿扯皮，损害党群、干群关系；

（三）对待群众态度恶劣、简单粗暴，造成不良影响；

（四）弄虚作假，欺上瞒下，损害群众利益；

（五）其他不作为、乱作为、慢作为、假作为等损害群众利益行为。

第一百二十七条　遇到国家财产和群众生命财产受到严重威胁时，能救而不救，情节较重的，给予警告、严重警告或者撤销党内职务处分；情节严重的，给予留党察看或者开除党籍处分。

第一百二十八条　不按照规定公开党务、政务、厂务、村（居）务等，侵犯群众知情权，对直接责任者和领导责任者，情节较重的，给予警告或者严重警告处分；情节严重的，给予撤销党内职务或者留党察看处分。

第一百二十九条 有其他违反群众纪律规定行为的，应当视具体情节给予警告直至开除党籍处分。

第十章 对违反工作纪律行为的处分

第一百三十条 工作中不负责任或者疏于管理，贯彻执行、检查督促落实上级决策部署不力，给党、国家和人民利益以及公共财产造成较大损失的，对直接责任者和领导责任者，给予警告或者严重警告处分；造成重大损失的，给予撤销党内职务、留党察看或者开除党籍处分。

党员领导干部对于到任前已经存在且属于其职责范围内的问题，消极回避、推卸责任，造成严重损害或者严重不良影响的，依照前款规定处理。

第一百三十一条 工作中不敢斗争、不愿担当，面对重大矛盾冲突、危机困难临阵退缩，造成不良影响或者严重后果的，给予警告或者严重警告处分；情节严重的，给予撤销党内职务、留党察看或者开除党籍处分。

第一百三十二条 有下列行为之一，造成严重损害或者严重不良影响的，对直接责任者和领导责任者，给予警告或者严重警告处分；情节较重的，给予撤销党内职务或者留党察看处分；情节严重的，给予开除党籍处分：

（一）热衷于搞舆论造势、浮在表面；

（二）单纯以会议贯彻会议、以文件落实文件，在实际工作中不见诸行动；

（三）脱离实际，不作深入调查研究，搞随意决策、机械执行；

（四）违反精文减会有关规定搞文山会海；

（五）在督查检查考核等工作中搞层层加码、过度留痕，增加基层工作负担；

（六）工作中其他形式主义、官僚主义行为。

第一百三十三条 在公务活动用餐、单位食堂用餐管理工作中不履行或者不正确履行宣传教育、监督管理职责，导致餐饮浪费，造成严重不良影响的，对直接责任者和领导责任者，给予警告或者严重警告处分；情节严重的，给予撤销党内职务处分。

第一百三十四条　在机构编制工作中，有下列行为之一，造成不良影响或者严重后果的，对直接责任者和领导责任者，给予警告或者严重警告处分；情节较重的，给予撤销党内职务或者留党察看处分；情节严重的，给予开除党籍处分：

（一）擅自超出“三定”规定范围调整职责、设置机构、核定领导职数和配备人员；

（二）违规干预地方机构设置；

（三）其他违反机构编制管理规定行为。

第一百三十五条　在信访工作中，有下列行为之一，造成不良影响或者严重后果的，对直接责任者和领导责任者，给予警告或者严重警告处分；情节较重的，给予撤销党内职务或者留党察看处分；情节严重的，给予开除党籍处分：

（一）不按照规定受理、办理信访事项；

（二）对规模性集体访等处置不力，导致事态扩大；

（三）对党委和政府信访部门提出的改进工作、完善政策等建议重视不够、落实不力，导致问题长期得不到解决；

（四）其他不履行或者不正确履行信访工作职责行为。

不履行或者不正确履行职责，导致信访事项发生，造成不良影响或者严重后果的，对直接责任者和领导责任者，依照前款规定处理。

第一百三十六条　党组织有下列行为之一，对直接责任者和领导责任者，情节较重的，给予警告或者严重警告处分；情节严重的，给予撤销党内职务或者留党察看处分：

（一）党员被立案审查期间，擅自批准其出差、出国（境）、辞职，或者对其交流、提拔职务、晋升职级、进一步使用、奖励，或者办理退休手续；

（二）党员被依法追究刑事责任后，不按照规定给予党纪处分，或者对党员违反国家法律法规的行为，应当给予党纪处分而不处分；

（三）党纪处分决定或者申诉

复查决定作出后，不按照规定落实决定中关于被处分人党籍、职务、职级、待遇等事项；

（四）党员受到党纪处分后，不按照干部管理权限和组织关系对受处分党员开展日常教育、管理和监督工作。

第一百三十七条 滥用问责，或者在问责工作中严重不负责任，造成不良影响的，对直接责任者和领导责任者，给予警告或者严重警告处分；情节严重的，给予撤销党内职务处分。

第一百三十八条 因工作不负责任致使所管理的人员叛逃的，对直接责任者和领导责任者，给予警告或者严重警告处分；情节严重的，给予撤销党内职务处分。

因工作不负责任致使所管理的人员出逃、出走，对直接责任者和领导责任者，情节较重的，给予警告或者严重警告处分；情节严重的，给予撤销党内职务处分。

第一百三十九条 进行统计造假，对直接责任者和领导责任者，情节较轻的，给予警告或者严重警告处分；情节较重的，给予撤销党内职务或者留党察看处分；情节严重的，给予开除党籍处分。

对统计造假失察，造成严重后果的，对直接责任者和领导责任者，给予警告或者严重警告处分；情节严重的，给予撤销党内职务、留党察看或者开除党籍处分。

第一百四十条 在上级检查、视察工作或者向上级汇报、报告工作时对应当报告的事项不报告或者不如实报告，造成严重损害或者严重不良影响的，对直接责任者和领导责任者，给予警告或者严重警告处分；情节严重的，给予撤销党内职务或者留党察看处分。

在上级检查、视察工作或者向上级汇报、报告工作时纵容、唆使、暗示、强迫下级说假话、报假情的，从重或者加重处分。

第一百四十一条 违反有关规定干预和插手市场经济活动，有下列行为之一，情节较轻的，给予警告或者严重警告处分；情节较重的，给予撤销党内职务或者留党察看处分；情节严重的，给予开除党籍处分：

（一）干预和插手建设工程项目承发包、土地使用权出让、政府采购、房地产开发与经营、矿产资源开发利用、中介机构服务等活动；

（二）干预和插手国有企业重组改制、兼并、破产、产权交易、清产核资、资产评估、资产转让、重大项目投资以及其他重大经营活动等事项；

（三）干预和插手批办各类行政许可和资金借贷等事项；

（四）干预和插手经济纠纷；

（五）干预和插手集体资金、资产和资源的使用、分配、承包、租赁等事项。

第一百四十二条　违反有关规定干预和插手司法活动、执纪执法活动，向有关地方或者部门打听案情、打招呼、说情，或者以其他方式对司法活动、执纪执法活动施加影响，情节较轻的，给予严重警告处分；情节较重的，给予撤销党内职务或者留党察看处分；情节严重的，给予开除党籍处分。

违反有关规定干预和插手公共财政资金分配、项目立项评审、功勋荣誉表彰奖励等活动，造成重大损失或者不良影响的，依照前款规定处理。

第一百四十三条　按照有关规定对干预和插手行为负有报告和登记义务的受请托人，不按照规定报告或者登记，情节较重的，给予警告或者严重警告处分；情节严重的，给予撤销党内职务处分。

第一百四十四条　泄露、扩散或者打探、窃取党组织关于干部选拔任用、纪律审查、巡视巡察等尚未公开事项或者其他应当保密的内容的，给予警告或者严重警告处分；情节较重的，给予撤销党内职务或者留党察看处分；情节严重的，给予开除党籍处分。

私自留存涉及党组织关于干部选拔任用、纪律审查、巡视巡察等方面资料，情节较重的，给予警告或者严重警告处分；情节严重的，给予撤销党内职务处分。

第一百四十五条　在考试、录取工作中，有泄露试题、考场舞弊、涂改考卷、违规录取等违反有关规定行为的，给予警告或者严重警告处分；情节较重的，给予撤销党内职务或者留党察看处分；情节严重的，给予开除党籍处分。

第一百四十六条　以不正当方式谋求本人或者其他人用公款出国（境），情节较轻的，给予警告处分；情节较重的，给予严重警告处分；情节严重的，给予撤销党内职务处分。

第一百四十七条 临时出国（境）团（组）或者人员中的党员，擅自延长在国（境）外期限，或者擅自变更路线的，对直接责任者和领导责任者，给予警告或者严重警告处分；情节严重的，给予撤销党内职务处分。

第一百四十八条 驻外机构或者临时出国（境）团（组）中的党员，触犯驻在国家、地区的法律、法令或者不尊重驻在国家、地区的宗教习俗，情节较重的，给予警告或者严重警告处分；情节严重的，给予撤销党内职务、留党察看或者开除党籍处分。

第一百四十九条 在党的纪律检查、组织、宣传、统一战线工作以及机关工作等其他工作中，不履行或者不正确履行职责，造成损失或者不良影响的，应当视具体情节给予警告直至开除党籍处分。

第十一章 对违反生活纪律行为的处分

第一百五十条 生活奢靡、铺张浪费、贪图享乐、追求低级趣味，造成不良影响的，给予警告或者严重警告处分；情节严重的，给予撤销党内职务处分。

第一百五十一条 与他人发生不正当性关系，造成不良影响的，给予警告或者严重警告处分；情节较重的，给予撤销党内职务或者留党察看处分；情节严重的，给予开除党籍处分。

利用职权、教养关系、从属关系或者其他相类似关系与他人发生性关系的，从重处分。

第一百五十二条 党员领导干部不重视家风建设，对配偶、子女及其配偶失管失教，造成不良影响或者严重后果的，给予警告或者严重警告处分；情节严重的，给予撤销党内职务处分。

第一百五十三条 违背社会公序良俗，在公共场所、网络空间有不当言行，造成不良影响的，给予警告或者严重警告处分；情节较重的，给予撤销党内职务或者留党察看处分；情节严重的，给予开除党籍处分。

第一百五十四条 有其他严重违反社会公德、家庭美德行为的，应当视具体情节给予警告直至开除党籍处分。

第三编 附 则

第一百五十五条 各省、自治区、直辖市党委可以根据本条例，结合各自工作的实际情况，制定单项实施规定。

第一百五十六条 中央军事委员会可以根据本条例，结合中国人民解放军和中国人民武装警察部队的实际情况，制定补充规定或者单项规定。

第一百五十七条 本条例由中央纪委负责解释。

第一百五十八条 本条例自2024年1月1日起施行。

本条例施行前，已结案的案件如需进行复查复议，适用当时的规定或者政策。尚未结案的案件，如果行为发生时的规定或者政策不认为是违纪，而本条例认为是违纪的，依照当时的规定或者政策处理；如果行为发生时的规定或者政策认为是违纪的，依照当时的规定或者政策处理，但是如果本条例不认为是违纪或者处理较轻的，依照本条例规定处理。

中国共产党问责条例

（中共中央2019年8月25日发布）

第一条 为了坚持党的领导，加强党的建设，全面从严治党，保证党的路线方针政策和党中央重大决策部署贯彻落实，规范和强化党的问责工作，根据《中国共产党章程》，制定本条例。

第二条 党的问责工作坚持以马克思列宁主义、毛泽东思想、邓小平理论、“三个代表”重要思想、科学发展观、习近平新时代中国特色社会主义思想为指导，增强“四个意识”，坚定“四个自信”，坚决维护习近平总书记党中央的核心、全党的核心地位，坚决维护党中央权威和集中统一领导，围绕统筹推进“五位一体”总体布局和协调推进“四个全面”战略布局，落实管党治党政治责任，督促各级党组织、党的领导干部负责守责尽责，践行忠诚干净担当。

第三条 党的问责工作应当坚持以下原则：

（一）依规依纪、实事求是；

（二）失责必问、问责必严；

（三）权责一致、错责相当；

（四）严管和厚爱结合、激励和约束并重；

（五）惩前毖后、治病救人；

（六）集体决定、分清责任。

第四条 党委（党组）应当履行全面从严治党主体责任，加强对本地区本部门本单位问责工作的领导，追究在党的建设、党的事业中失职失责党组织和党的领导干部的主体责任、监督责任、领导责任。

纪委应当履行监督专责，协助同级党委开展问责工作。纪委派驻（派出）机构按照职责权限开展问责工作。

党的工作机关应当依据职能履行监督职责，实施本机关本系统本领域的问责工作。

第五条 问责对象是党组织、党的领导干部，重点是党委（党组）、党的工作机关及其领导成员，纪委、纪委派驻（派出）机构及其领导成员。

第六条 问责应当分清责任。党组织领导班子在职责范围内负有全面领导责任，领导班子主要负责人和直接主管的班子成员在职责范围内承担主要领导责任，参与决策和工作的班子成员在职责范围内承担重要领导责任。

对党组织问责的，应当同时对该党组织中负有责任的领导班子成员进行问责。

党组织和党的领导干部应当坚持把自己摆进去、把职责摆进去、把工作摆进去，注重从自身找问题、查原因，勇于担当、敢于负责，不得向下级党组织和干部推卸责任。

第七条 党组织、党的领导干部违反党章和其他党内法规，不履行或者不正确履行职责，有下列情形之一，应当予以问责：

（一）党的领导弱化，“四个意识”不强，“两个维护”不力，党的基本理论、基本路线、基本方略没有得到有效贯彻执行，在贯彻新发展理念，推进经济建设、政治建设、文化建设、社会建设、生态文明建设中，出现重大偏差和失误，给党的事业和人民利益造成严重损失，产生恶劣影响的；

（二）党的政治建设抓得不实，在重大原则问题上未能同党中央保持一致，贯彻落实党的路线方针政策和执行党中央重大决策部署不力，不遵守重大事项请示报告制度，有令不行、有禁不止，阳奉阴违、欺上瞒下，团团伙伙、拉帮结派问题突出，党内政治生活不严肃不健康，党的政治建设工作责任制落实不到位，造成严重后果或者恶劣影响的；

（三）党的思想建设缺失，党性教育特别是理想信念宗旨教育流于形式，意识形态工作责任制落实不到位，造成严重后果或者恶劣影响的；

（四）党的组织建设薄弱，党建工作责任制不落实，严重违反民主集中制原则，不执行领导班子议事决策规则，民主生活会、“三会一课”等党的组织生活制度不执行，领导干部报告个人有关事项制度执行不力，党组织软弱涣散，违规选拔任用干部等问题突出，造成恶劣影响的；

（五）党的作风建设松懈，落实中央八项规定及其实施细则精神不力，“四风”问题得不到有效整治，形式主义、官僚主义问题突出，执行党中央决策部署表态多调门高、行动少落实差，脱离实际、脱离群众，拖沓敷衍、推诿扯皮，造成严重后果的；

（六）党的纪律建设抓得不严，维护党的政治纪律、组织纪律、廉洁纪律、群众纪律、工作纪律、生活纪律不力，导致违规违纪行为多发，造成恶劣影响的；

（七）推进党风廉政建设和反腐败斗争不坚决、不扎实，削减存量、遏制增量不力，特别是对不收敛、不收手，问题线索反映集中、群众反映强烈，政治问题和经济问题交织的腐败案件放任不管，造成恶劣影响的；

（八）全面从严治党主体责任、监督责任落实不到位，对公权力的监督制约不力，好人主义盛行，不负责不担当，党内监督乏力，该发现的问题没有发现，发现问题不报告不处置，领导巡视巡察工作不力，落实巡视巡察整改要求走过场、不到位，该问责不问责，造成严重后果的；

（九）履行管理、监督职责不力，职责范围内发生重特大生产安全事故、群体性事件、公共安全事件，或者发生其他严重事故、事件，造成重大损失或者恶劣影响的；

（十）在教育医疗、生态环境保护、食品药品安全、扶贫脱贫、社会保障等涉及人民群众最关心最直接最现实的利益问题上不作为、乱作为、慢作为、假作为，损害和侵占群众利益问题得不到整治，以言代法、以权压法、徇私枉法问题突出，群众身边腐败和作风问题严重，造成恶劣影响的；

（十一）其他应当问责的失职失责情形。

第八条 对党组织的问责，根据危害程度以及具体情况，可以采取以下方式：

（一）检查。责令作出书面检查并切实整改。

（二）通报。责令整改，并在一定范围内通报。

（三）改组。对失职失责，严重违犯党的纪律、本身又不能纠正的，应当予以改组。

对党的领导干部的问责，根据危害程度以及具体情况，可以采取以下方式：

（一）通报。进行严肃批评，责令作出书面检查、切实整改，并在一定范围内通报。

（二）诫勉。以谈话或者书面方式进行诫勉。

（三）组织调整或者组织处理。对失职失责、危害较重，不适宜担任现职的，应当根据情况采取停职检查、调整职务、责令辞职、免职、降职等措施。

（四）纪律处分。对失职失责、危害严重，应当给予纪律处分的，依照《中国共产党纪律处分条例》追究纪律责任。

上述问责方式，可以单独使用，也可以依据规定合并使用。问责方式有影响期的，按照有关规定执行。

第九条 发现有本条例第七条所列问责情形，需要进行问责调查的，有管理权限的党委（党组）、纪委、党的工作机关应当经主要负责人审批，及时启动问责调查程序。其中，纪委、党的工作机关对同级党委直接领导的党组织及其主要负责人启动问责调查，应当报同级党委主要负责人批准。

应当启动问责调查未及时启动的，上级党组织应当责令有管理权限的党组织启动。根据问题性质或者工作需要，上级党组织可以直接启动问责调查，也可以指定其他党组织启动。

对被立案审查的党组织、党的领导干部问责的，不再另行启动问责调查程序。

第十条　启动问责调查后，应当组成调查组，依规依纪依法开展调查，查明党组织、党的领导干部失职失责问题，综合考虑主客观因素，正确区分贯彻执行党中央或者上级决策部署过程中出现的执行不当、执行不力、不执行等不同情况，精准提出处理意见，做到事实清楚、证据确凿、依据充分、责任分明、程序合规、处理恰当，防止问责不力或者问责泛化、简单化。

第十一条　查明调查对象失职失责问题后，调查组应当撰写事实材料，与调查对象见面，听取其陈述和申辩，并记录在案；对合理意见，应当予以采纳。调查对象应当在事实材料上签署意见，对签署不同意见或者拒不签署意见的，调查组应当作出说明或者注明情况。

调查工作结束后，调查组应当集体讨论，形成调查报告，列明调查对象基本情况、调查依据、调查过程，问责事实，调查对象的态度、认识及其申辩，处理意见以及依据，由调查组组长以及有关人员签名后，履行审批手续。

第十二条　问责决定应当由有管理权限的党组织作出。

对同级党委直接领导的党组织，纪委和党的工作机关报经同级党委或者其主要负责人批准，可以采取检查、通报方式进行问责。采取改组方式问责的，按照党章和有关党内法规规定的权限、程序执行。

对同级党委管理的领导干部，纪委和党的工作机关报经同级党委或者其主要负责人批准，可以采取通报、诫勉方式进行问责；提出组织调整或者组织处理的建议。

采取纪律处分方式问责的,按照党章和有关党内法规规定的权限、程序执行。

第十三条 问责决定作出后,应当及时向被问责党组织、被问责领导干部及其所在党组织宣布并督促执行。有关问责情况应当向纪委和组织部门通报,纪委应当将问责决定材料归入被问责领导干部廉政档案,组织部门应当将问责决定材料归入被问责领导干部的人事档案,并报上一级组织部门备案;涉及组织调整或者组织处理的,相应手续应当在1个月内办理完毕。

被问责领导干部应当向作出问责决定的党组织写出书面检讨,并在民主生活会、组织生活会或者党的其他会议上作出深刻检查。建立健全问责典型问题通报曝光制度,采取组织调整或者组织处理、纪律处分方式问责的,应当以适当方式公开。

第十四条 被问责党组织、被问责领导干部及其所在党组织应当深刻汲取教训,明确整改措施。作出问责决定的党组织应当加强督促检查,推动以案促改。

第十五条 需要对问责对象作出政务处分或者其他处理的,作出问责决定的党组织应当通报相关单位,相关单位应当及时处理并将结果通报或者报告作出问责决定的党组织。

第十六条 实行终身问责,对失职失责性质恶劣、后果严重的,不论其责任人是否调离转岗、提拔或者退休等,都应当严肃问责。

第十七条 有下列情形之一的,可以不予问责或者免予问责:

(一)在推进改革中因缺乏经验、先行先试出现的失误,尚无明确限制的探索性试验中的失误,为推动发展的无意过失;

(二)在集体决策中对错误决策提出明确反对意见或者保留意见的;

(三)在决策实施中已经履职尽责,但因不可抗力、难以预见等因素造成损失的。

对上级错误决定提出改正或者撤销意见未被采纳,而出现本条例第七条所列问责情形的,依照前款规定处理。上级错误决定明显违法违规的,应当承担相应的责任。

第十八条 有下列情形之一，可以从轻或者减轻问责：

（一）及时采取补救措施，有效挽回损失或者消除不良影响的；

（二）积极配合问责调查工作，主动承担责任的；

（三）党内法规规定的其他从轻、减轻情形。

第十九条 有下列情形之一，应当从重或者加重问责：

（一）对党中央、上级党组织三令五申的指示要求，不执行或者执行不力的；

（二）在接受问责调查和处理中，不如实报告情况，敷衍塞责、推卸责任，或者唆使、默许有关部门和人员弄虚作假，阻扰问责工作的；

（三）党内法规规定的其他从重、加重情形。

第二十条 问责对象对问责决定不服的，可以自收到问责决定之日起1个月内，向作出问责决定的党组织提出书面申诉。作出问责决定的党组织接到书面申诉后，应当在1个月内作出申诉处理决定，并以书面形式告知提出申诉的党组织、领导干部及其所在党组织。

申诉期间，不停止问责决定的执行。

第二十一条 问责决定作出后，发现问责事实认定不清楚、证据不确凿、依据不充分、责任不清晰、程序不合规、处理不恰当，或者存在其他不应当问责、不精准问责情况的，应当及时予以纠正。必要时，上级党组织可以直接纠正或者责令作出问责决定的党组织予以纠正。

党组织、党的领导干部滥用问责，或者在问责工作中严重不负责任，造成不良影响的，应当严肃追究责任。

第二十二条 正确对待被问责干部，对影响期满、表现好的干部，符合条件的，按照干部选拔任用有关规定正常使用。

第二十三条 本条例所涉及的审批权限均指最低审批权限，工作中根据需要可以按照更高层级的审批权限报批。

第二十四条 纪委派驻（派出）机构除执行本条例外，还应当执行党中央以及中央纪委相关规定。

第二十五条 中央军事委员会可以根据本条例制定相关规定。

第二十六条　本条例由中央纪律检查委员会负责解释。

第二十七条　本条例自 2019 年 9 月 1 日起施行。2016 年 7 月 8 日中共中央印发的《中国共产党问责条例》同时废止。此前发布的有关问责的规定,凡与本条例不一致的,按照本条例执行。

中国共产党纪律检查机关监督执纪工作规则

(中共中央办公厅 2018 年 12 月 28 日印发)

第一章　总　　则

第一条　为了加强党对纪律检查和国家监察工作的统一领导,加强党的纪律建设,推进全面从严治党,规范纪检监察机关监督执纪工作,根据《中国共产党章程》和有关法律,结合纪检监察体制改革和监督执纪工作实践,制定本规则。

第二条　坚持以马克思列宁主义、毛泽东思想、邓小平理论、“三个代表”重要思想、科学发展观、习近平新时代中国特色社会主义思想为指导,全面贯彻纪律检查委员会和监察委员会合署办公要求,依规依纪依法严格监督执纪,坚持打铁必须自身硬,把权力关进制度笼子,建设忠诚干净担当的纪检监察干部队伍。

第三条　监督执纪工作应当遵循以下原则:

(一)坚持和加强党的全面领导,牢固树立政治意识、大局意识、核心意识、看齐意识,坚定中国特色社会主义道路自信、理论自信、制度自信、文化自信,坚决维护习近平总书记党中央的核心、全党的核心地位,坚决维护党中央权威和集中统一领导,严守政治纪律和政治规矩,体现监督执纪工作的政治性,构建党统一指挥、全面覆盖、权威高效的监督体系;

（二）坚持纪律检查工作双重领导体制，监督执纪工作以上级纪委领导为主，线索处置、立案审查等在向同级党委报告的同时应当向上级纪委报告；

（三）坚持实事求是，以事实为依据，以党章党规党纪和国家法律法规为准绳，强化监督、严格执纪，把握政策、宽严相济，对主动投案、主动交代问题的宽大处理，对拒不交代、欺瞒组织的从严处理；

（四）坚持信任不能代替监督，执纪者必先守纪，以更高的标准、更严的要求约束自己，严格工作程序，有效管控风险，强化对监督执纪各环节的监督制约，确保监督执纪工作经得起历史和人民的检验。

第四条　坚持惩前毖后、治病救人，把纪律挺在前面，精准有效运用监督执纪“四种形态”，把思想政治工作贯穿监督执纪全过程，严管和厚爱结合，激励和约束并重，注重教育转化，促使党员自觉防止和纠正违纪行为，惩治极少数，教育大多数，实现政治效果、纪法效果和社会效果相统一。

第二章　领导体制

第五条　中央纪律检查委员会在党中央领导下进行工作。地方各级纪律检查委员会和基层纪律检查委员会在同级党的委员会和上级纪律检查委员会双重领导下进行工作。

党委应当定期听取、审议同级纪律检查委员会和监察委员会的工作报告，加强对纪委监委工作的领导、管理和监督。

第六条　党的纪律检查机关和国家监察机关是党和国家自我监督的专责机关，中央纪委和地方各级纪委贯彻党中央关于国家监察工作的决策部署，审议决定监委依法履职中的重要事项，把执纪和执法贯通起来，实现党内监督和国家监察的有机统一。

第七条　监督执纪工作实行分级负责制：

（一）中央纪委国家监委负责监督检查和审查调查中央委员、候补中央委员，中央纪委委员，中央管理的领导干部，党中央工作部门、党中央批准设立的党组（党委），各省、自治区、直辖市党委、纪委等党组织的涉嫌违纪或者职务违法、职务犯罪问题。

（二）地方各级纪委监委负责监督检查和审查调查同级党委委员、候补委员，同级纪委委员，同级党委管理的党员、干部以及监察对象，同级党委工作部门、党委批准设立的党组（党委），下一级党委、纪委等党组织的涉嫌违纪或者职务违法、职务犯罪问题。

（三）基层纪委负责监督检查和审查同级党委管理的党员，同级党委下属的各级党组织的涉嫌违纪问题；未设立纪律检查委员会的党的基层委员会，由该委员会负责监督执纪工作。

地方各级纪委监委依照规定加强对同级党委履行职责、行使权力情况的监督。

第八条 对党的组织关系在地方、干部管理权限在主管部门的党员、干部以及监察对象涉嫌违纪违法问题，应当按照谁主管谁负责的原则进行监督执纪，由设在主管部门、有管辖权的纪检监察机关进行审查调查，主管部门认为有必要的，可以与地方纪检监察机关联合审查调查。地方纪检监察机关接到问题线索反映的，经与主管部门协调，可以对其进行审查调查，也可以与主管部门组成联合审查调查组，审查调查情况及时向对方通报。

第九条 上级纪检监察机关有权指定下级纪检监察机关对其他下级纪检监察机关管辖的党组织和党员、干部以及监察对象涉嫌违纪或者职务违法、职务犯罪问题进行审查调查，必要时也可以直接进行审查调查。上级纪检监察机关可以将其直接管辖的事项指定下级纪检监察机关进行审查调查。

纪检监察机关之间对管辖事项有争议的，由其共同的上级纪检监察机关确定；认为所管辖的事项重大、复杂，需要由上级纪检监察机关管辖的，可以报请上级纪检监察机关管辖。

第十条 纪检监察机关应当严格执行请示报告制度。中央纪委定期向党中央报告工作，研究涉及全局的重大事项、遇有重要问题以及作出立案审查调查决定、给予党纪政务处分等事项应当及时向党中央请示报告，既要报告结果也要报告过程。执行党中央重要决定的情况应当专题报告。

地方各级纪检监察机关对作出立案审查调查决定、给予党纪政务处分等重要事项，应当向同级党委请示汇报并向上级纪委监委报告，形成明确意见后再正式行文请示。遇有重要事项应当及时报告。

纪检监察机关应当坚持民主集中制，对于线索处置、谈话函询、初步核实、立案审查调查、案件审理、处置执行中的重要问题，经集体研究后，报纪检监察机关相关负责人、主要负责人审批。

第十一条　纪检监察机关应当建立监督检查、审查调查、案件监督管理、案件审理相互协调、相互制约的工作机制。市地级以上纪委监委实行监督检查和审查调查部门分设，监督检查部门主要负责联系地区和部门、单位的日常监督检查和对涉嫌一般违纪问题线索处置，审查调查部门主要负责对涉嫌严重违纪或者职务违法、职务犯罪问题线索进行初步核实和立案审查调查；案件监督管理部门负责对监督检查、审查调查工作全过程进行监督管理，案件审理部门负责对需要给予党纪政务处分的案件审核把关。

纪检监察机关在工作中需要协助的，有关组织和机关、单位、个人应当依规依纪依法予以协助。

第十二条　纪检监察机关案件监督管理部门负责对监督执纪工作全过程进行监督管理，做好线索管理、组织协调、监督检查、督促办理、统计分析等工作。党风政风监督部门应当加强对党风政风建设的综合协调，做好督促检查、通报曝光和综合分析等工作。

第三章　监督检查

第十三条　党委（党组）在党内监督中履行主体责任，纪检监察机关履行监督责任，应当将纪律监督、监察监督、巡视监督、派驻监督结合起来，重点检查遵守、执行党章党规党纪和宪法法律法规，坚定理想信念，增强“四个意识”，坚定“四个自信”，维护习近平总书记核心地位，维护党中央权威和集中统一领导，贯彻执行党和国家的路线方针政策以及重大决策部署，坚持主动作为、真抓实干，落实全面从严治党责任、民主集中制原则、选人用人规定以及中央八项规定精神，巡视巡察整改，依法履职、秉公用权、廉洁从政从业以及恪守社会道德规范等情况，对发现的问题分类处置、督促整改。

第十四条 纪委监委（纪检监察组、纪检监察工委）报请或者会同党委（党组）定期召开专题会议，听取加强党内监督情况专题报告，综合分析所联系的地区、部门、单位政治生态状况，提出加强和改进的意见及工作措施，抓好组织实施和督促检查。

第十五条 纪检监察机关应当结合被监督对象的职责，加强对行使权力情况的日常监督，通过多种方式了解被监督对象的思想、工作、作风、生活情况，发现苗头性、倾向性问题或者轻微违纪问题，应当及时约谈提醒、批评教育、责令检查、诫勉谈话，提高监督的针对性和实效性。

第十六条 纪检监察机关应当畅通来信、来访、来电和网络等举报渠道，建设覆盖纪检监察系统的检举举报平台，及时受理检举控告，发挥党员和群众的监督作用。

第十七条 纪检监察机关应当建立健全党员领导干部廉政档案，主要内容包括：

（一）任免情况、人事档案情况、因不如实报告个人有关事项受到处理的情况等；

（二）巡视巡察、信访、案件监督管理以及其他方面移交的问题线索和处置情况；

（三）开展谈话函询、初步核实、审查调查以及其他工作形成的有关材料；

（四）党风廉政意见回复材料；

（五）其他反映廉政情况的材料。

廉政档案应当动态更新。

第十八条 纪检监察机关应当做好干部选拔任用党风廉政意见回复工作，对反映问题线索认真核查，综合用好巡视巡察等其他监督成果，严把政治关、品行关、作风关、廉洁关。

第十九条 纪检监察机关对监督中发现的突出问题，应当向有关党组织或者单位提出纪律检查建议或者监察建议，通过督促召开专题民主生活会、组织开展专项检查等方式，督查督办，推动整改。

第四章 线索处置

第二十条 纪检监察机关应

当加强对问题线索的集中管理、分类处置、定期清理。信访举报部门归口受理同级党委管理的党组织和党员、干部以及监察对象涉嫌违纪或者职务违法、职务犯罪问题的信访举报，统一接收有关纪检监察机关、派驻或者派出机构以及其他单位移交的相关信访举报，移送本机关有关部门，深入分析信访形势，及时反映损害群众最关心、最直接、最现实的利益问题。

巡视巡察工作机构和审计机关、行政执法机关、司法机关等单位发现涉嫌违纪或者职务违法、职务犯罪问题线索，应当及时移交纪检监察机关案件监督管理部门统一办理。

监督检查部门、审查调查部门、干部监督部门发现的相关问题线索，属于本部门受理范围的，应当送案件监督管理部门备案；不属于本部门受理范围的，经审批后移送案件监督管理部门，由其按程序转交相关监督执纪部门办理。

第二十一条　纪检监察机关应当结合问题线索所涉及地区、部门、单位总体情况，综合分析，按照谈话函询、初步核实、暂存待查、予以了结4类方式进行处置。

线索处置不得拖延和积压，处置意见应当在收到问题线索之日起1个月内提出，并制定处置方案，履行审批手续。

第二十二条　纪检监察机关对反映同级党委委员、候补委员，纪委常委、监委委员，以及所辖地区、部门、单位主要负责人的问题线索和线索处置情况，应当及时向上级纪检监察机关报告。

第二十三条　案件监督管理部门对问题线索实行集中管理、动态更新、定期汇总核对，提出分办意见，报纪检监察机关主要负责人批准，按程序移送承办部门。承办部门应当指定专人负责管理问题线索，逐件编号登记、建立管理台账。线索管理处置各环节应当由经手人员签名，全程登记备查。

第二十四条　纪检监察机关应当根据工作需要，定期召开专题会议，听取问题线索综合情况汇报，进行分析研判，对重要检举事项和反映问题集中的领域深入研究，提出处置要求，做到件件有着落。

第二十五条　承办部门应当

做好线索处置归档工作，归档材料齐全完整，载明领导批示和处置过程。案件监督管理部门定期汇总、核对问题线索及处置情况，向纪检监察机关主要负责人报告，并向相关部门通报。

第五章　谈话函询

第二十六条　各级党委（党组）和纪检监察机关应当推动加强和规范党内政治生活，经常拿起批评和自我批评的武器，及时开展谈话提醒、约谈函询，促使党员、干部以及监察对象增强党的观念和纪律意识。

第二十七条　纪检监察机关采取谈话函询方式处置问题线索，应当起草谈话函询报批请示，拟订谈话方案和相关工作预案，按程序报批。需要谈话函询下一级党委（党组）主要负责人的，应当报纪检监察机关主要负责人批准，必要时向同级党委主要负责人报告。

第二十八条　谈话应当由纪检监察机关相关负责人或者承办部门负责人进行，可以由被谈话人所在党委（党组）、纪委监委（纪检监察组、纪检监察工委）有关负责人陪同；经批准也可以委托被谈话人所在党委（党组）主要负责人进行。

谈话应当在具备安全保障条件的场所进行。由纪检监察机关谈话的，应当制作谈话笔录，谈话后可以视情况由被谈话人写出书面说明。

第二十九条　纪检监察机关进行函询应当以办公厅（室）名义发函给被反映人，并抄送其所在党委（党组）和派驻纪检监察组主要负责人。被函询人应当在收到函件后 15 个工作日内写出说明材料，由其所在党委（党组）主要负责人签署意见后发函回复。

被函询人为党委（党组）主要负责人的，或者被函询人所作说明涉及党委（党组）主要负责人的，应当直接发函回复纪检监察机关。

第三十条　承办部门应当在谈话结束或者收到函询回复后 1 个月内写出情况报告和处置意见，按程序报批。根据不同情形作出相应处理：

（一）反映不实，或者没有证据证明存在问题的，予以采信了结，并向被函询人发函反馈。

（二）问题轻微，不需要追究纪律责任的，采取谈话提醒、批评教育、责令检查、诫勉谈话等方式处理。

（三）反映问题比较具体，但被反映人予以否认且否认理由不充分具体的，或者说明存在明显问题的，一般应当再次谈话或者函询；发现被反映人涉嫌违纪或者职务违法、职务犯罪问题需要追究纪律和法律责任的，应当提出初步核实的建议。

（四）对诬告陷害者，依规依纪依法予以查处。

必要时可以对被反映人谈话函询的说明情况进行抽查核实。

谈话函询材料应当存入廉政档案。

第三十一条　被谈话函询的党员干部应当在民主生活会、组织生活会上就本年度或者上年度谈话函询问题进行说明，讲清组织予以采信了结的情况；存在违纪问题的，应当进行自我批评，作出检讨。

第六章　初步核实

第三十二条　党委（党组）、纪委监委（纪检监察组）应当对具有可查性的涉嫌违纪或者职务违法、职务犯罪问题线索，扎实开展初步核实工作，收集客观性证据，确保真实性和准确性。

第三十三条　纪检监察机关采取初步核实方式处置问题线索，应当制定工作方案，成立核查组，履行审批程序。被核查人为下一级党委（党组）主要负责人的，纪检监察机关应当报同级党委主要负责人批准。

第三十四条　核查组经批准可以采取必要措施收集证据，与相关人员谈话了解情况，要求相关组织作出说明，调取个人有关事项报告，查阅复制文件、账目、档案等资料，查核资产情况和有关信息，进行鉴定勘验。对被核查人及相关人员主动上交的财物，核查组应当予以暂扣。

需要采取技术调查或者限制出境等措施的，纪检监察机关应当严格履行审批手续，交有关机关执行。

第三十五条　初步核实工作结束后，核查组应当撰写初步核实情况报告，列明被核查人基本情况、反映的主要问题、办理依据以及初步核实结果、存在疑点、处理建议，由核查组全体人员签名备查。

承办部门应当综合分析初步核实情况，按照拟立案审查调查、予以了结、谈话提醒、暂存待查，或者移送有关党组织处理等方式提出处置建议。

初步核实情况报告应当报纪检监察机关主要负责人审批，必要时向同级党委主要负责人报告。

第七章 审查调查

第三十六条 党委（党组）应当按照管理权限，加强对党员、干部以及监察对象涉嫌严重违纪或者职务违法、职务犯罪问题审查调查处置工作，定期听取重大案件情况报告，加强反腐败协调机构的机制建设，坚定不移、精准有序惩治腐败。

第三十七条 纪检监察机关经过初步核实，对党员、干部以及监察对象涉嫌违纪或者职务违法、职务犯罪，需要追究纪律或者法律责任的，应当立案审查调查。

凡报请批准立案的，应当已经掌握部分违纪或者职务违法、职务犯罪事实和证据，具备进行审查调查的条件。

第三十八条 对符合立案条件的，承办部门应当起草立案审查调查呈批报告，经纪检监察机关主要负责人审批，报同级党委主要负责人批准，予以立案审查调查。

立案审查调查决定应当向被审查调查人宣布，并向被审查调查人所在党委（党组）主要负责人通报。

第三十九条 对涉嫌严重违纪或者职务违法、职务犯罪人员立案审查调查，纪检监察机关主要负责人应当主持召开由纪检监察机关相关负责人参加的专题会议，研究批准审查调查方案。

纪检监察机关相关负责人批准成立审查调查组，确定审查调查谈话方案、外查方案，审批重要信息查询、涉案财物查扣等事项。

监督检查、审查调查部门主要负责人组织研究提出审查调查谈话方案、外查方案和处置意见建议，审批一般信息查询，对调查取证审核把关。

审查调查组组长应当严格执行审查调查方案，不得擅自更改；

以书面形式报告审查调查进展情况，遇有重要事项及时请示。

第四十条　审查调查组可以依照党章党规和监察法，经审批进行谈话、讯问、询问、留置、查询、冻结、搜查、调取、查封、扣押（暂扣、封存）、勘验检查、鉴定，提请有关机关采取技术调查、通缉、限制出境等措施。

承办部门应当建立台账，记录使用措施情况，向案件监督管理部门定期备案。

案件监督管理部门应当核对检查，定期汇总重要措施使用情况并报告纪委监委领导和上一级纪检监察机关，发现违规违纪违法使用措施的，区分不同情况进行处理，防止擅自扩大范围、延长时限。

第四十一条　需要对被审查调查人采取留置措施的，应当依据监察法进行，在24小时内通知其所在单位和家属，并及时向社会公开发布。因可能毁灭、伪造证据，干扰证人作证或者串供等有碍调查情形而不宜通知或者公开的，应当按程序报批并记录在案。有碍调查的情形消失后，应当立即通知被留置人员所在单位和家属。

第四十二条　审查调查工作应当依照规定由两人以上进行，按照规定出示证件，出具书面通知。

第四十三条　立案审查调查方案批准后，应当由纪检监察机关相关负责人或者部门负责人与被审查调查人谈话，宣布立案决定，讲明党的政策和纪律，要求被审查调查人端正态度、配合审查调查。

审查调查应当充分听取被审查调查人陈述，保障其饮食、休息，提供医疗服务，确保安全。严格禁止使用违反党章党规党纪和国家法律的手段，严禁逼供、诱供、侮辱、打骂、虐待、体罚或者变相体罚。

第四十四条　审查调查期间，对被审查调查人以同志相称，安排学习党章党规党纪以及相关法律法规，开展理想信念宗旨教育，通过深入细致的思想政治工作，促使其深刻反省、认识错误、交代问题，写出忏悔反思材料。

第四十五条　外查工作必须严格按照外查方案执行，不得随意扩大审查调查范围、变更审查调查对象和事项，重要事项应当及时请示报告。

外查工作期间，未经批准，监督执纪人员不得单独接触任何涉案人员及其特定关系人，不得擅自采取审查调查措施，不得从事与外查事项无关的活动。

第四十六条 纪检监察机关应当严格依规依纪依法收集、鉴别证据，做到全面、客观，形成相互印证、完整稳定的证据链。

调查取证应当收集原物原件，逐件清点编号，现场登记，由在场人员签字盖章，原物不便搬运、保存或者取得原件确有困难的，可以将原物封存并拍照录像或者调取原件副本、复印件；谈话应当现场制作谈话笔录并由被谈话人阅看后签字。已调取证据必须及时交审查调查组统一保管。

严禁以威胁、引诱、欺骗以及其他违规违纪违法方式收集证据；严禁隐匿、损毁、篡改、伪造证据。

第四十七条 查封、扣押（暂扣、封存）、冻结、移交涉案财物，应当严格履行审批手续。

执行查封、扣押（暂扣、封存）措施，监督执纪人员应当会同原财物持有人或者保管人、见证人，当面逐一拍照、登记、编号，现场填写登记表，由在场人员签名。对价值不明物品应当及时鉴定，专门封存保管。

纪检监察机关应当设立专用账户、专门场所，指定专门人员保管涉案财物，严格履行交接、调取手续，定期对账核实。严禁私自占有、处置涉案财物及其孳息。

第四十八条 对涉嫌严重违纪或者职务违法、职务犯罪问题的审查调查谈话、搜查、查封、扣押（暂扣、封存）涉案财物等重要取证工作应当全过程进行录音录像，并妥善保管，及时归档，案件监督管理部门定期核查。

第四十九条 对涉嫌严重违纪或者职务违法、职务犯罪问题的审查调查，监督执纪人员未经批准并办理相关手续，不得将被审查调查人或者其他重要的谈话、询问对象带离规定的谈话场所，不得在未配置监控设备的场所进行审查调查谈话或者其他重要的谈话、询问，不得在谈话期间关闭录音录像设备。

第五十条 监督检查、审查调查部门主要负责人、分管领导应当定期检查审查调查期间的录音录像、谈话笔录、涉案财物登记资料，发现问题及时纠正并报告。

纪检监察机关相关负责人应当通过调取录音录像等方式，加强对审查调查全过程的监督。

第五十一条　查明涉嫌违纪或者职务违法、职务犯罪问题后，审查调查组应当撰写事实材料，与被审查调查人见面，听取意见。被审查调查人应当在事实材料上签署意见，对签署不同意见或者拒不签署意见的，审查调查组应当作出说明或者注明情况。

审查调查工作结束，审查调查组应当集体讨论，形成审查调查报告，列明被审查调查人基本情况、问题线索来源及审查调查依据、审查调查过程，主要违纪或者职务违法、职务犯罪事实，被审查调查人的态度和认识，处理建议及党纪法律依据，并由审查调查组组长以及有关人员签名。

对审查调查过程中发现的重要问题和意见建议，应当形成专题报告。

第五十二条　审查调查报告以及忏悔反思材料，违纪或者职务违法、职务犯罪事实材料，涉案财物报告等，应当按程序报纪检监察机关主要负责人批准，连同全部证据和程序材料，依照规定移送审理。

审查调查全过程形成的材料应当案结卷成、事毕归档。

第八章　审　　理

第五十三条　纪检监察机关应当对涉嫌违纪或者违法、犯罪案件严格依规依纪依法审核把关，提出纪律处理或者处分的意见，做到事实清楚、证据确凿、定性准确、处理恰当、手续完备、程序合规。

纪律处理或者处分必须坚持民主集中制原则，集体讨论决定，不允许任何个人或者少数人决定和批准。

第五十四条　坚持审查调查与审理相分离的原则，审查调查人员不得参与审理。纪检监察机关案件审理部门对涉嫌违纪或者职务违法、职务犯罪问题，依照规定应当给予纪律处理或者处分的案件和复议复查案件进行审核处理。

第五十五条　审理工作按照以下程序进行：

（一）案件审理部门收到审查

调查报告后，经审核符合移送条件的予以受理，不符合移送条件的可以暂缓受理或者不予受理。

（二）对于重大、复杂、疑难案件，监督检查、审查调查部门已查清主要违纪或者职务违法、职务犯罪事实并提出倾向性意见的；对涉嫌违纪或者职务违法、职务犯罪行为性质认定分歧较大的，经批准案件审理部门可以提前介入。

（三）案件审理部门受理案件后，应当成立由两人以上组成的审理组，全面审理案卷材料，提出审理意见。

（四）坚持集体审议原则，在民主讨论基础上形成处理意见；对争议较大的应当及时报告，形成一致意见后再作出决定。案件审理部门根据案件审理情况，应当与被审查调查人谈话，核对违纪或者职务违法、职务犯罪事实，听取辩解意见，了解有关情况。

（五）对主要事实不清、证据不足的，经纪检监察机关主要负责人批准，退回监督检查、审查调查部门重新审查调查；需要补充完善证据的，经纪检监察机关相关负责人批准，退回监督检查、审查调查部门补充审查调查。

（六）审理工作结束后应当形成审理报告，内容包括被审查调查人基本情况、审查调查简况、违纪违法或者职务犯罪事实、涉案财物处置、监督检查或者审查调查部门意见、审理意见等。审理报告应当体现党内审查特色，依据《中国共产党纪律处分条例》认定违纪事实性质，分析被审查调查人违反党章、背离党的性质宗旨的错误本质，反映其态度、认识以及思想转变过程。涉嫌职务犯罪需要追究刑事责任的，还应当形成《起诉意见书》，作为审理报告附件。

对给予同级党委委员、候补委员，同级纪委委员、监委委员处分的，在同级党委审议前，应当与上级纪委监委沟通并形成处理意见。

审理工作应当在受理之日起1个月内完成，重大复杂案件经批准可以适当延长。

第五十六条　审理报告报经纪检监察机关主要负责人批准后，提请纪委常委会会议审议。需报同级党委审批的，应当在报批前以纪检监察机关办公厅（室）名义征求同级党委组织部门和被审查调查人所在党委（党组）意见。

处分决定作出后，纪检监察机关应当通知受处分党员所在党委（党组），抄送同级党委组织部门，并依照规定在1个月内向其所在党的基层组织中的全体党员以及本人宣布。处分决定执行情况应当及时报告。

第五十七条　被审查调查人涉嫌职务犯罪的，应当由案件监督管理部门协调办理移送司法机关事宜。对于采取留置措施的案件，在人民检察院对犯罪嫌疑人先行拘留后，留置措施自动解除。

案件移送司法机关后，审查调查部门应当跟踪了解处理情况，发现问题及时报告，不得违规过问、干预处理工作。

审理工作完成后，对涉及的其他问题线索，经批准应当及时移送有关纪检监察机关处置。

第五十八条　对被审查调查人违规违纪违法所得财物，应当依规依纪依法予以收缴、责令退赔或者登记上交。

对涉嫌职务犯罪所得财物，应当随案移送司法机关。

对经认定不属于违规违纪违法所得的，应当在案件审结后依规依纪依法予以返还，并办理签收手续。

第五十九条　对不服处分决定的申诉，由批准或者决定处分的党委（党组）或者纪检监察机关受理；需要复议复查的，由纪检监察机关相关负责人批准后受理。

申诉办理部门成立复查组，调阅原案案卷，必要时可以进行取证，经集体研究后，提出办理意见，报纪检监察机关相关负责人批准或者纪委常委会会议研究决定，作出复议复查决定。决定应当告知申诉人，抄送相关单位，并在一定范围内宣布。

坚持复议复查与审查审理分离，原案审查、审理人员不得参与复议复查。

复议复查工作应当在3个月内办结。

第九章　监督管理

第六十条　纪检监察机关应当严格依照党内法规和国家法律，在行使权力上慎之又慎，在自我约束上严之又严，强化自我监督，健全内控机制，自觉接受党内监督、社会监督、群众监督，确保权力受到严格约束，坚决防止“灯下黑”。

纪检监察机关应当加强对监督执纪工作的领导，切实履行自身建设主体责任，严格教育、管理、监督，使纪检监察干部成为严守纪律、改进作风、拒腐防变的表率。

第六十一条 纪检监察机关应当严格干部准入制度，严把政治安全关，纪检监察干部必须忠诚坚定、担当尽责、遵纪守法、清正廉洁，具备履行职责的基本条件。

第六十二条 纪检监察机关应当加强党的政治建设、思想建设、组织建设，突出政治功能，强化政治引领。审查调查组有正式党员 3 人以上的，应当设立临时党支部，加强对审查调查组成员的教育、管理、监督，开展政策理论学习，做好思想政治工作，及时发现问题、进行批评纠正，发挥战斗堡垒作用。

第六十三条 纪检监察机关应当加强干部队伍作风建设，树立依规依法、纪律严明、作风深入、工作扎实、谦虚谨慎、秉公执纪的良好形象，力戒形式主义、官僚主义，力戒特权思想，力戒口大气粗、颐指气使，不断提高思想政治水平和把握政策能力，建设让党放心、人民信赖的纪检监察干部队伍。

第六十四条 对纪检监察干部打听案情、过问案件、说情干预的，受请托人应当向审查调查组组长和监督检查、审查调查部门主要负责人报告并登记备案。

发现审查调查组成员未经批准接触被审查调查人、涉案人员及其特定关系人，或者存在交往情形的，应当及时向审查调查组组长和监督检查、审查调查部门主要负责人直至纪检监察机关主要负责人报告并登记备案。

第六十五条 严格执行回避制度。审查调查审理人员是被审查调查人或者检举人近亲属、本案证人、利害关系人，或者存在其他可能影响公正审查调查审理情形的，不得参与相关审查调查审理工作，应当主动申请回避，被审查调查人、检举人以及其他有关人员也有权要求其回避。选用借调人员、看护人员、审查场所，应当严格执行回避制度。

第六十六条 审查调查组需要借调人员的，一般应当从审查调查人才库选用，由纪检监察机关组织部门办理手续，实行一案一借，不得连续多次借调。加强对借调人员的管理监督，借调结束后由审查调查组写出鉴定。借调单位和党员干部不得干预借调人员岗位调整、职务晋升等事项。

第六十七条　监督执纪人员应当严格执行保密制度，控制审查调查工作事项知悉范围和时间，不准私自留存、隐匿、查阅、摘抄、复制、携带问题线索和涉案资料，严禁泄露审查调查工作情况。

审查调查组成员工作期间，应当使用专用手机、电脑、电子设备和存储介质，实行编号管理，审查调查工作结束后收回检查。

汇报案情、传递审查调查材料应当使用加密设施，携带案卷材料应当专人专车、卷不离身。

第六十八条　纪检监察机关相关涉密人员离岗离职后，应当遵守脱密期管理规定，严格履行保密义务，不得泄露相关秘密。

监督执纪人员辞职、退休3年内，不得从事与纪检监察和司法工作相关联、可能发生利益冲突的职业。

第六十九条　纪检监察机关开展谈话应当做到全程可控。谈话前做好风险评估、医疗保障、安全防范工作以及应对突发事件的预案；谈话中及时研判谈话内容以及案情变化，发现严重职务违法、职务犯罪，依照监察法需要采取留置措施的，应当及时采取留置措施；谈话结束前做好被谈话人思想工作，谈话后按程序与相关单位或者人员交接，并做好跟踪回访等工作。

第七十条　建立健全安全责任制，监督检查、审查调查部门主要负责人和审查调查组组长是审查调查安全第一责任人，审查调查组应当指定专人担任安全员。被审查调查人发生安全事故的，应当在24小时内逐级上报至中央纪委，及时做好舆论引导。

发生严重安全事故的，或者存在严重违规违纪违法行为的，省级纪检监察机关主要负责人应当向中央纪委作出检讨，并予以通报、严肃问责追责。

案件监督管理部门应当组织开展经常性检查和不定期抽查，发现问题及时报告并督促整改。

第七十一条 对纪检监察干部越权接触相关地区、部门、单位党委(党组)负责人,私存线索、跑风漏气、违反安全保密规定,接受请托、干预审查调查、以案谋私、办人情案,侮辱、打骂、虐待、体罚或者变相体罚被审查调查人,以违规违纪违法方式收集证据,截留挪用、侵占私分涉案财物,接受宴请和财物等行为,依规依纪严肃处理;涉嫌职务违法、职务犯罪的,依法追究法律责任。

第七十二条 纪检监察机关在维护监督执纪工作纪律方面失职失责的,予以严肃问责。

第七十三条 对案件处置出现重大失误,纪检监察干部涉嫌严重违纪或者职务违法、职务犯罪的,开展"一案双查",既追究直接责任,还应当严肃追究有关领导人员责任。

建立办案质量责任制,对滥用职权、失职失责造成严重后果的,实行终身问责。

第十章 附 则

第七十四条 各省(自治区、直辖市)党委、中央和国家机关工委可以根据本规则,结合工作实际,制定实施细则。

中央军事委员会可以根据本规则,制定相关规定。

第七十五条 纪委监委派驻纪检监察组、纪检监察工委除执行本规则外,还应当执行党中央以及中央纪委相关规定。

国有企事业单位纪检监察机构结合实际执行本规则。

第七十六条 本规则由中央纪律检查委员会负责解释。

第七十七条 本规则自2019年1月1日起施行。2017年1月15日中央纪委印发的《中国共产党纪律检查机关监督执纪工作规则(试行)》同时废止。此前发布的其他有关纪检监察机关监督执纪工作的规定,凡与本规则不一致的,按照本规则执行。

纪检监察机关处理检举控告工作规则

（中共中央政治局常委会会议2020年1月2日审议批准
中共中央办公厅2020年1月21日发布）

第一章　总　　则

第一条　为了规范纪检监察机关处理检举控告工作，保障党员、群众行使监督权利，维护党员、干部合法权益，根据《中国共产党章程》、《中国共产党党内监督条例》等党内法规和《中华人民共和国宪法》、《中华人民共和国监察法》等法律，制定本规则。

第二条　坚持以马克思列宁主义、毛泽东思想、邓小平理论、"三个代表"重要思想、科学发展观、习近平新时代中国特色社会主义思想为指导，增强"四个意识"、坚定"四个自信"、做到"两个维护"，深入推进全面从严治党，贯彻纪律检查委员会和监察委员会合署办公要求，依规依纪依法处理检举控告，完善党和国家监督体系，强化对权力运行的制约和监督。

第三条　纪检监察机关应当认真处理检举控告，回应群众关切，发挥党和国家监督专责机关作用，保障党的理论和路线方针政策以及重大决策部署贯彻落实，为党风廉政建设、社会和谐稳定服务。

第四条　任何组织和个人对以下行为，有权向纪检监察机关提出检举控告：

（一）党组织、党员违反政治纪律、组织纪律、廉洁纪律、群众纪律、工作纪律、生活纪律等党的纪律行为；

（二）监察对象不依法履职，违反秉公用权、廉洁从政从业以及道德操守等规定，涉嫌贪污贿赂、滥用职权、玩忽职守、权力寻租、利益输送、徇私舞弊以及浪费国家资财等职务违法、职务犯罪行为；

（三）其他依照规定应当由纪检监察机关处理的违纪违法行为。

第五条 纪检监察机关处理检举控告工作应当遵循以下原则：

（一）实事求是。以事实为依据处理检举控告，鼓励支持检举控告人客观真实地反映情况。

（二）依规依纪依法。按照党章党规党纪和宪法法律以及信访工作有关规定处理检举控告，引导检举控告人依规依法、理性有序地反映问题。

（三）保障合法权利。贯彻"三个区分开来"要求，既保障检举控告人的监督权利，又查处诬告陷害行为，保护党员、干部干事创业积极性。

（四）分级负责、分工处理。按照管理权限受理检举控告，建立信访举报、监督检查、审查调查、案件监督管理等部门相互配合、相互制约的工作机制。

第六条 建设覆盖纪检监察系统的检举举报平台，运用互联网技术和信息化手段，畅通检举控告渠道，规范处理检举控告工作，及时发现问题线索，科学研判政治生态，更好服务群众。

第二章 检举控告的接收和受理

第七条 纪检监察机关应当接收检举控告人通过以下方式提出的检举控告：

（一）向纪检监察机关邮寄信件反映的；

（二）到纪检监察机关指定的接待场所当面反映的；

（三）拨打纪检监察机关检举控告电话反映的；

（四）向纪检监察机关的检举控告网站、微信公众平台、手机客户端等网络举报受理平台发送电子材料反映的；

（五）通过纪检监察机关设立的其他渠道反映的。

对其他机关、部门、单位转送的属于纪检监察机关受理范围的检举控告，应当按规定予以接收。

第八条 县级以上纪检监察机关应当明确承担信访举报工作职责的部门和人员，设置接待群众的场所，公开检举控告地址、电话、网站等信息，公布有关规章制度，归口接收检举控告。

巡视巡察工作机构对收到的检举控告,按有关规定处理。

第九条　纪检监察机关应当负责任地接待来访人员,耐心听取其反映的问题,做好解疑释惑和情绪疏导工作,妥善处理问题。

建立纪检监察干部定期接访制度,有关负责人应当接待重要来访、处理重要信访问题。

第十条　纪检监察机关信访举报部门对属于受理范围的检举控告,应当进行编号登记,按规定录入检举举报平台。

对涉及同级党委管理的党员、干部以及监察对象的检举控告,应当定期梳理汇总,并向本机关主要负责人报告。

第十一条　检举控告工作按照管理权限实行分级受理:

(一)中央纪委国家监委受理反映中央委员、候补中央委员,中央纪委委员,中央管理的领导干部,党中央工作机关、党中央批准设立的党组(党委),各省、自治区、直辖市党委、纪委等涉嫌违纪或者职务违法、职务犯罪问题的检举控告。

(二)地方各级纪委监委受理反映同级党委委员、候补委员,同级纪委委员,同级党委管理的党员、干部以及监察对象,同级党委工作机关、党委批准设立的党组(党委),下一级党委、纪委等涉嫌违纪或者职务违法、职务犯罪问题的检举控告。

(三)基层纪委受理反映同级党委管理的党员,同级党委下属的各级党组织涉嫌违纪问题的检举控告;未设立纪律检查委员会的党的基层委员会,由该委员会受理检举控告。

各级纪委监委按照管理权限受理反映本机关干部涉嫌违纪或者职务违法、职务犯罪问题的检举控告。

第十二条　对反映党的组织关系在地方、干部管理权限在主管部门的党员、干部以及监察对象涉嫌违纪或者职务违法、职务犯罪问题的检举控告,由设在主管部门、有管辖权的纪检监察机关受理。地方纪检监察机关接到检举控告的,经与设在主管部门、有管辖权的纪检监察机关协调,可以按规定受理。

第十三条　纪检监察机关对反映的以下事项,不予受理:

(一)已经或者依法应当通过诉讼、仲裁、行政裁决、行政复议等途径解决的;

(二)依照有关规定,属于其他机关或者单位职责范围的;

(三)仅列举出违纪或者职务违法、职务犯罪行为名称但无实质内容的。

对前款第一项、第二项所列事项,通过来信反映的,应当及时转有关机关或者单位处理;通过来访、来电、网络举报受理平台等方式反映的,应当告知检举控告人依规依法向有权处理的机关或者单位反映。

第三章　检举控告的办理

第十四条　纪检监察机关信访举报部门经筛选,对属于本级受理的初次检举控告,应当移送本机关监督检查部门或者相关部门,并按规定将移送情况通报案件监督管理部门;对于重复检举控告,按规定登记后留存备查,并定期向有关部门通报情况。

承办部门应当指定专人负责管理,逐件登记、建立台账。

第十五条　纪检监察机关信访举报部门收到属于上级纪检监察机关受理的检举控告,应当径送本机关主要负责人,并在收到之日起5个工作日内报送上一级纪检监察机关信访举报部门;收到反映本机关主要负责人问题的检举控告,应当径送上一级纪检监察机关信访举报部门。

对属于上级纪检监察机关受理的检举控告,不得瞒报、漏报、迟报,不得扩大知情范围,不得复制、摘抄检举控告内容,不得将有关信息录入检举举报平台。

第十六条　纪检监察机关信访举报部门收到属于下级纪检监察机关受理的检举控告,应当及时予以转送。

下一级纪检监察机关对转送的检举控告,应当进行登记,在收到之日起5个工作日内完成受理或者转办工作。

第十七条　纪检监察机关监督检查部门应当对收到的检举控告进行认真甄别,对没有实质内容的检举控告或者属于其他纪检监察机关受理的检举控告,在沟通研究、经本机关分管领导批准后，按程序退回信访举报部门处理。

监督检查部门对属于本级受理的检举控告，应当结合日常监督掌握的情况，进行综合分析、适当了解，经集体研究并履行报批程序后，以谈话函询、初步核实、暂存待查、予以了结等方式处置，或者按规定移送审查调查部门处置。

第十八条　纪检监察机关监督检查、审查调查部门应当每季度向信访举报部门反馈已办结的检举控告处理结果。

反馈内容应当包括处置方式、属实情况、向检举控告人反馈情况等。

第十九条　纪检监察机关案件监督管理部门应当加强对检举控告办理情况的监督。信访举报、监督检查、审查调查部门应当定期向案件监督管理部门通报有关情况。

第四章　检查督办

第二十条　纪检监察机关信访举报部门对属于下级纪检监察机关受理的检举控告，有以下情形之一，经本机关分管领导批准，可以发函交办：

（一）在落实党中央决策部署中，存在明显违纪违法问题的；

（二）问题典型、群众反映强烈的；

（三）对检举控告问题久拖不办，造成不良影响的；

（四）其他需要交办的情形。

第二十一条　下级纪检监察机关接到交办的检举控告后，一般应当在3个月内办结，并报送核查处理情况；经本机关主要负责人批准，可以延长3个月，并向上级纪检监察机关报告。特殊情况需要再次延长办理期限的，应当报上级纪检监察机关批准。

第二十二条　对交办的检举控告，有以下情形之一，经交办机关分管领导批准，可以采取发函、听取汇报、审阅案卷、检查督促等方式督办：

（一）超过期限仍未办结的；

（二）组织不力、核查处理不认真，或者推诿敷衍的；

（三）需要补充核查、重新研究处理意见或者补报有关材料的；

（四）其他需要督办的情形。

第二十三条　检举控告承办

机关对拟上报的核查处理情况，应当集体审核研究，经本机关主要负责人批准后，报上一级纪检监察机关。

第五章　实名检举控告的处理

第二十四条　检举控告人使用本人真实姓名或者本单位名称，有电话等具体联系方式的，属于实名检举控告。

纪检监察机关信访举报部门可以通过电话、面谈等方式核实是否属于实名检举控告。

第二十五条　纪检监察机关提倡、鼓励实名检举控告，对实名检举控告优先办理、优先处置、给予答复。

第二十六条　纪检监察机关信访举报部门对属于本机关受理的实名检举控告，应当在收到检举控告之日起 15 个工作日内告知实名检举控告人受理情况。重复检举控告的，不再告知。

第二十七条　承办的监督检查、审查调查部门应当将实名检举控告的处理结果在办结之日起 15 个工作日内向检举控告人反馈，并记录反馈情况。检举控告人提出异议的，承办部门应当如实记录，并予以说明；提供新的证据材料的，承办部门应当核查处理。

第二十八条　实名检举控告经查证属实，对突破重大案件起到重要作用，或者为国家、集体挽回重大经济损失的，纪检监察机关可以按规定对检举控告人予以奖励。

第二十九条　匿名检举控告，属于受理范围的，纪检监察机关应当按程序受理。

对匿名检举控告材料，不得擅自核查检举控告人的笔迹、网际协议地址（IP 地址）等信息。对检举控告人涉嫌诬告陷害等违纪违法行为，确有需要采取上述方式追查其身份的，应当经设区的市级以上纪委监委批准。

第三十条　虽有署名但不是检举控告人真实姓名（单位名称）或者无法验证的检举控告，按照匿名检举控告处理。

第六章　检举控告情况的综合运用

第三十一条　纪检监察机关应当定期研判所辖地区、部门、单位检举控告情况，对反映的典型性、普遍性、苗头性问题提出有针对性的工作建议，形成综合分析报告，报上一级纪检监察机关，必要时向同级党委报告。

纪检监察机关应当根据全面从严治党、党风廉政建设和反腐败工作重点以及检举控告反映的热点问题，开展专题分析。

对问题集中、反映强烈的地区、部门、单位，可以将相关分析情况向有关党组织通报。

第三十二条　纪检监察机关应当根据巡视巡察工作机构要求，及时提供涉及被巡视巡察地区、部门、单位的检举控告情况。

第三十三条　纪检监察机关在开展日常监督工作中应当对检举控告情况进行收集、研判，综合各方面信息，全面掌握被监督单位政治生态情况和被监督对象的思想、工作、作风、生活情况，提高监督的针对性和实效性。

第三十四条　对检举控告较多的地区、部门、单位，纪检监察机关经了解核实后，发现有关党组织或者单位党风廉政建设和履行职责存在问题的，应当向其提出纪律检查建议或者监察建议，并督促整改落实。

第七章　当事人的权利和义务

第三十五条　检举控告人享有以下权利：

（一）对党组织和党员、干部以及监察对象涉嫌违纪违法的行为提出检举控告；

（二）申请与检举控告事项相关的工作人员回避；

（三）对受理机关以及处理检举控告工作人员的失职渎职等违纪违法行为提出检举控告；

（四）因检举控告致其合法权利受到威胁或者侵害的，可以提出保护申请；

（五）检举控告严重违纪违法问题，经查证属实的，按规定获得表扬或者奖励；

（六）党内法规和法律法规规定的其他权利。

第三十六条　检举控告人应当履行以下义务：

（一）如实提供所掌握的全部情况和证据，对检举控告内容的真实性负责，不得夸大、歪曲事实，不得诬告陷害他人；

（二）自觉维护社会公共秩序和信访秩序，不得损害党、国家和人民的利益以及公民个人的合法权利；

（三）接受党组织、单位的正确处理意见，不得提出党内法规和法律法规规定以外的要求；

（四）对反馈的处理结果等情况予以保密；

（五）党内法规和法律法规规定的其他义务。

第三十七条 被检举控告人应当履行以下义务：

（一）正确对待检举控告，有则改之、无则加勉，习惯在受监督和约束的环境中工作生活；

（二）相信组织、依靠组织，配合做好了解核实工作，实事求是说明问题，不得对抗审查调查；

（三）尊重检举控告人和处理检举控告工作人员，不得进行打击报复；

（四）党内法规和法律法规规定的其他义务。

第三十八条 被检举控告人享有以下权利：

（一）对被检举控告的问题作出说明、辩解；

（二）基层党组织讨论决定对自身处理、处分时，可以参加和进行申辩；

（三）申请反馈核查处理结论；

（四）对所受处理、处分不服的，可以申诉或者申请复审；

（五）对受理机关以及处理检举控告工作人员的失职渎职等违纪违法行为提出检举控告；

（六）党内法规和法律法规规定的其他权利。

第八章 诬告陷害行为的查处

第三十九条 采取捏造事实、伪造材料等方式反映问题，意图使他人受到不良政治影响、名誉损失或者责任追究的，属于诬告陷害。

认定诬告陷害，应当经设区的市级以上党委或者纪检监察机关批准。

第四十条 纪检监察机关应当加强对检举控告的分析甄别，注意发现异常检举控告行为，有重点地进行查证。属于诬告陷害的，依规依纪依法严肃处理，或者移交有关机关依法处理。

第四十一条　诬告陷害具有以下情形之一，应当从重处理：

（一）手段恶劣，造成不良影响的；

（二）严重干扰换届选举或者干部选拔任用工作的；

（三）经调查已有明确结论，仍诬告陷害他人的；

（四）强迫、唆使他人诬告陷害的；

（五）其他造成严重后果的。

第四十二条　纪检监察机关应当将查处的诬告陷害典型案件通报曝光。

第四十三条　纪检监察机关对通过诬告陷害获得的职务、职级、职称、学历、学位、奖励、资格等利益，应当建议有关组织、部门、单位按规定予以纠正。

第四十四条　对被诬告陷害的党员、干部以及监察对象，纪检监察机关、所在单位党组织应当开展思想政治工作，谈心谈话、消除顾虑，保护干事创业积极性，推动履职尽责、担当作为。

第四十五条　纪检监察机关应当区分诬告陷害和错告。属于错告的，可以对检举控告人进行教育。

第九章　工作要求和责任

第四十六条　纪检监察机关及其工作人员在处理检举控告工作中，应当强化宗旨意识，改进工作作风，注意工作方法，对于不予受理事项或者不合理诉求做好解释说明，不得自以为是、盛气凌人，不得漠视群众疾苦、对群众利益麻木不仁。

第四十七条　纪检监察机关应当建立健全检举控告保密制度，严格落实保密要求：

（一）对检举控告人的姓名（单位名称）、工作单位、住址等有关情况以及检举控告内容必须严格保密；

（二）严禁将检举控告材料、检举控告人信息转给或者告知被检举控告的组织、人员；

（三）受理检举控告或者开展核查工作，应当在不暴露检举控告人身份的情况下进行；

（四）宣传报道检举控告有功人员，涉及公开其姓名、单位等个人信息的，应当征得本人同意。

第四十八条　处理检举控告工作人员有以下情形之一，应当主

动提出回避,当事人有权要求其回避,回避决定由纪检监察机关作出:

(一)本人是被检举控告人或者其近亲属的;

(二)本人或者近亲属与被检举控告问题有利害关系的;

(三)其他可能影响检举控告问题公正处理的情形。

第四十九条 检举控告人及其近亲属的人身、财产安全因检举控告而受到威胁或者侵害,并提出保护申请的,纪检监察机关应当依法、及时提供保护。必要时,纪检监察机关可以商请有关机关予以协助。

被检举控告人有危害人身安全和损害财产、名誉等打击报复行为的,依规依纪依法严肃处理。

第五十条 纪检监察机关核查认定检举控告失实、有必要予以澄清的,经本机关主要负责人批准后,可以采取以下方式予以澄清:

(一)向被检举控告人所在地区、部门、单位党委(党组)主要负责人以及本人发函说明或者当面说明;

(二)向被检举控告人所在地区、部门、单位党委(党组)通报情况;

(三)在一定范围内通报。

第五十一条 对因检举控告失实而受到错误处理、处分的,纪检监察机关应当在职权范围内予以纠正,或者向有权机关提出纠正建议。

第五十二条 纪检监察机关及其工作人员有以下情形之一,依规依纪严肃处理;涉嫌职务违法、职务犯罪的,依法追究法律责任:

(一)私存、扣压、篡改、伪造、撤换、隐匿、遗失或者私自销毁检举控告材料的;

(二)超越权限,擅自处理检举控告材料的;

(三)泄露检举控告人信息或者检举控告内容等,或者将检举控告材料转给被检举控告的组织、人员的;

(四)隐瞒、谎报、未按规定期限上报重大检举控告信息,造成严重后果的;

(五)其他违规违纪违法的情形。

利用检举控告材料谋取个人利益或者为打击报复检举控告人

提供便利的,应当从重处理。

第十章　附　　则

第五十三条　本规则所称监督检查部门、审查调查部门,指的是纪检监察机关中履行监督检查、审查调查职能的部门和跨部门组建的审查调查组。

第五十四条　对纪检监察机关在监督检查、审查调查中发现的问题线索,审计机关、执法部门、司法机关等单位移交的信访举报以外的问题线索的处理,其他党内法规和法律法规另有规定的,从其规定。

第五十五条　纪委监委派驻(派出)机构和国有企业、高校等企事业单位纪检监察机构除执行本规则外,还应当执行党中央以及中央纪委国家监委相关规定。

第五十六条　中央军事委员会可以根据本规则,制定相关规定。

第五十七条　本规则由中央纪委国家监委负责解释。

第五十八条　本规则自发布之日起施行。此前发布的其他有关纪检监察机关处理检举控告工作的规定,凡与本规则不一致的,按照本规则执行。

纪检监察机关派驻机构工作规则

(2022 年 6 月 2 日中共中央政治局常委会会议审议批准
2022 年 6 月 22 日中共中央办公厅发布)

第一章　总　　则

第一条　为了加强和规范纪检监察机关派驻机构工作,根据《中国共产党纪律检查委员会工作条例》和《中华人民共和国监察法》,制定本规则。

第二条　派驻机构工作坚持

以习近平新时代中国特色社会主义思想为指导，增强“四个意识”、坚定“四个自信”、做到“两个维护”，坚持自我革命，坚持敢于斗争，坚持实事求是，深入贯彻全面从严治党战略方针，坚定不移推进党风廉政建设和反腐败斗争，建立健全系统集成、协同高效的派驻监督体制机制，增强“派”的权威和“驻”的优势，一体推进不敢腐、不能腐、不想腐，充分发挥监督保障执行、促进完善发展作用。

第三条 在党中央集中统一领导下，中央纪律检查委员会国家监察委员会向中央一级党和国家机关以及其他组织派驻纪检监察机构，地方各级纪律检查委员会监察委员会向本级党和国家机关以及其他组织派驻纪检监察机构。派驻机构是派出机关的组成部分，与驻在单位是监督和被监督的关系。

派驻机构应当强化政治监督，把坚持和加强党的领导贯穿工作全过程各方面，推动驻在单位切实做到“两个维护”，贯彻党的理论和路线方针政策，落实党中央决策部署。

第四条 派驻机构遵循以下原则开展工作：

（一）坚持党中央集中统一领导，强化组织自上而下的监督功能；

（二）坚持民主集中制，重要事项集体研究决定；

（三）坚持敢于善于监督，完善常态化监督工作机制；

（四）坚持职责定位，依规依纪依法履行职责；

（五）坚持各项监督统筹衔接，推动全面从严治党主体责任和监督责任一体落实；

（六）坚持监督与被监督相统一，自觉接受各方面监督。

第五条 派驻机构应当持续深化转职能、转方式、转作风，聚焦全面从严治党、党风廉政建设和反腐败工作，强化监督职责，突出工作重点，创新履职方式，有效运用“四种形态”，增强派驻监督全覆盖的有效性，推动派驻监督工作高质量发展。

第二章　组织设置

第六条 中央纪律检查委员会国家监察委员会向中央一级党

和国家机关、中管金融企业派驻纪检监察组。地方各级纪律检查委员会监察委员会向本级党和国家机关、所管辖的国有金融企业派驻纪检监察组。

中央纪律检查委员会国家监察委员会、地方各级纪律检查委员会监察委员会按照规定向国有企业、普通高等学校等单位派驻纪检监察组；或者依法派驻监察机构，派驻监察专员并设立监察专员办公室，与该单位党的纪律检查机构合署办公。

对系统规模大、直属单位多、监督对象多的单位，可以单独派驻纪检监察组；对业务关联度高，或者需要统筹力量实施监督的相关单位，可以综合派驻纪检监察组。

第七条　派驻机构主要负责人按照规定担任驻在单位的党组（党委）成员，履行监督专责，不分管驻在单位工作。

派驻机构主要负责人实行交流任职、定期轮岗。

第八条　派驻机构的领导机构是组务会。组务会由派驻机构正职、副职组成。组务会会议学习贯彻落实党中央决策部署，贯彻中央纪委国家监委工作部署，落实派出机关工作安排，研究讨论管辖范围内纪检监察工作的重要问题、重要事项，按照权限讨论或者决定党纪政务处分等事项。

派驻机构应当健全组务会会议以及组长办公会议、专题会议等会议制度，完善议事决策机制。

第九条　派驻机构应当按照信访举报、监督检查、审查调查、案件监督管理、案件审理相互协调、相互制约的原则，结合实际设置内设机构或者明确人员分工。

第三章　领导体制

第十条　各级党委应当加强对纪检监察机关派驻机构工作的领导，健全机构设置、干部管理、工作保障等机制，听取纪律检查委员会监察委员会关于派驻监督工作的汇报，推动派驻机构履职尽责。

第十一条　驻在单位应当支持配合派驻机构工作，主动及时通报重要情况、重要问题，根据派驻机构工作需要提供有关材料，为派驻机构开展工作创造条件、提供保障。

第十二条　派驻机构由派出

机关直接领导、统一管理，向派出机关负责，受派出机关监督。

各级纪律检查委员会常务委员会应当定期听取派驻监督工作情况报告。派出机关分管领导应当定期召开派驻机构负责人会议，经常同派驻机构主要负责人研究工作。

第十三条 派出机关相关部门根据职能职责，加强对派驻机构的指导、联系、服务和保障。

监督检查部门协助分管领导联系派驻机构日常工作：

（一）指导督促派驻机构履行职责；

（二）对派驻机构请示报告的问题、事项进行审核把关；

（三）对派出机关交办的重要案件、事项进行督促办理；

（四）办理派驻机构提请支持、协调的重要事项；

（五）向派驻机构通报驻在单位领导班子及其成员、驻在单位上级党委管理的其他人员的一般性问题和谈话提醒、批评教育、责令检查、诫勉谈话等情况；

（六）联系开展其他工作。

第十四条 派出机关相关部门应当会同派驻机构联合开展以下监督工作：

（一）开展专项检查，推动驻在单位落实党中央决策部署；

（二）研判驻在单位政治生态，有针对性地开展监督；

（三）开展专题调查研究，查找分析利用公共权力和资源设租寻租、离职后违规从业等行业性、系统性廉洁风险，向驻在单位提出意见建议或者督促开展专项治理；

（四）支持配合派出机关同级党委巡视巡察机构开展工作，对整改情况进行监督；

（五）推动驻在单位落实纪检监察建议；

（六）其他需要联合开展的监督工作。

第十五条 派出机关监督检查部门、审查调查部门对于派驻机构管辖的重大、复杂案件，经批准可以直接办理或者组织、指挥办理。

第十六条 派出机关相关部门应当指导、协调派驻机构与地方纪律检查委员会监察委员会协作开展以下工作：

（一）协同开展专项检查、专项

监督,推动解决有关系统和领域的突出问题;

(二)协作采取监督检查、审查调查措施;

(三)协商确定驻在单位党员、干部以及监察对象涉嫌违纪和职务违法、职务犯罪案件的管辖,或者由派驻机构报请派出机关指定有关地方纪委监委管辖;

(四)联合审查调查驻在单位党员、干部以及监察对象涉嫌违纪和职务违法、职务犯罪案件;

(五)其他需要协作开展的工作。

第十七条 派出机关相关部门应当组织、指导各派驻机构之间协作配合开展以下工作:

(一)针对共性或者关联性问题同步开展专项监督;

(二)对重大、复杂案件进行联合审查调查;

(三)协作开展案件审理、复议复查和复审工作;

(四)对派出机关部署的重要工作落实情况开展交叉检查或者联合检查;

(五)联合开展调研、培训;

(六)其他需要协作配合开展的工作。

第十八条 派驻机构应当加强对驻在单位内设纪检机构及直属单位纪检机构的业务指导和监督检查,督促、支持其发挥职能作用,推动纪检干部队伍建设,加强政治教育和业务培训,协调人员力量开展监督执纪工作。

第十九条 派驻垂直管理单位的纪检监察组应当加强对驻在单位的下一级单位纪检机构的业务指导和监督检查,对驻在单位各级纪检机构的工作进行统筹,推动层层落实监督责任。下一级单位纪检机构的监督执纪工作以派驻纪检监察组领导为主,线索处置和案件查办在向同级党组(党委)报告的同时应当一并向派驻纪检监察组报告。

实行双重领导并以上级单位领导为主的单位,国有企业、国有金融企业的派驻机构工作,参照前款规定执行。

第二十条 各级纪律检查委员会监察委员会派出的机关纪检监察工作委员会,按照规定审理有关派驻机构审查调查的案件,定期向派出机关报告案件审理工作情况。在派出机关领导下，建立健全案件质量评查机制，向派驻机构反馈评查结果。

机关纪检监察工作委员会应当加强与派驻机构的沟通协调，对本级党和国家机关部门机关纪委的执纪审查工作进行协同指导。

第二十一条 派驻国有资产监管机构、教育行政部门等的纪检监察组，按照规定协助派出机关加强对国有企业、普通高等学校等单位派驻机构工作的指导，形成监督合力。

派驻国有资产监管机构的纪检监察组，应当加强对驻在单位党组（党委）管理领导班子的国有企业纪检机构监督执纪工作的领导。相关国有企业纪检机构的线索处置和案件查办在向同级党委报告的同时，应当一并向派驻纪检监察组报告。

第四章 工作职责

第二十二条 派驻机构依规依纪依法履行监督执纪问责和监督调查处置职责。

第二十三条 派驻机构应当把监督作为基本职责，结合驻在单位实际，重点监督检查以下情况：

（一）对党忠诚，践行党的性质宗旨情况；

（二）贯彻党的理论和路线方针政策、落实党中央决策部署、践行“两个维护”情况；

（三）落实全面从严治党主体责任、加强党风廉政建设和反腐败工作情况；

（四）贯彻执行民主集中制、依规依法履职用权、廉洁自律等情况。

第二十四条 派驻机构应当重点监督以下对象：

（一）驻在单位领导班子及其成员特别是主要负责人；

（二）驻在单位上级党委管理的其他人员；

（三）驻在单位党组（党委）管理的领导班子及其成员；

（四）其他列入重点监督对象的驻在单位人员。

第二十五条 派驻机构应当支持和督促驻在单位党组（党委）落实全面从严治党主体责任，协助其开展内部巡视巡察，推动驻在单位深化改革、健全制度、完善治理、防控风险。

第二十六条　派驻机构应当结合派驻监督工作情况，推动驻在单位党组（党委）开展全面从严治党、党风廉政建设和反腐败工作的形势任务教育，强化纪法教育、警示教育，推进廉洁文化建设，教育引导党员、干部以及监察对象修身律己，筑牢思想道德防线。

第二十七条　派驻机构对反映驻在单位党组织和党员、干部以及监察对象问题的检举控告，按照规定受理和处置。

第二十八条　派驻机构对驻在单位领导班子及其成员、驻在单位上级党委管理的其他人员涉嫌违纪和职务违法、职务犯罪问题线索，经批准可以参与派出机关的初步核实、审查调查工作。

第二十九条　派驻机构负责审查以下党组织和党员涉嫌违犯党纪的案件：

（一）驻在单位党组（党委）直接领导的党组织；

（二）驻在单位党组（党委）管理的领导班子成员；

（三）本规则第二十四条第四项规定的人员。

派驻机构必要时可以审查驻在单位党组（党委）管理的其他党组织和党员涉嫌违犯党纪的案件。

派驻机构根据派出机关授权，依法调查驻在单位监察对象涉嫌职务违法、职务犯罪案件。

第三十条　派驻机构按照管理权限，对违纪违法的驻在单位党组织和党员、干部以及监察对象进行处理处分，对不履行或者不正确履行职责的驻在单位党组织和领导干部进行问责。

第三十一条　派驻机构负责受理和处置以下申诉或者复审申请：

（一）党组织和党员对派驻机构所作处理决定不服的申诉；

（二）监察对象对派驻机构所作处理决定不服的复审申请；

（三）被调查人及其近亲属对派驻机构及其工作人员侵害被调查人合法权益行为的申诉。

对于派驻机构立案审查调查后由驻在单位作出处理决定案件的申诉或者复核申请，派驻机构应当协助驻在单位做好有关处置工作。

第五章　履职程序

第三十二条　派驻机构开展

日常监督应当深入实际、深入群众,监督方式包括:

(一)参加会议。参加或者列席驻在单位领导班子会议等重要会议,了解学习贯彻党中央决策部署以及上级党组织决定情况和班子成员的意见态度,“三重一大”决策制度执行情况,按照规定向派出机关报告。

(二)谈心谈话。同党员、干部和群众广泛谈心谈话,听取对监督对象的反映,发现监督对象存在苗头性、倾向性问题的,进行谈话提醒、批评教育。

(三)听取汇报。听取驻在单位党组(党委)管理的领导班子及其成员履行管党治党责任情况的汇报,发现责任落实不到位的,进行提醒纠正。

(四)查阅资料。按照规定查阅、复制驻在单位有关文件、资料、数据等材料,了解核实有关情况。

(五)沟通情况。加强与驻在单位机关党委、党委办公室和组织人事、巡视巡察、法规法务、财务审计等部门的沟通,及时发现和通报问题。

(六)分析研判。分析信访举报、党风廉政等情况,对典型性、普遍性问题向驻在单位提出意见建议。

(七)廉政把关。建立健全、动态更新驻在单位党组(党委)管理的领导干部廉政档案,严把党风廉政意见回复关。

(八)实地调查。开展驻点调研、现场核查,精准发现驻在单位存在的突出问题。

(九)其他开展日常监督的方式。

第三十三条 派驻机构应当严格执行报告制度,发现驻在单位领导班子及其成员重要问题、重要事项及时向派出机关报告。

派驻机构应当经常对驻在单位领导班子及其成员坚持党的领导、加强党的建设、履行全面从严治党主体责任情况以及党风廉政状况进行分析,每年向派出机关提交专题报告。

第三十四条 派驻机构应当定期会同驻在单位党组(党委)专题研究全面从严治党、党风廉政建设和反腐败工作。派出机关监督检查部门根据情况派员参加。

派驻机构主要负责人应当经

常与驻在单位党组（党委）主要负责人就政治生态、作风建设、廉洁风险等情况交换意见，提出工作建议，督促完善有关制度措施。

第三十五条　派驻机构应当向驻在单位领导班子成员通报其分管部门和单位领导干部遵守党章党规党纪、廉洁自律等情况，推动领导班子成员落实“一岗双责”要求，抓好分管部门和单位的党风廉政建设工作。

第三十六条　派驻机构对驻在单位开展内部巡视巡察提供以下协助：

（一）通报监督执纪执法中发现的问题；

（二）处置内部巡视巡察移交的问题线索；

（三）检查整改责任落实情况；

（四）其他协助内部巡视巡察的工作。

第三十七条　派驻机构应当指定专人负责管理涉嫌违纪和职务违法、职务犯罪问题线索，逐件编号登记，建立管理台账。

派驻机构应当结合日常监督掌握的情况，对问题线索进行综合分析、适当了解，采取谈话函询、初步核实、暂存待查、予以了结等方式进行处置。线索处置意见应当自收到线索之日起1个月内提出。

处置问题线索应当报派驻机构主要负责人审批，并按照规定报派出机关备案。

第三十八条　派驻机构经过初步核实，需要进行立案审查调查的，应当报派驻机构主要负责人审批。其中，对驻在单位党组（党委）直接领导的党组织、党组（党委）管理的领导班子成员中的正职领导干部立案和副职领导干部涉嫌严重职务违法、职务犯罪立案的，应当报派出机关审批。

派驻机构在立案前应当征求驻在单位党组（党委）主要负责人意见，对于有不同意见的应当报派出机关决定。确因安全保密等特殊情况，经派出机关同意，也可以在立案后及时向驻在单位党组（党委）主要负责人通报。

第三十九条　派驻机构按照规定报批后，可以依规依纪依法采取谈话、讯问、询问、留置、查询、冻结、搜查、调取、查封、扣押（暂扣、封存）、勘验检查、鉴定措施。对依法应当交有关机关执行的措施，报派出机关审批并以派出机关名义办理。

派驻机构应当对审查调查措施进行严格监管，建立措施使用台账，定期将有关情况报派出机关案件监督管理部门、监督检查部门备案。

第四十条 派驻机构审查调查工作结束后，应当按照规定进行审理，提出纪律处理或者党纪处分建议、拟作出的政务处分决定或者处分建议，通报驻在单位党组（党委）。

第四十一条 驻在单位党组（党委）按照权限和程序，对违纪的党组织、党员作出纪律处理或者党纪处分决定。

派驻机构按照管理权限，对违法的监察对象依法作出政务处分决定；建议驻在单位处分的，由驻在单位依法依规作出处分决定。

派驻机构提出的处理处分建议与驻在单位党组（党委）的意见不同又不能协商一致的，由派驻机构报派出机关研究决定。

第四十二条 派驻机构发现驻在单位党组（党委）管理的党组织和领导干部失职失责造成严重后果或者恶劣影响，需要进行问责调查的，应当报派驻机构主要负责人审批后，启动问责调查程序。

派驻机构应当依规依纪依法开展问责调查，查明失职失责问题，按照管理权限作出问责决定，或者向有权作出问责决定的党组织（单位）提出问责建议。

对党组织采取改组方式问责的，按照党章和其他党内法规规定的权限、程序执行。对领导干部采取党纪政务处分方式问责的，按照本规则第三十八条、第四十条、第四十一条办理。

第四十三条 派驻机构对调查的监察对象和涉案人员涉嫌职务犯罪案件，经集体审议，认为犯罪事实清楚，证据确实、充分，需要追究刑事责任的，依法依规移送人民检察院审查起诉。

第四十四条 派驻机构发现驻在单位在贯彻党中央决策部署、落实全面从严治党主体责任、开展党风廉政建设以及决策机制、监督管理、制度执行等方面存在突出问题或者薄弱环节的，应当提出纪检监察建议。

派驻机构应当加强对驻在单

位问题整改情况的监督检查，督促限期整改、反馈，推动纪检监察建议落实到位。

第六章　管理监督

第四十五条　派驻机构必须坚持以习近平新时代中国特色社会主义思想武装头脑、指导实践、推动工作，以党的政治建设为统领推进党的各方面建设，教育引导派驻机构干部忠于职守、履职尽责，不断提高政治判断力、政治领悟力、政治执行力，带头增强"四个意识"、坚定"四个自信"、做到"两个维护"，发扬党的优良传统和作风，加强思想淬炼、政治历练、实践锻炼、专业训练，增强法治意识、程序意识、证据意识，建设政治素质高、忠诚干净担当、专业化能力强、敢于善于斗争的派驻机构干部队伍。

派驻机构党组织应当严格执行党的组织生活制度，推进党支部标准化规范化建设，增强党组织政治功能和组织力凝聚力，发挥战斗堡垒作用。

第四十六条　派出机关应当严把派驻机构干部入口关，按照干部管理权限统筹派出机关和派驻机构干部的选拔任用、人员交流、考核培训、监督管理，有计划地安排派驻机构干部参与派出机关工作、进行培养锻炼。

第四十七条　派出机关应当每年组织派驻机构主要负责人进行述责述廉。结合驻在单位特点，对派驻机构履行职责以及自身建设等方面情况进行考核。考核中，应当听取驻在单位领导班子和有关方面的意见，并将其作为考核的重要依据。

第四十八条　派驻机构应当加强规范化、法治化、正规化建设，明确职权范围，健全内控机制，规范工作流程和审批权限，完善回避、保密和过问、干预案件登记备案等管理制度，建立健全办案安全责任制，推动各项工作依规依纪依法进行。

第四十九条　派驻机构应当坚持打铁必须自身硬，坚持严的标准，勇于刀刃向内，牢固树立监督者更要自觉接受监督的意识，加强自我管理、自我约束，不断提高免疫力，切实防治"灯下黑"。

派驻机构应当接受派出机关同级党委巡视巡察监督和派出机

关的管理监督，对所提监督意见进行整改落实，并报告整改情况。

派驻机构应当明确专门机构或者人员负责干部日常管理监督工作，及时汇总各方面意见，对自身权力运行的关键环节进行经常性检查，认真核查相关检举控告，按照规定将处置情况向派出机关干部监督部门报告。

派驻机构应当听取驻在单位领导班子对派驻机构工作的意见建议，认真研究处理，并及时反馈。自觉接受驻在单位党员、干部和群众的监督，畅通意见反映渠道，对反映的问题进行调查核实处置，不断完善制度、改进工作。

第五十条 派驻机构干部有跑风漏气、迟报瞒报、滥用职权、以案谋私以及其他违规违纪违法行为的，依规依纪依法严肃处理；构成犯罪的，依法追究刑事责任。

第五十一条 派驻机构及其领导干部不履行或者不正确履行职责，导致应当发现的问题没有发现，或者发现问题不报告不处置，执纪执法不严格不规范，造成严重后果或者恶劣影响的，予以严肃问责。

第七章 附 则

第五十二条 本规则涉及的审批权限均指最低审批权限，工作中根据需要可以按照更高层级的审批权限报批。

第五十三条 派驻国有企业、普通高等学校的监察机构、监察专员（监察专员办公室）除执行本规则外，还应当执行中央纪律检查委员会国家监察委员会相关规定。

第五十四条 中央军事委员会可以根据本规则制定相关细则。

第五十五条 本规则由中央纪律检查委员会国家监察委员会负责解释。

第五十六条 本规则自发布之日起施行。此前发布的其他有关纪检监察机关派驻机构工作的规定，凡与本规则不一致的，按照本规则执行。

附录二　指导性案例

贺某在新冠肺炎疫情防控工作中搞形式主义、官僚主义问题案[①]

（2021 年指导性案例第 1 号，总第 1 号）

【关键词】

违反中央八项规定精神；形式主义、官僚主义；工作纪律

【执纪执法要点】

形式主义、官僚主义与党的优良传统、优良作风背道而驰，为广大干部群众所深恶痛绝。习近平总书记多次就坚决整治形式主义、官僚主义问题作出重要指示批示，强调纠正“四风”不能止步，作风建设永远在路上。2018 年 9 月和 2019 年 6 月，中央纪委办公厅先后印发《关于贯彻落实习近平总书记重要指示精神集中整治形式主义、官僚主义的工作意见》和《关于贯彻习近平总书记重要批示精神深入落实中央八项规定精神的工作意见》；2019 年 6 月，中央纪委国家监委案件审理室专门发出通知，要求在审理报告、处分决定等审理文书中，将形式主义、官僚主义问题在“违反中央八项规定精神”问题中单列表述并处理到位；2021 年 1 月，十九届中央纪委五次全会再次明确提出，要“深化整治形式主义、官僚主义顽瘴痼疾，让求真务实、清正廉洁的新风正气不断充盈”。今年是“十四五”规划开局之年，各级纪检监察机关必须锲而不舍落实中央八项规定及其实施细则精神，针对形式主义、官僚主义问题精准施治，持续释放坚定不移全面从严治党、驰而不息治“四风”树新风的强烈信号，为“十四五”开局起

① 指导性案例总第 1 号至第 4 号，参见《中央纪委国家监委发布第一批执纪执法指导性案例》，载中央纪委国家监委网，https://www.ccdi.gov.cn/yaowenn/202108/t20210804_144965.html。

步提供有效保障。

工作中，对于已经造成不良影响和严重后果的形式主义、官僚主义问题，《中国共产党纪律处分条例》和《中华人民共和国公职人员政务处分法》均作出了明确的惩戒性规定；对于虽未造成不良影响和严重后果的其他各种形式主义、官僚主义问题，也必须站在讲政治的高度，运用“第一种形态”，做到抓早抓小、防微杜渐。

【基本案情及处理结果】

贺某，中共党员，某县国有农场主要负责人。2020 年 2 月，该县为防控新冠肺炎疫情，给各单位配发了电子测温计、消毒物品等防疫物资，要求安排专人对进出人员和车辆逐一进行查证、测温和登记，对公共区域定期进行消杀，并向单位职工及时下发防疫物资。此后，贺某召开会议传达了相关要求，派人领取了防疫物资、制作了进出人员和车辆登记表，并安排 2 名同志在门岗处值守。贺某认为上述工作已经落实了疫情防控要求，遂不再过问具体落实情况，也未对疫情防控工作实际开展情况进行检查。2 月 20 日晚 7 时前后，该县纪委监委疫情防控监督检查组在实地检查中发现，该农场存在门岗处值守人员脱岗、未在门岗处配备电子测温计和消毒防疫物品、未按规定对人员和车辆进出情况进行检查登记、带班领导对疫情防控工作要求不了解等问题，随即要求进行整改。2 月 21 日，贺某在未认真核实整改情况、也未进行集体研究的情况下，直接签批并向县纪委监委监督检查组报送了《整改报告》，称存在问题已全部整改到位。2 月 26 日下午 5 时前后，监督检查组再次进行实地检查，发现该农场仍然存在未对出入车辆和人员进行检查登记、电子测温计存放在储藏室、门岗处无人值守等问题，导致疫情防控工作存在严重隐患。5 月 16 日，该县纪委经审查，认定贺某作为农场主要负责人，对疫情防控工作仅作一般性安排，未及时督促抓好落实，工作浮在表面、流于形式，造成不良影响和严重隐患，应负主要领导责任，决定给予其党内警告处分。

【指导意义】

1. 关于本案处理过程中两种分歧意见的辨析

认定是否属于形式主义、官僚主义行为，必须要准确把握其实质。在本案处理过程中，形成了如下两种不同意见。

第一种意见认为，贺某作为农

场主要负责人，工作中不负责任，疏于管理，贯彻执行、检查督促落实上级决策部署不力，导致疫情防控工作出现严重隐患，应认定为违反工作纪律。

第二种意见认为，贺某作为农场主要负责人，虽然召开会议传达了工作要求、领取了防疫物资、制作了登记表并安排了值守人员，但仅仅是以会议落实会议、以文件落实文件，在实际工作中没有见诸行动，防疫物资未按规定保管使用，所谓的登记表、值守人员和防控措施也都是流于形式，是用形式上的“表面文章”代替扎扎实实的落实，造成严重隐患，应认定为形式主义、官僚主义。

经分析，我们同意第二种意见。形式主义、官僚主义的特点是“虚”“浮”，不实事求是。从本案所表现出来的现象看，贺某确实存在不正确履行职责的问题；但究其问题本质，则是不担当不作为，工作作风漂浮、不严不实，暴露出贺某政绩观错位、责任心缺失、满足于做表面文章等突出问题，是形式主义、官僚主义问题的典型表现。

2. 关于精准认定形式主义、官僚主义的问题

习近平总书记深刻指出：“形式主义背后是功利主义、实用主义作祟，政绩观错位、责任心缺失，只想当官不想干事，只想出彩不想担责，满足于做表面文章，重显绩不重潜绩，重包装不重实效。官僚主义背后是官本位思想，价值观走偏、权力观扭曲，盲目依赖个人经验和主观判断，严重脱离实际、脱离群众。”我们在认定形式主义、官僚主义问题时，要深入学习领悟习近平总书记重要讲话和重要指示批示精神，善于透过现象，抓住问题本质。

实践中，除《中国共产党纪律处分条例》第一百二十二条列举的情形属于形式主义、官僚主义问题的典型表现形式外，《中国共产党纪律处分条例》第五十条、第一百一十二条、第一百一十三条、第一百一十六条、第一百一十七条、第一百三十三条等条款列举的情形，只要符合形式主义、官僚主义问题的本质特征，均可认定为形式主义、官僚主义。

需要指出的是，一般情况下，如果将违反群众纪律、工作纪律等问题认定为形式主义、官僚主义，应该在纪检监察文书的“违反中央八项规定精神”问题中予以单列表述。但如果依照《中国共产党纪律处分条例》第五十条的规定，将某

一问题认定为违反政治纪律，则不宜重复认定为“违反中央八项规定精神”，但在汇总“查处违反中央八项规定精神问题”统计数据时，仍应纳入形式主义、官僚主义问题予以统计。

【相关条款】

《中国共产党纪律处分条例》(2018年8月18日)

第一百二十二条　有下列行为之一，造成严重不良影响，对直接责任者和领导责任者，情节较轻的，给予警告或者严重警告处分；情节较重的，给予撤销党内职务或者留党察看处分；情节严重的，给予开除党籍处分：

(一)贯彻党中央决策部署只表态不落实的；

(二)热衷于搞舆论造势、浮在表面的；

(三)单纯以会议贯彻会议、以文件落实文件，在实际工作中不见诸行动的；

(四)工作中有其他形式主义、官僚主义行为的。

《中华人民共和国公职人员政务处分法》(2020年6月20日)

第三十九条第(三)项　有下列行为之一，造成不良后果或者影响的，予以警告、记过或者记大过；情节较重的，予以降级或者撤职；情节严重的，予以开除：

(三)工作中有形式主义、官僚主义行为的。

夏某违规操办其子婚庆事宜案

(2021年指导性案例第2号，总第2号)

【关键词】

违反中央八项规定精神；违规操办婚丧喜庆事宜；借机敛财；涉案财物处置

【执纪执法要点】

受长期以来形成的历史文化和社会现实等因素影响，在婚丧喜庆之际宴请宾朋，已成为司空见惯的“习惯”和“风气”。实践中，《中国共产党纪律处分条例》和《中华人民共和国公职人员政务处分法》并没有“一刀切”地禁止党员干部操办婚丧喜庆事宜,但一些党员干部却利用职权或者职务上的影响违规操办婚丧喜庆事宜。这类行为容易损害党员干部形象,败坏社会风气,必须保持严的主基调,坚持露头就打,对同时存在借机敛财行为的要从重或者加重处分。在认定和处理此类问题时,既要依据相关规定认定是否存在“利用职权或者职务上的影响”和“在社会上造成不良影响”,并依纪依法对违纪违法所得作出精准处置;又要注意把握执纪执法尺度,明确释放“越往后越严”的强烈信号;还要注意参照当地经济发展水平、民众风俗习惯以及单位同事、周边群众的认知和评价等因素,作出综合分析判断。同时,要重视通过党员干部特别是党员领导干部以身作则、率先垂范,在全面实施乡村振兴战略中,在操办婚丧喜庆事宜上切实推进移风易俗、建设文明乡风,不断改善农民精神风貌,提高乡村社会文明程度。

【基本案情及处理结果】

夏某,中共党员,某乡副乡长。2020 年 9 月,夏某在其子结婚时,邀请该乡政府 5 名下属参加婚宴,收受该 5 名下属所送礼金 2.5 万元。经查,夏某与上述 5 名下属没有礼尚往来。同时,夏某还邀请 25 名亲属参加婚宴,收取礼金 3 万元。夏某受到党内严重警告、政务记大过处分,违规收受的礼金 2.5 万元被收缴。

【指导意义】

1. 关于夏某操办其子婚庆事宜是否构成“利用职权或者职务上的影响”的认定问题

《中国共产党纪律处分条例》第九十一条所规定的“利用职权或者职务上的影响”,既包括利用本人职务上主管、负责、承办某项公共事务的职权,也包括利用职务上有隶属、制约关系的其他人员的职权,以及行为人与被其利用的人员之间在职务上虽然没有隶属、制约关系,但是行为人利用了本人职权或者地位产生的影响和一定的工作联系。判断是否属于“利用职权或者职务上的影响”,一般来说,应审查核实党员干部是否使用本单位或者下属单位、管理服务对象、业务联系单位的财物、场地、交通工具等物资,是否邀请本单位或者下属单位、管理服务对象、业务联系单位的人员参加,等等。在本案中,夏某作为副乡长,邀请与其没有礼尚往来的 5 名下属参加其子婚宴并收受礼金 2.5 万元,可以认定为“利用职权或者职务上的影响”操办婚庆事宜。需要指出的是，夏某还邀请了部分亲属参加婚宴，经审查核实，这些人和夏某之间不存在职务上的隶属、制约关系，不是其管理服务对象，所送礼金数额也没有明显超出正常的礼尚往来水平，对于这部分情节不宜认定为违纪违法。

2. 关于涉案财物的处置问题

根据《中国共产党纪律处分条例》第四十条第一款、《中华人民共和国公职人员政务处分法》第二十五条第一款的规定，在追究党纪责任时，处置涉案财物的主要方式为“收缴”和“责令退赔”；在追究监察责任时，处置涉案财物的主要方式为“没收”、“追缴”和“责令退赔”。其中，追究党纪责任时对违纪所得予以“收缴”，相当于追究监察责任时对违法所得予以“没收”和“追缴”，通常针对的是实施违纪违法行为所获得的财物及其孳息收益。具体而言，一是“没收”是指将违纪违法所得财物强制收归国有，没收的财物一律上缴国库。二是“追缴”是指将违纪违法所得财物予以追回，追缴的财物退回原所有人或原持有人，依法不应退回的则上缴国库。三是“责令退赔”通常针对的是违反规定挥霍浪费国有资产，如公款吃喝、公款旅游以及违反规定乱罚款、乱收费获得的财物等，责令被审查调查人将违纪违法所得的财物予以归还，财物已经被消耗、毁损的，应当用与之价值相当的财物予以赔偿；责令退赔的财物直接退赔原所有人或原持有人，无法退赔的上缴国库。

本案中，纪检监察机关依纪依法收缴了夏某违规收受5名乡干部所送礼金2.5万元。但在实践中，我们发现仍有一些纪检监察机关在涉案财物处置上存在问题。比如，2021年4月，某省纪委监委公开通报的某副县长借其子结婚之机敛财问题的材料显示，该副县长在为其子举办婚礼时，宴请该县部分单位公职人员并违规收受礼金。纪检监察机关在认定该副县长的行为违纪违法后，并未收缴其违纪违法所得，而是要求其将违规收受的礼金全部予以退还。这反映出在当前的执纪执法工作中，对于涉案财物处置还不够精准，各级纪检监察机关应对此引起重视。

3. 关于执纪尺度的把握问题

违规操办婚丧喜庆事宜是违反中央八项规定精神的突出表现之一，党的十八大以来各级纪检监察机关严肃查处此类违纪行为，取得了显著成效。但由于受传统习俗等各种因素的影响，个别党员干部依然心存侥幸、知错犯错、知纪违纪，导致此类问题仍然较为突出，而且出现了化整为零多次操办、“退居幕后”遥控办或者表面循规蹈矩、私下广发通知，“暗度陈仓”违规办等各种隐形变异现象。实践中，有的地方对于到现在仍不收敛、不收手的，根据具体事实、性质和情节，不再仅仅给予严重警告处分，而是作出了免职处理，有的还直接给予党纪政务重处分。上述处理方式有纪法依据。比如，《中国共产党纪律处分条例》第九十一条明确规定，对于此类违纪行为，情节严重的应给予撤销党内职务处分，有借机敛财或者其他侵犯国家、集体和人民利益行为的，从重或加重处分，直至开除党籍。《中华人民共和国公职人员政务处分法》第三十三条明确规定，对于此类违法行为，情节较重的，予以降级或者撤职；情节严重的，予以开除。据此，各级纪检监察机关要始终坚持严的主基调，对顶风违纪、屡教不改、情节恶劣的依纪依法作为“情节严重”的情形给予党纪政务处分或者从重、加重处理，并可以依照规定同时对其采取调整职务、免职等组织处理措施，点名道姓通报曝光，不断释放出整治违反中央八项规定精神问题“越往后越严”的强烈信号，发挥执纪执法工作的警示震慑作用。

【相关条款】

《中国共产党纪律处分条例》(2018年8月18日)

第四条　党的纪律处分工作应当坚持以下原则：

(一)坚持党要管党、全面从严治党。加强对党的各级组织和全体党员的教育、管理和监督，把纪律挺在前面，注重抓早抓小、防微杜渐。

(二)党纪面前一律平等。对违犯党纪的党组织和党员必须严肃、公正执行纪律，党内不允许有任何不受纪律约束的党组织和党员。

(三)实事求是。对党组织和党员违犯党纪的行为，应当以事实为依据，以党章、其他党内法规和国家法律法规为准绳，准确认定违纪性质，区别不同情况，恰当予以处理。

(四)民主集中制。实施党纪处分，应当按照规定程序经党组织集体讨论决定，不允许任何个人或者少数人擅自决定和批准。上级党组织对违犯党纪的党组织和党员作出的处理决定,下级党组织必须执行。

（五）惩前毖后、治病救人。处理违犯党纪的党组织和党员,应当实行惩戒与教育相结合,做到宽严相济。

第二十条　有下列情形之一的,应当从重或者加重处分:

（一）强迫、唆使他人违纪的;

（二）拒不上交或者退赔违纪所得的;

（三）违纪受处分后又因故意违纪应当受到党纪处分的;

（四）违纪受到党纪处分后,又被发现其受处分前的违纪行为应当受到党纪处分的;

（五）本条例另有规定的。

第四十条第一款　对于违纪行为所获得的经济利益,应当收缴或者责令退赔。

第九十一条　利用职权或者职务上的影响操办婚丧喜庆事宜,在社会上造成不良影响的,给予警告或者严重警告处分;情节严重的,给予撤销党内职务处分;借机敛财或者有其他侵犯国家、集体和人民利益行为的,从重或者加重处分,直至开除党籍。

《中华人民共和国公职人员政务处分法》(2020年6月20日)

第四条　给予公职人员政务处分,坚持党管干部原则,集体讨论决定;坚持法律面前一律平等,以事实为根据,以法律为准绳,给予的政务处分与违法行为的性质、情节、危害程度相当;坚持惩戒与教育相结合,宽严相济。

第十三条　公职人员有下列情形之一的,应当从重给予政务处分:

（一）在政务处分期内再次故意违法,应当受到政务处分的;

（二）阻止他人检举、提供证据的;

（三）串供或者伪造、隐匿、毁灭证据的;

（四）包庇同案人员的;

（五）胁迫、唆使他人实施违法行为的;

（六）拒不上交或者退赔违法所得的;

（七）法律、法规规定的其他从重情节。

第二十五条第一款　公职人员违法取得的财物和用于违法行为的本人财物,除依法应当由其他机关没收、追缴或者责令退赔的,由监察机关没收、追缴或者责令退赔;应当退还原所有人或者原持有人的，依法予以退还；属于国家财产或者不应当退还以及无法退还的，上缴国库。

第三十三条第一款第（二）项　有下列行为之一的，予以警告、记过或者记大过；情节较重的，予以降级或者撤职；情节严重的，予以开除：

（二）利用职权或者职务上的影响为本人或者他人谋取私利的。

王某组织公款吃喝并违规接受宴请案

（2021 年指导性案例第 3 号，总第 3 号）

【关键词】

违反中央八项规定精神；公款吃喝；接受可能影响公正执行公务的宴请；涉案财物处置

【执纪执法要点】

公款吃喝、违规接受宴请等行为除浪费国家资财或者可能影响公正执行公务外，还严重破坏党风政风和社会风气，损害党和政府的形象。实践中我们发现，有的党员干部虚列开支公款报销违规吃喝费用，这是典型的违反中央八项规定精神隐形变异问题，性质恶劣，应加大查处力度，予以严肃处理。各级纪检监察机关要提高发现问题的能力，加大惩处力度，将严肃处理违规吃喝问题作为纠“四风”、树新风的重点，扭住不放、露头就打，严防反弹回潮、死灰复燃。在涉案财物处置上，则要注重区分不同情况，作出精准处置。

【基本案情及处理结果】

王某，中共党员，某县住房和城乡建设局局长。2021 年 2 月 19 日晚，王某召集本单位 5 名干部在该县某酒店聚餐，要求按照人均 1000 元的标准安排餐饮，所花费的 6000 元以公车加油费、维护保养费等名目列入该局“三公”经费中予以报销。3 月 21 日晚，王某在该县房地产开发商张某经营的日本料理店接受宴请，享受每人定价 1888 元的套餐。王某受到党内严重警告处分，被责令退赔公款吃喝费用 1000 元，被收缴接受可能影响公正执行公务的宴请费用 1888 元。同时,参加公款吃喝的其他5名干部受到了批评教育,并被责令退赔相关费用5000元。

【指导意义】

1. 关于王某违规吃喝行为的性质认定和处理

本案中,王某的违规吃喝问题主要表现在两个方面:一是按照《中国共产党纪律处分条例》第一百零三条的规定,王某"违反有关规定组织、参加用公款支付的宴请";二是按照《中国共产党纪律处分条例》第九十二条的规定,王某"接受可能影响公正执行公务的宴请"。实践中,对于这两个问题都应认定为违反中央八项规定精神。在涉案财物处置上,纪检监察机关根据具体案情,在准确认定王某应负担的公款吃喝费用和接受私营企业主宴请时所对应的餐饮费用的基础上,责令王某退赔公款吃喝的相关费用1000元,收缴王某接受私营企业主宴请的费用1888元;同时,参加公款吃喝的其他5名干部受到了批评教育,并被责令退赔相关费用。上述处理区分了党员领导干部和普通党员干部在违规吃喝问题中的责任大小,对王某作为党员领导干部的处理力度更重,既体现了执纪工作的精准性,又对其他5名干部起到了教育警示作用,取得了较好的执纪效果。

2. 关于违规吃喝问题中的涉案财物处置

涉案财物处置事关案件质量和处理效果,必须严格依规依纪依法作出精准处置。实践中,纪检监察机关在处理违规吃喝问题的涉案财物时,经常会遇到一些更为复杂的情形,应坚持实事求是原则,区分具体情况,作出精准处置。

一是对于"违反有关规定组织、参加用公款支付的宴请"问题,根据《中国共产党纪律处分条例》第一百零三条的规定,对于公款吃喝行为,无论组织者还是参加者,都构成违纪。以本案为例,王某和其他5名干部都被责令退赔了相关费用。实践中,纪检监察机关应根据案件具体情况,全面审查餐饮清单、报销凭证等书证,并结合相关人员的交代,准确认定参加宴请者所应负担的费用,并依规依纪责令其退赔相关费用。需要指出的是,对于《中国共产党纪律处分条例》第一百零三条规定的"用公款购买赠送或者发放礼品、消费卡(券)等"的问题,或者收受公款购买的礼品、消费卡(券)等的问题,经查证属实后,应按规定责令本单位接受礼品、消费卡(券)等的党员干部予以清退或者折价退赔，对于本单位之外的党员干部收受礼品、消费卡(券)等的应按规定予以清退或者收缴。

二是对于“接受可能影响公正执行公务的宴请”问题，如果接受的是公款支付的宴请，依照《中国共产党纪律处分条例》第二十四条第一款关于“一个违纪行为同时触犯本条例两个以上(含两个)条款的，依照处分较重的条款定性处理”的规定，适用《中国共产党纪律处分条例》第一百零三条之规定予以定性处理。如果接受的是私营企业主、下属等管理服务对象个人支付费用的宴请，且能准确认定被审查人所对应的宴请费用，则应依规依纪予以收缴。同时，对于因时间久远、书证缺失或仅有相关人员交代等原因无法准确区分餐饮费用、且被审查人自愿主动上交相关餐饮费用的情形，实践中可按主动登记上交处理。

【相关条款】

《中国共产党纪律处分条例》(2018年8月18日)

第四十条第一款　对于违纪行为所获得的经济利益，应当收缴或者责令退赔。

第九十二条　接受、提供可能影响公正执行公务的宴请或者旅游、健身、娱乐等活动安排，情节较重的，给予警告或者严重警告处分；情节严重的，给予撤销党内职务或者留党察看处分。

第一百零三条　违反有关规定组织、参加用公款支付的宴请、高消费娱乐、健身活动，或者用公款购买赠送或者发放礼品、消费卡(券)等，对直接责任者和领导责任者，情节较轻的，给予警告或者严重警告处分；情节较重的，给予撤销党内职务或者留党察看处分；情节严重的，给予开除党籍处分。

《中华人民共和国公职人员政务处分法》(2020年6月20日)

第二十五条第一款　公职人员违法取得的财物和用于违法行为的本人财物，除依法应当由其他机关没收、追缴或者责令退赔的，由监察机关没收、追缴或者责令退赔；应当退还原所有人或者原持有人的，依法予以退还；属于国家财产或者不应当退还以及无法退还的，上缴国库。

第三十四条第二款　向公职人员及其特定关系人赠送可能影响公正行使公权力的礼品、礼金、有价证券等财物，或者接受、提供可能影响公正行使公权力的宴请、旅游、健身、娱乐等活动安排，情节较重的，予以警告、记过或者记大过；情节严重的，予以降级或者撤职。

第三十五条第（三）项　有下列行为之一，情节较重的，予以警告、记过或者记大过；情节严重的，予以降级或者撤职：

（三）违反规定公款消费的。

张某退休后违规接受宴请案

（2021 年指导性案例第 4 号，总第 4 号）

【关键词】

违反中央八项规定精神；退休后接受宴请；可能影响公正执行公务

【执纪执法要点】

吃喝问题绝非小事小节，而是关系党在人民群众心目中形象的“大政治”，对退休党员干部也不例外。党的十八大以来，各级纪检监察机关重拳出击，“舌尖上的腐败”得到有效遏制。在持续高压态势下，一些党员领导干部在职期间有所收敛，但在退休后又故态复萌，肆无忌惮接受各种宴请，成为“四风”问题隐形变异的新表现。对于此类问题，一些纪检监察机关在定性处理上产生了分歧，有的认为不宜认定为违纪，有的则认为应从严执纪。我们认为，中央八项规定精神是“长期有效的铁规矩”，党员领导干部无论退休与否，都应该严格遵循党规党纪和中央八项规定精神。各级纪检监察机关要从政治上深刻认识违规吃喝问题的危害性，坚持严的主基调，坚决防反弹回潮、防隐形变异、防疲劳厌战，持续释放整治违反中央八项规定精神问题“越往后越严”的强烈信号。

【基本案情及处理结果】

张某，中共党员，某县生态环境局党组成员、副局长，2018 年 10 月退休。2019 年 1 月以来，张某在春节、端午节、中秋节和生日期间，先后 10 余次接受该县私营企业主王某、李某、赵某等人（均系张某任生态环境局党组成员、副局长期间的管理服务对象）安排的宴请，并饮用年份茅台酒等高档酒水，食用高档菜肴。2021年3月，张某受到党内警告处分。

【指导意义】

在本案处理过程中，形成了如下两种不同意见。

第一种意见认为，张某已经退休，不再具有公职人员身份，其接受私营企业主的宴请不属于“接受可能影响公正执行公务的宴请”，不宜认定为违纪。

第二种意见认为，张某虽已退休，但仍具有党员身份，特别是曾经担任过领导职务，在当地仍具有一定的影响力，更应带头严于律己，严格遵守党的纪律和中央八项规定精神。张某的退休时间在党的十九大之后，中央对于严格落实中央八项规定精神、毫不松懈纠治“四风”的要求已经非常明确，但其仍然不知敬畏，多次接受退休前管理服务对象的宴请。为严肃党的纪律，应将张某的上述行为认定为违反中央八项规定精神。同时，鉴于张某已经退休，不再具有公职人员身份，可适用《中国共产党纪律处分条例》第一百一十一条（廉洁纪律兜底条款）之规定予以定性处理。

经分析，我们同意第二种意见。我们在工作中发现，有的党员领导干部在退休后放松了纪律约束，认为一旦不再担任公职，就可以不再遵守党规党纪和法律法规，随心所欲地接受宴请，甚至实施违纪违法行为。对此，纪检监察机关要始终坚持严的主基调，对违反中央八项规定精神问题毫不妥协、露头就打，持续释放“越往后越严”的强烈信号。

此外，我们在工作中还发现，一些党员领导干部在退休后不仅违规接受宴请，还收受退休前管理服务对象的礼品礼金，有的甚至借助于“攒饭局”等方式，利用原职权或者地位形成的便利条件，大搞所谓的“居中协调”，通过其他国家工作人员职务上的行为，为请托人谋取不正当利益，索取或者收受请托人数额较大的财物。对于党员领导干部在退休后违规收受礼品礼金的问题，同样应适用《中国共产党纪律处分条例》第一百一十一条（廉洁纪律兜底条款）之规定予以定性处理，并依规依纪收缴其违纪所得；对于涉嫌受贿犯罪或者利用影响力受贿犯罪的，则应适用《中国共产党纪律处分条例》第二十七条这一纪法衔接条款的规定，依纪依法予以严肃处理。

【相关条款】

《中国共产党纪律处分条例》(2018 年 8 月 18 日)

第二十七条　党组织在纪律审查中发现党员有贪污贿赂、滥用职权、玩忽职守、权力寻租、利益输送、徇私舞弊、浪费国家资财等违反法律涉嫌犯罪行为的，应当给予撤销党内职务、留党察看或者开除党籍处分。

第一百一十一条　有其他违反廉洁纪律规定行为的，应当视具体情节给予警告直至开除党籍处分。

某区纪委监委环保问责简单泛化案[①]

(2021 年指导性案例第 5 号，总第 5 号)

【关键词】

问责简单泛化；规范问责；精准问责

【执纪执法要点】

以习近平同志为核心的党中央将问责作为全面从严治党利器，推动失责必问、问责必严成为常态。《中国共产党纪律处分条例》《中国共产党问责条例》等党内法规对问责的主体、程序、情形等作出了明确规定，党中央印发《中国共产党问责条例》的通知也强调“针对实践中出现的问责不力、泛化简单化等问题，着力提高党的问责工作的政治性、精准性、实效性”。各级纪检监察机关要深刻认识到，能否做到规范精准问责，考验的是政治站位、工作作风和执纪执法能力，体现的是党组织的权威和公信。在开展问责工作时，一定要做到调查取证细之又细、定性处理慎之又慎、自我约束严之又严，

---

① 指导性案例总第 5 号至第 7 号，参见《中央纪委国家监委发布第二批执纪执法指导性案例》，载中央纪委国家监委网，https://www.ccdi.gov.cn/toutiaon/202112/t20211229_160814.html。

防止出现问责不力或者问责泛化、简单化等问题，力求取得问责一个、警醒一片、促进一方工作的良好效果。同时，上级纪检监察机关要加强督促指导，及时纠正问责不精准、处理不平衡等问题，确保问责质效。

【基本案情及处理结果】

2021 年 1 月，某省生态环境保护督察组（以下简称督察组）在 A 市开展环保督察期间，该市 B 区纪委监委根据督察组移交的问题线索，在未按程序报请区委主要负责人批准的情况下，对 A 市生态环境局 B 分局（系 B 区政府组成部门）党组书记、局长张某等人启动问责调查，共处置问题线索 20 批 90 件，问责 88 人次。其中，B 区纪委监委认定，张某对督察组移交、群众反映的 2020 年 5 月以来某企业污水扰民、某餐馆油烟污染、某店铺严重噪声污染等问题整治不力，应负领导责任，决定以谈话方式给予其诫勉问责；A 市生态环境局 B 分局时任党组成员、副局长王某分管上述工作，应负领导责任，在 1 个月内因上述同类事由先后给予其 6 次问责（通报问责 3 次、书面诫勉问责 1 次、党内警告处分 1 次、免职问责 1 次）；对于 2020 年 3 月以来一直在外脱产学习、未实际协管上述工作的三级主任科员郑某、李某和四级主任科员邓某，仅依据各自岗位职责，决定给予该 3 人党内严重警告、政务记大过处分。B 区纪委监委在给予上述人员处理、处分前，未形成事实材料与其见面核对并听取其陈述和申辩。

此后，省委巡视组在有关专项巡视中发现上述问责存在简单泛化，未履行处理、处分所依据的事实材料应当同本人见面的程序等问题，并移交 A 市纪委监委处理。A 市纪委监委按程序核查后，责令 B 区纪委监委及时依规依纪依法予以纠正。

【指导意义】

1. 坚决防止和纠正问责不规范、不精准等问题

本案中，B 区纪委监委对张某、王某、郑某、李某、邓某等人的问责主要存在以下问题：

一是工作程序不规范。一方面是启动问责调查程序不规范，区纪委监委违反《中国共产党问责条例》第九条第一款之规定，在未报请区委主要负责人批准的情况下，即对 A 市生态环境局 B 分局党组书记、局长张某先行启动问责调查。另一方面是处理、处分程序不

规范，区纪委监委在给予相关人员处理、处分前，未履行处理、处分所依据的事实材料同本人见面的程序，违反了《中国共产党章程》第四十三条、《中国共产党问责条例》第十一条第一款、《中国共产党党员权利保障条例》第三十五条第二款、《中国共产党纪律检查机关监督执纪工作规则》第五十一条第一款、《中华人民共和国公职人员政务处分法》第四十三条等规定。

二是责任划分不精准。区纪委监委在认定张某、王某 2 人责任时，笼统定性为“负有领导责任”，未结合各自的岗位职责，准确区分应负主要领导责任还是重要领导责任。

三是问责简单泛化。区纪委监委在 1 个月内对王某进行了 6 次“凑数式”问责，对在污染问题发生前即已在外脱产学习、并未实际协管相关工作的郑某、李某、邓某滥用问责，存在重复问责、简单问责、泛化问责的问题，损害了执纪执法的权威性和严肃性。

2. 进一步推动问责工作规范化、精准化

执纪执法工作中，应当规范精准问责，坚决防止出现以下问责泛化、简单化问题：一是在问责对象上，问下不问上，过多指向基层干部；二是在问责程序上，求快不求准，随意简省调查流程；三是在问责处理上，简单粗暴，搞“一刀切”；四是在问责效果上，只问责不管理，依赖问责推动工作。实践中，有的纪检监察机关机械理解和执行上级督办转办件“快查快处”要求，实施问责时责任不明、轻重不分，没有做到因事、因责而异。各级纪检监察机关要充分认识到，严格依规依纪依法规范精准问责，是推动纪检监察工作高质量发展的应有之义和必然要求。纪检监察机关在开展执纪执法工作时，应当严格执行《中国共产党问责条例》等规定，既要查清具体事实、分清责任、严肃问责；又要区别情况、体现政策，做到规范精准问责。实践中，要把握好以下两个方面的核心要求：

一是要坚持实事求是。必须以事实为依据，以纪法为准绳，不得因上级领导作出指示要求或者上级部门提出处理建议，就不进行审查调查、不尊重客观事实，简单机械地按照上级要求或处理建议进行问责，甚至出现生拉硬拽、刻意拔高等问责不规范、不精准情形。问责决定作出后，发现问责事实认定不清楚、证据不确凿、依据不充分、责任不清晰、程序不合规、处理不恰当，或者存在其他不应当问责、不精准问责情况的，应当及时予以纠正，这也是执纪执法工作坚持实事求是原则的具体体现。本案中，B 区纪委监委在依规依纪依法纠正上述问责简单泛化问题时，对于不应给予党纪、政务处分的人员，按程序作出了撤销处分的决定；对于不应通报问责的，作出了撤销通报问责的决定，并在原来的通报范围内予以纠正和澄清；对于不应予以诫勉问责的，按照原来采取诫勉问责的方式予以纠正（其中，书面诫勉问责的，按程序作出撤销诫勉问责的决定；以谈话方式给予诫勉问责的，也采取了书面方式予以纠正）；对于诫勉问责已通报同级党委组织部门的，在作出撤销诫勉问责决定时及时通报了该组织部门。

二是要准确认定责任。按照“权责一致、错责相当”的原则，依据纪法规定、岗位职责，精准界定哪些人应负责任、应负什么责任，分清主要领导责任和重要领导责任，区分相关责任人任职期间是履职尽责、还是不履职或不正确履职，避免畸轻畸重、尺度不一。对于没有造成恶劣影响或严重后果，未达到问责程度的，可给予提醒、批评教育等处理，不能简单以问责代替管理。

此外，对于受到问责的党员领导干部提出申诉的办理时限问题，我们认为应当从以下两个方面把握：一是对于采取非纪律处分方式实施问责的，作出问责决定的党组织接到书面申诉后，应当在 1 个月内作出申诉处理决定，并以书面形式告知提出申诉的领导干部及其所在党组织等单位；二是对于采取纪律处分方式实施问责的，按照党章和有关党内法规规定的权限、程序执行，即应当按照《中国共产党纪律检查机关监督执纪工作规则》第五十九条等规定，在受理申诉后 3 个月内作出复议复查决定，并告知提出申诉的领导干部及其所在党组织等单位。

【相关条款】

《中国共产党章程》（2017 年 10 月 24 日）

第四十三条　党组织对党员作出处分决定，应当实事求是地查清事实。处分决定所依据的事实材料和处分决定必须同本人见面，听取本人说明情况和申辩。如果本人对处分决定不服，可以提出申诉,有关党组织必须负责处理或者迅速转递,不得扣压。对于确属坚持错误意见和无理要求的人,要给以批评教育。

《中国共产党纪律处分条例》(2018年8月18日)

第三十七条　违纪行为有关责任人员的区分:

(一)直接责任者,是指在其职责范围内,不履行或者不正确履行自己的职责,对造成的损失或者后果起决定性作用的党员或者党员领导干部。

(二)主要领导责任者,是指在其职责范围内,对直接主管的工作不履行或者不正确履行职责,对造成的损失或者后果负直接领导责任的党员领导干部。

(三)重要领导责任者,是指在其职责范围内,对应管的工作或者参与决定的工作不履行或者不正确履行职责,对造成的损失或者后果负次要领导责任的党员领导干部。

本条例所称领导责任者,包括主要领导责任者和重要领导责任者。

《中国共产党问责条例》(2019年8月25日)

第三条　党的问责工作应当坚持以下原则:

(一)依规依纪、实事求是;

(二)失责必问、问责必严;

(三)权责一致、错责相当;

(四)严管和厚爱结合、激励和约束并重;

(五)惩前毖后、治病救人;

(六)集体决定、分清责任。

第六条第一款　问责应当分清责任。党组织领导班子在职责范围内负有全面领导责任,领导班子主要负责人和直接主管的班子成员在职责范围内承担主要领导责任,参与决策和工作的班子成员在职责范围内承担重要领导责任。

第九条第一款　发现有本条例第七条所列问责情形,需要进行问责调查的,有管理权限的党委(党组)、纪委、党的工作机关应当经主要负责人审批,及时启动问责调查程序。其中,纪委、党的工作机关对同级党委直接领导的党组织及其主要负责人启动问责调查,应当报同级党委主要负责人批准。

第十一条第一款　查明调查对象失职失责问题后,调查组应当撰写事实材料,与调查对象见面,听取其陈述和申辩,并记录在案;对合理意见,应当予以采纳。调查对象应当在事实材料上签署意见,对签署不同意见或者拒不签署意见的，调查组应当作出说明或者注明情况。

第十二条　问责决定应当由有管理权限的党组织作出。

对同级党委直接领导的党组织，纪委和党的工作机关报经同级党委或者其主要负责人批准，可以采取检查、通报方式进行问责。采取改组方式问责的，按照党章和有关党内法规规定的权限、程序执行。

对同级党委管理的领导干部，纪委和党的工作机关报经同级党委或者其主要负责人批准，可以采取通报、诫勉方式进行问责；提出组织调整或者组织处理的建议。采取纪律处分方式问责的，按照党章和有关党内法规规定的权限、程序执行。

第二十条　问责对象对问责决定不服的，可以自收到问责决定之日起1个月内，向作出问责决定的党组织提出书面申诉。作出问责决定的党组织接到书面申诉后，应当在1个月内作出申诉处理决定，并以书面形式告知提出申诉的党组织、领导干部及其所在党组织。

申诉期间，不停止问责决定的执行。

第二十一条第一款　问责决定作出后，发现问责事实认定不清楚、证据不确凿、依据不充分、责任不清晰、程序不合规、处理不恰当，或者存在其他不应当问责、不精准问责情况的，应当及时予以纠正。必要时，上级党组织可以直接纠正或者责令作出问责决定的党组织予以纠正。

《中国共产党党员权利保障条例》（2020年12月25日）

第三十五条第二款　处理、处分所依据的事实材料应当同本人见面。处理、处分的决定应当向本人宣布，并写明党员的申诉权以及受理申诉的组织等内容。事实材料和决定应当由本人签署意见，对签署不同意见或者拒不签署意见的，应当作出说明或者注明情况。

《中国共产党纪律检查机关监督执纪工作规则》（2018年12月28日）

第五十一条第一款　查明涉嫌违纪或者职务违法、职务犯罪问题后，审查调查组应当撰写事实材料，与被审查调查人见面，听取意见。被审查调查人应当在事实材料上签署意见，对签署不同意见或者拒不签署意见的，审查调查组应当作出说明或者注明情况。

第五十九条　对不服处分决定的申诉,由批准或者决定处分的党委(党组)或者纪检监察机关受理;需要复议复查的,由纪检监察机关相关负责人批准后受理。

申诉办理部门成立复查组,调阅原案案卷,必要时可以进行取证,经集体研究后,提出办理意见,报纪检监察机关相关负责人批准或者纪委常委会会议研究决定,作出复议复查决定。决定应当告知申诉人,抄送相关单位,并在一定范围内宣布。

坚持复议复查与审查审理分离,原案审查、审理人员不得参与复议复查。

复议复查工作应当在 3 个月内办结。

《中华人民共和国公职人员政务处分法》(2020 年 6 月 20 日)

第四十三条　作出政务处分决定前,监察机关应当将调查认定的违法事实及拟给予政务处分的依据告知被调查人,听取被调查人的陈述和申辩,并对其陈述的事实、理由和证据进行核实,记录在案。被调查人提出的事实、理由和证据成立的,应予采纳。不得因被调查人的申辩而加重政务处分。

第五十五条第二款　监察机关发现本机关或者下级监察机关作出的政务处分决定确有错误的,应当及时予以纠正或者责令下级监察机关及时予以纠正。

崔某骗领财政惠民惠农补贴资金案

(2021 年指导性案例第 6 号,总第 6 号)

【关键词】

群众身边腐败;基层群众性自治组织中从事管理的人员;党纪政务处分匹配

【执纪执法要点】

群众身边腐败和不正之风,严重破坏党和政府在群众心目中的形象,蚕食群众获得感幸福感,侵蚀党心民心。习近平总书记在十九届中央纪委五次全会上明确指出,“要持续整治群众身边腐败和作风问题,让群众在反腐‘拍蝇’中增强获得感”、要“紧盯扶贫环保等领域腐败和不正之风,解决好群众的‘急难愁盼’问题,让人民群众感受到公平正义”。执纪执法工作中,对于基层群众性自治组织中从事管理的人员的贪腐问题,纪检监察机关应严格依规依纪依法予以整治处理,坚决纠正漠视和侵害群众利益的问题,注重党纪和政务处分精准匹配,确保执纪执法综合效果。

【基本案情及处理结果】

崔某,中共党员,某乡某村原党支部书记、村民委员会主任。2019 年 3 月至 2020 年 9 月,崔某在协助县、乡人民政府发放本村财政惠民惠农补贴资金中的退耕还林还草直补退耕农户资金的过程中,以其女儿的名义,弄虚作假,编造退耕还林还草亩数,骗领财政补贴资金 8000 元并据为己有。同时,崔某在担任村党支部书记、村民委员会主任期间,借逢年过节之机,收受 3 名村集体经济合作社成员礼金 1.2 万元。2021 年 6 月,崔某受到撤销党内职务处分,对其违纪违法所得 2 万元予以收缴;建议乡人民政府责令其辞去该村村民委员会主任职务,拒不辞职的,依法罢免其村民委员会主任职务,停止发放其补贴、奖金。2021 年 7 月,崔某辞去了该村村民委员会主任职务。

【指导意义】

1. 准确区分个人贪腐与优亲厚友

本案处理过程中,关于崔某收受 3 名村集体经济合作社成员礼金 1.2 万元的问题,应当依照《中国共产党纪律处分条例》第八十八条第一款和《中华人民共和国公职人员政务处分法》第三十四条第一款之规定予以定性处理,对此没有争议。但对于崔某骗领 8000 元财政补贴资金的问题,则形成了如下两种不同意见:

第一种意见认为,崔某利用协助县、乡人民政府从事相关行政管理工作的职务便利,将其女儿虚报为退耕还林还草补贴对象,非法获取了财政惠民惠农补贴资金,应当认定为在发放财政惠民惠农补贴资金工作中优亲厚友,属于违反群众纪律性质。

第二种意见认为,崔某作为基层群众性自治组织中从事管理的人员,利用其协助县、乡人民政府从事相关行政管理工作的职务便利,以其女儿的名义骗领财政惠民惠农补贴资金并占为己有,该行为的最终受益人是崔某自己。因此，崔某的行为构成贪污，属于职务违法，不属于违反群众纪律性质。

经分析，我们同意第二种意见。一是通常来看，“优亲厚友”主要是指一些从事社会保障、政策扶持、扶贫脱贫、救灾救济款物分配等事项的党员在执行公务过程中，不按照民主决策程序办理，不能正确处理亲属、朋友与群众的关系，厚此薄彼，侵害群众利益；不按照规定标准执行，使不该享受的人员享受了相关的待遇，应该享受的人员享受不到或者比规定的标准享受得低，明显不公平、不公正。从本案来看，崔某骗领财政补贴资金行为“优”“厚”的是自己，也未导致本村应该领取财政资金补贴的人员领取不到或者比规定的标准领取得低，不属于违反群众纪律性质。二是根据2000年4月29日第九届全国人大常委会第十五次会议通过的《关于〈中华人民共和国刑法〉第九十三条第二款的解释》规定，村民委员会等村基层组织人员协助人民政府从事相关行政管理工作时，利用职务上的便利，非法占有公共财物，构成犯罪的，适用刑法第三百八十二条和第三百八十三条。崔某的上述行为虽未达到刑事追诉标准，但本质上属于刑法规定的贪污行为，应当追究其纪律责任和监察责任，按照《中国共产党纪律处分条例》第二十八条和《中华人民共和国公职人员政务处分法》第三十三条第一款第（一）项之规定予以严肃处理。

2. 关于党纪政务处分匹配问题

本案处理过程中，关于对崔某的处分问题，形成了如下两种不同意见：

第一种意见认为，崔某具有党员身份，同时又是基层群众性自治组织中从事管理的人员，其骗领财政惠民惠农补贴资金的行为既涉嫌违反党的纪律又涉嫌职务违法，同时还存在违规收受礼金行为，合并处理应当给予其撤销党内职务、政务记大过处分。

第二种意见认为，结合本案具体情况，应当给予崔某撤销党内职务处分。同时，鉴于《中华人民共和国公职人员政务处分法》第二十二条第一款规定，“基层群众性自治组织中从事管理的人员有违法行为的，监察机关可以予以警告、记过、记大过处分”，未规定可给予降级、撤职、开除处分，因此在给予崔某党纪重处分的同时，无法匹配适用撤职等政务重处分。综合上述情形,可考虑给予崔某撤销党内职务处分;同时建议乡人民政府责令其辞去该村村民委员会主任职务,拒不辞职的,依法罢免其该村村民委员会主任职务。

经分析,我们同意第二种意见。十九届中央纪委五次全会工作报告指出,要持续整治群众身边腐败和不正之风,促进社会公平正义、保障群众合法权益,严肃查处贪污侵占等行为。崔某的行为正是发生在群众身边的贪污侵占腐败行为,本应在给予其党纪重处分的同时,依法给予其撤职等政务重处分。但依照《中华人民共和国公职人员政务处分法》第二十二条规定,对于崔某只能给予警告、记过、记大过等政务轻处分。如按照第一种意见,给予崔某撤销党内职务、政务记大过处分,则会出现党纪重处分匹配政务轻处分的情况,既不符合该违法行为应当给予政务重处分的实际,也影响了执纪执法工作效果。因此,应当在给予崔某撤销党内职务处分的同时,依照《中华人民共和国村民委员会组织法》《农村基层干部廉洁履行职责若干规定(试行)》等规定,建议乡人民政府责令其辞去该村村民委员会主任职务,拒不辞职的,依法予以罢免;同时,由乡人民政府明确其不再享受补贴、奖金,以增强惩戒效果。

实践中,对于具有中共党员身份的公职人员既违纪又违法的行为,在匹配适用党纪、政务处分时,通常按照以下情形把握:

一是应当给予重处分的情形。受到撤销党内职务、留党察看、开除党籍等党纪重处分的,如果仍担任公职,应当依法给予其撤职等政务重处分,即党纪重处分和政务重处分相匹配。对于有严重违法行为的公职人员,依法给予开除处分的,在党纪上应当依纪给予其开除党籍处分。对于严重违反党纪、严重触犯刑律的公职人员,依纪依法给予其开除党籍、开除公职处分,将其涉嫌犯罪问题移送司法机关依法处理。对于基层群众性自治组织中从事管理的人员等不适用政务重处分的公职人员,可不再给予其政务处分,而是依照《中华人民共和国公职人员政务处分法》《农村基层干部廉洁履行职责若干规定(试行)》等规定,作出降低薪酬待遇、调离岗位、解除人事关系或者劳动关系、责令辞职、依法罢免等处理。

二是应当给予轻处分的情形。党纪轻处分是指警告、严重警告，政务轻处分是指警告、记过、记大过、降级。实践中，党纪轻处分和政务轻处分在何种情形下同时适用、何种情形下单独适用，需根据具体案情综合把握。一般而言，在已达到惩戒目的和效果的情况下，在给予党纪轻处分时，可不再同时给予政务轻处分；对于在行政管理工作中发生的违法行为，在给予政务轻处分时，也可不再同时给予党纪轻处分。需要注意的是，如果给予党纪轻处分或政务轻处分的后果存在实质性差异，或者有其他影响案件处理效果的情形，为准确区分责任轻重、体现惩戒效果，可考虑同时给予党纪、政务轻处分。同时适用党纪、政务轻处分的，党内警告处分一般匹配政务记过处分，党内严重警告处分一般匹配政务记大过或者降级处分；但对于本应给予撤销党内职务处分，因本人没有担任党内职务而给予党内严重警告处分的，则应匹配给予其撤职等政务重处分。

3. 关于基层群众性自治组织中从事管理的人员受处分的后续处理问题

我们在工作中发现，对基层群众性自治组织中从事管理的人员的处分，尤其是受到党纪、政务轻处分的，对其职务、利益影响较小，导致违纪违法成本较低，有的人员在受处分后甚至继续违纪违法。目前，《中华人民共和国公职人员政务处分法》《农村基层干部廉洁履行职责若干规定（试行）》等规定对受处分村干部的后续处理规定较为原则，为提升纪律惩戒效果，强化纪律约束，县（市、区、旗）党委、政府应当切实履行主体责任，依照《中华人民共和国公职人员政务处分法》《农村基层干部廉洁履行职责若干规定（试行）》等规定，抓紧建立健全村干部受到党纪政务处分和诫勉等处理后的补贴、奖金减发或者扣发办法，切实提升对村干部的纪律惩戒效果。县（市、区、旗）纪委监委应当协助同级党委做好基层群众性自治组织中从事管理的人员受处分后的相关处理工作，以严肃监督执纪问责，推动全面从严治党不断向基层延伸。比如，山东省日照市莒县纪委监委制定了《关于推行农村干部处分与业绩考核奖励报酬挂钩的办法（试行）》，经报县委同意后，以县委办公室名义印发施行；广东省广州市白云区纪委监委联合区委农村工作办公室和区民政局共同起草了《村社干部处分(处理)决定薪酬执行工作指引》并报经区委同意后，以区委农村工作办公室名义印发施行，这些地方的实践探索可供各地参考借鉴。

【相关条款】

《中国共产党纪律处分条例》(2018年8月18日)

第十一条第一款　撤销党内职务处分，是指撤销受处分党员由党内选举或者组织任命的党内职务。对于在党内担任两个以上职务的，党组织在作处分决定时，应当明确是撤销其一切职务还是一个或者几个职务。如果决定撤销其一个职务，必须撤销其担任的最高职务。如果决定撤销其两个以上职务，则必须从其担任的最高职务开始依次撤销。对于在党外组织担任职务的，应当建议党外组织依照规定作出相应处理。

第二十八条　党组织在纪律审查中发现党员有刑法规定的行为，虽不构成犯罪但须追究党纪责任的，或者有其他违法行为，损害党、国家和人民利益的，应当视具体情节给予警告直至开除党籍处分。

第四十条第一款　对于违纪行为所获得的经济利益，应当收缴或者责令退赔。

第八十八条第一款　收受可能影响公正执行公务的礼品、礼金、消费卡和有价证券、股权、其他金融产品等财物，情节较轻的，给予警告或者严重警告处分；情节较重的，给予撤销党内职务或者留党察看处分；情节严重的，给予开除党籍处分。

第一百一十四条　在社会保障、政策扶持、扶贫脱贫、救灾救济款物分配等事项中优亲厚友、明显有失公平的，给予警告或者严重警告处分；情节较重的，给予撤销党内职务或者留党察看处分；情节严重的，给予开除党籍处分。

《中华人民共和国监察法》(2018年3月20日)

第十五条第(五)项　监察机关对下列公职人员和有关人员进行监察：

(五)基层群众性自治组织中从事管理的人员。

《中华人民共和国公职人员政务处分法》(2020年6月20日)

第二十二条　基层群众性自治组织中从事管理的人员有违法行为的，监察机关可以予以警告、记过、记大过。

基层群众性自治组织中从事管理的人员受到政务处分的，应当由县级或者乡镇人民政府根据具体情况减发或者扣发补贴、奖金。

第二十三条 《中华人民共和国监察法》第十五条第六项规定的人员有违法行为的，监察机关可以予以警告、记过、记大过。情节严重的，由所在单位直接给予或者监察机关建议有关机关、单位给予降低薪酬待遇、调离岗位、解除人事关系或者劳动关系等处理。

《中华人民共和国监察法》第十五条第二项规定的人员，未担任公务员、参照《中华人民共和国公务员法》管理的人员、事业单位工作人员或者国有企业人员职务的，对其违法行为依照前款规定处理。

第二十五条第一款 公职人员违法取得的财物和用于违法行为的本人财物，除依法应当由其他机关没收、追缴或者责令退赔的，由监察机关没收、追缴或者责令退赔；应当退还原所有人或者原持有人的，依法予以退还；属于国家财产或者不应当退还以及无法退还的，上缴国库。

第三十三条第一款第（一）项 有下列行为之一的，予以警告、记过或者记大过；情节较重的，予以降级或者撤职；情节严重的，予以开除：

（一）贪污贿赂的。

第三十四条第一款 收受可能影响公正行使公权力的礼品、礼金、有价证券等财物的，予以警告、记过或者记大过；情节较重的，予以降级或者撤职；情节严重的，予以开除。

《农村基层干部廉洁履行职责若干规定（试行）》（2019 年 4 月 4 日修订）

第二十一条 村党组织领导班子成员有违反本规定第二章所列行为的，视情节轻重，由有关机关、部门依照职责权限给予警示谈话、责令公开检讨、通报批评、停职检查、责令辞职、免职等处理。

应当追究党纪责任的，依照《中国共产党纪律处分条例》给予相应的党纪处分。

涉嫌犯罪的，移送司法机关依法处理。

第二十二条 村民委员会成员有违反本规定第二章所列行为的，视情节轻重，由有关机关、部门依照职责权限给予警示谈话、责令公开检讨、通报批评、取消当选资格等处理或者责令其辞职，拒不辞职的，依照《中华人民共和国村民委员会组织法》的规定予以罢免。

对其中的党员，应当追究党纪责任的，依照《中国共产党纪律处分条例》给予相应的党纪处分。

涉嫌犯罪的，移送司法机关依法处理。

第二十三条　农村基层干部违反本规定获取的不正当经济利益，应当依法予以没收、追缴或者责令退赔；给国家、集体或者村民造成损失的，应当依照有关规定承担赔偿责任。

第二十四条　村党组织领导班子成员和村民委员会成员受到本规定第二十一条、第二十二条处理的，由县(市、区、旗)或者乡镇党委和政府按照规定减发或者扣发绩效补贴(工资)、奖金。

沈某公车私用、私车公养案

(2021年指导性案例第7号，总第7号)

【关键词】

公车私用；私车公养；贪污侵占

【执纪执法要点】

随着公车改革的深入推进，各地公车管理制度不断规范，“公车私用”问题得到了有力遏制，但“私车公养”问题开始抬头。“私车公养”问题通常涉案金额不大，但本质是化公为私、贪污侵占的腐败问题，与“公车私用”不同，已经由风变腐。执纪执法工作中，纪检监察机关一方面要坚持严的主基调，对此类问题作出准确认定和严肃处理，以杜绝“车轮上的腐败”，另一方面也要坚持实事求是，对实践中的不同情况认真加以区分，作出精准处置。

【基本案情及处理结果】

沈某，中共党员，某市委组织部常务副部长(正县级)。2018年12月至2020年8月，沈某在已领取公务交通补贴的情况下，先后多次要求司机驾驶公车接送其打网球、接送其在外省上大学的女儿往返学校与家中等。2020年1月至2021年3月，沈某利用单位公务加油卡未绑定公车的漏洞，借驾驶公车开展公务之机，多次使用公务加油卡为其2辆私车加油，累计花费5500元。2021年8月，沈某受到党内严重警告和政务降级处分，违纪违法所得5500元予以追缴并返还该市委组织部；同时，给予其调整职务处理。

【指导意义】

1. 准确把握“私车公养”问题的性质认定及处理

实践中，“私车公养”问题存在多种表现形式，如“私油公供”“私车公修”“私票公报”等，每种表现形式又分化出多种不同的违纪违法手段。如“私油公供”可表现为利用管理和使用公车的职务便利，使用公务加油卡为本人的私车加油，或者加完油后以公车的名义在本单位报销，也可表现为将本人使用私车所产生的油费交由下属单位支付、报销等。

“公车私用”违反了中央八项规定精神，应当依照《中国共产党纪律处分条例》第一百零七条和《中华人民共和国公职人员政务处分法》第三十五条第（二）项规定予以处理。“私车公养”行为本质上已不属于作风问题，而是将公款据为己有的贪污侵占、化公为私的腐败行为。对于“私车公养”所涉金额尚未达到刑事追诉标准的，应当依照《中国共产党纪律处分条例》第二十八条、《中华人民共和国公职人员政务处分法》第三十三条第一款第（一）项之规定，追究其纪律责任和监察责任；所涉金额已达到刑事追诉标准，涉嫌职务犯罪的，在依照《中国共产党纪律处分条例》第二十七条、《中华人民共和国公职人员政务处分法》第三十三条第一款第（一）项之规定追究其纪律责任和监察责任的同时，还应当移送司法机关追究其刑事责任。

2. 精准甄别“私车公养”问题

“私车公养”行为构成违纪违法甚至涉嫌职务犯罪，但实践中还存在一些看似“私车公养”行为，却不宜按违纪违法行为认定的情形。比如，在一些边远地区或者交通不便地区，所在单位根据公务出行距离等因素核定了公务交通补贴标准，使用私车执行公务的可按标准用公务加油卡加油；又如，县乡基层工作人员虽按规定领取了公务交通补贴，但因下村入户等超出了保障范围，相关单位可以根据规定对公务交通补贴标准进行适度调整，或者按程序制定公务交通补贴标准并按标准予以计发；再如，对一些重大抢险救灾、事故处理或者突发事件处置等不可预测的特殊事项,临时使用私车开展公务活动,在此过程中产生的用车费用、损耗甚至损毁,可根据相关应急预案,给予适当补偿补助等。

此外,各级党组织要切实履行主体责任,按照中共中央办公厅、国务院办公厅《关于全面推进公务用车制度改革的指导意见》(中办发〔2014〕40号)和中央公车改革领导小组办公室《关于完善配套政策持续巩固公车改革成果的通知》(发改电〔2016〕757号)等规定,从实际出发及时解决公车改革中的新情况新问题,有序衔接公务交通补贴等相关政策,主动探索采取多种方式保障公务出行,尤其是县乡基层工作人员的公务出行。比如,支持地方提高公务交通补贴统筹比例,且统筹比例可考虑不设上限,重点保障出行任务重的岗位和人员;在交通不便地区制定相关管理办法,采取按距离远近按次包干发放交通费,等等。同时,各级纪检监察机关应当以强有力的监督措施作为保障,在切实保障公务出行的前提下,避免出现以交通费补助名义变相发放福利等问题。

3. 充分发挥组织处理作用

组织处理是教育干部、管理干部的必备手段,是全面从严治党的重要措施。纪检监察机关在执纪执法工作中,认为被审查调查人不宜担任现职或者有必要先行给予组织处理的,应当按照《中国共产党组织处理规定(试行)》第六条之规定给予其相应组织处理。本案中,沈某作为组工干部,其素质品质直接关系到干部选拔任用工作能否做到公道正派。因此,从加强组工干部建设的角度出发,对沈某同时作出调整职务的组织处理,以充分发挥警示作用,强化组工干部政治纪律和政治规矩教育,确保组工干部在政治上绝对可靠、对党绝对忠诚,进一步涵养政治生态。

【相关条款】

《中国共产党纪律处分条例》(2018年8月18日)

第二十七条　党组织在纪律审查中发现党员有贪污贿赂、滥用职权、玩忽职守、权力寻租、利益输送、徇私舞弊、浪费国家资财等违反法律涉嫌犯罪行为的,应当给予撤销党内职务、留党察看或者开除党籍处分。

第二十八条　党组织在纪律审查中发现党员有刑法规定的行为,虽不构成犯罪但须追究党纪责任的,或者有其他违法行为,损害党、国家和人民利益的，应当视具体情节给予警告直至开除党籍处分。

第一百零七条　违反有关规定配备、购买、更换、装饰、使用公务交通工具或者有其他违反公务交通工具管理规定的行为，对直接责任者和领导责任者，情节较重的，给予警告或者严重警告处分；情节严重的，给予撤销党内职务或者留党察看处分。

《中华人民共和国公职人员政务处分法》(2020年6月20日)

第三十三条第一款第(一)项　有下列行为之一的，予以警告、记过或者记大过；情节较重的，予以降级或者撤职；情节严重的，予以开除：

(一)贪污贿赂的。

第三十五条第(二)项　有下列行为之一，情节较重的，予以警告、记过或者记大过；情节严重的，予以降级或者撤职：

(二)违反规定，在公务接待、公务交通、会议活动、办公用房以及其他工作生活保障等方面超标准、超范围的。

《中国共产党组织工作条例》(2021年5月22日)

第四十一条　组织部门应当强化政治机关意识，带头发扬党的光荣传统和优良作风，带头增强"四个意识"、坚定"四个自信"、做到"两个维护"，坚持以党的政治建设为统领，深入推进从严治部、从严律己、从严带队伍，努力建设讲政治、重公道、业务精、作风好的模范部门，让党中央放心、让党员干部人才信赖、让人民群众满意。

加强组工干部队伍建设，强化政治纪律和政治规矩教育，严守组织人事纪律和保密纪律，坚持清正廉洁，着力提升专业化能力，确保政治上绝对可靠、对党绝对忠诚。

《中国共产党组织处理规定(试行)》(2021年3月19日)

第六条　党委(党组)及其组织(人事)部门按照干部管理权限履行组织处理职责。

有关机关、单位在执纪执法、日常管理监督等工作中发现领导干部存在需要进行组织处理的情形，应当向党委(党组)报告，或者向组织(人事)部门提出建议。

第七条第(十五)(十七)项　领导干部在政治表现、履行职责、工作作风、遵守组织制度、道德品行等方面，有苗头性、倾向性或者轻微问题，以批评教育、责令检查、诫勉为主，存在以下情形之一且问题严重的，应当受到组织处理：

（十五）违反中央八项规定精神、廉洁从政有关规定的；

（十七）其他应当受到组织处理的情形。

第八条　组织处理可以单独使用，也可以和党纪政务处分合并使用。

《组工干部“十严禁”纪律要求》（2008年8月22日）

八、严禁利用职务之便为本人、亲友或特定关系人谋取特殊照顾或私利。

组工干部有违反上述纪律要求的，情节较轻的进行批评教育或诫勉谈话；情节较重的要调离组织部门并依照有关规定给予党纪政纪处分。

姚某使用“空白公函”报销案①

（2022年指导性案例第1号，总第8号）

【关键词】

违反中央八项规定精神；“空白公函”；“吃公函”；由风变腐；贪污侵占

【执纪执法要点】

党的十八大以来，以习近平同志为核心的党中央推进全面从严治党从落实中央八项规定精神破题，党风政风为之焕然一新。纪检监察机关紧盯公款吃喝等突出问题，“舌尖上的腐败”得到有效整肃，但使用“空白公函”“虚假公函”搞违规吃喝，以及“一函多吃”等隐形变异问题开始抬头。使用“空白公函”报销个人费用的行为，本质上是化公为私、贪污侵占的腐败问题，已经由风变腐，必须下大气力予以整治。十九届中央纪委

① 指导性案例总第8号至第11号，参见《中央纪委国家监委发布第三批执纪执法指导性案例》，载中央纪委国家监委网，https://www.ccdi.gov.cn/toutiaon/202206/t20220629_201943.html。

六次全会指出，要持续加固中央八项规定堤坝，严肃整治公务接待中“吃公函”问题。纪检监察机关要自觉做到从政治上看、从政治上抓，深刻认识到不正之风和腐败问题互为表里、同根同源，不正之风滋生掩藏腐败，腐败行为助长加剧不正之风、甚至催生新的作风问题，坚持正风肃纪不可分割，坚持严的主基调不动摇，以反复抓、抓反复的坚韧和执着，切实做到匡正风气、严肃党纪。

【基本案情及处理结果】

姚某，中共党员，A 省 B 市文化市场综合执法支队党总支书记、支队长。2020 年 12 月至 2021 年 3 月，姚某等人 5 次参加该支队组织的超标准公务接待，饮用高档酒水，且每次公务接待均提供高档香烟，共计超标准支出 25590 元。事后，为处理超标准公务接待费用，经姚某同意，该支队向外单位索要多份“空白公函”，虚构接待事项，将上述费用 25590 元在本单位报销。2021 年 7 月，姚某使用“空白公函”虚列接待事由和人数，将其私人用餐费用共计 4327 元在本单位报销。2022 年 4 月，姚某受到党内严重警告、政务记大过处分，违纪违法所得 4327 元予以责令退赔。同时，责令提供和接受超标准公务接待的姚某等人，按照各自应承担的份额，分别退赔违纪所得共计 25590 元。

【指导意义】

1. 准确认定使用“空白公函”报销个人费用的问题性质

本案处理过程中，关于姚某多次参加超标准公务接待活动、同意使用“空白公函”报销超标准公务接待费用的问题，应当依照《中国共产党纪律处分条例》第一百零六条规定予以定性处理。但对于姚某使用“空白公函”报销个人费用的问题，则形成了如下两种不同意见：

第一种意见认为，姚某用公款支付应由本人承担的费用，应当认定为违反中央八项规定精神，依照《中国共产党纪律处分条例》第一百一十一条规定予以处理。

第二种意见认为，姚某作为本单位主要负责人，利用职务上的便利非法占有公共财物，已经构成贪污，属于职务违法，不应认定为违反中央八项规定精神。

经分析，我们同意第二种意见。姚某作为本单位主要负责人，明知私人用餐费用应由个人承担，仍以非法占有公共财物为目的，利用其担任“一把手”职务上的便利，使用“空白公函”在本单位报销私人用餐费用4327元。姚某的上述行为，不仅侵害了公共财物所有权，也侵害了公职人员的职务廉洁性，其行为本质是化公为私、贪污侵占的腐败问题，已经由风变腐，应予严肃处理。鉴于其贪腐行为尚未达到刑事追诉标准，应当依照《中国共产党纪律处分条例》第二十八条、《中华人民共和国公职人员政务处分法》第三十三条第一款第(一)项规定，追究其纪律责任和监察责任。

2. 精准把握“吃公函”问题的主要表现和定性处理

《党政机关厉行节约反对浪费条例》明确规定，对无公函的公务活动不予接待。《党政机关国内公务接待管理规定》明确要求，确因工作需要，接待单位可以安排工作餐一次，并严格控制陪餐人数；接待费报销凭证应当包括财务票据、派出单位公函和接待清单。根据上述规定，“无函不接待”“无函不报销”成为公务接待中的“硬杠杠”。但与此同时，个别党员干部也动起了利用公函“做文章”、搞违规吃喝的“歪心思”。实践中，对于公务接待中“吃公函”问题的定性处理，通常按照以下情形把握：

一是无公函接待，即接待单位对未出具公函的公务活动来访人员予以接待，并使用公款支付接待费用。此类问题违反了《党政机关厉行节约反对浪费条例》第二十条和《党政机关国内公务接待管理规定》第七条第一款关于“无函不接待”的明确规定，属于违反中央八项规定精神，应当依照《中国共产党纪律处分条例》第一百零六条规定予以定性处理，并对所涉及费用予以责令退赔。

二是“一函多吃”，即同一接待单位对出具一份公函的公务活动来访人员，安排多次工作餐。此类问题钻了公务接待活动的“漏洞”，属于违反中央八项规定精神，应当依照《中国共产党纪律处分条例》第一百零六条规定予以定性处理。其中，所涉及的费用除正常接待费用外，其余部分均属于违纪所得，应当责令退赔。

三是通过使用“空白公函”等方式，套取资金违规发放津贴补贴，解决违规接待、公款旅游等费用。一方面，套取资金行为本身违反了《中华人民共和国会计法》《财政违法行为处罚处分条例》等法律法规；另一方面，套取资金用于违规发放津贴补贴,解决违规接待、公款旅游等费用的行为也违反了《党政机关厉行节约反对浪费条例》等规定。鉴于上述两类行为之间具有牵连关系,套取资金的目的是为了解决违规发放津贴补贴、违规接待、公款旅游等违纪行为的费用,执纪执法实践中通常“择一重处理”,即按照套取资金后的违纪行为性质,分别适用《中国共产党纪律处分条例》第一百零四条、第一百零五条、第一百零六条等规定予以定性处理。需要指出的是,套取资金后拟用于违规发放津贴补贴、违规接待、公款旅游等违纪行为,但尚未实施即被查处的,因后续的违纪行为并未实际发生,但套取资金行为本身即已违反法律法规规定,按照“择一重处理”原则,可以依照《中国共产党纪律处分条例》第二十八条纪法衔接条款追究纪律责任。对于此类问题中套取的资金,根据是否实际用于违纪行为,相应予以责令退赔或者纠正。

上述3种情形中,需要追究有关人员监察责任的,还应当依照《中华人民共和国公职人员政务处分法》第三十五条规定作出处理。实际套取资金后拟用于违纪违法活动但尚未实施的,可以依照《中华人民共和国公职人员政务处分法》第四十一条规定作出处理。

此外,实践中还发现,有的单位因业务经费紧张等原因,存在利用“空白公函”套取资金用于正常公务支出的情形。我们认为,此类行为看似“情有可原”,但依照《中华人民共和国会计法》第九条等规定,实则是违反了财务管理规定,属于违反国家法律法规,可以依照《中国共产党纪律处分条例》第二十八条纪法衔接条款追究纪律责任。需要追究监察责任的,相应依照《中华人民共和国公职人员政务处分法》第四十一条规定作出处理。

3. 严肃追究“吃公函”问题中其他责任人员的纪律责任和监察责任

在“吃公函”问题中,除了违规提供公务接待的责任人员外,还包括被接待方、违规提供“空白公函”等相关责任人。对于这些责任人员,应当根据其具体行为,准确认定性质和责任,予以恰当处理。

一是对接受无公函接待或者超标准、超范围接待的人员,应当认定为违反中央八项规定精神,依照《中国共产党纪律处分条例》第一百零六条规定予以处理,并责令其按照应当承担的份额退赔违纪款。需要追究监察责任的，相应依照《中华人民共和国公职人员政务处分法》第三十五条第（二）项规定作出处理。

二是对违规向其他单位提供“空白公函”的人员，应当区分直接责任者和领导责任者，视具体情节轻重，认定为违反工作纪律，依照《中国共产党纪律处分条例》第一百三十三条规定追究纪律责任。需要追究监察责任的，相应依照《中华人民共和国公职人员政务处分法》第三十九条第（四）项规定作出处理。

【相关条款】

《财政违法行为处罚处分条例》（2011年1月8日修订）

第六条　国家机关及其工作人员有下列违反规定使用、骗取财政资金的行为之一的，责令改正，调整有关会计账目，追回有关财政资金，限期退还违法所得。对单位给予警告或者通报批评。对直接负责的主管人员和其他直接责任人员给予记大过处分；情节较重的，给予降级或者撤职处分；情节严重的，给予开除处分：

（一）以虚报、冒领等手段骗取财政资金；

（二）截留、挪用财政资金；

（三）滞留应当下拨的财政资金；

（四）违反规定扩大开支范围，提高开支标准；

（五）其他违反规定使用、骗取财政资金的行为。

《党政机关厉行节约反对浪费条例》（2013年11月18日）

第二十条　党政机关应当建立公务接待审批控制制度，对无公函的公务活动不予接待，严禁将非公务活动纳入接待范围。

第五十八条第（四）（五）项

有下列情形之一的，追究相关人员的责任：

（四）违反管理规定超标准或者以虚假事项开支的；

（五）利用职务便利假公济私的；

第六十条　违反本条例规定造成浪费的，根据情节轻重，由有关部门依照职责权限给予批评教育、责令作出检查、诫勉谈话、通报批评或者调离岗位、责令辞职、免职、降职等处理。

应当追究党纪政纪责任的，依照《中国共产党纪律处分条例》、《行政机关公务员处分条例》等有关规定给予相应的党纪政纪处分。

涉嫌违法犯罪的,依法追究法律责任。

第六十一条 违反本条例规定获得的经济利益,应当予以收缴或者纠正。

违反本条例规定,用公款支付、报销应由个人支付的费用,应当责令退赔。

《党政机关国内公务接待管理规定》(2013 年 12 月 1 日)

第五条第二款 公务外出确需接待的,派出单位应当向接待单位发出公函,告知内容、行程和人员。

第七条第一款 接待单位应当根据规定的接待范围,严格接待审批控制,对能够合并的公务接待统筹安排。无公函的公务活动和来访人员一律不予接待。

第十条第一款 接待对象应当按照规定标准自行用餐。确因工作需要,接待单位可以安排工作餐一次,并严格控制陪餐人数。接待对象在 10 人以内的,陪餐人数不得超过 3 人;超过 10 人的,不得超过接待对象人数的三分之一。

第十四条 接待费报销凭证应当包括财务票据、派出单位公函和接待清单。

接待费资金支付应当严格按照国库集中支付制度和公务卡管理有关规定执行。具备条件的地方应当采用银行转账或者公务卡方式结算,不得以现金方式支付。

《中华人民共和国会计法》(2017 年 11 月 4 日修正)

第九条 各单位必须根据实际发生的经济业务事项进行会计核算,填制会计凭证,登记会计帐簿,编制财务会计报告。

任何单位不得以虚假的经济业务事项或者资料进行会计核算。

《中国共产党纪律处分条例》(2018 年 8 月 18 日)

第二十八条 党组织在纪律审查中发现党员有刑法规定的行为,虽不构成犯罪但须追究党纪责任的,或者有其他违法行为,损害党、国家和人民利益的,应当视具体情节给予警告直至开除党籍处分。

第四十条第一款 对于违纪行为所获得的经济利益,应当收缴或者责令退赔。

第一百零四条 违反有关规定自定薪酬或者滥发津贴、补贴、奖金等,对直接责任者和领导责任者,情节较轻的,给予警告或者严重警告处分;情节较重的,给予撤销党内职务或者留党察看处分;情节严重的，给予开除党籍处分。

第一百零五条　有下列行为之一，对直接责任者和领导责任者，情节较轻的，给予警告或者严重警告处分；情节较重的，给予撤销党内职务或者留党察看处分；情节严重的，给予开除党籍处分：

（一）公款旅游或者以学习培训、考察调研、职工疗养等为名变相公款旅游的；

（二）改变公务行程，借机旅游的；

（三）参加所管理企业、下属单位组织的考察活动，借机旅游的。

以考察、学习、培训、研讨、招商、参展等名义变相用公款出国（境）旅游的，依照前款规定处理。

第一百零六条　违反公务接待管理规定，超标准、超范围接待或者借机大吃大喝，对直接责任者和领导责任者，情节较重的，给予警告或者严重警告处分；情节严重的，给予撤销党内职务处分。

第一百一十一条　有其他违反廉洁纪律规定行为的，应当视具体情节给予警告直至开除党籍处分。

第一百三十三条　在党的纪律检查、组织、宣传、统一战线工作以及机关工作等其他工作中，不履行或者不正确履行职责，造成损失或者不良影响的，应当视具体情节给予警告直至开除党籍处分。

《中华人民共和国公职人员政务处分法》（2020 年 6 月 20 日）

第二十五条第一款　公职人员违法取得的财物和用于违法行为的本人财物，除依法应当由其他机关没收、追缴或者责令退赔的，由监察机关没收、追缴或者责令退赔；应当退还原所有人或者原持有人的，依法予以退还；属于国家财产或者不应当退还以及无法退还的，上缴国库。

第三十三条第一款第（一）项　有下列行为之一的，予以警告、记过或者记大过；情节较重的，予以降级或者撤职；情节严重的，予以开除：

（一）贪污贿赂的；

第三十五条　有下列行为之一，情节较重的，予以警告、记过或者记大过；情节严重的，予以降级或者撤职：

（一）违反规定设定、发放薪酬或者津贴、补贴、奖金的；

（二）违反规定，在公务接待、公务交通、会议活动、办公用房以及其他工作生活保障等方面超标准、超范围的；

（三）违反规定公款消费的。

第三十九条第（四）项　有下列行为之一，造成不良后果或者影响的，予以警告、记过或者记大过；情节较重的，予以降级或者撤职；情节严重的，予以开除：

（四）工作中有弄虚作假，误导、欺骗行为的；

第四十一条　公职人员有其他违法行为，影响公职人员形象，损害国家和人民利益的，可以根据情节轻重给予相应政务处分。

吴某违规摊派案

（2022 年指导性案例第 2 号，总第 9 号）

【关键词】

群众身边腐败和不正之风；摊派；接受“捐赠”

【执纪执法要点】

基层“微腐败”发生在群众身边，群众所受侵害最直接，反映也最强烈。随着党风廉政建设和反腐败斗争的持续深入推进，群众身边腐败和不正之风得到有效遏制，但滋生“微腐败”的土壤尚未彻底铲除，损害群众利益问题仍时有发生。十九届中央纪委六次全会强调，要把严的主基调长期坚持下去，把解决群众身边腐败和不正之风摆在更加突出位置。纪检监察机关在执纪执法工作中，要顺应群众所思所盼，聚焦群众所急所忧，持续整治乱收费、乱罚款、乱摊派等与民争利、扰民渔利、侵害企业合法权益的突出问题，以实际行动维护群众利益，增强人民群众的获得感、幸福感、安全感，让人民群众感受到正风肃纪反腐就在身边。

【基本案情及处理结果】

吴某，中共党员，某乡党委副书记、乡长。2015 年至 2020 年 8 月，吴某以支持乡政府开展工作为由，多次要求辖区内的多家私营企业、个体工商户出资购买桌椅、打印机等办公用品，“捐赠”给乡政府使用，折合共计 22.4 万元。2021 年 8 月，吴某受到党内严重警告、政务降级处分。

【指导意义】

1. 准确认定违规摊派行为

本案处理过程中，关于吴某要求私营企业、个体工商户“捐赠”办公用品的问题，形成了如下两种不同意见：

第一种意见认为，吴某为解决乡政府办公经费不足问题，以支持乡政府开展工作为由，收受辖区内管理服务对象的财物，存在影响公正执行公务的可能性，应当认定为违规受礼，属于违反廉洁纪律。

第二种意见认为，吴某作为乡政府主要负责人，要求辖区内私营企业、个体工商户向乡政府“捐赠”办公用品，增加了群众负担，应当认定为违规摊派，属于违反群众纪律，吴某对此负有直接责任。

经分析，我们同意第二种意见。一是通常来看，无论是收受可能影响公正执行公务的礼品、礼金，还是收受其他明显超出正常礼尚往来的财物，违规受礼者一般都实际占有有关财物，具有个人占有的主观故意。但从本案来看，吴某要求有关私营企业、个体工商户帮助解决办公用品，有关物品亦实际用于单位办公，吴某既不具备个人占有的故意，事实上也未将有关财物据为己有，因此不宜认定吴某违规受礼。二是《中共中央、国务院关于坚决制止乱收费、乱罚款和各种摊派的决定》明确规定，“在国家法律、法规和有关规定之外，要求有关单位或个人无偿地、非自愿地提供财力、物力和人力的行为都是摊派，一律予以禁止”，并强调“不得以赞助、捐赠等为名变相向行政事业单位、企业和个人摊派”；《中共中央、国务院关于治理向企业乱收费、乱罚款和各种摊派等问题的决定》再次重申，“严禁向企业摊派、索要赞助和无偿占用企业的人财物”。本案中，吴某作为乡政府主要负责人，以支持乡政府开展工作为由，要求辖区内多家私营企业、个体工商户“捐赠”办公用品，其行为本质上是将服务群众的义务当作管理群众的特权，将本应由单位承担的费用转移到群众身上，增加了群众负担。吴某的违规摊派行为损害了群众利益，败坏了党和政府的形象，侵蚀了党的执政基础，属于违反群众纪律，应当依照《中国共产党纪律处分条例》第一百一十二条第一款第（六）项和《中华人民共和国公职人员政务处分法》第三十八条第一款第（一）项等规定予以严肃处理。同时，对于违规摊派获取的财物，应由乡政府按原价退赔有关私营企业、个体工商户。

2. 关于违规摊派与接受自愿捐赠的区别

对于以所谓“公事”为由，要求有关私营企业、个体工商户“捐赠”财物的问题，应当透过现象看本质，准确区分违规摊派和接受自愿捐赠，作出精准认定和恰当处置。纪检监察机关在执纪执法过程中，应当充分收集证据材料，综合考虑财物提供者的行为是否主动、意愿是否真实，分析研判涉案财物是否系自愿捐赠。一般而言，被摊派者付出财物时是被动的，且往往对此心怀抵触，属于无奈之举；捐赠人则是出于自身的真实意愿，自愿处置财物。

本案中，吴某先行提出了帮助乡政府购置办公用品的要求，有关私营企业和个体工商户只是被动接受要求，不具有捐赠的主动性。同时，鉴于乡政府对辖区内的私营企业、个体工商户具有行政管理职权，有关私营企业、个体工商户出于现实顾虑，难以拒绝吴某提出的摊派要求，所谓“捐赠”并不真实，关于这一点也有有关私营企业负责人、个体工商户的证言予以印证。据此可以认定，乡政府并非接受自愿捐赠，而是违规摊派，应当追究直接责任人吴某的纪律责任和监察责任。

实践中，纪检监察机关要提高精准执纪执法的能力和水平，根据具体案情作出综合研判和恰当处置，依规依纪依法惩治以接受捐赠为名、行违规摊派之实的违纪违法行为，驰而不息纠治群众身边腐败和不正之风。

【相关条款】

《中共中央、国务院关于坚决制止乱收费、乱罚款和各种摊派的决定》(1990年9月16日)

四、坚决禁止各种形式的摊派。国务院一九八八年四月发布的《禁止向企业摊派暂行条例》和一九九〇年二月发出的《关于切实减轻农民负担的通知》，各地区、各部门都要认真执行。党中央、国务院重申：在国家法律、法规和有关规定之外，要求有关单位或个人无偿地、非自愿地提供财力、物力和人力的行为都是摊派，一律予以禁止。任何地方、部门和单位都不准收取上述文件所禁止的费用，不得以赞助、捐赠等为名变相向行政事业单位、企业和个人摊派。企业自愿赞助、捐赠的，只准从企业留利中开支，不得计入成本。刊登广告和订阅报刊杂志，必须坚持自愿的原则，不得用行政手段强行摊派。

《中共中央、国务院关于治理向企业乱收费、乱罚款和各种摊派等问题的决定》（1997 年 7 月 7 日）

五、严格执行国家规定，坚决做到令行禁止。严禁擅自设立行政事业性收费、罚款、集资、基金项目；严禁擅自提高收取标准，扩大收取范围；严禁向企业摊派、索要赞助和无偿占用企业的人财物；严禁向企业强买强卖，强制企业接受指定服务，从中牟利；严禁在公务活动中通过中介组织对企业进行收费；严禁将应由企业自愿接受的咨询、信息、检测、商业保险等服务变为强制性服务，强行收费；严禁强制企业参加不必要的会议、培训、学术研讨、技术考核、检查评比和学会、协会、研究会等；严禁强行向企业拉广告，强制企业订购书报刊物、音像制品等；严禁机关、事业单位及其工作人员到企业报销各种费用。

《中国共产党纪律处分条例》（2018 年 8 月 18 日）

第八十八条第一款　收受可能影响公正执行公务的礼品、礼金、消费卡和有价证券、股权、其他金融产品等财物，情节较轻的，给予警告或者严重警告处分；情节较重的，给予撤销党内职务或者留党察看处分；情节严重的，给予开除党籍处分。

第一百一十二条第一款　有下列行为之一，对直接责任者和领导责任者，情节较轻的，给予警告或者严重警告处分；情节较重的，给予撤销党内职务或者留党察看处分；情节严重的，给予开除党籍处分：

（一）超标准、超范围向群众筹资筹劳、摊派费用，加重群众负担的；

（二）违反有关规定扣留、收缴群众款物或者处罚群众的；

（三）克扣群众财物，或者违反有关规定拖欠群众钱款的；

（四）在管理、服务活动中违反有关规定收取费用的；

（五）在办理涉及群众事务时刁难群众、吃拿卡要的；

（六）有其他侵害群众利益行为的。

《中华人民共和国公职人员政务处分法》（2020 年 6 月 20 日）

第三十四条第一款　收受可能影响公正行使公权力的礼品、礼金、有价证券等财物的，予以警告、记过或者记大过；情节较重的，予以降级或者撤职;情节严重的,予以开除。

第三十八条　有下列行为之一,情节较重的,予以警告、记过或者记大过;情节严重的,予以降级或者撤职:

(一)违反规定向管理服务对象收取、摊派财物的;

(二)在管理服务活动中故意刁难、吃拿卡要的;

(三)在管理服务活动中态度恶劣粗暴,造成不良后果或者影响的;

(四)不按照规定公开工作信息,侵犯管理服务对象知情权,造成不良后果或者影响的;

(五)其他侵犯管理服务对象利益的行为,造成不良后果或者影响的。

有前款第一项、第二项和第五项行为,情节特别严重的,予以开除。

徐某对抗组织审查案

(2022 年指导性案例第 3 号,总第 10 号)

【关键词】

对抗组织审查;政治纪律;纪法贯通

【执纪执法要点】

对党忠诚是共产党人首要的政治品质。忠诚是纯粹的、无条件的,党员在任何时候都要做到对党忠诚老实,特别是在犯错误后,更应当相信组织、依靠组织,认真反省检讨,积极配合组织查清事实,决不能欺骗组织、对抗审查,妄图以此逃避处理。纪检监察机关要增强政治敏锐性和政治鉴别力,善于发现、准确把握对抗组织审查行为的"对抗性"特征,既不人为拔高,也不姑息纵容,通过精准认定和恰当处置,实现执纪执法政治效果、纪法效果和社会效果相统一。

【基本案情及处理结果】

徐某,中共党员,A 省交通运输厅原党组成员、副厅长。2020 年 10 月,徐某接受私营企业主陈某请托,利用职务上的便利为陈某在 A

省承接道路工程项目提供帮助，收受陈某现金 20 万元。2021 年 3 月，A 省纪委监委接到反映徐某在工程领域以权谋私的匿名举报，经研判认为举报信反映的问题线索较为笼统，可查性不强，决定对徐某进行函询。徐某随即与陈某串供，统一口径声称上述 20 万元系借款，并伪造了借据、收条，制造了借款、还款假象。此后，徐某在给 A 省纪委监委的书面回复中，自称因儿子生病住院急需用钱，曾向承接 A 省道路工程项目的私营企业主陈某借款 20 万元，已经归还，但并未利用职权帮助陈某承接工程，也没有任何以权谋私的行为，同时主动表示向管理服务对象借款确有不妥，愿意承认错误、接受处理。A 省纪委监委收到函询回复后，认为徐某问题较为轻微，对其予以批评教育。2022 年 1 月，A 省纪委监委接到反映徐某收受陈某贿赂的信访举报，初步核实后对徐某涉嫌违纪违法问题立案审查调查，查明其收受陈某 20 万元贿赂的事实。同年 5 月，徐某受到开除党籍、开除公职处分，其涉嫌受贿犯罪问题被移送检察机关依法审查起诉。

【指导意义】

1. 准确认定对抗组织审查和在组织谈话、函询时不如实说明问题

本案处理过程中，关于徐某与陈某串供、伪造证据的问题，应当认定为对抗组织审查。但对于徐某在接受组织函询时不如实说明问题，将受贿谎称为借款的行为，则形成了如下两种不同意见：

第一种意见认为，徐某身为党员领导干部，在组织函询时不如实说明问题，应当依照《中国共产党纪律处分条例》第七十三条第一款第（二）项规定，认定为违反组织纪律。

第二种意见认为，徐某在回复组织函询时，不是出于畏惧、侥幸心理简单否认问题，而是按照与陈某串供的情况编造事实，提供虚假情况，企图逃避处理。从本质上看，徐某不如实回复组织函询和串供、伪造证据的行为，均基于对抗审查、逃避处理的同一个主观故意，应当一并认定为违反政治纪律，并依照《中国共产党纪律处分条例》第五十六条第（一）项规定予以处理。

经分析，我们同意第二种意见。对抗组织审查行为的关键特

征是“对抗性”,本质上反映的是党员对组织不忠诚不老实的政治问题。本案中,徐某为掩盖受贿问题,在与他人串供、伪造证据后才回复函询,明显具有欺骗组织、逃避惩处的主观动机,其行为的“对抗性”特征十分典型,应当认定为违反政治纪律。

实践中,纪检监察机关要注意区分“对抗组织审查”与“在组织谈话、函询时不如实说明问题”两类问题,既要善于从政治上加以甄别判断,也要注意避免简单泛化认定,从“违规”和“有责”两个要素出发,做到实事求是、不枉不纵、精准认定。一方面,要重点核查被审查人是否客观存在串供或者伪造、销毁、转移、隐匿证据等对抗组织审查行为,同时注意查明其在组织谈话、函询时不如实说明问题与其采取的对抗组织审查行为是否密切相关;另一方面,则要注意把握被审查人是否具有刻意误导审查、欺骗对抗组织的主观意图,综合考虑认定行为人是否应当承担相应的纪律责任。

需要注意的是,在违纪违法行为实施后、组织启动审查前,党员采取串供、伪造证据、转移赃款赃物等方式企图掩盖事实、逃避惩处的,鉴于其行为从本质上看是对党不忠诚不老实,欺骗组织、对抗组织、与组织离心离德,应当认定为对抗组织审查。同时,认定对抗组织审查行为应当按照从旧兼从轻的原则,精准适用相应条规。比如,2003 年《中国共产党纪律处分条例》将串供、伪造证据等行为规定为从重或者加重处分情节,2015 年修订《中国共产党纪律处分条例》(2016 年 1 月 1 日起施行)时方将上述对抗组织审查行为规定为违反政治纪律。因此,如串供、伪造证据等行为发生在 2016 年 1 月 1 日前,不应当认定为违反政治纪律,而应当作为从重或者加重处分情节予以评价。又如,通过打探巡视巡察消息、提供虚假材料,甚至模拟巡视巡察谈话等方式干扰巡视巡察工作,其行为本质上是为了防止组织发现违纪问题,逃避组织查处,属于对抗组织审查行为。鉴于 2018 年 10 月 1 日起施行的《中国共产党纪律处分条例》第五十五条已将干扰巡视巡察工作规定为独立的违纪行为,如该行为发生或者持续至 2018 年 10 月 1 日后,应当直接认定为干扰巡视巡察工作;如发生在 2018 年 10 月 1 日前,则可以根据行为发生的具体时点、情节严重程度，依照2015年《中国共产党纪律处分条例》第五十七条第（五）项规定，认定为“其他对抗组织审查行为”，或者依照2003年《中国共产党纪律处分条例》第二十四条第（五）项规定作为从重或者加重处分情节予以评价。

2. 在党纪政务处分决定书中规范表述对抗组织审查行为

国家监察体制改革后，纪委与监委合署办公，履行党的纪律检查和国家监察两项职责，要求纪检监察机关自觉将纪律和规矩挺在前面，用纪律和法律两把尺子来衡量违纪违法行为，坚持纪严于法、执纪执法贯通。这就提醒我们注意，一些违犯党纪的行为可能并不同时构成职务违法。比如，阻止他人检举、提供证据，串供或者伪造、隐匿、毁灭证据，包庇同案人员等行为，依照《中国共产党纪律处分条例》第五十六条规定，构成对抗组织审查，违反了党的政治纪律；但依照《中华人民共和国公职人员政务处分法》第十三条规定，上述行为只是在追究监察责任时的法定从重情节，并非独立的可作为政务处分依据的违法事实。同时，向组织提供虚假情况、掩盖事实的对抗组织审查行为，以及在组织谈话、函询时不如实说明问题的行为，分别违反了党的政治纪律和组织纪律；但依照《中华人民共和国公职人员政务处分法》规定，上述行为既不是独立的违法行为，也不是法定的从重情节，仅属于在追究监察责任时应当考虑和把握的酌定从重情节。这就要求纪检监察机关在制作处分决定文书时，要注意精准表述，体现纪法双施双守的要求。

本案中，徐某被同时给予党纪政务处分。其中，对于徐某对抗组织审查的问题，应当在党纪处分决定书和政务处分决定书中分别作出恰当表述。一是在党纪处分决定书中，应当将徐某对抗组织审查的问题在“违反政治纪律”部分予以认定和表述。二是在政务处分决定书中，不宜将徐某对抗组织审查的问题在“违反政治要求”部分单独列明，而是作为从重处分情节予以说明，可参考如下表述：“徐某采用串供、伪造证据、提供虚假情况掩盖事实等方式妨碍调查，具有从重处分情节。”

由本案引申开来，有的违纪行为虽然同时构成违法，但违纪和违法类型可能并不一一对应。比如，对于参加迷信活动的行为，依照

《中国共产党纪律处分条例》第六十三条规定属于"违反政治纪律";但依照《中华人民共和国公职人员政务处分法》第四十条第一款第(二)项规定,则属于"违反公职人员道德要求"。对于此类情形,可作如下处理:一是具有党员身份的公职人员因参加迷信活动同时受到党纪政务处分的,为确保党纪处分与政务处分顺畅衔接,避免针对同一行为出现不同评价,可对政务处分决定书中的违法行为类型作出调整,即将参加迷信活动问题在"违反政治要求"部分予以认定和表述。二是在仅给予党纪处分或者仅给予政务处分的情况下,则应当依照《中国共产党纪律处分条例》或者《中华人民共和国公职人员政务处分法》相应规定,分别在"违反政治纪律"或者"违反公职人员道德要求"部分予以认定和表述。

【相关条款】

《中国共产党纪律处分条例》(2003年12月31日)

第二十四条　有下列情形之一的,可以依照规定从重或者加重处分:

(一)强迫、唆使他人违纪违法的;

(二)串供或者伪造、销毁、隐匿证据的;

(三)阻止他人揭发检举、提供证据材料的;

(四)包庇同案人员或者打击报复批评人、检举人、控告人、证人及其他人员的;

(五)有其他干扰、妨碍组织审查行为的;

(六)本条例分则中另有规定的。

《中国共产党纪律处分条例》(2015年10月18日)

第五十七条　对抗组织审查,有下列行为之一的,给予警告或者严重警告处分;情节较重的,给予撤销党内职务或者留党察看处分;情节严重的,给予开除党籍处分:

(一)串供或者伪造、销毁、转移、隐匿证据的;

(二)阻止他人揭发检举、提供证据材料的;

(三)包庇同案人员的;

(四)向组织提供虚假情况,掩盖事实的;

(五)有其他对抗组织审查行为的。

《中国共产党纪律处分条例》(2018年8月18日)

第二十七条　党组织在纪律

审查中发现党员有贪污贿赂、滥用职权、玩忽职守、权力寻租、利益输送、徇私舞弊、浪费国家资财等违反法律涉嫌犯罪行为的，应当给予撤销党内职务、留党察看或者开除党籍处分。

第五十五条 干扰巡视巡察工作或者不落实巡视巡察整改要求，情节较轻的，给予警告或者严重警告处分；情节较重的，给予撤销党内职务或者留党察看处分；情节严重的，给予开除党籍处分。

第五十六条 对抗组织审查，有下列行为之一的，给予警告或者严重警告处分；情节较重的，给予撤销党内职务或者留党察看处分；情节严重的，给予开除党籍处分：

（一）串供或者伪造、销毁、转移、隐匿证据的；

（二）阻止他人揭发检举、提供证据材料的；

（三）包庇同案人员的；

（四）向组织提供虚假情况，掩盖事实的；

（五）有其他对抗组织审查行为的。

第六十三条 组织迷信活动的，给予撤销党内职务或者留党察看处分；情节严重的，给予开除党籍处分。

参加迷信活动，造成不良影响的，给予警告或者严重警告处分；情节较重的，给予撤销党内职务或者留党察看处分；情节严重的，给予开除党籍处分。

对不明真相的参加人员，经批评教育后确有悔改表现的，可以免予处分或者不予处分。

第七十三条第一款第（二）项 有下列行为之一，情节较重的，给予警告或者严重警告处分：

（二）在组织进行谈话、函询时，不如实向组织说明问题的；

《中华人民共和国公职人员政务处分法》（2020年6月20日）

第十三条 公职人员有下列情形之一的，应当从重给予政务处分：

（一）在政务处分期内再次故意违法，应当受到政务处分的；

（二）阻止他人检举、提供证据的；

（三）串供或者伪造、隐匿、毁灭证据的；

（四）包庇同案人员的；

（五）胁迫、唆使他人实施违法行为的；

（六）拒不上交或者退赔违法所得的；

（七）法律、法规规定的其他从

重情节。

第三十三条第一款第(一)项 有下列行为之一的,予以警告、记过或者记大过;情节较重的,予以降级或者撤职;情节严重的,予以开除:

(一)贪污贿赂的;

第四十条第一款第(二)项 有下列行为之一的,予以警告、记过或者记大过;情节较重的,予以降级或者撤职;情节严重的,予以开除:

(二)参与或者支持迷信活动,造成不良影响的;

对林某予以容错免责案

(2022 年指导性案例第 4 号,总第 11 号)

【关键词】

容错纠错;减责免责;“三个区分开来”

【执纪执法要点】

习近平总书记强调,要把干部在推进改革中因缺乏经验、先行先试出现的失误和错误,同明知故犯的违纪违法行为区分开来;把上级尚无明确限制的探索性试验中的失误和错误,同上级明令禁止后依然我行我素的违纪违法行为区分开来;把为推动发展的无意过失,同为谋取私利的违纪违法行为区分开来。十九届中央纪委六次全会指出,要深化“四种形态”运用机制,坚持严管厚爱结合、激励约束并重,落实“三个区分开来”要求。纪检监察机关要精准把握党的政策和策略,区别对待改革探索中的无意过失和蓄意谋私的违纪违法行为,坚持宽严相济、容纠并举,做到纪法约束有硬度、批评教育有力度、组织关怀有温度,最大程度保护和激发广大干部干事创业的积极性、主动性、创造性。

【基本案情及处理结果】

林某,中共党员,A 市 B 区政府党组成员、副区长。2019 年 9 月,A 市启动创建全国文明城市、国家卫生城市(以下简称“双创”)工作,林某负责 B 区背街小巷改造项目。同年 10 月,B 区政府召开

“双创”工作领导小组会议，要求背街小巷改造项目必须在10月底前开工建设。为加快推进改造项目，林某主持召开工作会议，研究通过了B区“双创”投资项目（背街小巷改造）小型项目抽签法确定施工单位方案，其中明确规定对于不属于依法必须招标的工程项目，在报名单位通过资格审核后，以公开抽签方式确定施工单位，并随后依据该方案分2批抽签确定了16个项目的施工单位。

2021年8月，有群众举报林某的上述做法违反法律法规规定。A市纪委监委经核查发现，林某采用抽签方式确定施工单位的小型项目，均未达到国家发展和改革委员会《必须招标的工程项目规定》（国家发展改革委2018年第16号令）明确的项目规模标准，依法可以不进行招标；但采用抽签方式采购工程项目，违反了《中华人民共和国政府采购法》《中华人民共和国政府采购法实施条例》关于政府采购方式的规定。考虑到B区“双创”工作有关制度规范尚不健全、背街小巷改造项目工期紧任务重、林某此前并不分管财政和城建等领域、有关业务主管部门未提出明确反对意见等客观情况，加之林某在主观上是为了快速推进工作，更好完成“双创”任务，且未发现林某有借机谋取私利的情形，A市纪委监委在征求A市委组织部和B区委意见后，决定对林某进行谈话提醒，并向B区政府发出监察建议书，督促B区政府规范政府采购工作。林某受到谈话提醒后，及时召开工作会议废止上述方案，规范了工作程序，并在民主生活会上作了深刻检讨。

【指导意义】

1. 精准把握追责问责与容错纠错的关系

追责问责强调约束，要求有责必究。容错纠错侧重激励，重在鼓励干部担当作为。纪检监察机关在开展追责问责工作中，要准确把握追责问责与容错纠错的辩证关系，在查清事实的基础上，精准规范运用“四种形态”，将坚持严的主基调和落实“三个区分开来”结合起来，既防止动辄上纲上线、一味从严处理，又防止纪律规矩松弛、随意任性从宽。

开展容错纠错工作应当严格依照《中国共产党纪律处分条例》《中国共产党问责条例》等有关规定，落实中共中央办公厅《关于进一步激励广大干部新时代新担当新作为的意见》要求，充分考虑行为动机、性质、过程、后果等要素，精准分析研判。一是准确甄别“为公”还是“谋私”。不能简单地看党员干部犯了什么错误，造成什么后果，而要对错误事实进行综合研判，弄清楚主观动机是为了党、国家和人民的利益，还是为了谋取自己或者特定关系人的私利。二是准确区分“工作失误”与“蓄意违规”。要坚持全面、历史、辩证地看待问题，分析错误成因是缺乏经验、改革失误还是我行我素、明知故犯，查明决策程序是集体研究、民主集中还是个人独断、一意孤行，对错误性质作出精准认定。三是准确把握政策界限。要结合动机态度、客观条件、程序方法、性质程度、后果影响、挽回损失等情况，对干部的失误错误进行综合分析。对违纪违法行为必须严肃查处，不该容错的坚决不容，防止混淆问题性质、拿容错当“保护伞”，搞纪律“松绑”，确保容错在纪律红线、法律底线内进行。对苗头性、倾向性问题早发现早纠正，对失误错误及时采取补救措施，帮助干部汲取教训、改进提高。

从本案来看，林某探索采用抽签方式确定施工单位，虽不符合有关规定，但其主观动机是为了加快推进改造项目，做好“双创”工作，既不是明知故犯，也没有借机谋取私利，且在决策程序上经过了集体研究，并非个人独断专行，也没有造成重大损失或严重后果。综合上述因素，林某所犯错误属于“为推动发展的无意过失”，可予以容错。

2. 规范容错纠错工作程序

容错纠错是一项政治性、政策性很强的工作，必须严格依规依纪依法，按照规定权限、规则和程序开展，用规范的程序、科学的机制、健全的流程来保障容错纠错工作的质量，确保处理结果经得起检验。一是对符合容错条件的案件，纪检监察机关应当认真开展调查核实，充分收集证据材料，听取拟追究责任对象和有关单位的意见，查明问题情况、甄别主观动机、判断错误性质；要精准把握追责问责与容错的认定标准和考量因素，在容错认定时加强与组织（人事）部门的沟通，研究判断是否予以容错减责或者免责。二是按照“谁追责问责，谁启动容错”的原则，由负责追责问责的纪检监察机关启动容错程序。同时，责任追究对象及其所在单位党组织认为符合容错条件的,也可以向有关纪检监察机关提出容错申请。

本案处理过程中,A 市纪委监委进行了深入核查,在征求组织部门和林某所在党委意见的基础上,决定对林某予以容错,并在后续工作中向 B 区政府发出监察建议,做到了精准容错、及时纠错。

3. 提升容错纠错工作综合效果

纪检监察机关要准确把握、充分运用党的政策和策略,通过容错纠错工作贯彻惩前毖后、治病救人方针,彰显宽严相济、严管厚爱要求,体现抓早抓小、防微杜渐理念,营造干事创业的良好氛围。一是做好跟踪教育。按照"谁容错、谁回访"的原则,对容错对象进行回访教育,开展谈心谈话,做好跟踪记录,及时了解其思想动态、工作表现和生活情况,帮助干部放下包袱、轻装上阵。二是释放积极信号。对予以容错免责的干部,在考核考察、选拔任用、职级晋升、职称评聘以及评先评优、表彰奖励时一般不受影响,符合条件的要正常使用,以此释放为担当者担当、为负责者负责的鲜明信号。三是及时补齐短板。要把容错纠错工作与完善制度、促进治理贯通起来,推动容纠并举,切实发挥监督保障执行、促进完善发展作用;要督促容错对象认真总结经验教训,及时采取补救措施,防止小失误演变成大错误;要用好纪律检查建议或者监察建议,推动党委、政府及有关职能部门自觉查摆工作方法、制度规定、工作机制等方面存在的问题,及时补短板、强弱项,有效推进工作高质量发展。

【相关条款】

《中华人民共和国政府采购法》(2014 年 8 月 31 日修正)

第二十六条　政府采购采用以下方式:

(一)公开招标;

(二)邀请招标;

(三)竞争性谈判;

(四)单一来源采购;

(五)询价;

(六)国务院政府采购监督管理部门认定的其他采购方式。

公开招标应作为政府采购的主要采购方式。

《中华人民共和国政府采购法实施条例》(2015 年 1 月 30 日)

第二十五条　政府采购工程依法不进行招标的,应当依照政府采购法和本条例规定的竞争性谈判或者单一来源采购方式采购。

《关于新形势下党内政治生活的若干准则》(2016年10月27日)

八、坚持正确选人用人导向

…………

建立容错纠错机制,宽容干部在工作中特别是改革创新中的失误。坚持惩前毖后、治病救人,正确对待犯错误的干部,帮助其认识和改正错误。不得混淆干部所犯错误性质或夸大错误程度对干部作出不适当的处理,不得利用干部所犯错误泄私愤、打击报复。

…………

国家发展和改革委员会《必须招标的工程项目规定》(2018年3月27日)

第二条　全部或者部分使用国有资金投资或者国家融资的项目包括:

(一)使用预算资金200万元人民币以上,并且该资金占投资额10%以上的项目;

(二)使用国有企业事业单位资金,并且该资金占控股或者主导地位的项目。

第五条　本规定第二条至第四条规定范围内的项目,其勘察、设计、施工、监理以及与工程建设有关的重要设备、材料等的采购达到下列标准之一的,必须招标:

(一)施工单项合同估算价在400万元人民币以上;

(二)重要设备、材料等货物的采购,单项合同估算价在200万元人民币以上;

(三)勘察、设计、监理等服务的采购,单项合同估算价在100万元人民币以上。

同一项目中可以合并进行的勘察、设计、施工、监理以及与工程建设有关的重要设备、材料等的采购,合同估算价合计达到前款规定标准的,必须招标。

中共中央办公厅《关于进一步激励广大干部新时代新担当新作为的意见》(2018年5月18日)

四、切实为敢于担当的干部撑腰鼓劲。建立健全容错纠错机制,宽容干部在改革创新中的失误错误,把干部在推进改革中因缺乏经验、先行先试出现的失误错误,同明知故犯的违纪违法行为区分开来;把尚无明确限制的探索性试验中的失误错误,同明令禁止后依然我行我素的违纪违法行为区分开来;把为推动发展的无意过失,同为谋取私利的违纪违法行为区分开来。各级党委(党组)及纪检监察机关、组织部门等相关职能部门,要妥善把握事业为上、实事求是、依纪依法、容纠并举等原则，结合动机态度、客观条件、程序方法、性质程度、后果影响以及挽回损失等情况，对干部的失误错误进行综合分析，对该容的大胆容错，不该容的坚决不容。对给予容错的干部，考核考察要客观评价，选拔任用要公正合理。准确把握政策界限，对违纪违法行为必须严肃查处，防止混淆问题性质、拿容错当“保护伞”，搞纪律“松绑”，确保容错在纪律红线、法律底线内进行。坚持有错必纠、有过必改，对苗头性、倾向性问题早发现早纠正，对失误错误及时采取补救措施，帮助干部汲取教训、改进提高，让他们放下包袱、轻装上阵。严肃查处诬告陷害行为，及时为受到不实反映的干部澄清正名、消除顾虑，引导干部争当改革的促进派、实干家，专心致志为党和人民干事创业、建功立业。

《中国共产党纪律处分条例》(2018 年 8 月 18 日)

第十七条　有下列情形之一的，可以从轻或者减轻处分：

（一）主动交代本人应当受到党纪处分的问题的；

（二）在组织核实、立案审查过程中，能够配合核实审查工作，如实说明本人违纪违法事实的；

（三）检举同案人或者其他人应当受到党纪处分或者法律追究的问题，经查证属实的；

（四）主动挽回损失、消除不良影响或者有效阻止危害结果发生的；

（五）主动上交违纪所得的；

（六）有其他立功表现的。

《中国共产党问责条例》(2019 年 8 月 25 日)

第十七条　有下列情形之一的，可以不予问责或者免予问责：

（一）在推进改革中因缺乏经验、先行先试出现的失误，尚无明确限制的探索性试验中的失误，为推动发展的无意过失；

（二）在集体决策中对错误决策提出明确反对意见或者保留意见的；

（三）在决策实施中已经履职尽责，但因不可抗力、难以预见等因素造成损失的。

对上级错误决定提出改正或者撤销意见未被采纳，而出现本条例第七条所列问责情形的，依照前款规定处理。上级错误决定明显违法违规的，应当承担相应的责任。

第十八条　有下列情形之一，可以从轻或者减轻问责：

（一）及时采取补救措施，有效挽回损失或者消除不良影响的；

（二）积极配合问责调查工作，主动承担责任的；

（三）党内法规规定的其他从轻、减轻情形。

《国家发展改革委办公厅关于进一步做好〈必须招标的工程项目规定〉和〈必须招标的基础设施和公用事业项目范围规定〉实施工作的通知》（2020年10月19日）

为加强政策指导，进一步做好《必须招标的工程项目规定》（国家发展改革委2018年第16号令，以下简称“16号令”）和《必须招标的基础设施和公用事业项目范围规定》（发改法规规〔2018〕843号，以下简称“843号文”）实施工作，现就有关事项通知如下：

…………

二、规范规模标准以下工程建设项目的采购

16号令第二条至第四条及843号文第二条规定范围的项目，其施工、货物、服务采购的单项合同估算价未达到16号令第五条规定规模标准的，该单项采购由采购人依法自主选择采购方式，任何单位和个人不得违法干涉；其中，涉及政府采购的，按照政府采购法律法规规定执行。国有企业可以结合实际，建立健全规模标准以下工程建设项目采购制度，推进采购活动公开透明。